Operations Research in der Praxis

Anwendungen, Modelle, Algorithmen und JAVA-Programme

Von

Prof. Dr. Gert Heinrich

und

Prof. Jürgen Grass

R. Oldenbourg Verlag München Wien

Bibliografische Information Der Deutschen Bibliothek

Die Deutsche Bibliothek verzeichnet diese Publikation in der Deutschen Nationalbibliografie; detaillierte bibliografische Daten sind im Internet über <http://dnb.ddb.de> abrufbar.

Rosenheimer Straße 145, D-81671 München
Telefon: (089) 45051-0
www.oldenbourg-wissenschaftsverlag.de

Gedruckt auf säure- und chlorfreiem Papier
Gesamtherstellung: Druckhaus „Thomas Müntzer" GmbH, Bad Langensalza

ISBN 3-486-58032-9
ISBN 978-3-486-58032-7

Vorwort

Schon seit einigen Jahren werden wir von Studierenden an den verschiedensten Einrichtungen wie Universitäten und Fachhochschulen und ganz besonders von Studierenden an den Berufsakademien in Baden-Württemberg gedrängt, ein Werk über **Operations Research** zu verfassen, das weniger die exakte Sicht auf die mathematischen Modelle und Zusammenhänge vermittelt, sondern den Anliegen der Praktiker gerecht wird. Gefordert wurden insbesondere

- Hinweise auf praktische Anwendungsmöglichkeiten,
- vollständig durchgerechnete Beispiele, um die Abläufe der Algorithmen explizit vorgeführt zu bekommen,
- JAVA-Programme, um erhaltene Ergebnisse zu verifizieren und um komplexe Berechnungen in vernünftiger Zeit durchzuführen und
- Übungsaufgaben mit vollständigen Lösungen bzw. qualifizierten Lösungshinweisen.

Diesem Wunsch sind wir mit diesem Werk nachgekommen. Auf unnötigen mathematischen Ballast wird fast vollständig verzichtet, der daran interessierte Leser möge sich der einschlägigen Literatur bedienen. In allen Kapiteln finden sich genau die geforderten Punkte, was auch der Untertitel **Anwendungen, Modelle, Algorithmen und JAVA-Programme** noch unterstreicht.

Im einleitenden Kapitel wird zuallererst eine Vielzahl von Anwendungsbeispielen vorgestellt, um einen Einblick zu erhalten, was **Operations Research** alles zu leisten vermag. Die allgemeine Vorgehensweise samt der Modellbildung schließt sich an. Ein ganz einfach gehaltenes Beispiel demonstriert die vorgestellten Denkweisen. In den folgenden fünf Kapiteln werden die Teilgebiete **Lineare Optimierung, Spieltheorie, Transportprobleme, Graphentheorie** und **Netzplantechnik** ausführlich besprochen. Die vorgestellten Algorithmen werden ausführlich mit allen Iterationen an zahlreichen Beispielen vorgeführt. Jedes Kapitel enthält lauffähige JAVA-Programme, die jeder Benutzer noch seinen eigenen Bedürfnissen anpassen bzw. verbessern kann. Den Abschluß eines jeden Kapitels bilden Übungsaufgaben zum Operations Research und auch zu den JAVA-Programmen.

Die im Buch abgedruckten Quellcodes aller Algorithmen können direkt bei den Autoren (heinrich@ba-vs.de bzw. grass@ba-vs.de) angefordert werden.

Für die kritische Durchsicht des Manuskripts und das unermüdliche Korrekturlesen bedanken wir uns bei Frau Susanne Heinrich, ebenso bei Sabine und Tim Heinrich, die in akribischer Kleinarbeit alle Iterationen und Tabellen auf ihre Richtigkeit überprüft haben. Schließlich gilt unser Dank allen Studierenden für viele wertvolle Hinweise und Herrn Dipl. Wirtschaftinformatiker (BA) Kevin Stuck für die Erstellung der JAVA-Programme zur Graphentheorie.

Unser besonderer Dank gilt Herrn Dipl. Volkswirt Martin Weigert vom Oldenbourg-Verlag für die angenehme Zusammenarbeit und die Freiheiten, auch zeitlicher Natur, die er uns bei der Entstehung dieses Buches einräumte.

Für Hinweise auf Fehler und Verbesserungsvorschläge sind wir jedem Leser dankbar.

Villingen-Schwenningen, im Winter 2006 Gert Heinrich, Jürgen Grass

Inhaltsverzeichnis

Kapitel 1

Einführung und Grundlagen

Operations Research beschäftigt sich wörtlich übersetzt mit der Erforschung von Operationen. Ein Kurzbegriff als tatsächliche Übersetzung in die deutsche Sprache hat sich jedoch nicht durchgesetzt. Vorgeschlagen wurden hier Anwendung quantitativer Methoden zur Vorbereitung optimaler Entscheidungen, Unternehmensforschung, Optimalplanung, Planungsforschung, mathematische Planungsrechnung oder Entscheidungsvorbereitung. Die wohl beste Beschreibung, aber viel zu lange Umschreibung ist:

Mathematische Optimierungsmethoden zur bestmöglichen Entscheidungsfindung in der angewandten Betriebswirtschaftslehre.

Die scheinbare Einschränkung auf die BWL ist keine wirkliche Schmälerung des Einsatzgebiets, nahezu alle derart betrachteten Optimierungsmodelle haben eine ökonomische Komponente oder Zielsetzung.

In der Praxis hat sich die Abkürzung OR für Operations Research durchgesetzt.

In den folgenden drei Abschnitten werden zuerst Beispiele von charakteristischen Problemstellungen dargestellt. Danach werden die allgemeine Vorgehensweise und die Modellbildung aufgezeigt. Zum Schluss erfolgt eine Klassifizierung der Teilgebiete des Operations Research.

1.1 Beispiele von charakteristischen Problemstellungen

In diesem Abschnitt werden zahlreiche Praxisbeispiele vorgestellt, die mit Methoden des Operations Research beschrieben, modelliert und gelöst werden können.

Die Beispiele 1.1 bis 1.5 stellen Optimierungsprobleme dar, die allesamt die gleichen Sachverhalte beinhalten. Gesucht ist das Minimum bzw. das Maximum einer zu erstellenden Funktion, deren Wertebereich durch eine gewisse Anzahl von Bedingungen oder Restriktionen eingeschränkt wird.

Beispiel 1.1

Für eine Verkaufsaktion stellt eine Firma zwei verschiedene neue Produkte X und Y her. Aus Platzgründen können von beiden Produkten zusammen höchstens 500 Stück hergestellt werden, wobei von Produkt Y mindestens 100 Stück erforderlich sind. Für die Fertigung stehen insgesamt 40 Stunden zur Verfügung, wobei für Produkt X (pro Stück) 8 Minuten und für Produkt Y (pro Stück) 4 Minuten benötigt werden. Der Gewinn beim Verkauf eines Produktes X beträgt 50 €, derjenige beim Verkauf eines Produktes Y beträgt 10 €. Die Firma möchte ihren Gesamtgewinn maximieren.

Beispiel 1.2

Ein Industrieunternehmen stellt ein Produkt, bedingt durch den immer moderner werdenden Maschinenpark, durch drei verschiedene Verfahren X, Y und Z her. Der Produktionsprozess ist durch folgende Tabelle gegeben:

	Produktion nach Verfahren			
	X	Y	Z	
Rohstoffe	10	10	5	Rohstoffbedarf in kg
Produktionszeit	5	10	10	Produktionszeit in h
Lagerraum	15	5	10	Lagerraum in m^2

Er unterliegt den folgenden Kapazitätsbeschränkungen:
Die maximal verfügbare Einsatzmenge für die Rohstoffe ist 600 kg
Die maximal verfügbare Einsatzmenge für die Produktionszeit ist 400 h
Die maximal verfügbare Einsatzmenge für den Lagerraum ist 800 m^2.

Der Gewinn beim Verkauf eines Produktes bei der Produktion nach Verfahren X beträgt 30 €, derjenige beim Verkauf eines Produktes bei der Produktion nach

Verfahren Y beträgt 40 und derjenige beim Verkauf eines Produktes bei der Produktion nach Verfahren Z beträgt 30 €.
Die Firma möchte ihren Gesamtgewinn maximieren.

Beispiel 1.3

Eine Fußballmannschaft besitzt unter anderem 6 Spitzenspieler. Da der Verein massiv verschuldet ist und der Lizenzentzug droht, sollen Spieler im Gesamtwert von 90000000 € verkauft werden. Die Spieler haben folgende Marktwerte in Mio. €: 40, 10, 30, 30, 15, 20. Im Zuge des Verkaufs erleidet der Verein aber Zuschauerverluste, die von den einzelnen Spielern abhängen (in der Reihenfolge der Marktwerte): 5000, 3000, 6000, 4500, 6000 bzw. 5000 Zuschauer. Minimieren Sie den Schaden unter Einhaltung des Mindesterlöses, d.h. welche Spieler müssen verkauft werden, damit der Verein seine Schulden begleichen kann und gleichzeitig möglichst wenig Zuschauer verliert?

Beispiel 1.4

Dem Eishockey-Club aus Schwenningen stehen drei Varianten für seine Verteidigung zur Verfügung. Die gegnerische Mannschaft aus Freiburg verfügt über drei verschiedene Angriffsformationen. Die Erfolgsaussichten für Schwenningen (WK, dass kein Tor fällt) sind in folgender Tabelle zusammengestellt:

		Strategien für Freiburg		
		$j=1$	$j=2$	$j=3$
Strategien für Schwenningen	$i=1$	0.6	0.2	0.3
	$i=2$	0.7	0.6	0.4
	$i=3$	0.1	0.7	0.2

Jede der beiden Mannschaften ist bestrebt, ihren Mindestvorteil zu maximieren bzw. den maximal möglichen Vorteil des Gegners zu minimieren.

Beispiel 1.5

Am Vatertag werden die Wanderer durch ein Gewitter überrascht und suchen deshalb in den nahegelegenen Ausflugslokalen Schutz. In den vier Lokalen ist aber nicht genügend Bier vorhanden. Dieses wird unverzüglich bei der zuständigen Brauerei angefordert, die über drei verschiedene Auslieferungslager verfügt, in denen insgesamt die gewünschte Menge zur Verfügung steht. Die vier Lokale N_1, N_2, N_3 und N_4 benötigen 10 hl bzw. 30 hl bzw. 15 hl bzw. 35 hl. Diese Gesamtmenge steht in den drei Auslieferungslagern A_1, A_2 und A_3 in folgender Weise zur Verfügung: in A_1 25 hl, in A_2 25 hl und in A_3 40 hl.

Die Transportkosten pro hl von den einzelnen Auslieferungslagern zu den jeweiligen Ausflugslokalen betragen

		Ausflugslokal = Nachfrager			
		N_1	N_2	N_3	N_4
Auslieferungslager= Anbieter	A_1	10	80	40	70
	A_2	90	0	50	70
	A_3	30	60	80	10

Wie ist der Transport durchzuführen, damit die Transportkosten so klein wie möglich ausfallen?

Die Beispiele 1.6 bis 1.10 zeigen Aufgabenstellungen, die alle verwandt sind mit dem hochaktuellen Problem der Routenplanung. Gesucht sind hier kürzeste Wege in einem Graphen, einem Straßenzug, einem Versorgungsnetz oder ähnlichem.

Beispiel 1.6

Im Rahmen einer Werbekampagne können bis zu 5 unterschiedliche Projekte durchgeführt werden. Die Projektkosten und der Werbeerfolg sind in folgender Tabelle angegeben:

Projekt Nummer	Projekt-kosten (in €)	Werbeerfolg (in Personen)
1	17000	12000
2	16000	15000
3	19000	10000
4	8000	13000
5	12000	9000

Der Werbeetat beträgt 38000 €. Wie ist dieser Etat auf die einzelnen Projekte zu verteilen, damit der Werbeerfolg maximal wird, wenn jedes Projekt genau einmal durchgeführt werden kann?

Beispiel 1.7

Ein Unternehmen möchte im Zuge von Personalbeschaffungsmaßnahmen 4 Anzeigen in einschlägigen Zeitungen schalten. Dabei können die Anzeigen alle in einer der 4 Zeitungen erscheinen oder sie können auch auf die verschiedenen

Zeitungen verteilt werden. Aufgrund von Aufzeichnungen über vergangene Maßnahmen ist bekannt, wie viele Bewerbungen bei ein- bzw. mehrmaligem Erscheinen von Stellenanzeigen in den verschiedenen Zeitungen zu erwarten sind.

		Zeitungsname			
		Zeit	**Welt**	**FAZ**	**SZ**
Anzeigenzahl	**0**	0	0	0	0
	1	50	44	28	34
	2	77	63	48	47
	3	110	84	76	61
	4	127	92	93	70

Wie müssen die Anzeigen auf die Zeitungen verteilt werden, damit das Unternehmen möglichst viele Bewerbungen erhält?

Beispiel 1.8

Gegeben sei folgender Plan, der die möglichen Wegstrecken und deren Längen zwischen sechs verschiedenen Orten angibt. Ein Backwaren-Betrieb beliefert mehrmals täglich von Ort 1 aus sämtliche Filialen, wobei für jede Filiale ein eigener Transporter zur Verfügung steht. Welches sind die kürzesten Wege von Ort 1 zu allen anderen Orten?

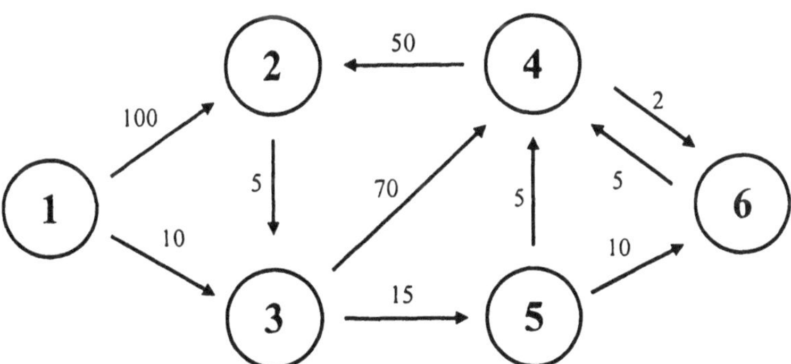

Beispiel 1.9

Gegeben sei der folgende Ausschnitt aus einer Landkarte mit 15 Orten. Alle eingezeichneten Straßen sind in beide Richtungen befahrbar.

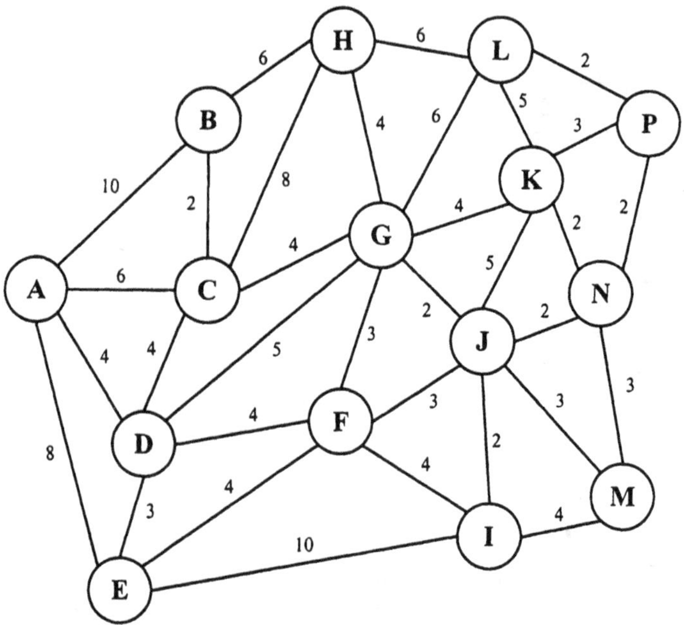

Ein Handelsvertreter beginnt seine Reise in der Stadt A. Er möchte an diesem Tag alle anderen 14 Orte besuchen und seine Reise wieder im Ausgangspunkt A beenden. Welche Route ist die kürzeste?

Beispiel 1.10

Für die im folgenden Schaubild dargestellten 6 Orte soll ein Gas-Versorgungsnetz geplant werden, so dass je zwei Orte (direkt oder indirekt) durch Versorgungsleitungen miteinander verbunden sind. Verzweigungspunkte befinden sich nur in den Orten selbst. Die Baukosten sind ebenfalls im Schaubild angegeben. Gesucht ist ein Versorgungsnetz mit minimalen Erstellungskosten.

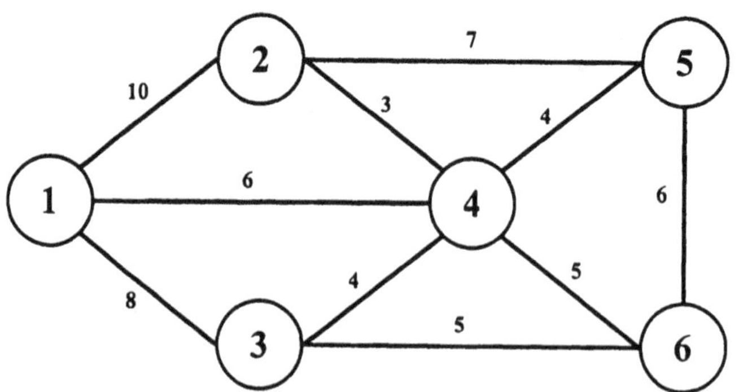

In Beispiel 1.11 ist eine Vorgangsliste gegeben. Gesucht ist ein optimaler Ablauf aller Tätigkeiten, so dass der gesamte Prozess möglichst schnell beendet werden kann. Diese Aufgabenstellung, nämlich die Struktur- und Zeitplanung, ist eine der wichtigsten Aufgaben im heutigen Projektmanagement.

Beispiel 1.11

Für die Herstellung einer Lauchtorte wurden die Angaben in einem Kochbuch in folgende Vorgangsliste übertragen:

Tätigkeit	Beschreibung	Dauer in Minuten	Vorgänger	Mindestabstand zum Vorgänger
1	Zutaten einkaufen	30	-	-
2	Teigzutaten verkneten	10	1	-
3	Teig kaltstellen	1	2	-
4	Lauch putzen und zerkleinern	5	1	-
5	Fett erhitzen	1	1	-
6	Lauch andünsten	2	4 5	- -
7	Gewürze und Wein hinzufügen	10	6	-
8	Schinkenspeck in Würfel schneiden	4	1	-
9	Backform ausfetten	1	1	-
10	Teig auswellen und in die Form legen	3	3 9	30 -
11	Speck darauf verteilen	1	8 10	- -
12	Lauch und Wein/Gewürze zugeben	1	7 11	- -
13	Eier, Sahne und neue Gewürze verrühren	2	1	-
14	diese Mischung ebenfalls zugeben	1	12 13	- -
15	Torte backen	45	14	-

Wie lange dauert es bei optimaler Ausführung, bis die Torte verspeist werden kann?

Die letzten beiden Beispiele zeigen auf, dass auch Optimierungsmodelle entwickelt werden müssen, die zufällige Phänomene als Bestandteil enthalten. Dazu werden Ideen aus der Stochastik oder Statistik in die Modelle einfließen.

Beispiel 1.12

Ein Eisprodukt-Hersteller produziert in einer Woche im Mittel 50000 Portionen Fruchteis mit einer Streuung von 1500 Portionen. Sein Gewinn beträgt pro verkaufter Portion 0.25 €. Die wöchentliche Nachfrage schwankt (abhängig von den Außentemperaturen) bei einem Mittelwert von 60000 Portionen und einer Streuung von 15000 Portionen. Da die mittlere Nachfrage größer als die produzierte Menge ist, zieht der Hersteller Sonderschichten in Erwägung. Die in einer Sonderschicht produzierte Menge beträgt 8000 Portionen bei einer Streuung von 400 Portionen. Aufgrund höherer Herstellungskosten verringert sich der Gewinn für die in der Sonderschicht hergestellten Portionen auf 0.20 €. Jede nicht verkaufte Portion verursacht einen Schaden von 0.35 €. Unter der Voraussetzung, dass Normalverteilungen den gegebenen Sachverhalt stochastisch modellieren, ist zu überprüfen, ob Sonderschichten sinnvoll sind.

Beispiel 1.13

Am Schalter der Kreissparkasse Schwarzwald-Baar werden Kunden bedient, die folgende Anliegen haben können:

- Bargeld abheben (Bearbeitungsdauer im Mittel 2 Minuten)
- Bargeld einzahlen (Bearbeitungsdauer im Mittel 3 Minuten)
- Überweisungen aufgeben (Bearbeitungsdauer im Mittel 4 Minuten)
- Anlageberatung (Bearbeitungsdauer im Mittel 20 Minuten)
- Beantragen einer Kreditkarte (Bearbeitungsdauer im Mittel 5 Minuten).

Statistische Erhebungen haben ergeben, dass etwa 20% aller Kunden Bargeld abheben, etwa 5% aller Kunden Bargeld einzahlen, etwa 10% aller Kunden Überweisungen aufgeben, etwa 40% aller Kunden Anlageberatung wünschen und etwa 25% aller Kunden eine Kreditkarte beantragen wollen.
Weitere Beobachtungen haben ergeben, dass die Ankunftszeiten der einzelnen Kunden (stochastisch) voneinander unabhängig sind. Befanden sich mehr als 5 Personen in der Schlange vor dem Schalter, verließen die neu eingetroffenen Kunden ausnahmslos die Bank wieder und nahmen den Service zu einem späteren Zeitpunkt in Anspruch.
Wie viele Kunden befanden sich im Durchschnitt in der Schlange vor dem Schalter und wie lange war die durchschnittliche Wartezeit eines Kunden, bis er bedient werden konnte?

Die Suche nach Lösungen zu den Fragestellungen der angeführten Beispiele führt auf ein allgemeines Vorgehensmodell, das im nächsten Abschnitt vorgestellt wird.

1.2 Vorgehensweise und Modellbildung

In der Praxis hat sich ein Vorgehensmodell durchgesetzt, das im folgenden Schaubild dargestellt ist.

Vorgehensmodell bei OR-Verfahren

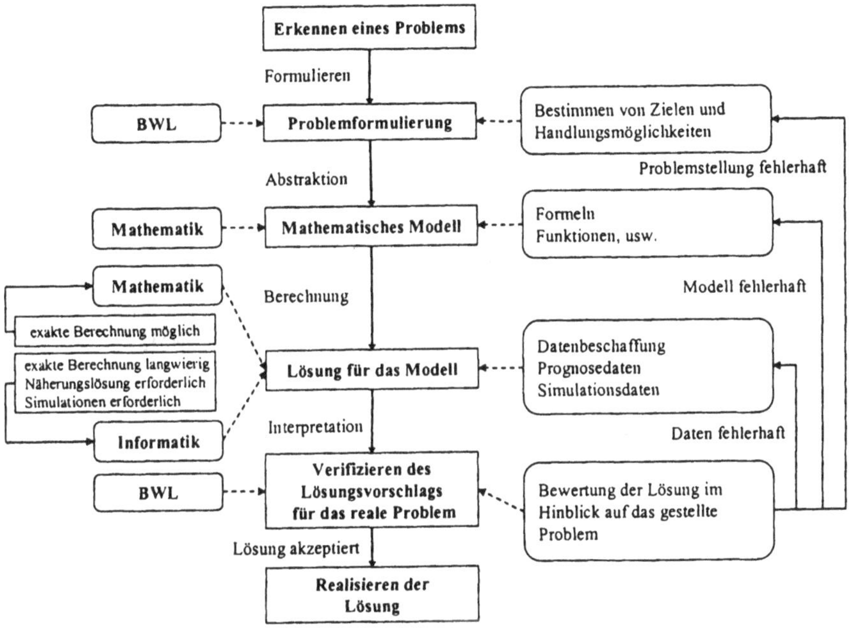

Ersichtlich ist hier das notwendige Zusammenspiel der Disziplinen BWL, Mathematik und Informatik. Sollte beim Ablauf festgestellt werden, dass die gestellte Aufgabe nicht erfüllt werden kann, bricht das Verfahren an der entsprechenden Stelle ab.

Wie mit diesem Vorgehensmodells Problemstellungen gelöst werden, wird an einem ganz einfachen Beispiel gezeigt. Für das Beispiel sind keine OR-Kenntnisse erforderlich.

Dazu wird das Beispiel 1.6 verwendet:

Im Rahmen einer Werbekampagne können bis zu 5 unterschiedliche Projekte durchgeführt werden. Die Projektkosten und der Werbeerfolg sind in folgender Tabelle angegeben:

Projekt Nummer	Projekt-kosten (in €)	Werbeerfolg (in Personen)
1	17000	12000
2	16000	15000
3	19000	10000
4	8000	13000
5	12000	9000

Der Werbeetat beträgt 38000 €. Wie ist dieser Etat auf die einzelnen Projekte zu verteilen, damit der Werbeerfolg maximal wird, wenn jedes Projekt genau einmal durchgeführt werden kann?

1. Schritt: Erkennen des Problems:

Die Geschäftsleitung eines Unternehmens hat festgestellt, dass die Anzahl der Kunden erhöht werden muss. Es erfolgt der Auftrag an die Marketingabteilung, Vorschläge dazu zu entwickeln.

2. Schritt: Problemformulierung:

Problem:	Das Unternehmen hat zu wenig aktive Kunden.
Ziel:	Erhöhung der Kundenanzahl.
Handlungsmöglichkeiten:	Es dürfen verschiedene Projekte durchgeführt werden, deren Kosten fest stehen und deren Erfolg durch eine Kennzahl gemessen werden kann. Außerdem steht ein gewisses Budget zu Verfügung.

3. Schritt: Mathematisches Modell:

Gegeben seien:

n verschiedene Projekte $P_1, P_2, \ldots, P_n$

$k_i, 1 \le i \le n$ seien die Kosten des Projekts $P_i, 1 \le i \le n$

$g_i, 1 \le i \le n$ seien der Erfolg des Projekts $P_i, 1 \le i \le n$

b sei das Budget, das zur Verfügung steht.

Jedes Projekt kann nur einmal durchgeführt werden, da sich bei einer Wiederholung kein zusätzlicher Erfolg einstellen würde.

$$x_i = \begin{cases} 0, & \text{falls } P_i \text{ nicht durchgeführt wird} \\ 1, & \text{falls } P_i \text{ durchgeführt wird} \end{cases}$$ sind die zu bestimmenden Variablen.

Dann gilt:
Gesucht sind $x_i \in \{0, 1\}, 1 \le i \le n$, so dass

$k = \sum_{i=1}^{n} x_i \cdot k_i \le b$ gilt und gleichzeitig

$z = \sum_{i=1}^{n} x_i \cdot g_i$ maximal wird.

4. Schritt: Lösung für das Modell:

Die Daten werden aus der gegebenen Tabelle abgelesen.
Dann gilt:
Gesucht sind $x_i \in \{0, 1\}, 1 \le i \le 5$, so dass

$\sum_{i=1}^{5} x_i \cdot k_i = 17000x_1 + 16000x_2 + 19000x_3 + 8000x_4 + 12000x_5 \le 38000$ gilt

und gleichzeitig

$z = \sum_{i=1}^{5} x_i \cdot g_i = 12000x_1 + 15000x_2 + 10000x_3 + 13000x_4 + 9000x_5$

maximal wird.

Die Lösung wird durch Abarbeiten aller $2^5 = 32$ möglichen Kombinationen der verschiedenen Wertebelegungen aller $x_i \in \{0, 1\}, 1 \le i \le 5$ ganz elementar bestimmt.

x_1	x_2	x_3	x_4	x_5	Gesamtkosten: $\sum_{i=1}^{5} x_i \cdot k_i$	Gilt: $k \le 38000$	Gewinn: $\sum_{i=1}^{5} x_i \cdot g_i$
0	0	0	0	0	0	x	0
0	0	0	0	1	12000	x	9000
0	0	0	1	0	8000	x	13000
0	0	0	1	1	20000	x	22000
0	0	1	0	0	19000	x	10000
0	0	1	0	1	31000	x	19000
0	0	1	1	0	27000	x	23000
0	0	1	1	1	39000		
0	1	0	0	0	16000	x	15000
0	1	0	0	1	28000	x	24000
0	1	0	1	0	24000	x	28000
0	1	0	1	1	36000	x	37000
0	1	1	0	0	35000	x	25000

0	1	1	0	1	47000		
0	1	1	1	0	43000		
0	1	1	1	1	55000		
1	0	0	0	0	17000	x	12000
1	0	0	0	1	29000	x	21000
1	0	0	1	0	25000	x	25000
1	0	0	1	1	37000	x	34000
1	0	1	0	0	36000	x	22000
1	0	1	0	1	48000		
1	0	1	1	0	44000		
1	0	1	1	1	56000		
1	1	0	0	0	33000	x	27000
1	1	0	0	1	45000		
1	1	0	1	0	41000		
1	1	0	1	1	53000		
1	1	1	0	0	52000		
1	1	1	0	1	64000		
1	1	1	1	0	60000		
1	1	1	1	1	72000		

Es werden für alle möglichen Kombinationen die gesamten Kosten berechnet. Anschließend wird überprüft, welche dieser Kombinationen das Budget nicht überschreiten. Für all diese Kombinationen wird der mögliche Gewinn (gesamte Anzahl der gewonnenen Neukunden) berechnet. Unter all diesen Gewinnen wird dann das Maximum gesucht.

Der Tabelle entnimmt man dann die Lösung:
Werden die Projekte 2, 4 und 5 durchgeführt, so wird der größtmögliche Werbeerfolg mit 37000 Neukunden erzielt.

5. Schritt: Verifizieren des Lösungsvorschlags:

Da sowohl das Modell als auch die Eingangsdaten und der Lösungsweg fehlerfrei sind, kann die erhaltene Lösung vollständig übernommen werden.

6. Schritt: Realisieren der Lösung:

Es erfolgt die praktische Umsetzung der vorgeschlagenen Werbemaßnahmen.

Bemerkung: Es wurde absichtlich auf den Einsatz mathematischer Optimierungsmethoden verzichtet, um das Beispiel nicht unnötig zu überladen. Bei einer relativ großen Anzahl von Projekten und einem relativ hohen Budget wird das Finden der Lösung durch Ausprobieren aller theoretischen Möglichkeiten schlicht und ergreifend an der zur Verfügung stehenden Zeit scheitern. Abhilfe schaffen dann tatsächlich OR-Verfahren oder eine Umsetzung durch ein IT-Programm.

1.3 Teilgebiete des Operations Research

Abhängig von den Aufgabenstellungen und den mathematischen Modellierungen bzw. Lösungswegen wird das gesamte Operations Research in Teilgebiete unterteilt. Die folgende Zusammenstellung erhebt keinen Anspruch auf Vollständigkeit.

Teilgebiet	**Aufgabenstellung**	**Referenzbeispiele**
Lineare Optimierung	Minimierung bzw. Maximierung einer oder mehrerer linearer Zielfunktionen unter einem System von linearen Nebenbedingungen.	1.1 1.2
Spieltheorie	Untersuchung von Wettbewerbssituationen (Kampagnen, Werbe- und Marketingstrategien der Konkurrenz, militärische Schlachten).	1.4
Transportprobleme	Transport von mehreren Ausgangsorten zu mehreren Bestimmungsorten um die Gesamttransportkosten zu minimieren.	1.5
Graphentheorie	Verfahren und Modelle zur Bestimmung kürzester Wege oder maximaler bzw. kostenminimaler Flüsse in Graphen.	1.6 - 1.8 1.10
Netzplantechnik	Planungsmodelle zur Überwachung und Kontrolle von Abläufen oder Projekten.	1.11
Ganzzahlige Optimierung	wie lineare Optimierung, nur dürfen hier die Variablen nur ganze Zahlen oder Binärzahlen annehmen.	1.3 1.9
Dynamische Optimierung	Finden einer optimalen Entscheidung bei voneinander abhängigen Prozessen, stufenweise Optimierung.	
Nichtlineare Optimierung	Minimierung bzw. Maximierung einer oder mehrerer nichtlinearer Zielfunktionen unter einem System von nichtlinearen Nebenbedingungen.	
Simulation Warteschlangentheorie Zuverlässigkeitstheorie	Untersuchung komplexer stochastischer Modelle.	1.12 1.13

In den folgenden Kapiteln werden die Teilgebiete **Lineare Optimierung, Spieltheorie, Transportprobleme, Graphentheorie** und **Netzplantechnik** ausführlich besprochen. Bei den anderen oben genannten Teilgebieten wird der Leser auf die einschlägige, weiterführende Literatur verwiesen.

Kapitel 2

Lineare Optimierung

Die lineare Optimierung beschäftigt sich mit der Maximierung bzw. Minimierung einer linearen Zielfunktion mit n Variablen unter einem System von Nebenbedingungen, das in Form eines Systems von linearen Ungleichungen mit ebenfalls n Variablen gegeben ist. Da die mathematische Lösung bei nur zwei Variablen durchaus anders ist als bei Systemen, für die $n \geq 3$ gilt, wird dieses Kapitel unterteilt in die Fälle $n = 2$ und $n \geq 3$.

2.1 Lineare Optimierung mit zwei Variablen

In diesem Abschnitt wird der Spezialfall der linearen Optimierung mit nur zwei Variablen betrachtet.

2.1.1 Einführung, Beispiel und mathematisches Modell

Die Maximierung bzw. Minimierung einer linearen Zielfunktion mit 2 Variablen unter einem System von Nebenbedingungen, das in Form eines Systems von linearen Ungleichungen mit ebenfalls 2 Variablen vorliegt, ist das Aufgabengebiet der zweidimensionalen linearen Optimierung.

Das folgende **Beispiel 2.1** verdeutlicht diesen Sachverhalt:
Für eine Verkaufsaktion stellt eine Firma zwei verschiedene neue Produkte X und Y her. Aus Platzgründen können von beiden Produkten zusammen höchstens 500 Stück hergestellt werden, wobei von Produkt Y mindestens 100 Stück erforderlich sind. Für die Fertigung stehen insgesamt 40 Stunden zur Verfügung, wobei für Produkt X (pro Stück) 8 Minuten und für Produkt Y (pro Stück) 4 Minuten benötigt werden. Der Gewinn beim Verkauf eines Produktes X beträgt 50 €, derjenige beim Verkauf eines Produktes Y beträgt 10 €. Die Firma möchte ihren Gesamtgewinn maximieren.

Bezeichnet man die Anzahl der hergestellten Produkte X mit x_1 und die Anzahl der hergestellten Produkte Y mit x_2, so folgt aus den Angaben:

Restriktion aus Platzgründen: $x_1 + x_2 \leq 500$

Restriktion für Produkt Y: $x_2 \geq 100$

Restriktion für die Arbeitszeit: $8x_1 + 4x_2 \leq 2400$

Gleichung für den Gesamtgewinn: $z = 50x_1 + 10x_2 = \max$

Die drei Restriktionen stellen das System linearer Ungleichungen dar, die Gleichung für den Gesamtgewinn ist die Zielfunktion, die maximiert werden soll.

Aus diesem Beispiel kann sofort das mathematische Modell abgeleitet werden.

Mathematisches Modell der linearen Optimierung mit zwei Variablen

Gegeben sei ein lineares Ungleichungssystem mit m Ungleichungen und zwei Variablen der Form

$$a_{11} \cdot x_1 + a_{12} \cdot x_2 \leq b_1$$
$$a_{21} \cdot x_1 + a_{22} \cdot x_2 \leq b_2$$
$$\vdots$$
$$a_{m1} \cdot x_1 + a_{m2} \cdot x_2 \leq b_m$$

Maximiere bzw. minimiere die lineare Zielfunktion $z = c_1 \cdot x_1 + c_2 \cdot x_2$
mit $a_{ij} \in IR, 1 \leq i \leq m, 1 \leq j \leq 2, b_i \in IR, 1 \leq i \leq m$ und $c_k \in IR, 1 \leq k \leq 2$

2.1.2 Lösungsverfahren und durchgerechnetes Beispiel

Um ein Verfahren bzw. einen Algorithmus zur Lösung dieses Modells zu finden, genügen einige Vorüberlegungen.

(1) Die Lösung eines linearen Ungleichungssystems mit zwei Variablen wird ermittelt als Schnittmenge von Halbebenen. Hier kommen nur folgende Fälle in Betracht:
- leere Menge
- ein Punkt
- eine Strecke
- eine Halbgerade
- eine Gerade
- ein n-Eck
- ein Streifen oder
- ein unbeschränktes n-Eck.

(2) Da die Zielfunktion geometrisch eine Ebene darstellt, können die Extremwerte nur auf dem Rand der Lösungsmenge liegen.

(3) Alle gemeinsamen Punkte der Lösungsmenge und der Geraden mit der Gleichung $c_1 \cdot x_1 + c_2 \cdot x_2 = c, c \in IR$ führen auf den Funktionswert c der Zielfunktion. Folglich erhält man die maximalen Werte für das größtmögliche c, für das die Gerade noch gemeinsame Punkte mit der Lösungsmenge hat. Analog dazu erhält man die minimalen Werte für das kleinstmögliche c, für das die Gerade noch gemeinsame Punkte mit der Lösungsmenge hat.

Algorithmus zur linearen Optimierung mit zwei Variablen

Schritt 1: Definition der Variablen und Formulieren des linearen Ungleichungssystems und der Zielfunktion

Schritt 2: Bestimmung der Lösungsmenge des linearen Ungleichungssystems. Dies geschieht mittels eines Schaubilds. Diese Menge wird der zulässige Bereich genannt.

Schritt 3: Rechnerische Lösung:

- Berechnung aller Eckpunkte des zulässigen Bereichs
- Berechnung des Wertes der Zielfunktion in allen Eckpunkten
- Liegt der Extremwert nur in einem Eckpunkt vor, so ist dies die einzige Lösung. Liegen die Extremwerte in zwei benachbarten Eckpunkten vor, dann sind alle Punkte auf der Strecke zwischen diesen Punkten die Extremwerte.

Zeichnerische Lösung:

Schiebt man eine Gerade mit der Steigung $-\frac{c_1}{c_2}, c_2 \neq 0$ von oben an den zulässigen Bereich heran, bis sie diesen berührt, so erhält man alle maximalen Werte.

Schiebt man eine Gerade mit der Steigung $-\frac{c_1}{c_2}, c_2 \neq 0$ von unten an den zulässigen Bereich heran, bis sie diesen berührt, so erhält man alle minimalen Werte.

Für $c_2 = 0$ schiebt man eine Gerade parallel zur x_2-Achse von links bzw. von rechts an den zulässigen Bereich heran, bis sie diesen berührt.

Beispiel zur linearen Optimierung mit zwei Variablen

Gegeben sei das oben schon aufgeführte **Beispiel 2.1**:
Für eine Verkaufsaktion stellt eine Firma zwei verschiedene neue Produkte X und Y her. Aus Platzgründen können von beiden Produkten zusammen höchstens 500

Stück hergestellt werden, wobei von Produkt Y mindestens 100 Stück erforderlich sind. Für die Fertigung stehen insgesamt 40 Stunden zur Verfügung, wobei für Produkt X (pro Stück) 8 Minuten und für Produkt Y (pro Stück) 4 Minuten benötigt werden. Der Gewinn beim Verkauf eines Produktes X beträgt 50 €, derjenige beim Verkauf eines Produktes Y beträgt 10 €. Die Firma möchte ihren Gesamtgewinn maximieren.

Lösung:

(1) Definition der Variablen:

x_1 sei die Anzahl der hergestellten Produkte X

x_2 sei die Anzahl der hergestellten Produkte Y

Formulierung des linearen Ungleichungssystems:

$$x_1 + x_2 \leq 500$$

$$x_2 \geq 100$$

$$8x_1 + 4x_2 \leq 2400$$

Formulierung der Zielfunktion:

$$z = 50x_1 + 10x_2 = \max$$

(2) Bestimmung der Lösungsmenge des linearen Ungleichungssystems:
Alle Ungleichungen werden nach x_2 aufgelöst und die dazugehörigen Geraden bzw. Halbebenen in ein kartesisches Koordinatensystem eingezeichnet. Anschließend wird der zulässige Bereich ermittelt.

$$x_1 + x_2 \leq 500 \quad \Rightarrow \quad x_2 \leq 500 - x_1$$

$$x_2 \geq 100$$

$$8x_1 + 4x_2 \leq 2400 \quad \Rightarrow \quad x_2 \leq 600 - 2x_1$$

Im folgenden Schaubild sind der zulässige Bereich (gefärbt) und die Eckpunkte dargestellt:

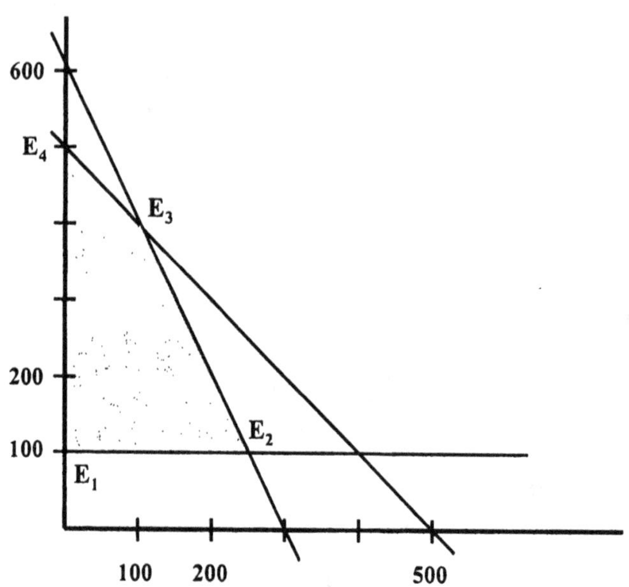

(3) Rechnerische Lösung:

Berechnung aller Eckpunkte des zulässigen Bereichs:

- Eckpunkt E_1 ergibt sich als Schnittpunkt der Geraden $x_1 = 0$ und $x_2 = 100$.
  Also ist $E_1(0, 100)$.
- Eckpunkt E_2 ergibt sich als Schnittpunkt der Geraden $x_2 = 100$ und $x_2 = 600 - 2x_1$.
  Aus $100 = 600 - 2x_1$ folgen $x_1 = 250$ und $x_2 = 100$.
  Also ist $E_2(250, 100)$.
- Eckpunkt E_3 ergibt sich als Schnittpunkt der Geraden $x_2 = 600 - 2x_1$ und $x_2 = 500 - x_1$.
  Aus $600 - 2x_1 = 500 - x_1$ folgen $x_1 = 100$ und $x_2 = 400$.
  Also ist $E_3(100, 400)$.
- Eckpunkt E_4 ergibt sich als Schnittpunkt der Geraden $x_2 = 500 - x_1$ und $x_1 = 0$.
  Also ist $E_4(0, 500)$.

Berechnung des Wertes der Zielfunktion in allen Eckpunkten:

Eckpunkt	$E_1(0,100)$	$E_2(250,100)$	$E_3(100,400)$	$E_4(0,500)$
$z = 50x_1 + 10x_2$	1000	13500	9000	5000

Also liegt das Maximum im Eckpunkt $E_2(250,100)$ vor.
Stellt die Firma 250 Produkte X und 100 Produkte Y her, so ist der maximale Gesamtgewinn 13500 €.

Zeichnerische Lösung:

Schiebt man eine Gerade mit der Steigung $m = -\frac{5}{1} = -5$ von oben an den zulässigen Bereich heran, so trifft diese den Bereich im Eckpunkt $E_2(250,100)$.

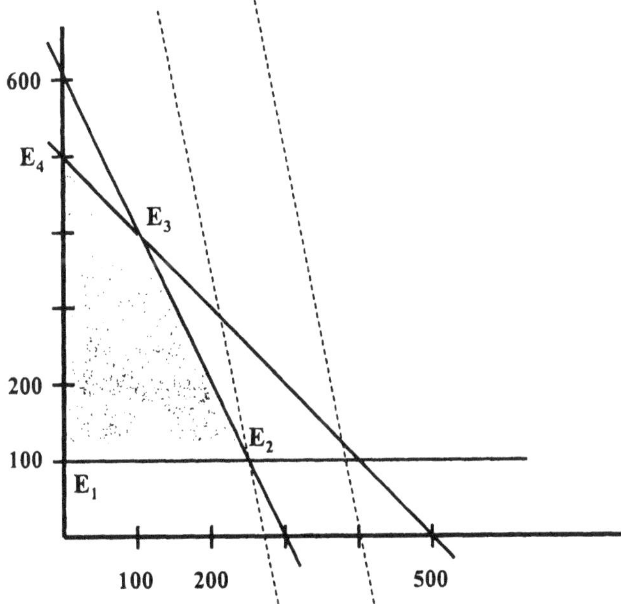

Also liegt das Maximum im Eckpunkt $E_2(250,100)$ vor.
Stellt die Firma 250 Produkte X und 100 Produkte Y her, so ist der maximale Gesamtgewinn 13500 €.

2.1.3 Sensitivitätsanalyse

Bei einer Sensitivitätsanalyse untersucht man das Verhalten der optimalen Lösung auf Reaktionen gegenüber Veränderungen der Ausgangsdaten. Im Folgenden wird dies für die beiden Koeffizienten der Zielfunktion und für die rechten Seiten des Ungleichungssystems durchgeführt.

2.1.3.1 Änderung der Koeffizienten der Zielfunktion

Es soll untersucht werden, in welchem Bereich $\left[c_k - c_k^-, c_k + c_k^+ \right]$ sich der Zielfunktionskoeffizient $c_k, 1 \le k \le 2$ ändern darf, ohne dass die optimale Lösung ihre Optimalitätseigenschaft verliert.
Dabei werden nur die Fälle betrachtet, bei denen sich genau ein Koeffizient ändert und alle anderen konstant bleiben.

Bei der linearen Optimierung mit zwei Variablen sind die Überlegungen eng an die explizite Gestalt des zulässigen Bereichs gekoppelt. Deshalb werden die Betrachtungen gleich am Beispiel 2.1 durchgeführt.

Es gilt $z = 50x_1 + 10x_2 = c_1x_1 + c_2x_2$.
1. Fall: c_1 variabel und $c_2 = 10$

Da dann $x_2 = \frac{z}{10} - \frac{c_1}{10} \cdot x_1$ ist, hat diese Gerade die Steigung $-\frac{c_1}{10}$.
$E_2(250, 100)$ bleibt der Extremwert, falls diese Gerade steiler ist als die Gerade durch die Punkte E_2 und E_3.

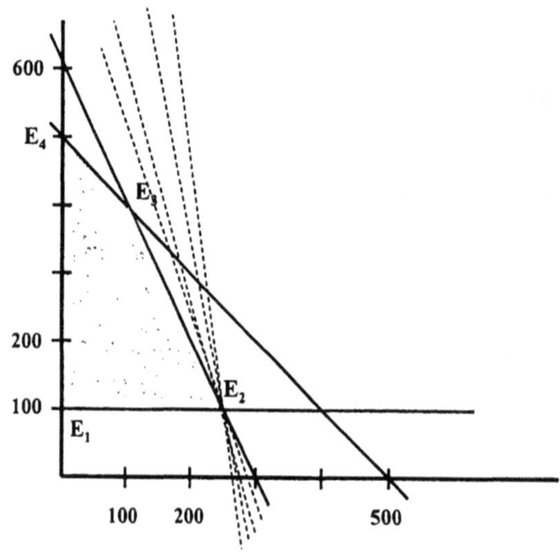

Also gilt: $-2 \geq -\frac{c_1}{10} \quad \Rightarrow \quad c_1 \geq 20$.

Damit ist $c_1 \in [20, \infty)$ oder $c_1^- = 30, c_1^+ = \infty$.

2. Fall: c_2 variabel und $c_1 = 50$

Da dann $x_2 = \frac{z}{c_2} - \frac{50}{c_2} \cdot x_1$ ist, hat diese Gerade die Steigung $-\frac{50}{c_2}, c_2 \neq 0$.

$E_2(250, 100)$ bleibt der Extremwert, falls diese Gerade steiler ist als die Gerade durch die Punkte E_2 und E_3,

also gilt: $-2 \geq -\frac{50}{c_2} \quad \Rightarrow \quad c_2 \leq 25$. (Dies gilt auch für $c_2 = 0$.)

Damit ist $c_2 \in (-\infty, 25]$ oder $c_2^- = \infty, c_2^+ = 15$.

2.1.3.2 Änderung der Koeffizienten auf den rechten Seiten

Es soll untersucht werden, in welchem Bereich $[b_k - b_k^-, b_k + b_k^+]$ sich die Koeffizienten auf den rechten Seiten $b_k, 1 \leq k \leq 3$ ändern dürfen, ohne dass die optimale Basislösung ihre Optimalitätseigenschaft verliert.
Dabei werden nur die Fälle betrachtet, bei denen sich genau ein Koeffizient ändert und alle anderen konstant bleiben.

Es gilt

$x_1 + x_2 \leq 500 = b_1$

$x_2 \geq 100 = b_2$

$8x_1 + 4x_2 \leq 2400 = b_3$

$z = 50x_1 + 10x_2$

1. Fall: b_1 variabel und $b_2 = 1000, b_3 = 2400$

E_2 bleibt der Extremwert, falls die Gerade $x_2 = b_1 - x_1$ die Gerade $x_2 = 600 - 2x_1$ oberhalb des Punktes $P(250, 100)$ schneidet.

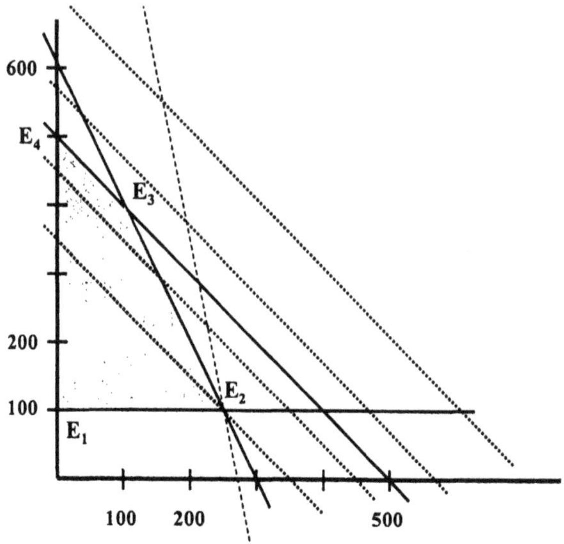

Also gilt: $b_1 - x_1 = 600 - 2x_1 \quad \Rightarrow \quad x_1 = 600 - b_1$ und
$600 - b_1 \le 250 \quad \Rightarrow \quad b_1 \ge 350$.
Damit ist $b_1 \in [350, \infty)$ oder $b_1^- = 150, b_1^+ = \infty$.

2. Fall: b_2 variabel und $b_1 = 500, b_3 = 2400$
E_2 bleibt der Extremwert, falls die Gerade $x_2 = b_2$ die Gerade $x_2 = 600 - 2x_1$ auf der Strecke zwischen der Nullstelle von $x_2 = 600 - 2x_1$ und $P(100, 400)$ schneidet.

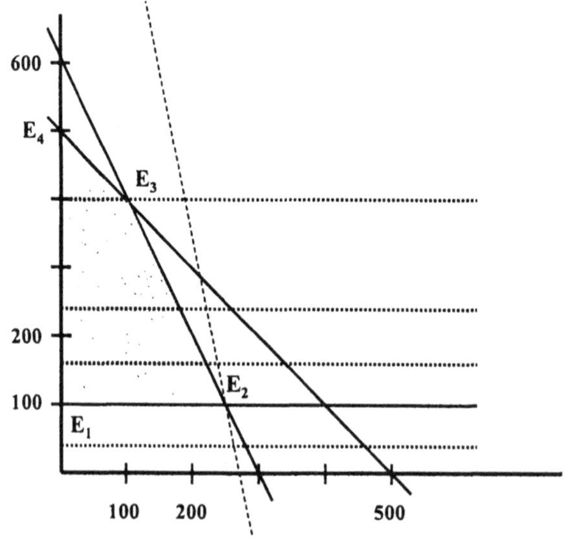

Also gilt: $0 \le b_2 \le 400$.

Damit ist $b_2 \in [0, 400]$ oder $b_2^- = 100, b_2^+ = 300$.

3. Fall: b_3 variabel und $b_1 = 500, b_2 = 100$

E_2 bleibt der Extremwert, falls die Gerade $x_2 = \frac{b_3}{4} - 2x_1$ die Gerade $x_2 = 500 - x_1$ oberhalb des Schnittpunkts von $x_2 = 100$ und $x_2 = 500 - x_1$ schneidet und gleichzeitig die Gerade $x_2 = 100$ rechts von $P(0, 100)$ schneidet.

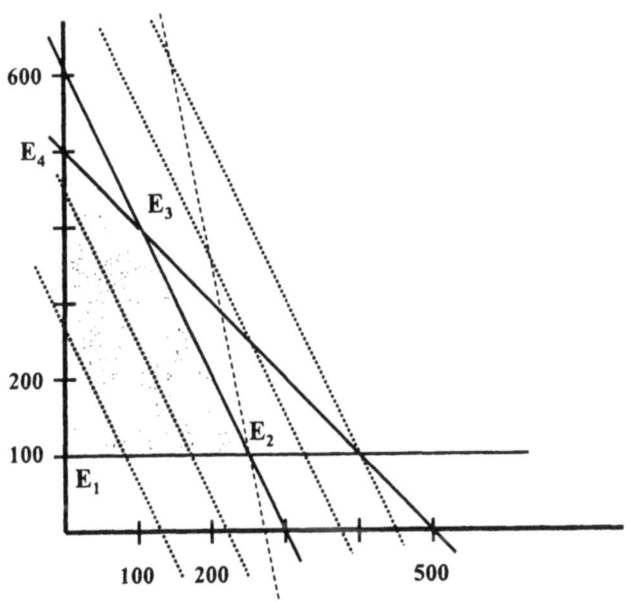

Für den Schnittpunkt von $x_2 = \frac{b_3}{4} - 2x_1$ und $x_2 = 500 - x_1$ gilt:

$$\frac{b_3}{4} - 2x_1 = 500 - x_1 \quad \Rightarrow \quad x_1 = -500 + \frac{b_3}{4} \quad \Rightarrow \quad x_2 = 500 - \left(\frac{b_3}{4} - 500\right) = 1000 - \frac{b_3}{4}$$

Also gilt: $100 \le 1000 - \frac{b_3}{4} \quad \Rightarrow \quad -900 \le -\frac{b_3}{4} \quad \Rightarrow \quad b_3 \le 3600$.

Für den Schnittpunkt von $x_2 = \frac{b_3}{4} - 2x_1$ und $x_2 = 100$ gilt:

$$\frac{b_3}{4} - 2x_1 = 100 \quad \Rightarrow \quad x_1 = -50 + \frac{b_3}{8}$$

Also gilt: $-50 + \frac{b_3}{8} \ge 0 \quad \Rightarrow \quad b_3 \ge 400$.

Damit ist $b_3 \in [400, 3600]$ oder $b_3^- = 2000, b_3^+ = 1200$.

2.2 Lineare Optimierung mit drei und mehr Variablen

In diesem Abschnitt wird der allgemeine Fall der linearen Optimierung mit drei und mehr Variablen betrachtet.

2.2.1 Einführung, Beispiel und mathematisches Modell

Die Maximierung bzw. Minimierung einer linearen Zielfunktion mit drei und mehr Variablen unter einem System von Nebenbedingungen, das in Form eines Systems von linearen Ungleichungen mit ebenfalls drei und mehr Variablen vorliegt, ist das Aufgabengebiet der mehrdimensionalen linearen Optimierung.

Das folgende **Beispiel 2.2** verdeutlicht diesen Sachverhalt:
Ein Industrieunternehmen stellt ein Produkt, bedingt durch den immer moderner werdenden Maschinenpark, durch drei verschiedene Verfahren X, Y und Z her. Der Produktionsprozess ist durch folgende Tabelle gegeben:

	Produktion nach Verfahren			
	X	Y	Z	
Rohstoffe	10	10	5	Rohstoffbedarf in kg
Produktionszeit	5	10	10	Produktionszeit in h
Lagerraum	15	5	10	Lagerraum in m^2

Er unterliegt den folgenden Kapazitätsbeschränkungen:
Die maximal verfügbare Einsatzmenge für die Rohstoffe ist 600 kg
Die maximal verfügbare Einsatzmenge für die Produktionszeit ist 400 h
Die maximal verfügbare Einsatzmenge für den Lagerraum ist 800 m^2.

Der Gewinn beim Verkauf eines Produktes bei der Produktion nach Verfahren X beträgt 30 €, derjenige beim Verkauf eines Produktes bei der Produktion nach Verfahren Y beträgt 40 € und derjenige beim Verkauf eines Produktes bei der Produktion nach Verfahren Z beträgt 30 €.
Die Firma möchte ihren Gesamtgewinn maximieren.

Bezeichnet man die Anzahl der hergestellten Produkte nach Verfahren X mit x_1, die Anzahl der hergestellten Produkte nach Verfahren Y mit x_2 und die Anzahl der hergestellten Produkte nach Verfahren Z mit x_3, so folgt aus den Angaben:
Restriktion für die Rohstoffe: $10x_1 + 10x_2 + 5x_3 \leq 600$

Restriktion für die Produktionszeit: $5x_1 + 10x_2 + 10x_3 \leq 400$

Restriktion für den Lagerraum: $15x_1 + 5x_2 + 10x_3 \leq 800$

Gleichung für den Gesamtgewinn: $z = 30x_1 + 40x_2 + 30x_3 = \max$

Die drei Restriktionen stellen das System linearer Ungleichungen dar, die Gleichung für den Gesamtgewinn ist die Zielfunktion, die maximiert werden soll.

Aus diesem Beispiel kann sofort das mathematische Modell abgeleitet werden.

Mathematisches Modell der linearen Optimierung mit drei und mehr Variablen

Gegeben sei ein lineares Ungleichungssystem mit m Ungleichungen und n Variablen der Form

$$\begin{aligned}
a_{11} \cdot x_1 + a_{12} \cdot x_2 + \cdots + a_{1n} \cdot x_n &\leq b_1 \\
a_{21} \cdot x_1 + a_{22} \cdot x_2 + \cdots + a_{2n} \cdot x_n &\leq b_2 \\
&\vdots \\
a_{m1} \cdot x_1 + a_{m2} \cdot x_2 + \cdots + a_{mn} \cdot x_n &\leq b_m
\end{aligned}$$

Maximiere bzw. minimiere die lineare Zielfunktion

$$z = c_1 \cdot x_1 + c_2 \cdot x_2 + \cdots + c_n \cdot x_n,\ x_j \geq 0, 1 \leq j \leq n$$

mit $a_{ij} \in IR, 1 \leq i \leq m, 1 \leq j \leq n, b_i \in IR, 1 \leq i \leq m$ und $c_k \in IR, 1 \leq k \leq n$

2.2.2 Lösungsverfahren und durchgerechnetes Beispiel

Im nächsten Abschnitt wird am Beispiel 2.2 ein Verfahren zur Lösung, der Simplex-Algorithmus, vorgestellt.

2.2.2.1 Vorüberlegungen zum Simplex-Algorithmus

Zu lösen sei das folgende Problem:

$$\begin{aligned}
10\,x_1 + 10\,x_2 + 5\,x_3 &\leq 600 \\
5\,x_1 + 10\,x_2 + 10\,x_3 &\leq 400 \\
15\,x_1 + 5\,x_2 + 10\,x_3 &\leq 800 \\
z = 30\,x_1 + 40\,x_2 + 30\,x_3 &= \max .
\end{aligned}$$

Es wird ein Punkt (x_1, x_2, x_3) gesucht, der alle Ungleichungen erfüllt und die Zielfunktion möglichst groß macht.

Um im später vorgestellten Algorithmus nicht immer zwischen Maximierungs- und Minimierungsproblemen unterscheiden zu müssen, verwendet man den folgenden, aus der reinen Mathematik bestens bekannten Sachverhalt:
Das Maximum der Funktion $f(x)$ ist im Falle der Existenz an der gleichen Stelle wie das Minimum der Funktion $-f(x)$.

Dadurch wird unser Problem bezüglich der Zielfunktion umgestellt:

$$\begin{aligned}
10\,x_1 + 10\,x_2 + \ \ 5\,x_3 &\le 600\\
5\,x_1 + 10\,x_2 + 10\,x_3 &\le 400\\
15\,x_1 + \ \ 5\,x_2 + 10\,x_3 &\le 800\\
z = -30\,x_1 - 40\,x_2 - 30\,x_3 &= \min .
\end{aligned}$$

Im nächsten Schritt wird aus dem Ungleichungssystem ein lineares Gleichungssystem konstruiert. Es müssen deshalb drei neue Variablen (die positiv oder gleich 0 sind) in das Gleichungssystem eingefügt werden:

$$\begin{aligned}
10\,x_1 + 10\,x_2 + \ \ 5\,x_3 + z_1 \qquad\qquad &= 600\\
5\,x_1 + 10\,x_2 + 10\,x_3 \qquad + z_2 \qquad &= 400\\
15\,x_1 + \ \ 5\,x_2 + 10\,x_3 \qquad\qquad + z_3 &= 800\\
z = -30\,x_1 - 40\,x_2 - 30\,x_3 &= \min .
\end{aligned}$$

Löst man das neue Gleichungssystem nach den neuen Variablen z_1, z_2 und z_3 auf, so erhält man

$$\begin{aligned}
z_1 &= 600 - 10\,x_1 - 10\,x_2 - \ \ 5\,x_3\\
z_2 &= 400 - \ \ 5\,x_1 - 10\,x_2 - 10\,x_3\\
z_3 &= 800 - 15\,x_1 - \ \ 5\,x_2 - 10\,x_3\\
z &= \qquad\ -30\,x_1 - 40\,x_2 - 30\,x_3 \ .
\end{aligned}$$

In diesem Gleichungssystem werden die neuen Variablen z_1, z_2 und z_3 in Abhängigkeit der alten Variablen x_1, x_2 und x_3 dargestellt. Dieser Sachverhalt wird im Simplex-Algorithmus eine wichtige Rolle spielen.

Startet man nun in einem Iterationsverfahren in einen Punkt, der nachweislich das Ungleichungssystem erfüllt, etwa im Punkt $P_1(0, 0, 0)$, so kann man im letzten Gleichungssystem sofort die Werte

$$z_1 = 600$$
$$z_2 = 400$$
$$z_3 = 800$$
$$z = \quad 0$$

berechnen.

Im nächsten Schritt wird versucht, ausgehend vom Punkt $P_1(0, 0, 0)$, eine der drei Variablen x_1, x_2 und x_3 so groß wie möglich zu machen, damit die Zielfunktion

$$z = -30\,x_1 - 40\,x_2 - 30\,x_3$$

so klein wie möglich wird.

Da der Koeffizient von x_2 der kleinste ist, wird x_2 so groß wie möglich gemacht. Als Folge davon müssen dann die beiden anderen Variablen gleich 0 sein:

$$x_1 = x_3 = 0\,.$$

Setzt man dies in das Gleichungssystem ein, so folgt:

$$z_1 = 600 - 10\,x_2$$
$$z_2 = 400 - 10\,x_2$$
$$z_3 = 800 - \;\,5\,x_2\quad.$$

Da die Variablen z_1, z_2 und z_3 positiv oder gleich 0 sind folgt

$$z_1 = 600 - 10\,x_2 \geq 0 \quad \Rightarrow \quad x_2 \leq \;\,60$$
$$z_2 = 400 - 10\,x_2 \geq 0 \quad \Rightarrow \quad x_2 \leq \;\,40$$
$$z_3 = 800 - \;\,5\,x_2 \geq 0 \quad \Rightarrow \quad x_2 \leq 160\quad.$$

Damit alle drei Ungleichungen erfüllt sind, kann x_2 höchstens gleich 40 sein. Man gelangt also zum neuen Punkt $P_2(0, 40, 0)$.
Da jetzt $x_2 = 40$ und $z_2 = 0$ gilt, haben diese beiden Variablen ihre Rollen im Gleichungssystem getauscht. Und genau dies wird jetzt noch vollständig durchgeführt.

Die zweite Gleichung, aus der $x_2 = 40$ bestimmt wurde, wird jetzt nach x_2 aufgelöst:

$$z_2 = 400 - 5\,x_1 - 10\,x_2 - 10\,x_3 \quad \Rightarrow \quad x_2 = 40 - \frac{1}{2}x_1 - \frac{1}{10}z_2 - x_3$$

Dieser Ausdruck für x_2 wird im Gleichungssystem noch in den beiden verbleibenden Gleichungen und in die Zielfunktion eingesetzt:

$$z_1 = 600 - 10\,x_1 - 10\left(40 - \frac{1}{2}x_1 - \frac{1}{10}z_2 - x_3\right) - 5\,x_3 = 200 - 5\,x_1 + z_2 + 5\,x_3$$
$$z_3 = 800 - 15\,x_1 - 5\left(40 - \frac{1}{2}x_1 - \frac{1}{10}z_2 - x_3\right) - 10\,x_3 = 600 - \frac{25}{2}x_1 + \frac{1}{2}z_2 - 5\,x_3$$
$$z = -30\,x_1 - 40\left(40 - \frac{1}{2}x_1 - \frac{1}{10}z_2 - x_3\right) - 30\,x_3 = -1600 - 10\,x_1 + 4\,z_2 + 10\,x_3$$

Damit stellt sich das Gleichungssystem in neuer Gestalt vor:

$$\begin{aligned} z_1 &= 200 - 5\,x_1 + z_2 + 5\,x_3 \\ x_2 &= 40 - \frac{1}{2}x_1 - \frac{1}{10}z_2 - x_3 \\ z_3 &= 600 - \frac{25}{2}x_1 + \frac{1}{2}z_2 - 5\,x_3 \\ z &= -1600 - 10\,x_1 + 4\,z_2 + 10\,x_3 \end{aligned}$$

Da $x_1 = x_3 = z_2 = 0$ gilt, folgt sofort

$$\begin{aligned} z_1 &= 200 \\ x_2 &= 40 \\ z_3 &= 600 \\ z &= -1600 \end{aligned}$$

Formt man das neue Gleichungssystem noch so um, dass alle Variablen auf der linken Seite sind, so folgt:

$$\begin{aligned} 5\,x_1 - z_2 - 5\,x_3 + z_1 &= 200 \\ \frac{1}{2}x_1 + \frac{1}{10}z_2 + x_3 + x_2 &= 40 \\ \frac{25}{2}x_1 - \frac{1}{2}z_2 + 5\,x_3 + z_3 &= 600 \\ z = -10\,x_1 + 4\,z_2 + 10\,x_3 - 1600 &= \min. \end{aligned}$$

Aus diesem Gleichungssystem liest man jetzt ab: $P_2(0, 40, 0)$ und $z = -1600$.

Man hat einen neuen Punkt erhalten, dessen Wert der Zielfunktion besser als der Wert des Punktes $P_1(0, 0, 0)$ ist.
Dieses Verfahren wird jetzt iterativ so lange durchgeführt, bis es keine negativen Koeffizienten in der Zielfunktion mehr gibt.

Unbefriedigend an der ganzen Sache ist allerdings die umfangreiche Berechnung, die auf das neue Gleichungssystem führt.

Ausgangsgleichungssystem:

$$
\begin{aligned}
10\,x_1 + 10\,x_2 + \;\, 5\,x_3 + z_1 \qquad\qquad &= 600 \\
5\,x_1 + 10\,x_2 + 10\,x_3 \qquad + z_2 \qquad &= 400 \\
15\,x_1 + \;\, 5\,x_2 + 10\,x_3 \qquad\qquad + z_3 &= 800 \\
z = -30\,x_1 - 40\,x_2 - 30\,x_3 &= \min .
\end{aligned}
$$

neues Gleichungssystem:

$$
\begin{aligned}
5\,x_1 - \quad z_2 - 5\,x_3 + z_1 \qquad\qquad &= 200 \\
\frac{1}{2}\,x_1 + \frac{1}{10}\,z_2 + \quad x_3 \qquad + x_2 \qquad &= \;\; 40 \\
\frac{25}{2}\,x_1 - \frac{1}{2}\,z_2 + 5\,x_3 \qquad\qquad + z_3 &= 600 \\
z = -10\,x_1 + 4\,z_2 + 10\,x_3 - 1600 &= \min .
\end{aligned}
$$

Deshalb werden beide Gleichungssysteme in einer kürzeren Darstellungsform, nämlich in einer Tabelle geschrieben:

	x_1	x_2	x_3	
z_1	10	10	5	600
z_2	5	10	10	400
z_3	15	5	10	800
	-30	-40	-30	0

	x_1	z_2	x_3	
z_1	5	-1	-5	200
x_2	1/2	1/10	1	40
z_3	25/2	-1/2	5	600
	-10	4	10	1600

Wünschenswert wäre jetzt ein Verfahren, das relativ zügig aus der ersten Tabelle die zweite Tabelle bestimmt.

Analysiert man das Zustandekommen der Inhalte der zweiten Tabelle genauer, so erhält man die folgende Tabelle:

	x_1	z_2	x_3	
z_1	$10-\frac{1}{2}\cdot 10$	$-\frac{1}{10}\cdot 10$	$5-1\cdot 10$	$600-40\cdot 10$
x_2	$\frac{1}{10}\cdot 5$	$\frac{1}{10}$	$\frac{1}{10}\cdot 10$	$\frac{1}{10}\cdot 400$
z_3	$15-\frac{1}{2}\cdot 5$	$-\frac{1}{10}\cdot 5$	$10-1\cdot 5$	$800-40\cdot 5$
	$-30-\frac{1}{2}\cdot(-40)$	$-\frac{1}{10}\cdot(-40)$	$-30-1\cdot(-40)$	$0-40\cdot(-40)$

Aus dieser Tabelle können folgende Sachverhalte und Rechenregeln abgelesen werden:

- Die Variablen x_2 und z_2 wurden getauscht.
- Die Zahl an der Schnittstelle der Beschriftung von x_2 und z_2 wurde durch ihren Kehrwert (1/10) ersetzt.
- Alle restlichen Zahlen in dieser Spalte wurden mit -1/10 multipliziert.
- Alle restlichen Zahlen in dieser Zeile wurden mit 1/10 multipliziert.
- Die noch verbleibenden Zahlen der ersten Spalte wurden so berechnet:
  $$\begin{pmatrix}10\\15\\-30\end{pmatrix}-\frac{1}{2}\cdot\begin{pmatrix}10\\5\\-40\end{pmatrix}$$
- Die noch verbleibenden Zahlen der dritten Spalte wurden so berechnet:
  $$\begin{pmatrix}5\\10\\-30\end{pmatrix}-1\cdot\begin{pmatrix}10\\5\\-40\end{pmatrix}$$
- Die noch verbleibenden Zahlen der vierten Spalte wurden so berechnet:
  $$\begin{pmatrix}600\\800\\0\end{pmatrix}-40\cdot\begin{pmatrix}10\\5\\-40\end{pmatrix}$$

Mit Hilfe dieser Überlegungen wird im nächsten Abschnitt ein Algorithmus vorgestellt, dessen Abläufe dann leicht nachvollzogen werden können.

2.2.2.2 Der primale Simplex-Algorithmus

Mathematisches Modell der linearen Optimierung mit drei und mehr Variablen für den primalen Simplex-Algorithmus

Gegeben sei ein lineares Ungleichungssystem mit m Ungleichungen und n Variablen der Form

$$\begin{aligned}
a_{11}\cdot x_1 + a_{12}\cdot x_2 + \cdots + a_{1n}\cdot x_n &\le b_1\\
a_{21}\cdot x_1 + a_{22}\cdot x_2 + \cdots + a_{2n}\cdot x_n &\le b_2\\
&\vdots\\
a_{m1}\cdot x_1 + a_{m2}\cdot x_2 + \cdots + a_{mn}\cdot x_n &\le b_m
\end{aligned}$$

und eine lineare Zielfunktion

$$z = c_1\cdot x_1 + c_2\cdot x_2 + \cdots + c_n\cdot x_n \text{ mit}$$

$a_{ij} \in IR^+, 1 \le i \le m, 1 \le j \le n, b_i \in IR^+, 1 \le i \le m$ und $c_k \in IR, 1 \le k \le n$.

Gesucht ist das Minimum der Zielfunktion für $x_j \in IR_0^+, 1 \le j \le n$.

Bemerkung:
Beim primalen Simplex-Algorithmus sind alle Koeffizienten im Ungleichungssystem positiv oder gleich 0 und alle Ungleichungen sind $\le$-Ungleichungen. Es wird immer das Minimum gesucht, sollte jedoch das Maximum gesucht sein, so wird die Zielfunktion mit -1 multipliziert und anschließend das Minimum gesucht.

Dazu wird analog der Vorüberlegungen des letzten Abschnitts aus dem Ungleichungssystem durch Hinzufügen der Variablen $z_i \in IR_0^+, 1 \le i \le m$ ein lineares Gleichungssystem erzeugt:

$$\begin{aligned}
a_{11}\cdot x_1 + a_{12}\cdot x_2 + \cdots + a_{1n}\cdot x_n + z_1 \qquad\qquad &= b_1\\
a_{21}\cdot x_1 + a_{22}\cdot x_2 + \cdots + a_{2n}\cdot x_n \qquad + z_2 \qquad &= b_2\\
&\vdots\\
a_{m1}\cdot x_1 + a_{m2}\cdot x_2 + \cdots + a_{mn}\cdot x_n \qquad\qquad + z_m &= b_m
\end{aligned}$$

Die Ausgangsvariablen $x_j \in IR_0^+, 1 \le j \le n$ werden dabei Struktur- oder Nichtbasisvariablen genannt, die neuen Variablen $z_i \in IR_0^+, 1 \le i \le m$ werden Schlupf- oder Basisvariablen genannt.

Bei der Anwendung des Simplex-Algorithmus werden iterativ Eckpunkte berechnet. Der Wert der Zielfunktion nähert sich immer mehr dem Minimum an, bis er es schließlich erreicht.

Primaler Simplex-Algorithmus

Vorbereitung:
Aufstellen des ersten Simplex-Tableaus

	x_1	x_2		x_n	
z_1	a_{11}	a_{12}	$\cdots$	a_{1n}	b_1
z_2	a_{21}	a_{22}	$\cdots$	a_{2n}	b_2
$\vdots$					
z_m	a_{m1}	a_{m2}	$\cdots$	a_{mn}	b_m
	c_1	c_2	$\cdots$	c_n	0

Danach erfolgen Iterationen mit jeweils 2 Schritten bis zum Abbruch.

Berechnung des zweiten (der weiteren) Simplex-Tableaus
Schritt 1: Suche des Pivot-Elements

(a) Bestimmung des kleinsten aller $c_j \in IR^-, 1 \leq j \leq n$. Der dazugehörige Index s bestimmt die Pivotspalte.
Abbruch, falls alle $c_j \geq 0, 1 \leq j \leq n$.

(b) Bestimmung des kleinsten aller Quotienten $\frac{b_i}{a_{is}}$ für alle $a_{is} > 0$. Der dazugehörige Index r bestimmt die Pivotzeile.

(c) Das Pivotelement ist a_{rs}.

Schritt 2: Aufstellen des neuen Tableaus

(a) Die Variablen von Pivotzeile und Pivotspalte werden vertauscht.

(b) Das Pivotelement a_{rs} wird durch seinen Kehrwert $\frac{1}{a_{rs}}$ ersetzt.

(c) Alle restlichen Elemente der Pivotspalte werden mit $-\frac{1}{a_{rs}}$ multipliziert.

(d) Alle restlichen Elemente der Pivotzeile werden mit $\frac{1}{a_{rs}}$ multipliziert.

(e) Alle anderen Werte werden spaltenweise ersetzt nach folgender Formel:

Neue Spalte = Vektor01 – Zahl*Vektor02, wobei gilt:

Primaler Simplex-Algorithmus, Fortsetzung

Vektor01 = Einträge dieser Spalte aus dem alten Tableau ohne den Wert der Pivotzeile,

Vektor02 = Einträge der Pivotspalte aus dem alten Tableau ohne den Wert der Pivotzeile und

Zahl = Zahl, die im neuen Tableau schon in dieser Spalte steht.

Abbruch: Sind alle Einträge in der letzten Zeile (ohne den Wert der Zielfunktion) positiv, so ist das Verfahren beendet.
Sind noch Einträge gleich 0 vorhanden, so gibt es unendlich viele Lösungen. Weitere Eckpunkte werden dann zusätzlich berechnet. Die Pivotzeile ist dann eine Zeile mit Eintrag 0.

Beispiel zum primalen Simplex-Algorithmus:

Gegeben sei wieder das Beispiel 2.2 aus diesem Abschnitt:

$$10\,x_1 + 10\,x_2 + 5\,x_3 \le 600$$
$$5\,x_1 + 10\,x_2 + 10\,x_3 \le 400$$
$$15\,x_1 + 5\,x_2 + 10\,x_3 \le 800$$
$$z = -30\,x_1 - 40\,x_2 - 30\,x_3 = \min$$

Aufstellen des ersten Simplex-Tableaus:

	x_1	x_2	x_3	
z_1	10	10	5	600
z_2	5	10	10	400
z_3	15	5	10	800
	-30	-40	-30	0

1. Iteration: Bestimmung des zweiten Simplex-Tableaus

Schritt 1a: Suche unter allen negativen c_j, $1 \le j \le 3$ den kleinsten Wert:

	x_1	x_2	x_3	
z_1	10	10	5	600
z_2	5	10	10	400
z_3	15	5	10	800
	-30	-40	-30	0

Dies ist $c_2 = -40$. Also ist die zweite Spalte die Pivotspalte und es gilt $s = 2$.

Schritt 1b: Suche unter den Quotienten $\frac{b_i}{a_{i2}}$ für alle $a_{i2} > 0$ den kleinsten.

	x_1	x_2	x_3	
z_1	10	10	5	600
z_2	5	10	10	400
z_3	15	5	10	800
	-30	-40	-30	0

Es gilt:
$$\frac{b_1}{a_{12}} = \frac{600}{10} = 60$$
$$\frac{b_2}{a_{22}} = \frac{400}{10} = 40$$
$$\frac{b_3}{a_{32}} = \frac{800}{5} = 160.$$

Also ist $\frac{b_2}{a_{22}} = 40$ der kleinste Quotient, die zweite Zeile die Pivotzeile und es gilt $r = 2$.

Schritt 1c: Das Pivotelement ist deshalb $a_{22} = 10$.

	x_1	x_2	x_3	
z_1	10	10	5	600
z_2	5	10	10	400
z_3	15	5	10	800
	-30	-40	-30	0

Schritt 2a: Die Variablen von Pivotzeile und Pivotspalte werden vertauscht.

	x_1	z_2	x_3	
z_1				
x_2				
z_3				

Schritt 2b: Das Pivotelement $a_{22} = 10$ wird durch seinen Kehrwert $\frac{1}{a_{22}} = \frac{1}{10}$ ersetzt.

	x_1	z_2	x_3	
z_1				
x_2		$\frac{1}{10}$		
z_3				

Schritt 2c: Alle restlichen Elemente der Pivotspalte werden mit $-\frac{1}{a_{22}} = -\frac{1}{10}$ multipliziert.

	x_1	z_2	x_3	
z_1		$-\frac{1}{10} \cdot 10$		
x_2		$\frac{1}{10}$		
z_3		$-\frac{1}{10} \cdot 5$		
		$-\frac{1}{10} \cdot (-40)$		

oder

	x_1	z_2	x_3	
z_1		-1		
x_2		$\frac{1}{10}$		
z_3		$-\frac{1}{2}$		
		4		

Schritt 2d: Alle restlichen Elemente der Pivotzeile werden mit $\frac{1}{a_{22}} = \frac{1}{10}$ multipliziert.

	x_1	z_2	x_3	
z_1		-1		
x_2	$\frac{1}{10} \cdot 5$	$\frac{1}{10}$	$\frac{1}{10} \cdot 10$	$\frac{1}{10} \cdot 400$
z_3		$-\frac{1}{2}$		
		4		

oder

	x_1	z_2	x_3	
z_1		-1		
x_2	$\frac{1}{2}$	$\frac{1}{10}$	1	40
z_3		$-\frac{1}{2}$		
		4		

Schritt 2e: Berechnung der restlichen Elemente der ersten Spalte.

Vektor01 und Vektor02 werden aus dem ersten Tableau übernommen:

	x_1	x_2	x_3	
z_1	10	10	5	600
z_2	5	10	10	400
z_3	15	5	10	800
	-30	-40	-30	0

Zahl wird aus dem zweiten Tableau übernommen:

	x_1	z_2	x_3	
z_1		-1		
x_2	$\frac{1}{2}$	$\frac{1}{10}$	1	40
z_3		$-\frac{1}{2}$		
		4		

Also gilt für die drei Werte: $\begin{pmatrix} 10 \\ 15 \\ -30 \end{pmatrix} - \frac{1}{2} \cdot \begin{pmatrix} 10 \\ 5 \\ -40 \end{pmatrix} = \begin{pmatrix} 10 - \frac{1}{2} \cdot 10 \\ 15 - \frac{1}{2} \cdot 5 \\ -30 - \frac{1}{2} \cdot (-40) \end{pmatrix}$

oder

	x_1	z_2	x_3	
z_1	$10 - \frac{1}{2} \cdot 10$	-1		
x_2	$\frac{1}{2}$	$\frac{1}{10}$	1	40
z_3	$15 - \frac{1}{2} \cdot 5$	$-\frac{1}{2}$		
	$-30 - \frac{1}{2} \cdot (-40)$	4		

oder

	x_1	z_2	x_3	
z_1	5	-1		
x_2	$\frac{1}{2}$	$\frac{1}{10}$	1	40
z_3	$\frac{25}{2}$	$-\frac{1}{2}$		
	-10	4		

Schritt 2e: Berechnung der restlichen Elemente der dritten Spalte.

Vektor01 und Vektor02 werden aus dem ersten Tableau übernommen:

	x_1	x_2	x_3	
z_1	10	10	5	600
z_2	5	10	10	400
z_3	15	5	10	800
	-30	-40	-30	0

Zahl wird aus dem zweiten Tableau übernommen:

	x_1	z_2	x_3	
z_1		-1		
x_2	$\frac{1}{2}$	$\frac{1}{10}$	1	40
z_3		$-\frac{1}{2}$		
		4		

Also gilt für die drei Werte: $\begin{pmatrix} 5 \\ 10 \\ -30 \end{pmatrix} - 1 \cdot \begin{pmatrix} 10 \\ 5 \\ -40 \end{pmatrix} = \begin{pmatrix} 5 - 1 \cdot 10 \\ 10 - 1 \cdot 5 \\ -30 - 1 \cdot (-40) \end{pmatrix}$

oder

	x_1	z_2	x_3	
z_1	5	-1	$5-1\cdot 10$	
x_2	$\frac{1}{2}$	$\frac{1}{10}$	1	40
z_3	$\frac{25}{2}$	$-\frac{1}{2}$	$10-1\cdot 5$	
	-10	4	$-30-1\cdot(-40)$	

oder

	x_1	z_2	x_3	
z_1	5	-1	-5	
x_2	$\frac{1}{2}$	$\frac{1}{10}$	1	40
z_3	$\frac{25}{2}$	$-\frac{1}{2}$	5	
	-10	4	10	

Schritt 2e: Berechnung der restlichen Elemente der letzten Spalte.

Vektor01 und Vektor02 werden aus dem ersten Tableau übernommen:

	x_1	x_2	x_3	
z_1	10	10	5	600
z_2	5	10	10	400
z_3	15	5	10	800
	-30	-40	-30	0

Zahl wird aus dem zweiten Tableau übernommen:

	x_1	z_2	x_3	
z_1		-1		
x_2	$\frac{1}{2}$	$\frac{1}{10}$	1	40
z_3		$-\frac{1}{2}$		
		4		

Also gilt für die drei Werte: $\begin{pmatrix} 600 \\ 800 \\ 0 \end{pmatrix} - 40 \cdot \begin{pmatrix} 10 \\ 5 \\ -40 \end{pmatrix} = \begin{pmatrix} 600 - 40 \cdot 10 \\ 800 - 40 \cdot 5 \\ 0 - 40 \cdot (-40) \end{pmatrix}$

oder

	x_1	z_2	x_3	
z_1	5	-1	-5	$600 - 40 \cdot 10$
x_2	$\frac{1}{2}$	$\frac{1}{10}$	1	40
z_3	$\frac{25}{2}$	$-\frac{1}{2}$	5	$800 - 40 \cdot 5$
	-10	4	10	$0 - 40 \cdot (-40)$

oder

	x_1	z_2	x_3	
z_1	5	−1	−5	200
x_2	$\frac{1}{2}$	$\frac{1}{10}$	1	40
z_3	$\frac{25}{2}$	$-\frac{1}{2}$	5	600
	−10	4	10	1600

Damit lautet das zweite Simplex-Tableau:

	x_1	z_2	x_3	
z_1	5	−1	−5	200
x_2	$\frac{1}{2}$	$\frac{1}{10}$	1	40
z_3	$\frac{25}{2}$	$-\frac{1}{2}$	5	600
	−10	4	10	1600

Aus diesem Tableau können jetzt sowohl der neue Eckpunkt als auch der Wert der Zielfunktion abgelesen werden. Alle Variablen, die noch als Spaltenbeschriftungen dienen, sind gleich 0. Für die anderen Variablen, die als Zeilenbeschriftungen dienen, wird der Wert in der letzten Spalte abgelesen. Der negative Wert der Zielfunktion steht im letzten Feld der Tabelle:

	x_1	z_2	x_3	
z_1	5	−1	−5	200
x_2	$\frac{1}{2}$	$\frac{1}{10}$	1	40
z_3	$\frac{25}{2}$	$-\frac{1}{2}$	5	600
	−10	4	10	1600

Also gilt $x_1 = x_3 = 0$, $x_2 = 40$ und $z = -1600$, also $E_2(0, 40, 0)$.

Das Verfahren ist noch nicht beendet, da es im unterlegten Bereich noch negative Einträge gibt:

	x_1	z_2	x_3	
z_1	5	−1	−5	200
x_2	$\frac{1}{2}$	$\frac{1}{10}$	1	40
z_3	$\frac{25}{2}$	$-\frac{1}{2}$	5	600
	−10	4	10	1600

2. Iteration: Bestimmung des dritten Simplex-Tableaus

Die Ausführungen sind hier nicht so ausführlich wie in der ersten Iteration.

Schritt 1: Bestimmung des Pivotelements

	x_1	z_2	x_3	
z_1	5	−1	−5	200
x_2	$\frac{1}{2}$	$\frac{1}{10}$	1	40
z_3	$\frac{25}{2}$	$-\frac{1}{2}$	5	600
	−10	4	10	1600

Bestimmung der Pivotspalte: -10 ist der einzige negative Eintrag.

Bestimmung der Pivotzeile: $\frac{200}{5} = 40, \quad \frac{40}{1/2} = 80, \quad \frac{600}{25/2} = 48$.

Also steht das Pivotelement in der ersten Zeile und in der ersten Spalte.

Schritt 2: Erstellen des neuen Tableaus

Ersetzen von Pivotzeile und Pivotspalte

	z_1	z_2	x_3	
x_1	$\frac{1}{5}$	$-\frac{1}{5}$	−1	40
x_2	$-\frac{1}{10}$			
z_3	$-\frac{5}{2}$			
	2			

Ersetzen der restlichen Spalten

$$\begin{pmatrix} 1/10 \\ -1/2 \\ 4 \end{pmatrix} + \frac{1}{5} \cdot \begin{pmatrix} 1/2 \\ 25/2 \\ -10 \end{pmatrix} = \begin{pmatrix} 1/5 \\ 2 \\ 2 \end{pmatrix}, \begin{pmatrix} 1 \\ 5 \\ 10 \end{pmatrix} + 1 \cdot \begin{pmatrix} 1/2 \\ 25/2 \\ -10 \end{pmatrix} = \begin{pmatrix} 3/2 \\ 35/2 \\ 0 \end{pmatrix} \text{ und}$$

$$\begin{pmatrix} 40 \\ 600 \\ 1600 \end{pmatrix} - 40 \cdot \begin{pmatrix} 1/2 \\ 25/2 \\ -10 \end{pmatrix} = \begin{pmatrix} 20 \\ 100 \\ 2000 \end{pmatrix}$$

	z_1	z_2	x_3	
x_1	$\frac{1}{5}$	$-\frac{1}{5}$	-1	40
x_2	$-\frac{1}{10}$	$\frac{1}{5}$	$\frac{3}{2}$	20
z_3	$-\frac{5}{2}$	2	$\frac{35}{2}$	100
	2	2	0	2000

Also gilt $x_3 = 0$, $x_1 = 40$, $x_2 = 20$ und $z = -2000$, also $E_3(40, 20, 0)$.

Da alle Einträge in der letzten Zeile positiv oder gleich 0 sind, ist $E_3(40, 20, 0)$ ein Minimum und das Verfahren bricht ab, falls es ausreicht, ein Minimum zu finden. Da aber noch ein Eintrag gleich 0 ist, gibt es weitere Lösungen. Diese werden im Folgenden bestimmt.

3. Iteration: Bestimmung des vierten Simplex-Tableaus

Die Ausführungen sind hier nicht so ausführlich wie in der ersten Iteration.

Schritt 1: Bestimmung des Pivotelements

	z_1	z_2	x_3	
x_1	$\frac{1}{5}$	$-\frac{1}{5}$	-1	40
x_2	$-\frac{1}{10}$	$\frac{1}{5}$	$\frac{3}{2}$	20
z_3	$-\frac{5}{2}$	2	$\frac{35}{2}$	100
	2	2	0	2000

Bestimmung der Pivotspalte: 0 ist der einzig mögliche Eintrag.

Bestimmung der Pivotzeile: $\frac{20}{3/2}=\frac{40}{3}$, $\frac{100}{35/2}=\frac{200}{35}$.

Also steht das Pivotelement in der dritten Zeile und in der dritten Spalte.

Schritt 2: Erstellen des neuen Tableaus

Ersetzen von Pivotzeile und Pivotspalte

	z_1	z_2	z_3	
x_1			$\frac{2}{35}$	
x_2			$-\frac{3}{35}$	
x_3	$-\frac{1}{7}$	$\frac{4}{35}$	$\frac{2}{35}$	$\frac{40}{7}$
			0	

Ersetzen der restlichen Spalten

$$\begin{pmatrix}1/5\\-1/10\\2\end{pmatrix}+\frac{1}{7}\cdot\begin{pmatrix}-1\\3/2\\0\end{pmatrix}=\begin{pmatrix}2/35\\4/35\\2\end{pmatrix},\quad \begin{pmatrix}-1/5\\1/5\\2\end{pmatrix}-\frac{4}{35}\cdot\begin{pmatrix}-1\\3/2\\0\end{pmatrix}=\begin{pmatrix}3/35\\1/35\\2\end{pmatrix} \text{ und}$$

$$\begin{pmatrix}40\\20\\2000\end{pmatrix}-\frac{40}{7}\cdot\begin{pmatrix}-1\\3/2\\0\end{pmatrix}=\begin{pmatrix}320/7\\80/7\\2000\end{pmatrix}$$

	z_1	z_2	z_3	
x_1	$\frac{2}{35}$	$\frac{3}{35}$	$\frac{2}{35}$	$\frac{320}{7}$
x_2	$\frac{4}{35}$	$\frac{1}{35}$	$-\frac{3}{35}$	$\frac{80}{7}$
x_3	$-\frac{1}{7}$	$\frac{4}{35}$	$\frac{2}{35}$	$\frac{40}{7}$
	2	2	0	2000

Also gilt $x_1=320/7$, $x_2=80/7$, $x_3=40/7$ und $z=-2000$, also $E_4(320/7, 80/7, 40/7)$.

Führt man jetzt die vierte Iteration durch, so erhält man natürlich wieder das dritte Simplextableau. Also liegt in den beiden Punkten $E_3(40, 20, 0)$ und

$E_4(320/7, 80/7, 40/7)$ ein Minimum vor. Jetzt sollte man noch untersuchen, in welcher Menge alle Extremwerte liegen. Hier ist es klar, dass diese auf der Strecke zwischen diesen beiden Punkten liegen.

2.2.2.3 Der duale Simplex-Algorithmus

Beim primalen Simplex-Algorithmus bestand das Ausgangsgleichungssystem ausnahmslos aus Ungleichungen der Form $\leq$. Dadurch konnten nur Beschränkungen nach oben erfasst werden. Da dies nicht immer der Fall sein muss, wird im Folgenden der Simplex-Algorithmus auch für Ungleichungen der Form $\geq$ erweitert. Dazu werden diese Ungleichungen durch eine Multiplikation mit -1 auf Ungleichungen der bekannten Form $\leq$ gebracht. Dadurch werden aber alle Koeffizienten in diesen Ungleichungen negativ, besonders auch der Koeffizient auf der rechten Seite! Somit werden im folgenden Modell die Nichtnegativitätsbedingungen für die Koeffizienten fallengelassen.

Mathematisches Modell der linearen Optimierung mit drei und mehr Variablen für den dualen Simplex-Algorithmus

Gegeben sei ein lineares Ungleichungssystem mit m Ungleichungen und n Variablen der Form

$$\begin{array}{llll} a_{11}\cdot x_1 + a_{12}\cdot x_2 + & \cdots & + a_{1n}\cdot x_n & \leq b_1 \\ a_{21}\cdot x_1 + a_{22}\cdot x_2 + & \cdots & + a_{2n}\cdot x_n & \leq b_2 \\ \vdots & & & \\ a_{m1}\cdot x_1 + a_{m2}\cdot x_2 + & \cdots & + a_{mn}\cdot x_n & \leq b_m \end{array}$$

und eine lineare Zielfunktion

$$z = c_1\cdot x_1 + c_2\cdot x_2 + \cdots + c_n\cdot x_n$$

mit $a_{ij} \in IR, 1 \leq i \leq m, 1 \leq j \leq n, b_i \in IR, 1 \leq i \leq m$ und $c_k \in IR, 1 \leq k \leq n$.

Gesucht ist das Minimum der Zielfunktion für $x_j \in IR_0^+, 1 \leq j \leq n$.

Dazu wird analog zum primalen Simplex-Algorithmus des letzten Abschnitts aus dem Ungleichungssystem durch Hinzufügen der Variablen $z_i \in IR_0^+, 1 \leq i \leq m$ ein lineares Gleichungssystem erzeugt:

$$\begin{array}{llllllll} a_{11}\cdot x_1 + a_{12}\cdot x_2 + & \cdots & + a_{1n}\cdot x_n & + z_1 & & & = b_1 \\ a_{21}\cdot x_1 + a_{22}\cdot x_2 + & \cdots & + a_{2n}\cdot x_n & & + z_2 & & = b_2 \\ \vdots & & & & & & \\ a_{m1}\cdot x_1 + a_{m2}\cdot x_2 + & \cdots & + a_{mn}\cdot x_n & & & + z_m & = b_m \end{array}$$

Dualer Simplex-Algorithmus

Vorbereitung:
Aufstellen des ersten Simplex-Tableaus
Vorsicht: Alle Ungleichungen der Form $\geq$ müssen vorab durch eine Multiplikation mit -1 auf Ungleichungen der bekannten Form $\leq$ gebracht werden!

	x_1	x_2		x_n	
z_1	a_{11}	a_{12}	...	a_{1n}	b_1
z_2	a_{21}	a_{22}	...	a_{2n}	b_2
$\vdots$					
z_m	a_{m1}	a_{m2}	...	a_{mn}	b_m
	c_1	c_2	...	c_n	0

Danach erfolgen Iterationen zu jeweils 2 Schritten bis zum Abbruch.

Berechnung des zweiten (der weiteren) Simplex-Tableaus
Schritt 1: Suche des Pivot-Elements
Hier wird unterschieden, ob es noch negative Einträge in der letzten Spalte gibt oder nicht!

Fall 1: Es gibt mindestens ein negatives $b_i \in IR, 1 \leq i \leq m$.

(a) Bestimmung des kleinsten aller $b_i \in IR^-, 1 \leq i \leq m$. Der dazugehörige Index r bestimmt die Pivotzeile.

(b) Bestimmung des kleinsten aller Quotienten $\frac{c_j}{a_{rj}}$ für alle $a_{rj} < 0$. Der dazugehörige Index s bestimmt die Pivotzeile.
Abbruch, falls kein $a_{rj} < 0$. Dann gibt es keine Lösung, da die Lösungsmenge des Ungleichungssystems leer ist.

(c) Das Pivotelement ist a_{rs}.

Fall 2: Alle $b_i \in IR, 1 \leq i \leq m$ sind positiv. Dann geht der duale Simplex-Algorithmus in den primalen Simplex-Algorithmus über.

(a) Bestimmung des kleinsten aller $c_j \in IR^-, 1 \leq j \leq n$. Der dazugehörige Index s bestimmt die Pivotspalte.
Abbruch, falls alle $c_j \geq 0, 1 \leq j \leq n$. Das Verfahren ist beendet und die optimale Lösung gefunden.

Dualer Simplex-Algorithmus, Fortsetzung

(b) Bestimmung des kleinsten aller Quotienten $\frac{b_i}{a_{is}}$ für alle $a_{is} > 0$. Der dazugehörige Index r bestimmt die Pivotzeile. Abbruch, falls kein $a_{is} > 0$. Die Lösungsmenge des Ungleichungssystems ist unbeschränkt.

(c) Das Pivotelement ist a_{rs}.

Schritt 2: Aufstellen des neuen Tableaus

(a) Die Variablen von Pivotzeile und Pivotspalte werden vertauscht.

(b) Das Pivotelement a_{rs} wird durch seinen Kehrwert $\frac{1}{a_{rs}}$ ersetzt.

(c) Alle restlichen Elemente der Pivotspalte werden mit $-\frac{1}{a_{rs}}$ multipliziert.

(d) Alle restlichen Elemente der Pivotzeile werden mit $\frac{1}{a_{rs}}$ multipliziert.

(e) Alle anderen Werte werden spaltenweise ersetzt nach folgender Formel:

Neue Spalte = Vektor01 − Zahl*Vektor02, wobei gilt:

Vektor01 = Einträge dieser Spalte aus dem alten Tableau ohne den Wert der Pivotzeile,

Vektor02 = Einträge der Pivotspalte aus dem alten Tableau ohne den Wert der Pivotzeile und

Zahl = Zahl, die im neuen Tableau schon in dieser Spalte steht.

Abbruch: Sind alle Einträge in der letzten Zeile (ohne den Wert der Zielfunktion) positiv, so ist das Verfahren beendet. Sind noch Einträge gleich 0 vorhanden, so gibt es unendlich viele Lösungen. Weitere Eckpunkte werden dann zusätzlich berechnet. Die Pivotzeile ist dann eine Zeile mit Eintrag 0.

Beispiel 2.3 zum dualen Simplex-Algorithmus:

Gegeben sei das folgende Beispiel aus der Landwirtschaft:
Aus fünf verschiedenen Trockenfuttersorten S_1, S_2, S_3, S_4 und S_5 soll eine Mischung hergestellt werden. Jede der Sorten enthält mindestens einen der vier verschiedenen Bestandteile B_1, B_2, B_3 und B_4 gemäß folgender Tabelle:

	Anzahl an Mengeneinheiten der Bestandteile pro Sorte			
	B_1	B_2	B_3	B_4
S_1	4	10	3	4
S_2	4	1	1	3
S_3	8	6	1	4
S_4	3	12	3	9
S_5	3	2	2	0

Die Kosten beim Einkauf der Trockenfuttersorten betragen:

3 Geldeinheiten für Trockenfuttersorte S_1,
2 Geldeinheiten für Trockenfuttersorte S_2,
3 Geldeinheiten für Trockenfuttersorte S_3,
2 Geldeinheiten für Trockenfuttersorte S_4 und
3 Geldeinheiten für Trockenfuttersorte S_5.

Es ist eine Mischung herzustellen, welche

- mindestens 1200 Mengeneinheiten von Bestandteil B_1,
- mindestens 2500 Mengeneinheiten von Bestandteil B_2,
- mindestens 1020 Mengeneinheiten von Bestandteil B_3 und
- zwischen 1620 und 2700 Mengeneinheiten von Bestandteil B_4

enthält.
Welche Mischung ist am billigsten?

Zuerst wird das mathematische Modell aufgestellt.
Bezeichnet man die eingesetzten Mengeneinheiten der Trockenfuttersorte S_i mit $x_i, 1 \le i \le 5$, so folgt aus den Angaben für die Restriktionen der einzelnen Bestandteile und für die Zielfunktion:

$$\begin{aligned}
4x_1 + 4x_2 + 8x_3 + 3x_4 + 3x_5 &\ge 1200 \\
10x_1 + x_2 + 6x_3 + 12x_4 + 2x_5 &\ge 2520 \\
3x_1 + x_2 + x_3 + 3x_4 + 2x_5 &\ge 1020 \\
4x_1 + 3x_2 + 4x_3 + 9x_4 &\le 2700 \\
4x_1 + 3x_2 + 4x_3 + 9x_4 &\ge 1620 \\
z = 3x_1 + 2x_2 + 3x_3 + 2x_4 + 3x_5 &= \min.
\end{aligned}$$

Um das erste Simplex-Tableau aufzustellen, müssen alle $\geq$-Ungleichungen umgeformt werden:

$$
\begin{aligned}
-4x_1 - 4x_2 - 8x_3 - 3x_4 - 3x_5 &\leq -1200\\
-10x_1 - x_2 - 6x_3 - 12x_4 - 2x_5 &\leq -2520\\
-3x_1 - x_2 - x_3 - 3x_4 - 2x_5 &\leq -1020\\
4x_1 + 3x_2 + 4x_3 + 9x_4 &\leq 2700\\
-4x_1 - 3x_2 - 4x_3 - 9x_4 &\leq -1620\\
z = 3x_1 + 2x_2 + 3x_3 + 2x_4 + 3x_5 &= \min
\end{aligned}
$$

Aufstellen des ersten Simplex-Tableaus:

	x_1	x_2	x_3	x_4	x_5	
z_1	−4	−4	−8	−3	−3	−1200
z_2	−10	−1	−6	−12	−2	−2520
z_3	−3	−1	−1	−3	−2	−1020
z_4	4	3	4	9	0	2700
z_5	−4	−3	−4	−9	0	−1620
	3	2	3	2	3	0

1. Iteration: Bestimmung des zweiten Simplex-Tableaus

Da es in der letzten Spalte negative Einträge gibt, kommt Fall 1 von Schritt 1 zur Anwendung.

Schritt 1a: Suche unter allen negativen b_i, $1 \leq i \leq 5$ den kleinsten Wert:

	x_1	x_2	x_3	x_4	x_5	
z_1	−4	−4	−8	−3	−3	−1200
z_2	−10	−1	−6	−12	−2	−2520
z_3	−3	−1	−1	−3	−2	−1020
z_4	4	3	4	9	0	2700
z_5	−4	−3	−4	−9	0	−1620
	3	2	3	2	3	0

Dies ist $b_2 = -2520$. Also ist die zweite Zeile die Pivotzeile und es gilt $r = 2$.

Schritt 1b: Suche unter den Quotienten $\frac{c_j}{a_{2j}}$ für alle $a_{2j} < 0$ den kleinsten.

	x_1	x_2	x_3	x_4	x_5	
z_1	−4	−4	−8	−3	−3	−1200
z_2	−10	−1	−6	−12	−2	−2520
z_3	−3	−1	−1	−3	−2	−1020
z_4	4	3	4	9	0	2700
z_5	−4	−3	−4	−9	0	−1620
	3	2	3	2	3	0

Es gilt:

$$\frac{c_1}{a_{21}} = \frac{3}{-10} = -\frac{3}{10}$$

$$\frac{c_2}{a_{22}} = \frac{2}{-1} = -2$$

$$\frac{c_3}{a_{23}} = \frac{3}{-6} = -\frac{1}{2}$$

$$\frac{c_4}{a_{24}} = \frac{2}{-12} = -\frac{1}{6}$$

$$\frac{c_5}{a_{25}} = \frac{3}{-2} = -\frac{3}{2}$$

Also ist $\frac{c_2}{a_{22}} = -2$ der kleinste Quotient, die zweite Spalte die Pivotspalte und es gilt $s = 2$.

Schritt 1c: Das Pivotelement ist deshalb $a_{22} = -1$.

	x_1	x_2	x_3	x_4	x_5	
z_1	−4	−4	−8	−3	−3	−1200
z_2	−10	−1	−6	−12	−2	−2520
z_3	−3	−1	−1	−3	−2	−1020
z_4	4	3	4	9	0	2700
z_5	−4	−3	−4	−9	0	−1620
	3	2	3	2	3	0

Schritt 2a: Die Variablen von Pivotzeile und Pivotspalte werden vertauscht.

	x_1	z_2	x_3	x_4	x_5	
z_1						
x_2						
z_3						
z_4						
z_5						

Schritt 2b: Das Pivotelement $a_{22} = -1$ wird durch seinen Kehrwert $\frac{1}{a_{22}} = \frac{1}{-1} = -1$ ersetzt.

	x_1	z_2	x_3	x_4	x_5	
z_1						
x_2		-1				
z_3						
z_4						
z_5						

Schritt 2c: Alle restlichen Elemente der Pivotspalte werden mit $-\frac{1}{-a_{22}} = -\frac{1}{-1} = 1$ multipliziert.

	x_1	z_2	x_3	x_4	x_5	
z_1		$1 \cdot (-4)$				
x_2		-1				
z_3		$1 \cdot (-1)$				
z_4		$1 \cdot 3$				
z_5		-3				
		$1 \cdot 2$				

oder

	x_1	z_2	x_3	x_4	x_5	
z_1		-4				
x_2		-1				
z_3		-1				
z_4		3				
z_5		-3				
		2				

Schritt 2d: Alle restlichen Elemente der Pivotzeile werden mit $\frac{1}{a_{22}} = \frac{1}{-1} = -1$ multipliziert.

	x_1	z_2	x_3	x_4	x_5	
z_1		-4				
x_2	$-1 \cdot (-10)$	-1	$-1 \cdot (-6)$	$-1 \cdot (-12)$	$-1 \cdot (-2)$	$-1 \cdot (-2520)$
z_3		-1				
z_4		3				
z_5		-3				
		2				

oder

	x_1	z_2	x_3	x_4	x_5	
z_1		-4				
x_2	10	-1	6	12	2	2520
z_3		-1				
z_4		3				
z_5		-3				
		2				

Schritt 2e: Berechnung der restlichen Elemente der ersten Spalte

Vektor01 und Vektor02 werden aus dem ersten Tableau übernommen:

	x_1	x_2	x_3	x_4	x_5	
z_1	-4	-4	-8	-3	-3	-1200
z_2	-10	-1	-6	-12	-2	-2520
z_3	-3	-1	-1	-3	-2	-1020
z_4	4	3	4	9	0	2700
z_5	-4	-3	-4	-9	0	-1620
	3	2	3	2	3	0

Zahl wird aus dem zweiten Tableau übernommen:

	x_1	z_2	x_3	x_4	x_5	
z_1		-4				
x_2	10	-1	6	12	2	2520
z_3		-1				
z_4		3				
z_5		-3				
		2				

Also gilt für die fünf Werte: $\begin{pmatrix} -4 \\ -3 \\ 4 \\ -4 \\ 3 \end{pmatrix} - 10 \cdot \begin{pmatrix} -4 \\ -1 \\ 3 \\ -3 \\ 2 \end{pmatrix} = \begin{pmatrix} 36 \\ 7 \\ -26 \\ 26 \\ -17 \end{pmatrix}$

oder

	x_1	z_2	x_3	x_4	x_5	
z_1	36	-4				
x_2	10	-1	6	12	2	2520
z_3	7	-1				
z_4	-26	3				
z_5	26	-3				
	-17	2				

Schritt 2e: Berechnung der restlichen Elemente der dritten Spalte

Vektor01 und Vektor02 werden aus dem ersten Tableau übernommen:

	x_1	x_2	x_3	x_4	x_5	
z_1	−4	−4	−8	−3	−3	−1200
z_2	−10	−1	−6	−12	−2	−2520
z_3	−3	−1	−1	−3	−2	−1020
z_4	4	3	4	9	0	2700
z_5	−4	−3	−4	−9	0	−1620
	3	2	3	2	3	0

Zahl wird aus dem zweiten Tableau übernommen:

	x_1	z_2	x_3	x_4	x_5	
z_1		−4				
x_2	10	−1	6	12	2	2520
z_3		−1				
z_4		3				
z_5		−3				
		2				

Also gilt für die fünf Werte: $\begin{pmatrix} -8 \\ -1 \\ 4 \\ -4 \\ 3 \end{pmatrix} - 6 \cdot \begin{pmatrix} -4 \\ -1 \\ 3 \\ -3 \\ 2 \end{pmatrix} = \begin{pmatrix} 16 \\ 5 \\ -14 \\ 14 \\ -9 \end{pmatrix}$

oder

	x_1	z_2	x_3	x_4	x_5	
z_1	36	−4	16			
x_2	10	−1	6	12	2	2520
z_3	7	−1	5			
z_4	−26	3	−14			
z_5	26	−3	14			
	−17	2	−9			

Schritt 2e: Berechnung der restlichen Elemente der vierten Spalte

Vektor01 und Vektor02 werden aus dem ersten Tableau übernommen:

	x_1	x_2	x_3	x_4	x_5	
z_1	−4	−4	−8	−3	−3	−1200
z_2	−10	−1	−6	−12	−2	−2520
z_3	−3	−1	−1	−3	−2	−1020
z_4	4	3	4	9	0	2700
z_5	−4	−3	−4	−9	0	−1620
	3	2	3	2	3	0

Zahl wird aus dem zweiten Tableau übernommen:

	x_1	z_2	x_3	x_4	x_5	
z_1		−4				
x_2	10	−1	6	12	2	2520
z_3		−1				
z_4		3				
z_5		−3				
		2				

Also gilt für die fünf Werte: $\begin{pmatrix} -3 \\ -3 \\ 9 \\ -9 \\ 2 \end{pmatrix} - 12 \cdot \begin{pmatrix} -4 \\ -1 \\ 3 \\ -3 \\ 2 \end{pmatrix} = \begin{pmatrix} 45 \\ 9 \\ -27 \\ 27 \\ -22 \end{pmatrix}$

oder

	x_1	z_2	x_3	x_4	x_5	
z_1	36	−4	16	45		
x_2	10	−1	6	12	2	2520
z_3	7	−1	5	9		
z_4	−26	3	−14	−27		
z_5	26	−3	14	27		
	−17	2	−9	−22		

Schritt 2e: Berechnung der restlichen Elemente der fünften Spalte

Vektor01 und Vektor02 werden aus dem ersten Tableau übernommen:

	x_1	x_2	x_3	x_4	x_5	
z_1	−4	−4	−8	−3	−3	−1200
z_2	−10	−1	−6	−12	−2	−2520
z_3	−3	−1	−1	−3	−2	−1020
z_4	4	3	4	9	0	2700
z_5	−4	−3	−4	−9	0	−1620
	3	2	3	2	3	0

Zahl wird aus dem zweiten Tableau übernommen:

	x_1	z_2	x_3	x_4	x_5	
z_1		−4				
x_2	10	−1	6	12	2	2520
z_3		−1				
z_4		3				
z_5		−3				
		2				

Also gilt für die fünf Werte: $\begin{pmatrix} -3 \\ -2 \\ 0 \\ 0 \\ 3 \end{pmatrix} - 2 \cdot \begin{pmatrix} -4 \\ -1 \\ 3 \\ -3 \\ 2 \end{pmatrix} = \begin{pmatrix} 5 \\ 0 \\ -6 \\ 6 \\ -1 \end{pmatrix}$

oder

	x_1	z_2	x_3	x_4	x_5	
z_1	36	−4	16	45	5	
x_2	10	−1	6	12	2	2520
z_3	7	−1	5	9	0	
z_4	−26	3	−14	−27	−6	
z_5	26	−3	14	27	6	
	−17	2	−9	−22	−1	

Schritt 2e: Berechnung der restlichen Elemente der letzten Spalte

Vektor01 und Vektor02 werden aus dem ersten Tableau übernommen:

	x_1	x_2	x_3	x_4	x_5	
z_1	−4	−4	−8	−3	−3	−1200
z_2	−10	−1	−6	−12	−2	−2520
z_3	−3	−1	−1	−3	−2	−1020
z_4	4	3	4	9	0	2700
z_5	−4	−3	−4	−9	0	−1620
	3	2	3	2	3	0

Zahl wird aus dem zweiten Tableau übernommen:

	x_1	x_2	x_3	x_4	x_5	
z_1		−4				
z_2	10	−1	6	12	2	2520
z_3		−1				
z_4		3				
z_5		−3				
		2				

Also gilt für die fünf Werte: $\begin{pmatrix} -1200 \\ -1020 \\ 2700 \\ -1620 \\ 0 \end{pmatrix} - 2520 \cdot \begin{pmatrix} -4 \\ -1 \\ 3 \\ -3 \\ 2 \end{pmatrix} = \begin{pmatrix} 8880 \\ 1500 \\ -4860 \\ 5940 \\ -5040 \end{pmatrix}$

oder

	x_1	z_2	x_3	x_4	x_5	
z_1	36	−4	16	45	5	8880
x_2	10	−1	6	12	2	2520
z_3	7	−1	5	9	0	1500
z_4	−26	3	−14	−27	−6	−4860
z_5	26	−3	14	27	6	5940
	−17	2	−9	−22	−1	−5040

Damit lautet das zweite Simplex-Tableau:

	x_1	z_2	x_3	x_4	x_5	
z_1	36	−4	16	45	5	8880
x_2	10	−1	6	12	2	2520
z_3	7	−1	5	9	0	1500
z_4	−26	3	−14	−27	−6	−4860
z_5	26	−3	14	27	6	5940
	−17	2	−9	−22	−1	−5040

Aus diesem Tableau werden der neue Punkt und der Wert der Zielfunktion abgelesen:

$P_2(0, 2520, 0, 0, 0)$ und $z = 5040$.

Der zulässige Bereich ist noch nicht erreicht, da es in der letzten Spalte noch negative Einträge gibt. Somit geht das Verfahren weiter.

2. Iteration: Bestimmung des dritten Simplex-Tableaus

Die Ausführungen sind hier nicht so ausführlich wie in der ersten Iteration.

Schritt 1: Bestimmung des Pivotelements

	x_1	z_2	x_3	x_4	x_5	
z_1	36	−4	16	45	5	8880
x_2	10	−1	6	12	2	2520
z_3	7	−1	5	9	0	1500
z_4	−26	3	−14	−27	−6	−4860
z_5	26	−3	14	27	6	5940
	−17	2	−9	−22	−1	−5040

Bestimmung der Pivotzeile: -4860 ist der einzige negative Eintrag.

Bestimmung der Pivotspalte: $\frac{-17}{-26} = \frac{17}{26}$, - , $\frac{-9}{-14} = \frac{9}{14}$, $\frac{-22}{-27} = \frac{22}{27}$, $\boxed{\frac{-1}{-6} = \frac{1}{6}}$

Also steht das Pivotelement in der vierten Zeile und in der fünften Spalte.

Schritt 2: Erstellen des neuen Tableaus

- Vertauschen der beiden Variablen und Ersetzen des Pivotelements durch seinen Kehrwert
- Multiplikation der alten Pivotzeile mit $-\frac{1}{6}$ und der alten Pivotspalte mit $\frac{1}{6}$.
- Ersetzen der restlichen Spalten durch folgende Inhalte:

$$\begin{pmatrix} 36 \\ 10 \\ 7 \\ 26 \\ -17 \end{pmatrix} - \frac{13}{3} \cdot \begin{pmatrix} 5 \\ 2 \\ 0 \\ 6 \\ -1 \end{pmatrix} = \begin{pmatrix} 43/3 \\ 4/3 \\ 7 \\ 0 \\ 3/2 \end{pmatrix}, \quad \begin{pmatrix} -4 \\ -1 \\ -1 \\ -3 \\ 2 \end{pmatrix} + \frac{1}{2} \cdot \begin{pmatrix} 5 \\ 2 \\ 0 \\ 6 \\ -1 \end{pmatrix} = \begin{pmatrix} -3/2 \\ 0 \\ -1 \\ 0 \\ 3/2 \end{pmatrix},$$

$$\begin{pmatrix} 16 \\ 6 \\ 5 \\ 14 \\ -9 \end{pmatrix} - \frac{7}{3} \cdot \begin{pmatrix} 5 \\ 2 \\ 0 \\ 6 \\ -1 \end{pmatrix} = \begin{pmatrix} 13/3 \\ 4/3 \\ 5 \\ 0 \\ -20/3 \end{pmatrix}, \quad \begin{pmatrix} 45 \\ 12 \\ 9 \\ 27 \\ -22 \end{pmatrix} - \frac{9}{2} \cdot \begin{pmatrix} 5 \\ 2 \\ 0 \\ 6 \\ -1 \end{pmatrix} = \begin{pmatrix} 45/2 \\ 3 \\ 9 \\ 0 \\ -35/2 \end{pmatrix} \text{ und}$$

$$\begin{pmatrix} 8880 \\ 2520 \\ 1500 \\ 5940 \\ -5040 \end{pmatrix} - 810 \cdot \begin{pmatrix} 5 \\ 2 \\ 0 \\ 6 \\ -1 \end{pmatrix} = \begin{pmatrix} 4830 \\ 900 \\ 1500 \\ 1080 \\ -4230 \end{pmatrix}.$$

Damit lautet das dritte Simplex-Tableau:

	x_1	z_2	x_3	x_4	z_4	
z_1	$\frac{43}{3}$	$-\frac{3}{2}$	$\frac{13}{3}$	$\frac{45}{2}$	$\frac{5}{6}$	4830
x_2	$\frac{4}{3}$	0	$\frac{4}{3}$	3	$\frac{1}{3}$	900
z_3	7	−1	5	9	0	1500
x_5	$\frac{13}{3}$	$-\frac{1}{2}$	$\frac{7}{3}$	$\frac{9}{2}$	$-\frac{1}{6}$	810
z_5	0	0	0	0	1	1080
	$-\frac{38}{3}$	$\frac{3}{2}$	$-\frac{20}{3}$	$-\frac{35}{2}$	$-\frac{1}{6}$	−4230

Aus diesem Tableau werden der neue Punkt und der Wert der Zielfunktion abgelesen:
$E_3(0, 900, 0, 0, 810)$ und $z = 4230$.
Der zulässige Bereich ist erreicht. Da es in der letzten Zeile noch negative Einträge gibt, geht das Verfahren weiter.

3. Iteration: Bestimmung des vierten Simplex-Tableaus

Die Ausführungen sind hier nicht so ausführlich wie in der ersten Iteration.

Schritt 1: Bestimmung des Pivotelements

	x_1	z_2	x_3	x_4	z_4	
z_1	$\frac{43}{3}$	$-\frac{3}{2}$	$\frac{13}{3}$	$\frac{45}{2}$	$\frac{5}{6}$	4830
x_2	$\frac{4}{3}$	0	$\frac{4}{3}$	3	$\frac{1}{3}$	900
z_3	7	−1	5	9	0	1500
x_5	$\frac{13}{3}$	$-\frac{1}{2}$	$\frac{7}{3}$	$\frac{9}{2}$	$-\frac{1}{6}$	810
z_5	0	0	0	0	1	1080
	$-\frac{38}{3}$	$\frac{3}{2}$	$-\frac{20}{3}$	$-\frac{35}{2}$	$-\frac{1}{6}$	−4230

Bestimmung der Pivotspalte: $-\frac{35}{2}$ ist der kleinste negative Eintrag in der letzten Zeile.
Bestimmung der Pivotzeile:

$$\frac{4830}{45/2} = \frac{644}{3}, \ \frac{900}{3} = 300, \ \boxed{\frac{1500}{9} = \frac{500}{3}}, \ \frac{810}{9/2} = 180, \ - \ .$$

Also steht das Pivotelement in der dritten Zeile und in der vierten Spalte.

Schritt 2: Erstellen des neuen Tableaus

- Vertauschen der beiden Variablen und Ersetzen des Pivotelements durch seinen Kehrwert
- Multiplikation der alten Pivotzeile mit $\frac{1}{9}$ und der alten Pivotspalte mit $-\frac{1}{9}$.
- Ersetzen der restlichen Spalten durch folgende Inhalte:

$$\begin{pmatrix} 43/3 \\ 4/3 \\ 13/3 \\ 0 \\ -38/3 \end{pmatrix} - \frac{7}{9} \cdot \begin{pmatrix} 45/2 \\ 3 \\ 9/2 \\ 0 \\ -35/2 \end{pmatrix} = \begin{pmatrix} -19/6 \\ -1 \\ 5/6 \\ 0 \\ 17/18 \end{pmatrix}, \quad \begin{pmatrix} -3/2 \\ 0 \\ -1/2 \\ 0 \\ 3/2 \end{pmatrix} + \frac{1}{9} \cdot \begin{pmatrix} 45/2 \\ 3 \\ 9/2 \\ 0 \\ -35/2 \end{pmatrix} = \begin{pmatrix} 1 \\ 1/3 \\ 0 \\ 0 \\ -4/9 \end{pmatrix},$$

$$\begin{pmatrix} 14/3 \\ 4/3 \\ 7/3 \\ 0 \\ -20/3 \end{pmatrix} - \frac{5}{9} \cdot \begin{pmatrix} 45/2 \\ 3 \\ 9/2 \\ 0 \\ -35/2 \end{pmatrix} = \begin{pmatrix} -49/6 \\ -1/3 \\ -1/6 \\ 0 \\ 55/18 \end{pmatrix}, \quad \begin{pmatrix} 5/6 \\ 1/3 \\ -1/6 \\ 1 \\ -1/6 \end{pmatrix} - 0 \cdot \begin{pmatrix} 45/2 \\ 3 \\ 9/2 \\ 0 \\ -35/2 \end{pmatrix} = \begin{pmatrix} 5/6 \\ 1/3 \\ -1/6 \\ 1 \\ -1/6 \end{pmatrix} \text{ und}$$

$$\begin{pmatrix} 4830 \\ 900 \\ 810 \\ 1080 \\ -4230 \end{pmatrix} - \frac{500}{3} \cdot \begin{pmatrix} 45/2 \\ 3 \\ 9/2 \\ 0 \\ -35/2 \end{pmatrix} = \begin{pmatrix} 1080 \\ 400 \\ 60 \\ 1080 \\ -3940/3 \end{pmatrix}.$$

Damit lautet das vierte Simplex-Tableau:

	x_1	z_2	x_3	z_3	z_4	
z_1	$-\frac{19}{6}$	1	$-\frac{49}{6}$	$-\frac{5}{2}$	$\frac{5}{6}$	1080
x_2	-1	$\frac{1}{3}$	$-\frac{1}{3}$	$-\frac{1}{3}$	$\frac{1}{3}$	400
x_4	$\frac{7}{9}$	$-\frac{1}{9}$	$\frac{5}{9}$	$\frac{1}{9}$	0	$\frac{500}{3}$
x_5	$\frac{5}{6}$	0	$-\frac{1}{6}$	$-\frac{1}{2}$	$-\frac{1}{6}$	60
z_5	0	0	0	0	1	1080
	$\frac{17}{18}$	$-\frac{4}{9}$	$\frac{55}{18}$	$\frac{35}{18}$	$-\frac{1}{6}$	$-\frac{3940}{3}$

Aus diesem Tableau werden der neue Punkt und der Wert der Zielfunktion abgelesen:

$E_4(0, 400, 0, 500/3, 60)$ und $z = \frac{3940}{3}$.

Da es in der letzten Zeile noch negative Einträge gibt, geht das Verfahren weiter.

4. Iteration: Bestimmung des fünften Simplex-Tableaus

Die Ausführungen sind hier nicht so ausführlich wie in der ersten Iteration.

Schritt 1: Bestimmung des Pivotelements

	x_1	z_2	x_3	z_3	z_4	
z_1	$-\frac{19}{6}$	1	$-\frac{49}{6}$	$-\frac{5}{2}$	$\frac{5}{6}$	1080
x_2	−1	$\frac{1}{3}$	$-\frac{1}{3}$	$-\frac{1}{3}$	$\frac{1}{3}$	400
x_4	$\frac{7}{9}$	$-\frac{1}{9}$	$\frac{5}{9}$	$\frac{1}{9}$	0	$\frac{500}{3}$
x_5	$\frac{5}{6}$	0	$-\frac{1}{6}$	$-\frac{1}{2}$	$-\frac{1}{6}$	60
z_5	0	0	0	0	1	1080
	$\frac{17}{18}$	$-\frac{4}{9}$	$\frac{55}{18}$	$\frac{35}{18}$	$-\frac{1}{6}$	$-\frac{3940}{3}$

Bestimmung der Pivotspalte: $-\frac{4}{9}$ ist der kleinste negative Eintrag in der letzten Zeile.

Bestimmung der Pivotzeile: $\boxed{\frac{1080}{1} = 1080}$, $\frac{400}{1/3} = 1200$, - , - , -.

Also steht das Pivotelement in der ersten Zeile und in der zweiten Spalte.

Schritt 2: Erstellen des neuen Tableaus

- Vertauschen der beiden Variablen und Ersetzen des Pivotelements durch seinen Kehrwert
- Multiplikation der alten Pivotzeile mit 1 und der alten Pivotspalte mit −1 .
- Ersetzen der restlichen Spalten durch folgende Inhalte:

$$\begin{pmatrix} -1 \\ 7/9 \\ 5/6 \\ 0 \\ 17/18 \end{pmatrix} + \frac{19}{6} \cdot \begin{pmatrix} 1/3 \\ -1/9 \\ 0 \\ 0 \\ -4/9 \end{pmatrix} = \begin{pmatrix} 1/18 \\ 23/54 \\ 5/6 \\ 0 \\ -25/54 \end{pmatrix}, \quad \begin{pmatrix} -1/3 \\ 5/9 \\ -1/6 \\ 0 \\ 55/18 \end{pmatrix} + \frac{49}{6} \cdot \begin{pmatrix} 1/3 \\ -1/9 \\ 0 \\ 0 \\ -4/9 \end{pmatrix} = \begin{pmatrix} 43/18 \\ -19/54 \\ -1/6 \\ 0 \\ -31/54 \end{pmatrix},$$

$$\begin{pmatrix} -1/3 \\ 1/9 \\ -1/2 \\ 0 \\ 35/18 \end{pmatrix} + \frac{5}{2} \cdot \begin{pmatrix} 1/3 \\ -1/9 \\ 0 \\ 0 \\ -4/9 \end{pmatrix} = \begin{pmatrix} 1/2 \\ -1/6 \\ -1/2 \\ 0 \\ 5/6 \end{pmatrix}, \quad \begin{pmatrix} 1/3 \\ 0 \\ -1/6 \\ 1 \\ -1/6 \end{pmatrix} - \frac{5}{6} \cdot \begin{pmatrix} 1/3 \\ -1/9 \\ 0 \\ 0 \\ -4/9 \end{pmatrix} = \begin{pmatrix} 1/18 \\ 5/54 \\ -1/6 \\ 1 \\ 11/54 \end{pmatrix} \text{ und}$$

$$\begin{pmatrix} 400 \\ 500/3 \\ 60 \\ 1080 \\ -3940/3 \end{pmatrix} - 1080 \cdot \begin{pmatrix} 1/3 \\ -1/9 \\ 0 \\ 0 \\ -4/9 \end{pmatrix} = \begin{pmatrix} 40 \\ 860/3 \\ 60 \\ 1080 \\ -2500/3 \end{pmatrix}.$$

Damit lautet das fünfte Simplex-Tableau:

	x_1	z_1	x_3	z_3	z_4	
z_2	$-\frac{19}{6}$	1	$-\frac{49}{6}$	$-\frac{5}{2}$	$\frac{5}{6}$	1080
x_2	$\frac{1}{18}$	$-\frac{1}{3}$	$\frac{43}{18}$	$\frac{1}{2}$	$\frac{1}{18}$	40
x_4	$\frac{23}{54}$	$\frac{1}{9}$	$-\frac{19}{54}$	$-\frac{1}{6}$	$\frac{5}{54}$	$\frac{860}{3}$
x_5	$\frac{5}{6}$	0	$-\frac{1}{6}$	$-\frac{1}{2}$	$-\frac{1}{6}$	60
z_5	0	0	0	0	1	1080
	$-\frac{25}{54}$	$\frac{4}{9}$	$-\frac{31}{54}$	$\frac{5}{6}$	$\frac{11}{54}$	$-\frac{2500}{3}$

Aus diesem Tableau werden der neue Punkt und der Wert der Zielfunktion abgelesen:

$E_5(0, 40, 0, 860/3, 60)$ und $z = \frac{2500}{3}$.

Da es in der letzten Zeile noch negative Einträge gibt, geht das Verfahren weiter.

5. Iteration: Bestimmung des sechsten Simplex-Tableaus

Die Ausführungen sind hier nicht so ausführlich wie in der ersten Iteration.

Schritt 1: Bestimmung des Pivotelements

	x_1	z_1	x_3	z_3	z_4	
z_2	$-\frac{19}{6}$	1	$-\frac{49}{6}$	$-\frac{5}{2}$	$\frac{5}{6}$	1080
x_2	$\frac{1}{18}$	$-\frac{1}{3}$	$\frac{43}{18}$	$\frac{1}{2}$	$\frac{1}{18}$	40
x_4	$\frac{23}{54}$	$\frac{1}{9}$	$-\frac{19}{54}$	$-\frac{1}{6}$	$\frac{5}{54}$	$\frac{860}{3}$
x_5	$\frac{5}{6}$	0	$-\frac{1}{6}$	$-\frac{1}{2}$	$-\frac{1}{6}$	60
z_5	0	0	0	0	1	1080
	$-\frac{25}{54}$	$\frac{4}{9}$	$-\frac{31}{54}$	$\frac{5}{6}$	$\frac{11}{54}$	$-\frac{2500}{3}$

Bestimmung der Pivotspalte: $-\frac{31}{54}$ ist der kleinste negative Eintrag in der letzten Zeile.

Bestimmung der Pivotzeile: - , $\boxed{\frac{40}{43/18}}$, - , - , -.

Also steht das Pivotelement in der zweiten Zeile und in der dritten Spalte.

Schritt 2: Erstellen des neuen Tableaus

- Vertauschen der beiden Variablen und Ersetzen des Pivotelements durch seinen Kehrwert
- Multiplikation der alten Pivotzeile mit $\frac{18}{43}$ und der alten Pivotspalte mit $-\frac{18}{43}$.
- Ersetzen der restlichen Spalten durch folgende Inhalte:

$$\begin{pmatrix} -19/6 \\ 23/54 \\ 5/6 \\ 0 \\ -25/54 \end{pmatrix} - \frac{1}{43} \cdot \begin{pmatrix} -49/6 \\ -19/54 \\ -1/6 \\ 0 \\ -31/54 \end{pmatrix} = \begin{pmatrix} -128/43 \\ 56/129 \\ 36/43 \\ 0 \\ -58/129 \end{pmatrix}, \quad \begin{pmatrix} 1 \\ 1/9 \\ 0 \\ 0 \\ 4/9 \end{pmatrix} + \frac{6}{43} \cdot \begin{pmatrix} -49/6 \\ -19/54 \\ -1/6 \\ 0 \\ -31/54 \end{pmatrix} = \begin{pmatrix} -6/43 \\ 8/129 \\ -1/43 \\ 0 \\ 47/129 \end{pmatrix},$$

$$\begin{pmatrix}-5/2\\-1/6\\-1/2\\0\\5/6\end{pmatrix}-\frac{9}{43}\cdot\begin{pmatrix}-49/6\\-19/54\\-1/6\\0\\-31/54\end{pmatrix}=\begin{pmatrix}-34/43\\-4/43\\-20/43\\0\\41/43\end{pmatrix},\quad \begin{pmatrix}5/6\\5/54\\-1/6\\1\\11/54\end{pmatrix}-\frac{1}{43}\cdot\begin{pmatrix}-49/6\\-19/54\\-1/6\\0\\-31/54\end{pmatrix}=\begin{pmatrix}44/43\\13/129\\-7/43\\1\\28/129\end{pmatrix} \text{ und}$$

$$\begin{pmatrix}1080\\860/3\\60\\1080\\-2500/3\end{pmatrix}-\frac{720}{43}\cdot\begin{pmatrix}-49/6\\-19/54\\-1/6\\0\\-31/54\end{pmatrix}=\begin{pmatrix}52320/43\\12580/43\\2700/43\\1080\\-35420/43\end{pmatrix}.$$

Damit lautet das sechste Simplex-Tableau:

	x_1	z_1	x_2	z_3	z_4	
z_2	$-\frac{128}{43}$	$-\frac{6}{43}$	$\frac{147}{43}$	$-\frac{34}{43}$	$\frac{44}{43}$	$\frac{52320}{43}$
x_3	$\frac{1}{43}$	$-\frac{6}{43}$	$\frac{18}{43}$	$\frac{9}{43}$	$\frac{1}{43}$	$\frac{720}{43}$
x_4	$\frac{56}{129}$	$\frac{8}{129}$	$\frac{19}{129}$	$-\frac{4}{43}$	$\frac{13}{129}$	$\frac{12580}{43}$
x_5	$\frac{36}{43}$	$-\frac{1}{43}$	$\frac{3}{43}$	$-\frac{20}{43}$	$-\frac{7}{43}$	$\frac{2.700}{43}$
z_5	0	0	0	0	1	1080
	$-\frac{58}{129}$	$\frac{47}{129}$	$\frac{31}{129}$	$\frac{41}{43}$	$\frac{28}{129}$	$-\frac{35420}{43}$

Aus diesem Tableau werden der neue Punkt und der Wert der Zielfunktion abgelesen:

$E_6(0, 0, 720/43, 12580/43, 2700/43)$ und $z=\frac{35420}{43}$.

Da es in der letzten Zeile noch einen negativen Eintrag gibt, geht das Verfahren weiter.

6. Iteration: Bestimmung des siebenten Simplex-Tableaus

Die Ausführungen sind hier nicht so ausführlich wie in der ersten Iteration.

Schritt 1: Bestimmung des Pivotelements

	x_1	z_1	x_2	z_3	z_4	
z_2	$-\frac{128}{43}$	$-\frac{6}{43}$	$\frac{147}{43}$	$-\frac{34}{43}$	$\frac{44}{43}$	$\frac{52320}{43}$
x_3	$\frac{1}{43}$	$-\frac{6}{43}$	$\frac{18}{43}$	$\frac{9}{43}$	$\frac{1}{43}$	$\frac{720}{43}$
x_4	$\frac{56}{129}$	$\frac{8}{129}$	$\frac{19}{129}$	$-\frac{4}{43}$	$\frac{13}{129}$	$\frac{12580}{43}$
x_5	$\frac{36}{43}$	$-\frac{1}{43}$	$\frac{3}{43}$	$-\frac{20}{43}$	$-\frac{7}{43}$	$\frac{2700}{43}$
z_5	0	0	0	0	1	1.080
	$-\frac{58}{129}$	$\frac{47}{129}$	$\frac{31}{129}$	$\frac{41}{43}$	$\frac{28}{129}$	$-\frac{35420}{43}$

Bestimmung der Pivotspalte: $-\frac{58}{129}$ ist der einzige negative Eintrag in der letzten Zeile.
Bestimmung der Pivotzeile:

$$- \;,\; \frac{720/43}{1/43} = 720 \;,\; \frac{12580/43}{56/129} = 673.9 \;,\; \boxed{\frac{2.700/43}{36/43} = 75} \;,\; -.$$

Also steht das Pivotelement in der vierten Zeile und in der ersten Spalte.

Schritt 2: Erstellen des neuen Tableaus

- Vertauschen der beiden Variablen und Ersetzen des Pivotelements durch seinen Kehrwert
- Multiplikation der alten Pivotzeile mit $\frac{43}{36}$ und der alten Pivotspalte mit $-\frac{43}{36}$.
- Ersetzen der restlichen Spalten durch folgende Inhalte:

$$\begin{pmatrix} -6/43 \\ -6/43 \\ 8/129 \\ 0 \\ 47/129 \end{pmatrix} + \frac{1}{36} \cdot \begin{pmatrix} -128/43 \\ 1/43 \\ 56/129 \\ 0 \\ -58/129 \end{pmatrix} = \begin{pmatrix} -2/9 \\ -5/36 \\ 2/27 \\ 0 \\ 19/54 \end{pmatrix}, \quad \begin{pmatrix} 147/43 \\ 18/43 \\ 19/129 \\ 0 \\ 31/129 \end{pmatrix} - \frac{1}{12} \cdot \begin{pmatrix} -128/43 \\ 1/43 \\ 56/129 \\ 0 \\ -58/129 \end{pmatrix} = \begin{pmatrix} 11/3 \\ 5/12 \\ 1/9 \\ 0 \\ 5/18 \end{pmatrix},$$

$$\begin{pmatrix} -34/43 \\ 9/43 \\ -4/43 \\ 0 \\ 41/43 \end{pmatrix} + \frac{5}{9} \cdot \begin{pmatrix} -128/43 \\ 1/43 \\ 56/129 \\ 0 \\ -58/129 \end{pmatrix} = \begin{pmatrix} -22/9 \\ 2/9 \\ 4/27 \\ 0 \\ 19/27 \end{pmatrix}, \quad \begin{pmatrix} 44/43 \\ 1/43 \\ 13/129 \\ 1 \\ 28/129 \end{pmatrix} + \frac{7}{36} \cdot \begin{pmatrix} -128/43 \\ 1/43 \\ 56/129 \\ 0 \\ -58/129 \end{pmatrix} = \begin{pmatrix} 4/9 \\ 1/36 \\ 5/27 \\ 1 \\ 7/54 \end{pmatrix}$$

und
$$\begin{pmatrix} 52320/43 \\ 720/43 \\ 12580/43 \\ 1.080 \\ 35420/43 \end{pmatrix} - 75 \cdot \begin{pmatrix} -128/43 \\ 1/43 \\ 56/129 \\ 0 \\ -58/129 \end{pmatrix} = \begin{pmatrix} 1440 \\ 15 \\ 260 \\ 1080 \\ -790 \end{pmatrix}.$$

Damit lautet das siebente Simplex-Tableau:

	x_5	z_1	x_2	z_3	z_4	
z_2	$\frac{32}{9}$	$-\frac{2}{9}$	$\frac{11}{3}$	$-\frac{22}{9}$	$\frac{4}{9}$	1440
x_3	$-\frac{1}{36}$	$-\frac{5}{36}$	$\frac{5}{12}$	$\frac{2}{9}$	$\frac{1}{36}$	15
x_4	$-\frac{14}{27}$	$\frac{2}{27}$	$\frac{1}{9}$	$\frac{4}{27}$	$\frac{5}{27}$	260
x_1	$\frac{43}{36}$	$-\frac{1}{36}$	$\frac{3}{36}$	$-\frac{5}{9}$	$-\frac{7}{36}$	75
z_5	0	0	0	0	1	1080
	$\frac{29}{54}$	$\frac{19}{54}$	$\frac{5}{18}$	$\frac{19}{27}$	$\frac{7}{54}$	-790

Aus diesem Tableau werden der neue Punkt und der Wert der Zielfunktion abgelesen:

$E_7(75, 0, 15, 260, 0)$ und $z = 790$.

Da es in der letzten Zeile keine negativen Einträge mehr gibt, ist das Verfahren beendet und der optimale Punkt gefunden.

2.2.2.4 Sonderfälle

Abschließend werden noch einige Sonderfälle besprochen:

- Das Minimum existiert, das Maximum dagegen nicht.
- Der zulässige Bereich ist leer.
- Es existieren Gleichungen im Ungleichungssystem.

Beispiele zu Sonderfällen:

1. Sonderfall: Das Minimum existiert, das Maximum dagegen nicht.

Beispiel 2.4: Gegeben sei die folgende Aufgabenstellung (etwas abgeändertes Beispiel 2.2 aus dem Abschnitt zum primalen Simplex-Algorithmus:

$$\begin{aligned} 10\,x_1 + 10\,x_2 + \ 5\,x_3 &\geq 600 \\ 5\,x_1 + 10\,x_2 + 10\,x_3 &\geq 400 \\ 15\,x_1 + \ 5\,x_2 + 10\,x_3 &\geq 1.000 \\ z = 30\,x_1 + 40\,x_2 + 30\,x_3 &= \min\,. \end{aligned}$$

Aufstellen des ersten Simplex-Tableaus:

	x_1	x_2	x_3	
z_1	−10	−10	−5	−600
z_2	−5	−10	−10	−400
z_3	−15	−5	−10	−1000
	30	40	30	0

Der zulässige Bereich ist noch nicht erreicht.

1. Iteration: Bestimmung des zweiten Simplex-Tableaus:

	x_1	z_3	x_3	
z_1	20	−2	15	1400
z_2	25	−2	10	1600
x_2	3	$-\frac{1}{5}$	2	200
	−90	8	−50	−8000

Der zulässige Bereich ist erreicht mit dem Eckpunkt $E_2(0,\,200,\,0)$ und $z = 8000$. Die optimale Lösung ist noch nicht gefunden.

2. Iteration: Bestimmung des dritten Simplex-Tableaus:

	z_2	z_3	x_3	
z_1	$-\frac{4}{5}$	$-\frac{2}{5}$	7	120
x_1	$\frac{1}{25}$	$-\frac{2}{25}$	$\frac{2}{5}$	64
x_2	$-\frac{3}{25}$	$\frac{1}{25}$	$\frac{4}{5}$	8
	$\frac{18}{5}$	$\frac{4}{5}$	−14	−2240

Man hat den Eckpunkt $E_3(64, 8, 0)$ und $z = 2240$ erhalten. Die optimale Lösung ist noch nicht gefunden.

3. Iteration: Bestimmung des vierten Simplex-Tableaus:

	z_2	z_3	x_2	
z_1	$\frac{1}{4}$	$-\frac{3}{4}$	$-\frac{35}{4}$	50
x_1	$\frac{1}{10}$	$-\frac{1}{10}$	$-\frac{1}{2}$	60
x_3	$-\frac{3}{20}$	$\frac{1}{20}$	$\frac{5}{4}$	10
	$\frac{3}{2}$	$\frac{3}{2}$	$\frac{35}{2}$	−2100

Man hat den Eckpunkt $E_4(60, 0, 10)$ und $z = 2100$ erhalten. Die optimale Lösung ist gefunden.

Jetzt soll für die gleiche Aufgabenstellung das Maximum gefunden werden:

$$10\,x_1 + 10\,x_2 + 5\,x_3 \geq 600$$
$$5\,x_1 + 10\,x_2 + 10\,x_3 \geq 400$$
$$15\,x_1 + 5\,x_2 + 10\,x_3 \geq 1.000$$
$$z = 30\,x_1 + 40\,x_2 + 30\,x_3 = \max .$$

Aufstellen des ersten Simplex-Tableaus:

	x_1	x_2	x_3	
z_1	−10	−10	−5	−600
z_2	−5	−10	−10	−400
z_3	−15	−5	−10	−1000
	−30	−40	−30	0

1. Iteration: Bestimmung des zweiten Simplex-Tableaus:

	z_3	x_2	x_3	
z_1	$-\frac{2}{3}$	$-\frac{20}{3}$	$\frac{5}{3}$	$\frac{200}{3}$
z_2	$-\frac{1}{3}$	$-\frac{25}{3}$	$-\frac{20}{3}$	$-\frac{200}{3}$
x_1	$-\frac{1}{15}$	$\frac{1}{3}$	$\frac{2}{3}$	$\frac{200}{3}$
	−2	−30	−10	2000

Man hat den Punkt $P_2(200/3, 0, 0)$ und $z = -2000$ erhalten. Der zulässige Bereich ist noch nicht erreicht.

2. Iteration: Bestimmung des dritten Simplex-Tableaus:

	z_3	x_2	z_2	
z_1	$-\frac{3}{4}$	$-\frac{35}{4}$	$\frac{1}{4}$	50
x_3	$\frac{1}{20}$	$\frac{5}{4}$	$-\frac{3}{20}$	10
x_1	$-\frac{1}{10}$	$-\frac{1}{2}$	$\frac{1}{10}$	60
	$-\frac{3}{2}$	$-\frac{35}{2}$	$-\frac{3}{2}$	2100

Der zulässige Bereich ist erreicht mit dem Eckpunkt $E_3(60, 0, 10)$ und $z = -2100$. Die optimale Lösung ist noch nicht gefunden.

3. Iteration: Bestimmung des vierten Simplex-Tableaus:

	z_3	x_3	z_2	
z_1	$-\frac{2}{5}$	7	$-\frac{4}{5}$	120
x_2	$\frac{1}{25}$	$\frac{4}{5}$	$-\frac{3}{25}$	8
x_1	$-\frac{2}{25}$	$\frac{2}{5}$	$\frac{1}{25}$	64
	$-\frac{4}{5}$	14	$-\frac{18}{5}$	2240

Man hat den Eckpunkt $E_3(64, 8, 0)$ und $z = -2240$ erhalten. Die optimale Lösung ist noch nicht gefunden.

4. Iteration: Bestimmung des fünften Simplex-Tableaus:

	z_3	x_3	x_1	
z_1	−2	15	20	1400
x_2	$-\frac{1}{5}$	2	3	200
z_2	−2	10	25	1600
	−8	50	90	8000

Man hat den Eckpunkt $E_4(0, 200, 0)$ und $z = -8000$ erhalten. Die optimale Lösung ist noch nicht gefunden.
Das Verfahren bricht ab, da in der ersten Spalte der Wert in der letzten Zeile negativ ist und es keine positiven Spalteneinträge gibt. Folglich ist der zulässige Bereich unbeschränkt und es existiert kein Maximum.

2. Sonderfall: Der zulässige Bereich ist leer.

Beispiel 2.5: Gegeben sei die folgende Aufgabenstellung (nochmals etwas abgeändertes Beispiel 2.2 aus dem Abschnitt zum primalen Simplex-Algorithmus):

$$\begin{aligned} 10\,x_1 + 10\,x_2 + 5\,x_3 &\geq 600 \\ 5\,x_1 + 10\,x_2 + 10\,x_3 &\leq 300 \\ 15\,x_1 + 5\,x_2 + 10\,x_3 &\geq 1000 \\ z = 30\,x_1 + 40\,x_2 + 30\,x_3 &= \min\,. \end{aligned}$$

Aufstellen des ersten Simplex-Tableaus:

	x_1	x_2	x_3	
z_1	−10	−10	−5	−600
z_2	5	10	10	300
z_3	−15	−5	−10	−1000
	30	40	30	0

1. Iteration: Bestimmung des zweiten Simplex-Tableaus:

	x_1	z_3	x_3	
z_1	20	−2	15	1400
z_2	−25	2	−10	−1700
x_2	3	$-\frac{1}{5}$	2	200
	−90	8	−50	−8000

Man hat den Punkt $P_2(0, 200, 0)$ und $z = 8000$ erhalten. Der zulässige Bereich ist noch nicht erreicht.

2. Iteration: Bestimmung des dritten Simplex-Tableaus:

	z_2	z_3	x_3	
z_1	$\frac{4}{5}$	$-\frac{2}{5}$	7	40
x_1	$-\frac{1}{25}$	$-\frac{2}{25}$	$\frac{2}{5}$	68
x_2	$\frac{3}{25}$	$\frac{1}{25}$	$\frac{4}{5}$	−4
	$-\frac{18}{5}$	$\frac{4}{5}$	−14	−1880

Man hat den Punkt $P_3(68, -4, 0)$ und $z = 1880$ erhalten.

Das Verfahren bricht ab, da in der dritten Zeile der Wert in der letzten Spalte negativ ist und es keine negativen Spalteneinträge gibt. Somit stellt die dritte Zeile einen Widerspruch dar. Folglich ist der zulässige Bereich leer und es existiert kein Minimum.

3. Sonderfall: Es existieren Gleichungen im Ungleichungssystem.

Beinhaltet das lineare Ungleichungssystem auch Gleichungen, so muss der Simplex-Algorithmus angepasst werden. Ähnlich wie beim dualen Simplex-Algorithmus erfolgt anfangs die Auswahl des Pivotelements auf andere Weise:

Simplex-Algorithmus mit Gleichungen

Das erste Simplex-Tableau wird wie bisher aufgestellt und die Gleichungen werden direkt übertragen. Alle Basis- bzw. Schlupfvariablen $z_i \in IR_0^+, 1 \leq i \leq m$, die zu Gleichungen gehören, werden markiert.

Der Schritt 1 des dualen Simplex-Algorithmus wird nun abgeändert. Es müssen alle markierten Variablen aus der Basis entfernt werden, da diese ja alle gleich 0 sein müssen! Dies geschieht hintereinander in beliebiger Reihenfolge.

Schritt 1: Suche des Pivot-Elements
Es wird eine beliebige markierte Basisvariable ausgewählt. Diese bestimmt die Pivotzeile. Als Pivotspalte wird eine Spalte gewählt, in der keine markierte Variable steht und das sich dann ergebende Pivotelement von 0 verschieden ist.

Diese Vorschleife wird solange durchgeführt, bis alle markierten Variablen aus der Basis entfernt wurden. Dann geht der Algorithmus in den dualen Simplex-Algorithmus über. Markierte Variablen dürfen dabei nicht wieder getauscht werden.

Die Abbruchbedingung muss noch angepasst werden:

Abbruch: Sind alle Einträge in der letzten Zeile (ohne den Wert der Zielfunktion), die zu nicht markierten Variablen gehören, positiv, so ist das Verfahren beendet. Einträge zu markierten Variablen können durchaus noch negativ sein!

Beispiel zum Simplex-Algorithmus mit Gleichungen

Gegeben sei das folgende **Beispiel 2.6**:

$$10\,x_1 + 20\,x_2 + 40\,x_3 + 20\,x_4 + 10\,x_5 + 40\,x_6 = 1000$$
$$20\,x_1 + 40\,x_2 + 30\,x_3 + 30\,x_4 + 10\,x_5 + 20\,x_6 = 1200$$
$$20\,x_1 + 20\,x_2 + 20\,x_3 + 30\,x_4 + 20\,x_5 + 10\,x_6 = 800$$
$$20\,x_1 + 40\,x_2 + 60\,x_3 + 20\,x_4 + 40\,x_5 + 50\,x_6 \le 1800$$
$$5\,x_1 + 20\,x_2 + 40\,x_3 + 30\,x_4 + 20\,x_5 + 20\,x_6 \ge 800$$
$$z = 20\,x_1 + 50\,x_2 + 30\,x_3 + 40\,x_4 + 40\,x_5 + 30\,x_6 = \min$$

Um das erste Simplex-Tableau aufzustellen, muss die $\ge$-Ungleichung umgeformt werden. Außerdem werden alle Gleichungen direkt übernommen und die zugehörigen Variablen markiert: z_1^{mar}, z_2^{mar}, z_3^{mar}.

Aufstellen des ersten Simplex-Tableaus:

	x_1	x_2	x_3	x_4	x_5	x_6	
z_1^{mar}	10	20	40	20	10	40	1000
z_2^{mar}	20	40	30	30	10	20	1200
z_3^{mar}	20	20	20	30	20	10	800
z_4	20	40	60	20	40	50	1800
z_5	–5	–20	–40	–30	–20	–20	–800
	20	50	30	40	40	30	0

<u>**1. Iteration:**</u> Bestimmung des zweiten Simplex-Tableaus

Es werden die markierte Variable z_1^{mar} und x_1 vertauscht. Die exakten Berechnungen werden hier nicht angegeben. Es wird nur noch das Pivotelement markiert.

	z_1^{mar}	x_2	x_3	x_4	x_5	x_6	
x_1	$\frac{1}{10}$	2	4	2	1	4	100
z_2^{mar}	–2	0	–50	–10	–10	–60	–800
z_3^{mar}	–2	–20	–60	–10	0	–70	–1200
z_4	–2	0	–20	–20	20	–30	–200
z_5	$\frac{1}{2}$	–10	–20	–20	–15	0	–300
	–2	10	–50	0	20	–50	–2000

Man hat den Punkt $P_2(100, 0, 0, 0, 0, 0)$ und $z = 2000$ erhalten. Es sind noch markierte Variablen in der Basis. Der zulässige Bereich ist noch nicht erreicht.

2. Iteration: Bestimmung des dritten Simplex-Tableaus

Es werden die markierte Variable z_2^{mar} und x_4 vertauscht.

	z_1^{mar}	x_2	x_3	z_2^{mar}	x_5	x_6	
x_1	$-\frac{3}{10}$	2	−6	$\frac{1}{5}$	−1	−8	−60
x_4	$\frac{1}{5}$	0	5	$-\frac{1}{10}$	1	6	80
z_3^{mar}	0	−20	−10	−1	10	−10	−400
z_4	2	0	80	−2	40	90	1400
z_5	$\frac{9}{2}$	−10	80	−2	5	120	1300
	−2	10	−50	0	20	−50	−2000

Man hat den Punkt $P_3(-60, 0, 0, 80, 0, 0)$ und $z = 2.000$ erhalten. Es sind noch markierte Variablen in der Basis. Der zulässige Bereich ist noch nicht erreicht.

3. Iteration: Bestimmung des vierten Simplex-Tableaus

Es werden die markierte Variable z_3^{mar} und x_3 vertauscht.

	z_1^{mar}	x_2	z_3^{mar}	z_2^{mar}	x_5	x_6	
x_1	$-\frac{3}{10}$	14	$-\frac{3}{5}$	$\frac{4}{5}$	−7	−2	180
x_4	$\frac{1}{5}$	−10	$\frac{1}{2}$	$-\frac{3}{5}$	6	1	−120
x_3	0	2	$-\frac{1}{10}$	$\frac{1}{10}$	−1	1	40
z_4	2	−160	8	−10	120	10	−1800
z_5	$\frac{9}{2}$	−170	8	−10	85	40	−1900
	−2	110	−5	5	−30	0	0

Man hat den Punkt $P_4(180, 0, 40, -120, 0, 0)$ und $z = 0$ erhalten. Alle markierten Variablen sind aus der Basis entfernt. Der zulässige Bereich ist noch nicht erreicht.
Der Algorithmus geht jetzt in den dualen Simplex-Algorithmus über.

4. Iteration: Bestimmung des fünften Simplex-Tableaus:

	z_1^{mar}	z_5	z_3^{mar}	z_2^{mar}	x_5	x_6	
x_1	$\frac{6}{85}$	$\frac{7}{85}$	$\frac{1}{17}$	$-\frac{2}{85}$	0	$\frac{22}{17}$	$\frac{400}{17}$
x_4	$-\frac{11}{170}$	$-\frac{1}{17}$	$\frac{1}{34}$	$-\frac{1}{85}$	1	$-\frac{23}{17}$	$-\frac{140}{17}$
x_3	$\frac{9}{170}$	$\frac{1}{85}$	$-\frac{1}{170}$	$-\frac{3}{170}$	0	$\frac{25}{17}$	$\frac{300}{17}$
z_4	$-\frac{38}{17}$	$-\frac{16}{17}$	$\frac{8}{17}$	$-\frac{10}{17}$	40	$-\frac{470}{17}$	$-\frac{200}{17}$
x_2	$-\frac{9}{340}$	$-\frac{1}{170}$	$-\frac{4}{85}$	$\frac{1}{17}$	$-\frac{1}{2}$	$-\frac{4}{17}$	$\frac{190}{17}$
	$\frac{31}{34}$	$\frac{11}{17}$	$\frac{3}{17}$	$-\frac{25}{17}$	25	$\frac{440}{17}$	$-\frac{20900}{17}$

Man hat den Punkt $P_5\left(\frac{400}{17}, \frac{190}{17}, \frac{300}{17}, -\frac{140}{17}, 0, 0\right)$ und $z = \frac{20900}{17}$ erhalten.
Der zulässige Bereich ist noch nicht erreicht.

5. Iteration: Bestimmung des sechsten Simplex-Tableaus:

	z_1^{mar}	z_5	z_3^{mar}	z_2^{mar}	x_5	z_4	
x_1	$-\frac{8}{235}$	$\frac{9}{235}$	$\frac{19}{235}$	$-\frac{12}{235}$	$\frac{88}{47}$	$\frac{11}{235}$	$\frac{1080}{47}$
x_4	$\frac{21}{470}$	$-\frac{3}{235}$	$\frac{3}{470}$	$\frac{4}{235}$	$-\frac{45}{47}$	$-\frac{23}{470}$	$-\frac{360}{47}$
x_3	$-\frac{31}{470}$	$-\frac{9}{235}$	$\frac{9}{470}$	$-\frac{23}{470}$	$\frac{100}{47}$	$\frac{5}{94}$	$\frac{800}{47}$
x_6	$\frac{19}{235}$	$\frac{8}{235}$	$-\frac{4}{235}$	$\frac{1}{47}$	$-\frac{68}{47}$	$-\frac{17}{470}$	$\frac{20}{47}$
x_2	$-\frac{7}{940}$	$\frac{1}{470}$	$-\frac{12}{235}$	$\frac{3}{47}$	$-\frac{79}{94}$	$-\frac{2}{235}$	$\frac{530}{47}$
	$-\frac{111}{94}$	$-\frac{11}{47}$	$\frac{29}{47}$	$-\frac{95}{47}$	$\frac{2935}{47}$	$\frac{44}{47}$	$-\frac{58300}{47}$

Man hat den Punkt $P_6\left(\frac{1080}{47}, \frac{530}{47}, \frac{800}{47}, -\frac{360}{47}, 0, \frac{20}{47}\right)$ und $z = \frac{58300}{47}$ erhalten. Der zulässige Bereich ist noch nicht erreicht.

6. Iteration: Bestimmung des siebenten Simplex-Tableaus:

	z_1^{mar}	z_5	z_3^{mar}	z_2^{mar}	x_4	z_4	
x_1	$\frac{4}{75}$	$\frac{1}{75}$	$\frac{7}{75}$	$-\frac{4}{225}$	$\frac{88}{45}$	$-\frac{11}{225}$	8
x_5	$-\frac{7}{150}$	$\frac{1}{75}$	$-\frac{1}{150}$	$-\frac{4}{225}$	$-\frac{47}{45}$	$\frac{23}{450}$	8
x_3	$\frac{1}{30}$	$-\frac{1}{15}$	$\frac{1}{30}$	$-\frac{1}{90}$	$\frac{20}{9}$	$-\frac{1}{18}$	0
x_6	$\frac{1}{75}$	$\frac{4}{75}$	$-\frac{2}{75}$	$-\frac{1}{225}$	$-\frac{68}{45}$	$\frac{17}{450}$	12
x_2	$-\frac{7}{150}$	$\frac{1}{75}$	$-\frac{17}{300}$	$\frac{11}{225}$	$-\frac{79}{90}$	$\frac{31}{900}$	18
	$\frac{26}{15}$	$-\frac{16}{15}$	$\frac{31}{30}$	$-\frac{41}{45}$	$\frac{587}{9}$	$-\frac{203}{90}$	−1740

Man hat den Punkt $E_7(8, 18, 0, 0, 8, 12)$ und $z = 1740$ erhalten. Der zulässige Bereich ist erreicht.

7. Iteration: Bestimmung des achten Simplex-Tableaus:

	z_1^{mar}	z_5	z_3^{mar}	z_2^{mar}	x_4	x_5	
x_1	$\frac{1}{115}$	$\frac{3}{115}$	$\frac{2}{23}$	$-\frac{4}{115}$	$\frac{22}{23}$	$\frac{22}{23}$	$\frac{360}{23}$
z_4	$-\frac{21}{23}$	$\frac{6}{23}$	$-\frac{3}{23}$	$-\frac{8}{23}$	$-\frac{470}{23}$	$\frac{450}{23}$	$\frac{3600}{23}$
x_3	$-\frac{2}{115}$	$-\frac{6}{115}$	$\frac{3}{115}$	$-\frac{7}{230}$	$\frac{25}{23}$	$\frac{25}{23}$	$\frac{200}{23}$
x_6	$\frac{11}{230}$	$\frac{1}{23}$	$-\frac{1}{46}$	$\frac{1}{115}$	$-\frac{17}{23}$	$-\frac{17}{23}$	$\frac{140}{23}$
x_2	$-\frac{7}{460}$	$\frac{1}{230}$	$-\frac{6}{115}$	$\frac{7}{115}$	$-\frac{4}{23}$	$-\frac{31}{46}$	$\frac{290}{23}$
	$-\frac{15}{46}$	$-\frac{11}{23}$	$\frac{17}{23}$	$-\frac{39}{23}$	$\frac{440}{23}$	$\frac{1015}{23}$	$-\frac{31900}{23}$

Man hat den Punkt $E_8\left(\frac{360}{23}, \frac{290}{23}, \frac{200}{23}, 0, 0, \frac{140}{23}\right)$ und $z = \frac{31900}{23}$ erhalten. Die optimale Lösung ist noch nicht gefunden.

8. Iteration: Bestimmung des neunten Simplex-Tableaus:

	z_1^{mar}	x_6	z_3^{mar}	z_2^{mar}	x_4	x_5	
x_1	$-\frac{1}{50}$	$-\frac{3}{5}$	$\frac{1}{10}$	$-\frac{1}{25}$	$\frac{7}{5}$	$\frac{7}{5}$	12
z_4	$-\frac{6}{5}$	-6	0	$-\frac{2}{5}$	-8	24	120
x_3	$\frac{1}{25}$	$\frac{6}{5}$	0	$-\frac{1}{50}$	$\frac{1}{5}$	$\frac{1}{5}$	16
z_5	$\frac{11}{10}$	23	$-\frac{1}{2}$	$\frac{1}{5}$	−17	−17	140
x_2	$-\frac{1}{50}$	$-\frac{1}{10}$	$-\frac{1}{20}$	$\frac{3}{50}$	$-\frac{1}{10}$	$-\frac{3}{5}$	12
	$\frac{1}{5}$	11	$\frac{1}{2}$	$-\frac{8}{5}$	11	36	−1320

Man hat den Punkt $E_9(12, 12, 16, 0, 0, 0)$ und $z = 1320$ erhalten. Die optimale Lösung ist gefunden.

Als Alternative hätte man jede Gleichung auch durch zwei Ungleichungen ersetzen können:

$$
\begin{aligned}
10\,x_1 + 20\,x_2 + 40\,x_3 + 20\,x_4 + 10\,x_5 + 40\,x_6 &\leq 1000 \\
10\,x_1 + 20\,x_2 + 40\,x_3 + 20\,x_4 + 10\,x_5 + 40\,x_6 &\geq 1000 \\
20\,x_1 + 40\,x_2 + 30\,x_3 + 30\,x_4 + 10\,x_5 + 20\,x_6 &\leq 1200 \\
20\,x_1 + 40\,x_2 + 30\,x_3 + 30\,x_4 + 10\,x_5 + 20\,x_6 &\geq 1200 \\
20\,x_1 + 20\,x_2 + 20\,x_3 + 30\,x_4 + 20\,x_5 + 10\,x_6 &\leq 800 \\
20\,x_1 + 20\,x_2 + 20\,x_3 + 30\,x_4 + 20\,x_5 + 10\,x_6 &\geq 800 \\
20\,x_1 + 40\,x_2 + 60\,x_3 + 20\,x_4 + 40\,x_5 + 50\,x_6 &\leq 1800 \\
5\,x_1 + 20\,x_2 + 40\,x_3 + 30\,x_4 + 20\,x_5 + 20\,x_6 &\geq 800 \\
z = 20\,x_1 + 50\,x_2 + 30\,x_3 + 40\,x_4 + 40\,x_5 + 30\,x_6 &= \min
\end{aligned}
$$

Nun kann der duale Simplex-Algorithmus angewendet werden, was zum Vergleich im Folgenden durchgeführt wird.

Aufstellen des ersten Simplex-Tableaus:

	x_1	x_2	x_3	x_4	x_5	x_6	
z_1	10	20	40	20	10	40	1000
z_2	−10	−20	−40	−20	−10	−10	−1000
z_3	20	40	30	30	10	20	1200
z_4	−20	−40	−30	−30	−10	−20	−1200
z_5	20	20	20	30	20	10	800
z_6	−20	−20	−20	−30	−20	−10	−800
z_7	20	40	60	20	40	50	1800
z_8	−5	−20	−40	−30	−20	−20	−800
	20	50	30	40	40	30	0

1. Iteration: Bestimmung des zweiten Simplex-Tableaus:

	x_1	x_2	x_3	x_4	z_4	x_6	
z_1	−10	−20	10	−10	1	20	−200
z_2	10	20	−10	10	−1	−20	200
z_3	0	0	0	0	1	0	0
x_5	2	4	3	3	$-\frac{1}{10}$	2	120
z_5	−20	−60	−40	−30	2	−30	−1600
z_6	20	60	40	30	−2	30	1600
z_7	−60	−120	−60	−100	4	−30	−3000
z_8	35	60	20	30	−2	20	1600
	−60	−110	−90	−80	4	−50	−4800

Man hat den Punkt $P_2(0, 0, 0, 0, 120, 0)$ und $z = 4800$ erhalten. Der zulässige Bereich ist noch nicht erreicht.

2. Iteration: Bestimmung des dritten Simplex-Tableaus:

	x_1	x_2	x_3	z_7	z_4	x_6	
z_1	-4	-8	16	$-\frac{1}{10}$	$\frac{3}{5}$	23	100
z_2	4	8	-16	$\frac{1}{10}$	$-\frac{3}{5}$	-23	-100
z_3	0	0	0	0	1	0	0
x_5	$\frac{1}{5}$	$\frac{2}{5}$	$\frac{6}{5}$	$\frac{3}{100}$	$\frac{1}{50}$	$\frac{11}{10}$	30
z_5	-2	-24	-22	$-\frac{3}{10}$	$\frac{4}{5}$	-21	-700
z_6	2	24	22	$\frac{3}{10}$	$-\frac{4}{5}$	21	700
x_4	$\frac{3}{5}$	$\frac{6}{5}$	$\frac{3}{5}$	$-\frac{1}{100}$	$-\frac{4}{100}$	$\frac{3}{10}$	30
z_8	17	24	2	$\frac{3}{10}$	$-\frac{4}{5}$	11	700
	-12	-14	-42	$-\frac{4}{5}$	$\frac{4}{5}$	-26	-2400

Man hat den Punkt $P_3(0, 0, 0, 30, 30, 0)$ und $z = 2400$ erhalten. Der zulässige Bereich ist noch nicht erreicht.

3. Iteration: Bestimmung des vierten Simplex-Tableaus:

	x_1	z_5	x_3	z_7	z_4	x_6	
z_1	$-\frac{10}{3}$	$-\frac{1}{3}$	$\frac{70}{3}$	0	$\frac{1}{3}$	30	$\frac{1000}{3}$
z_2	$\frac{10}{3}$	$\frac{1}{3}$	$-\frac{70}{3}$	0	$-\frac{1}{3}$	-30	$-\frac{1000}{3}$
z_3	0	0	0	0	1	0	0
x_5	$\frac{1}{6}$	$\frac{1}{60}$	$\frac{5}{6}$	$\frac{1}{40}$	$\frac{1}{30}$	$\frac{3}{4}$	$\frac{55}{3}$
x_2	$\frac{1}{12}$	$-\frac{1}{24}$	$\frac{11}{12}$	$\frac{1}{80}$	$-\frac{1}{30}$	$\frac{7}{8}$	$\frac{175}{6}$
z_6	0	1	0	0	0	0	0
x_4	$\frac{1}{2}$	$\frac{1}{20}$	$-\frac{1}{2}$	$-\frac{1}{40}$	0	$-\frac{3}{4}$	-5
z_8	15	1	-20	0	0	-10	0
	$-\frac{65}{6}$	$-\frac{7}{12}$	$-\frac{175}{6}$	$-\frac{5}{8}$	$\frac{1}{3}$	$-\frac{55}{4}$	$-\frac{5975}{3}$

Man hat den Punkt $P_4(0, 175/6, 0, -5, 55/3, 0)$ und $z = 5975/3$ erhalten. Der zulässige Bereich ist noch nicht erreicht.

4. Iteration: Bestimmung des fünften Simplex-Tableaus:

	x_1	z_5	x_3	z_7	z_2	x_6	
z_1	0	0	0	0	1	0	0
z_4	−10	−1	70	0	−3	90	1000
z_3	10	1	−70	0	3	−90	−1000
x_5	$\frac{1}{2}$	$\frac{1}{20}$	$-\frac{3}{2}$	$\frac{1}{40}$	$\frac{1}{10}$	$-\frac{9}{4}$	−15
x_2	$-\frac{1}{4}$	$-\frac{3}{40}$	$\frac{13}{4}$	$\frac{1}{80}$	$-\frac{1}{10}$	$\frac{31}{8}$	$\frac{125}{2}$
z_6	0	1	0	0	0	0	0
x_4	$\frac{1}{2}$	$\frac{1}{20}$	$-\frac{1}{2}$	$-\frac{1}{40}$	0	$-\frac{3}{4}$	−5
z_8	15	1	−20	0	0	−10	0
	$-\frac{15}{2}$	$-\frac{1}{4}$	$-\frac{105}{2}$	$-\frac{5}{8}$	1	$-\frac{175}{4}$	−2325

Man hat den Punkt $P_5(0, 125/3, 0, -5, -15, 0)$ und $z = 2325$ erhalten. Der zulässige Bereich ist noch nicht erreicht.

5. Iteration: Bestimmung des sechsten Simplex-Tableaus:

	x_1	z_5	x_3	z_7	z_2	z_3	
z_1	0	0	0	0	1	0	0
z_4	0	0	0	0	0	1	0
x_6	$-\frac{1}{9}$	$-\frac{1}{90}$	$\frac{7}{9}$	0	$-\frac{1}{30}$	$-\frac{1}{90}$	$\frac{100}{9}$
x_5	$\frac{1}{4}$	$\frac{1}{40}$	$\frac{1}{4}$	$\frac{1}{40}$	$\frac{1}{40}$	$-\frac{1}{40}$	10
x_2	$\frac{13}{72}$	$-\frac{23}{720}$	$\frac{17}{72}$	$\frac{1}{80}$	$\frac{7}{240}$	$\frac{31}{720}$	$\frac{175}{9}$
z_6	0	1	0	0	0	0	0
x_4	$\frac{5}{12}$	$\frac{1}{24}$	$\frac{1}{12}$	$-\frac{1}{40}$	$-\frac{1}{40}$	$-\frac{1}{120}$	$\frac{10}{3}$
z_8	$\frac{125}{9}$	$\frac{8}{9}$	$-\frac{110}{9}$	0	$-\frac{1}{3}$	$-\frac{1}{9}$	$\frac{1000}{9}$
	$-\frac{445}{36}$	$-\frac{53}{72}$	$-\frac{665}{36}$	$-\frac{5}{8}$	$-\frac{11}{24}$	$-\frac{35}{72}$	$-\frac{16550}{9}$

Man hat den Punkt $E_6(0, 175/9, 0, 10/3, 10, 100/9)$ und $z = 16550/9$ erhalten. Der zulässige Bereich ist erreicht.

6. Iteration: Bestimmung des siebenten Simplex-Tableaus:

	x_1	z_5	x_6	z_7	z_2	z_3	
z_1	0	0	0	0	1	0	0
z_4	0	0	0	0	0	1	0
x_3	$-\frac{1}{7}$	$-\frac{1}{70}$	$\frac{9}{7}$	0	$-\frac{3}{70}$	$-\frac{1}{70}$	$\frac{100}{7}$
x_5	$\frac{2}{7}$	$\frac{1}{35}$	$-\frac{9}{28}$	$\frac{1}{40}$	$\frac{1}{28}$	$-\frac{3}{140}$	$\frac{45}{7}$
x_2	$\frac{3}{14}$	$-\frac{1}{35}$	$-\frac{17}{56}$	$\frac{1}{80}$	$\frac{11}{280}$	$\frac{13}{280}$	$\frac{225}{14}$
z_6	0	1	0	0	0	0	0
x_4	$\frac{3}{7}$	$\frac{3}{70}$	$-\frac{3}{28}$	$-\frac{1}{40}$	$-\frac{3}{140}$	$-\frac{1}{140}$	$\frac{15}{7}$
z_8	$\frac{85}{7}$	$\frac{5}{7}$	$\frac{110}{7}$	0	$-\frac{6}{7}$	$-\frac{2}{7}$	$\frac{2000}{7}$
	-15	-1	$95/4$	$-5/8$	$-5/4$	$-3/4$	-1575

Man hat den Punkt $E_7(0, 225/15, 100/7, 15/7, 40/7, 0)$ und $z = 1575$ erhalten. Die optimale Lösung ist noch nicht gefunden.

7. Iteration: Bestimmung des achten Simplex-Tableaus:

	x_4	z_5	x_6	z_7	z_2	z_3	
z_1	0	0	0	0	1	0	0
z_4	0	0	0	0	0	1	0
x_3	$\frac{1}{3}$	0	$\frac{5}{4}$	$-\frac{1}{120}$	$-\frac{1}{20}$	$-\frac{1}{60}$	15
x_5	$-\frac{2}{3}$	0	$-\frac{1}{4}$	$\frac{1}{24}$	$\frac{1}{20}$	$-\frac{1}{60}$	5
x_2	$-\frac{1}{2}$	$-\frac{1}{20}$	$-\frac{1}{4}$	$\frac{1}{40}$	$\frac{1}{20}$	$\frac{1}{20}$	15
z_6	0	1	0	0	0	0	0
x_1	$\frac{7}{3}$	$\frac{1}{10}$	$-\frac{1}{4}$	$-\frac{7}{120}$	$-\frac{1}{20}$	$-\frac{1}{60}$	5
z_8	$-\frac{85}{3}$	$-\frac{1}{2}$	$\frac{75}{4}$	$\frac{17}{24}$	$-\frac{1}{4}$	$-\frac{1}{12}$	225
	35	$\frac{1}{2}$	20	$-\frac{3}{2}$	-2	-1	-1500

Man hat den Punkt $E_8(5, 15, 15, 0, 5, 0)$ und $z = 1500$ erhalten. Die optimale Lösung ist noch nicht gefunden.

8. Iteration: Bestimmung des neunten Simplex-Tableaus:

	x_4	z_5	x_6	z_7	z_1	z_3	
z_2	0	0	0	0	1	0	0
z_4	0	0	0	0	0	1	0
x_3	$\frac{1}{3}$	0	$\frac{5}{4}$	$-\frac{1}{120}$	$\frac{1}{20}$	$-\frac{1}{60}$	15
x_5	$-\frac{2}{3}$	0	$-\frac{1}{4}$	$\frac{1}{24}$	$-\frac{1}{20}$	$-\frac{1}{60}$	5
x_2	$-\frac{1}{2}$	$-\frac{1}{20}$	$-\frac{1}{4}$	$\frac{1}{40}$	$-\frac{1}{20}$	$\frac{1}{20}$	15
z_6	0	1	0	0	0	0	0
x_1	$\frac{7}{3}$	$\frac{1}{10}$	$-\frac{1}{4}$	$-\frac{7}{120}$	$\frac{1}{20}$	$-\frac{1}{60}$	5
z_8	$-\frac{85}{3}$	$-\frac{1}{2}$	$\frac{75}{4}$	$\frac{17}{24}$	$\frac{1}{4}$	$-\frac{1}{12}$	225
	35	1/2	20	$-3/2$	2	-1	-1500

Man hat den Punkt $E_9(5, 15, 15, 0, 5, 0)$ und $z = 1500$ erhalten. Die optimale Lösung ist noch nicht gefunden.

9. Iteration: Bestimmung des zehnten Simplex-Tableaus:

	x_4	z_5	x_6	x_5	z_1	z_3	
z_2	0	0	0	0	1	0	0
z_4	0	0	0	0	0	1	0
x_3	$\frac{1}{5}$	0	$\frac{6}{5}$	$\frac{1}{5}$	$\frac{1}{25}$	$-\frac{1}{50}$	16
z_7	$-\frac{1}{6}$	0	-6	24	$-\frac{6}{5}$	$-\frac{2}{5}$	120
x_2	$-\frac{1}{10}$	$-\frac{1}{20}$	$-\frac{1}{10}$	$-\frac{3}{5}$	$-\frac{1}{50}$	$\frac{3}{50}$	12
z_6	0	1	0	0	0	0	0
x_1	$\frac{7}{5}$	$\frac{1}{10}$	$-\frac{3}{5}$	$\frac{7}{5}$	$-\frac{1}{50}$	$-\frac{1}{25}$	12
z_8	-17	$-\frac{1}{2}$	23	-17	$\frac{11}{10}$	$\frac{1}{5}$	140
	11	$\frac{1}{2}$	11	36	$\frac{1}{5}$	$-\frac{8}{5}$	-1320

Man hat den Punkt $E_{10}(12, 12, 16, 0, 0, 0)$ und $z = 1320$ erhalten. Die optimale Lösung ist noch nicht gefunden.

10. Iteration: Bestimmung des elften Simplex-Tableaus:

	x_4	z_5	x_6	x_5	z_1	z_4	
z_2	0	0	0	0	1	0	0
z_3	0	0	0	0	0	1	0
x_3	$\frac{1}{5}$	0	$\frac{6}{5}$	$\frac{1}{5}$	$\frac{1}{25}$	$\frac{1}{50}$	16
z_7	−16	0	−6	24	$-\frac{6}{5}$	$\frac{2}{5}$	120
x_2	$-\frac{1}{10}$	$-\frac{1}{20}$	$-\frac{1}{10}$	$-\frac{3}{5}$	$-\frac{1}{50}$	$-\frac{3}{50}$	12
z_6	0	1	0	0	0	0	0
x_1	$\frac{7}{5}$	$\frac{1}{10}$	$-\frac{3}{5}$	$\frac{7}{5}$	$-\frac{1}{50}$	$\frac{1}{25}$	12
z_8	−17	$-\frac{1}{2}$	23	−17	$\frac{11}{10}$	$-\frac{1}{5}$	140
	11	$\frac{1}{2}$	11	36	$\frac{1}{5}$	$\frac{8}{5}$	−1320

Man hat den Punkt $E_{11}(12, 12, 16, 0, 0, 0)$ und $z = 1320$ erhalten. Die optimale Lösung ist gefunden.

2.2.3 Sensitivitätsanalyse

Bei einer Sensitivitätsanalyse untersucht man das Verhalten der optimalen Lösung auf Reaktionen gegenüber Veränderungen der Ausgangsdaten. Im Folgenden wird dies für die Koeffizienten der Zielfunktion und für die rechten Seiten des Ungleichungssystems durchgeführt.

2.2.3.1 Änderung der Koeffizienten der Zielfunktion

Es soll untersucht werden, in welchem Bereich $[c_k - c_k^-, c_k + c_k^+]$ sich der Zielfunktionskoeffizient $c_k, 1 \leq k \leq n$ ändern darf, ohne dass die optimale Lösung

ihre Optimalitätseigenschaft verliert. In diesem Fall bleiben sowohl die Basisvariablen als auch deren Wertebelegung in der optimalen Lösung erhalten.
Im Folgenden werden nur die Fälle betrachtet, bei denen sich genau ein Koeffizient ändert und alle anderen konstant bleiben.
Bei der linearen Optimierung mit drei und mehr Variablen gelingt es nicht mehr durch eine grafische Überlegung wie im Abschnitt für nur zwei Variablen, die Grenzen für die Abweichung zu finden.
Deshalb wird nachstehend ein Satz angegeben, wie diese aus dem letzten Simplex-Tableau ermittelt werden können.

Satz:
Bei der Sensitivitätsanalyse für die Änderung der Koeffizienten der Zielfunktion werden die Werte für c_k^- und c_k^+ folgendermaßen aus dem optimalen Simplex-Tableau ermittelt:

Ist x_k Nichtbasisvariable und sind $\tilde{a}_{ij}$, $\tilde{b}_i$ und $\tilde{c}_j$ die aktuellen Koeffizienten im optimalen Tableau und ist $\varphi(k)$ die Spalte im optimalen Tableau, in der diese Variable steht, so gilt:

$$c_k^- = \tilde{c}_{\varphi(k)} \text{ und } c_k^+ = \infty .$$

Ist x_k Basisvariable und sind $\tilde{a}_{ij}$, $\tilde{b}_i$ und $\tilde{c}_j$ die aktuellen Koeffizienten im optimalen Tableau und ist $\varphi(k)$ die Zeile im optimalen Tableau, in der diese Basisvariable steht, so gilt:

$$c_k^- = \infty \quad \text{falls alle } \tilde{a}_{\varphi(k)j} > 0, 1 \le j \le n$$

$$c_k^- = \min\left\{ -\frac{\tilde{c}_j}{\tilde{a}_{\varphi(k)j}},\ \tilde{a}_{\varphi(k)j} < 0, 1 \le j \le n \right\} \quad \text{sonst.}$$

$$c_k^+ = \infty \quad \text{falls alle } \tilde{a}_{\varphi(k)j} < 0, 1 \le j \le n$$

$$c_k^+ = \min\left\{ \frac{\tilde{c}_j}{\tilde{a}_{\varphi(k)j}},\ \tilde{a}_{\varphi(k)j} > 0, 1 \le j \le n \right\} \quad \text{sonst.}$$

2.2.3.2 Änderung der Koeffizienten auf den rechten Seiten

Es soll geprüft werden, in welchem Bereich $\left[b_k - b_k^-, b_k + b_k^+ \right]$ sich die Ressourcen-Beschränkung b_k ändern darf, ohne dass die optimale Basislösung ihre Optimalitätseigenschaft verliert. In diesem Fall bleiben nur die Basisvariablen erhalten. Ihre Wertebelegungen in der optimalen Lösung ändern sich natürlich.

Satz:
Bei der Sensitivitätsanalyse für die Änderung der Koeffizienten auf den rechten Seiten werden die Werte für b_k^- und b_k^+ folgendermaßen aus dem optimalen Simplex-Tableau ermittelt:

Ist z_k Basisvariable und sind $\tilde{a}_{ij}$, $\tilde{b}_i$ und $\tilde{c}_j$ die aktuellen Koeffizienten im optimalen Tableau und ist $\varphi(k)$ die Zeile im optimalen Tableau, in der diese Basisvariable steht, so gilt:

$b_k^- = b_{\varphi(k)}$ und $b_k^+ = \infty$.

Ist z_k Nichtbasisvariable und sind $\tilde{a}_{ij}$, $\tilde{b}_i$ und $\tilde{c}_j$ die aktuellen Koeffizienten im optimalen Tableau und ist $\varphi(k)$ die Spalte im optimalen Tableau, in der diese Variable steht, so gilt:

$b_k^- = \infty$ falls alle $\tilde{a}_{i\varphi(k)} < 0, 1 \le i \le m$

$$b_k^- = \min\left\{\frac{\tilde{b}_i}{\tilde{a}_{i\varphi(k)}},\ \tilde{a}_{i\varphi(k)} > 0, 1 \le i \le m\right\} \text{ sonst.}$$

$b_k^+ = \infty$ falls alle $\tilde{a}_{i\varphi(k)} > 0, 1 \le i \le m$ sind

$$b_k^+ = \min\left\{-\frac{\tilde{b}_i}{\tilde{a}_{i\varphi(k)}},\ \tilde{a}_{i\varphi(k)} < 0, 1 \le i \le m\right\} \text{ sonst.}$$

2.2.3.3 Beispiele

Diese Sachverhalte werden an zwei Beispielen demonstriert.

Gegeben sei das folgende Problem (Beispiel 2.2 vom Anfang dieses Abschnitts):

$$\begin{aligned}
10\,x_1 + 10\,x_2 + 5\,x_3 &\le 600\\
5\,x_1 + 10\,x_2 + 10\,x_3 &\le 400\\
15\,x_1 + 5\,x_2 + 10\,x_3 &\le 800\\
z = -30\,x_1 - 40\,x_2 - 30\,x_3 &= \min.
\end{aligned}$$

Das optimale Simplex-Tableau wurde im Abschnitt 2.2.2 bestimmt:

	z_1	z_2	x_3	
x_1	$\frac{1}{5}$	$-\frac{1}{5}$	-1	40
x_2	$-\frac{1}{10}$	$\frac{1}{5}$	$\frac{3}{2}$	20
z_3	$-\frac{5}{2}$	2	$\frac{35}{2}$	100
	2	2	0	2000

Die Lösung ist im Punkt $E_3(40, 20, 0)$ mit $z = -2000$.
Die dazugehörigen Basisvariablen sind x_1, x_2 und z_3.

Zuerst werden die Änderungen der Koeffizienten der Zielfunktion betrachtet:

(1) Änderung von c_1:

Da x_1 Basisvariable ist und in der ersten Zeile steht, gilt mit $\varphi(1) = 1$:

$$c_1^- = \min\left\{-\frac{\tilde{c}_j}{\tilde{a}_{1j}},\ \tilde{a}_{1j} < 0\right\} = \min\left\{-\frac{2}{-1/5}, -\frac{0}{-1}\right\} = \min\{10, 0\} = 0 \text{ und}$$

$$c_1^+ = \min\left\{\frac{\tilde{c}_j}{\tilde{a}_{1j}},\ \tilde{a}_{1j} > 0\right\} = \min\left\{\frac{2}{1/5}\right\} = 10.$$

Damit gilt: $c_1 \in [-30 - 0, -30 + 10] = [-30, -20]$.
Dies gilt für den negativen Koeffizienten aus dem ersten Simplex-Tableau. Der entsprechende (positive) Koeffizient in der Ausgangszielfunktion ist im Intervall $[20, 30]$.

(2) Änderung von c_2:

Da x_2 Basisvariable ist und in der zweiten Zeile steht, gilt mit $\varphi(2) = 2$:

$$c_2^- = \min\left\{-\frac{\tilde{c}_j}{\tilde{a}_{2j}},\ \tilde{a}_{2j} < 0\right\} = \min\left\{-\frac{2}{-1/10}\right\} = 20 \text{ und}$$

$$c_2^+ = \min\left\{\frac{\tilde{c}_j}{\tilde{a}_{2j}},\ \tilde{a}_{2j} > 0\right\} = \min\left\{\frac{2}{1/5}, \frac{0}{3/2}\right\} = \min\{10, 0\} = 0.$$

Damit gilt: $c_2 \in [-40 - 20, -40 + 0] = [-60, -40]$.

Dies gilt für den negativen Koeffizienten aus dem ersten Simplex-Tableau. Der entsprechende (positive) Koeffizient in der Ausgangszielfunktion ist im Intervall $[40, 60]$.

(3) Änderung von c_3:

Da x_3 Nichtbasisvariable ist, gilt:

$c_3^- = \tilde{c}_3 = 0$ und $c_3^+ = \infty$.

Damit gilt: $c_3 \in [-30 - 0, 30 + \infty) = [-30, \infty)$.

Dies gilt für den negativen Koeffizienten aus dem ersten Simplex-Tableau. Der entsprechende (positive) Koeffizient in der Ausgangszielfunktion ist im Intervall $(-\infty, 30]$.

Die Ergebnisse werden für drei verschiedene Werte von c_1 mit dem Simplex-Algorithmus überprüft.

Es sei $c_1 = 15$ (außerhalb des Intervalls für die Änderungen):

Aufstellen des ersten Simplex-Tableaus:

	x_1	x_2	x_3	
z_1	10	10	5	600
z_2	5	10	10	400
z_3	15	5	10	800
	-15	-40	-30	0

1. Iteration: Bestimmung des zweiten Simplex-Tableaus:

	x_1	z_2	x_3	
z_1	5	-1	-5	200
x_2	$\frac{1}{2}$	$\frac{1}{10}$	1	40
z_3	$\frac{25}{2}$	$-\frac{1}{2}$	5	600
	5	4	10	1600

Man hat den Punkt $E_2(0, 40, 0)$ und $z = -1600$ erhalten. Die optimale Lösung ist gefunden.

Die Basisvariablen haben sich geändert.

Jetzt sind z_1, x_2 und z_3 in der Basis.

Es sei $c_1 = 25$ (innerhalb des Intervalls für die Änderungen):

Aufstellen des ersten Simplex-Tableaus:

	x_1	x_2	x_3	
z_1	10	10	5	600
z_2	5	10	10	400
z_3	15	5	10	800
	-25	-40	-30	0

1. Iteration: Bestimmung des zweiten Simplex-Tableaus:

	x_1	z_2	x_3	
z_1	5	-1	-5	200
x_2	$\frac{1}{2}$	$\frac{1}{10}$	1	40
z_3	$\frac{25}{2}$	$-\frac{1}{2}$	5	600
	-5	4	10	1600

Man hat den Punkt $E_2(0, 40, 0)$ und $z = -1600$ erhalten. Die optimale Lösung ist noch nicht gefunden.

2. Iteration: Bestimmung des dritten Simplex-Tableaus:

	z_1	z_2	x_3	
x_1	$\frac{1}{5}$	$-\frac{1}{5}$	-1	40
x_2	$-\frac{1}{10}$	$\frac{1}{5}$	$\frac{3}{2}$	20
z_3	$-\frac{5}{2}$	2	$\frac{35}{2}$	100
	1	3	5	1800

Man hat den Punkt $E_2(40, 20, 0)$ und $z = -1800$ erhalten. Die optimale Lösung ist gefunden.

Die Basisvariablen und ihre Wertebelegungen sind gleich geblieben. Der Wert der Zielfunktion hat sich natürlich verändert.

Es sei $c_1 = 35$ (außerhalb des Intervalls für die Änderungen):

Aufstellen des ersten Simplex-Tableaus:

	x_1	x_2	x_3	
z_1	10	10	5	600
z_2	5	10	10	400
z_3	15	5	10	800
	-35	-40	-30	0

1. Iteration: Bestimmung des zweiten Simplex-Tableaus:

	x_1	z_2	x_3	
z_1	5	-1	-5	200
x_2	$\frac{1}{2}$	$\frac{1}{10}$	1	40
z_3	$\frac{25}{2}$	$-\frac{1}{2}$	5	600
	-15	4	10	1600

Man hat den Punkt $E_2(0, 40, 0)$ und $z = -1600$ erhalten. Die optimale Lösung ist noch nicht gefunden.

2. Iteration: Bestimmung des dritten Simplex-Tableaus:

	z_1	z_2	x_3	
x_1	$\frac{1}{5}$	$-\frac{1}{5}$	-1	40
x_2	$-\frac{1}{10}$	$\frac{1}{5}$	$\frac{3}{2}$	20
z_3	$-\frac{5}{2}$	2	$\frac{35}{2}$	100
	3	1	-5	2200

Man hat den Punkt $E_3(40, 20, 0)$ und $z = -2200$ erhalten. Die optimale Lösung ist noch nicht gefunden.

3. Iteration: Bestimmung des vierten Simplex-Tableaus:

	z_1	z_2	z_3	
x_1	$\frac{2}{35}$	$-\frac{3}{35}$	$\frac{2}{35}$	$\frac{320}{35}$
x_2	$\frac{4}{35}$	$\frac{1}{35}$	$-\frac{6}{70}$	$\frac{80}{35}$
x_3	$-\frac{1}{7}$	$\frac{4}{35}$	$\frac{2}{35}$	$\frac{40}{7}$
	$\frac{8}{7}$	$\frac{11}{7}$	$\frac{2}{7}$	$\frac{15600}{35}$

Man hat den Punkt $E_4(320/7, 80/7, 40/7)$. und $z = -\frac{15600}{7}$ erhalten. Die optimale Lösung ist gefunden.
Die Basisvariablen haben sich geändert.
Jetzt sind x_1, x_2 und x_3 in der Basis.

Als nächstes werden die Änderungen der rechten Seiten betrachtet:

(1) Änderung von b_1:

Da z_1 Nichtbasisvariable ist und in der ersten Spalte steht, gilt mit $\varphi(1) = 1$:

$$b_1^- = \min\left\{\frac{\tilde{b}_i}{\tilde{a}_{i1}},\ \tilde{a}_{i1} > 0\right\} = \min\left\{\frac{40}{1/5}\right\} = 200 \quad \text{und}$$

$$b_1^+ = \min\left\{-\frac{\tilde{b}_i}{\tilde{a}_{i1}},\ \tilde{a}_{i1} < 0\right\} = \min\left\{-\frac{20}{-1/10}, -\frac{100}{-5/2}\right\} = \min\{200, 40\} = 40\,.$$

Damit gilt: $b_1 \in [600 - 200, 600 + 40] = [400, 640]$.

(2) Änderung von b_2:

Da z_2 Nichtbasisvariable ist und in der zweiten Spalte steht, gilt mit $\varphi(2) = 2$:

$$b_2^- = \min\left\{\frac{\tilde{b}_i}{\tilde{a}_{i2}},\ \tilde{a}_{i2} > 0\right\} = \min\left\{\frac{20}{1/5}, \frac{100}{2}\right\} = \min\{100, 50\} = 50 \quad \text{und}$$

$$b_2^+ = \min\left\{-\frac{\tilde{b}_i}{\tilde{a}_{i2}},\ \tilde{a}_{i2} < 0\right\} = \min\left\{-\frac{40}{-1/5}\right\} = 200\,.$$

Damit gilt: $b_2 \in [400 - 50,\ 400 + 200] = [350,\ 600]$.

(3) Änderung von b_3 :

Da z_3 Basisvariable ist, gilt mit $\varphi(3) = 3$:

$b_3^- = \widetilde{b}_3 = 100$ und

$b_3^+ = \infty$.

Damit gilt: $b_3 \in [800 - 100,\ 800 + \infty) = [700,\ \infty)$.

Die Ergebnisse werden wieder für drei verschiedene Werte von b_1 mit dem Simplex-Algorithmus überprüft.

Es sei $b_1 = 300$ (außerhalb des Intervalls für die Änderungen):

Aufstellen des ersten Simplex-Tableaus:

	x_1	x_2	x_3	
z_1	10	10	5	300
z_2	5	10	10	400
z_3	15	5	10	800
	-30	-40	-30	0

1. Iteration: Bestimmung des zweiten Simplex-Tableaus:

	x_1	z_1	x_3	
x_2	1	$\frac{1}{10}$	$\frac{1}{2}$	30
z_2	−5	−1	5	100
z_3	10	$-\frac{1}{2}$	$\frac{15}{2}$	650
	10	4	−10	1200

Man hat den Punkt $E_2(0, 30, 0)$ und $z = -1200$ erhalten. Die optimale Lösung ist noch nicht gefunden.

2. Iteration: Bestimmung des dritten Simplex-Tableaus:

	x_1	z_1	z_2	
x_2	$\frac{3}{2}$	$\frac{1}{5}$	$-\frac{1}{10}$	20
x_3	-1	$-\frac{1}{5}$	$\frac{1}{5}$	20
z_3	$\frac{35}{2}$	1	$-\frac{3}{2}$	500
	0	2	2	1400

Man hat den Punkt $E_3(0, 20, 20)$ und $z = -1400$ erhalten. Die optimale Lösung ist gefunden.
Die Basisvariablen haben sich geändert.
Jetzt sind x_2, x_3 und z_3 in der Basis.

Es sei $b_1 = 500$ (innerhalb des Intervalls für die Änderungen):

Aufstellen des ersten Simplex-Tableaus:

	x_1	x_2	x_3	
z_1	10	10	5	500
z_2	5	10	10	400
z_3	15	5	10	800
	-30	-40	-30	0

1. Iteration: Bestimmung des zweiten Simplex-Tableaus:

	x_1	z_2	x_3	
z_1	5	-1	-5	100
x_2	$\frac{1}{2}$	$\frac{1}{10}$	1	40
z_3	$\frac{25}{2}$	$-\frac{1}{2}$	5	600
	-10	4	10	1600

Man hat den Punkt $E_2(0, 40, 0)$ und $z = -1600$ erhalten. Die optimale Lösung ist noch nicht gefunden.

2. Iteration: Bestimmung des dritten Simplex-Tableaus:

	z_1	z_2	x_3	
x_1	$\frac{1}{5}$	$-\frac{1}{5}$	-1	20
x_2	$-\frac{1}{10}$	$\frac{1}{5}$	$\frac{3}{2}$	30
z_3	$-\frac{5}{2}$	2	$\frac{35}{2}$	350
	2	2	0	1800

Man hat den Punkt $E_2(20, 30, 0)$ und $z = -1800$ erhalten. Die optimale Lösung ist gefunden.
Die Basisvariablen sind gleich geblieben. Ihre Wertebelegungen haben sich geändert.

Es sei $b_1 = 800$ (außerhalb des Intervalls für die Änderungen):

Aufstellen des ersten Simplex-Tableaus:

	x_1	x_2	x_3	
z_1	10	10	5	800
z_2	5	10	10	400
z_3	15	5	10	800
	-30	-40	-30	0

1. Iteration: Bestimmung des zweiten Simplex-Tableaus:

	x_1	z_2	x_3	
z_1	5	-1	-5	400
x_2	$\frac{1}{2}$	$\frac{1}{10}$	1	40
z_3	$\frac{25}{2}$	$-\frac{1}{2}$	5	600
	-10	4	10	1600

Man hat den Punkt $E_2(0, 40, 0)$ und $z = -1600$ erhalten. Die optimale Lösung ist noch nicht gefunden.

2. Iteration: Bestimmung des dritten Simplex-Tableaus:

	z_3	z_2	x_3	
z_1	$-\frac{2}{5}$	$-\frac{4}{5}$	-7	160
x_2	$-\frac{1}{25}$	$\frac{3}{25}$	$\frac{4}{5}$	16
x_1	$\frac{2}{25}$	$-\frac{1}{25}$	$\frac{2}{5}$	48
	$\frac{4}{5}$	$\frac{18}{5}$	14	2080

Man hat den Punkt $E_2(48, 16, 0)$ und $z = -2080$ erhalten. Die optimale Lösung ist gefunden.
Die Basisvariablen haben sich geändert.
Jetzt sind x_1, x_2 und z_1 in der Basis.

Zum Abschluß wird noch ein zweites Beispiel betrachtet, nämlich das Beispiel 2.3 aus Abschnitt 2.2.2.3:

$$
\begin{aligned}
4x_1 + 4x_2 + 8x_3 + 3x_4 + 3x_5 &\geq 1200 \\
10x_1 + x_2 + 6x_3 + 12x_4 + 2x_5 &\geq 2520 \\
3x_1 + x_2 + x_3 + 3x_4 + 2x_5 &\geq 1020 \\
4x_1 + 3x_2 + 4x_3 + 9x_4 &\leq 2700 \\
4x_1 + 3x_2 + 4x_3 + 9x_4 &\geq 1620 \\
z = 3x_1 + 2x_2 + 3x_3 + 2x_4 + 3x_5 &= \min.
\end{aligned}
$$

Das optimale Simplex-Tableau wurde dort bestimmt:

	x_5	z_1	x_2	z_3	z_4	
z_2	$\frac{32}{9}$	$-\frac{2}{9}$	$\frac{11}{3}$	$-\frac{22}{9}$	$\frac{4}{9}$	1440
x_3	$-\frac{1}{36}$	$-\frac{5}{36}$	$\frac{5}{12}$	$\frac{2}{9}$	$\frac{1}{36}$	15
x_4	$-\frac{14}{27}$	$\frac{2}{27}$	$\frac{1}{9}$	$\frac{4}{27}$	$\frac{5}{27}$	260
x_1	$\frac{43}{36}$	$-\frac{1}{36}$	$\frac{3}{36}$	$-\frac{5}{9}$	$-\frac{7}{36}$	75
z_5	0	0	0	0	1	1080
	$\frac{29}{54}$	$\frac{19}{54}$	$\frac{5}{18}$	$\frac{19}{27}$	$\frac{7}{54}$	-790

Die Lösung ist im Punkt $E_7(75, 0, 15, 260, 0)$ mit $z = 790$.

Zuerst werden wieder die Änderungen der Koeffizienten der Zielfunktion betrachtet:

(1) Änderung von c_1:

Da x_1 Basisvariable ist und in der vierten Zeile steht, gilt mit $\varphi(1) = 4$:

$$c_1^- = \min\left\{-\frac{\tilde{c}_j}{\tilde{a}_{4j}},\ \tilde{a}_{4j} < 0\right\} = \min\left\{-\frac{19/54}{-1/36}, -\frac{19/27}{-5/9}, -\frac{7/54}{-7/36}\right\} = \frac{2}{3} \text{ und}$$

$$c_1^+ = \min\left\{\frac{\tilde{c}_j}{\tilde{a}_{4j}},\ \tilde{a}_{4j} > 0\right\} = \min\left\{\frac{29/54}{43/36}, \frac{5/18}{3/36}\right\} = \min\left\{\frac{58}{129}, \frac{10}{3}\right\} = \frac{58}{129}.$$

Damit gilt: $c_1 \in \left[3 - \frac{2}{3}, 3 + \frac{58}{129}\right] = \left[\frac{7}{3}, \frac{445}{129}\right]$.

(2) Änderung von c_2:

Da x_2 Nichtbasisvariable ist und in der dritten Spalte steht, gilt mit $\varphi(2) = 3$:

$c_2^- = \tilde{c}_3 = \frac{5}{18}$ und $c_2^+ = \infty$.

Damit gilt: $c_2 \in \left[2 - \frac{5}{18}, 2 + \infty\right) = \left[\frac{31}{18}, \infty\right)$.

(3) Änderung von c_3:

Da x_3 Basisvariable ist und in der zweiten Zeile steht, gilt mit $\varphi(3) = 2$:

$$c_3^- = \min\left\{-\frac{\tilde{c}_j}{\tilde{a}_{2j}},\ \tilde{a}_{2j} < 0\right\} = \min\left\{-\frac{29/54}{-1/36}, -\frac{19/54}{-5/36}\right\} = \frac{38}{15} \text{ und}$$

$$c_3^+ = \min\left\{\frac{\tilde{c}_j}{\tilde{a}_{2j}},\ \tilde{a}_{2j} > 0\right\} = \min\left\{\frac{5/18}{5/12}, \frac{19/27}{2/9}, \frac{7/54}{1/36}\right\} = \frac{2}{3}.$$

Damit gilt: $c_3 \in \left[3 - \frac{38}{15}, 3 + \frac{2}{3}\right] = \left[\frac{7}{15}, \frac{11}{3}\right]$.

(4) Änderung von c_4:

Da x_4 Basisvariable ist und in der dritten Zeile steht, gilt mit $\varphi(4) = 3$:

$$c_4^- = \min\left\{-\frac{\tilde{c}_j}{\tilde{a}_{3j}},\ \tilde{a}_{3j} < 0\right\} = \min\left\{-\frac{29/54}{-14/27}\right\} = \frac{29}{28} \text{ und}$$

$$c_4^+ = \min\left\{\frac{\tilde{c}_j}{\tilde{a}_{3j}},\ \tilde{a}_{3j} > 0\right\} = \min\left\{\frac{19/54}{2/27}, \frac{5/18}{1/9}, \frac{19/27}{4/27}, \frac{7/54}{5/27}\right\} = \frac{7}{10}.$$

Damit gilt: $c_4 \in \left[2 - \frac{29}{28}, 2 + \frac{7}{10}\right] = \left[\frac{27}{28}, \frac{27}{10}\right]$.

(5) Änderung von c_5:

Da x_5 Nichtbasisvariable ist und in der ersten Spalte steht, gilt mit $\varphi(5) = 1$:

$$c_5^- = \tilde{c}_1 = \frac{29}{54} \text{ und } c_5^+ = \infty.$$

Damit gilt: $c_5 \in \left[3 - \frac{29}{54}, 3 + \infty\right) = \left[\frac{133}{54}, \infty\right)$.

Als nächstes werden die Änderungen der rechten Seiten betrachtet:

(1) Änderung von b_1:

Da z_1 Nichtbasisvariable ist und in der zweiten Spalte steht, gilt mit $\varphi(1) = 2$:

$$b_1^- = \min\left\{\frac{\tilde{b}_i}{\tilde{a}_{i2}},\ \tilde{a}_{i2} > 0\right\} = \min\left\{\frac{260}{2/27}\right\} = 3510 \quad \text{und}$$

$$b_1^+ = \min\left\{-\frac{\tilde{b}_i}{\tilde{a}_{i1}},\ \tilde{a}_{i1} < 0\right\} = \min\left\{-\frac{1440}{-2/9}, -\frac{15}{-5/36}, -\frac{75}{-1/36}\right\} = 108.$$

Damit gilt: $b_1 \in [-1200 - 3510, -1200 + 108] = [-4710, -1092]$.

Dies gilt für den negativen Koeffizienten aus dem ersten Simplex-Tableau. Der entsprechende (positive) Koeffizient in der Ausgangsungleichung ist im Intervall $[1092, 4710]$.

(2) Änderung von b_2:

Da z_2 Basisvariable ist und in der ersten Zeile steht, gilt mit $\varphi(2) = 1$:

$b_2^- = \tilde{b}_1 = 1440$ und

$b_2^+ = \infty$.

Damit gilt: $b_2 \in [-2520 - 1440, -2520 + \infty) = [-3960, \infty)$.

Dies gilt für den negativen Koeffizienten aus dem ersten Simplex-Tableau. Der entsprechende (positive) Koeffizient in der Ausgangsungleichung ist im Intervall $(-\infty, 3.960]$.

(3) Änderung von b_3:

Da z_3 Nichtbasisvariable ist und in der vierten Spalte steht, gilt mit $\varphi(3) = 4$:

$$b_3^- = \min\left\{\frac{\tilde{b}_i}{\tilde{a}_{i4}},\ \tilde{a}_{i4} > 0\right\} = \min\left\{\frac{15}{2/9}, \frac{260}{4/27}\right\} = \frac{135}{2} \quad \text{und}$$

$$b_3^+ = \min\left\{-\frac{\tilde{b}_i}{\tilde{a}_{i4}},\ \tilde{a}_{i4} < 0\right\} = \min\left\{-\frac{1440}{-22/9}, -\frac{75}{-5/9}\right\} = 135.$$

Damit gilt: $b_3 \in \left[-1020 - \frac{135}{2}, -1020 + 135\right] = \left[-\frac{2175}{2}, -885\right]$.

Dies gilt für den negativen Koeffizienten aus dem ersten Simplex-Tableau. Der entsprechende (positive) Koeffizient in der Ausgangsungleichung ist im Intervall $\left[885, \frac{2175}{2}\right]$.

(4) Änderung von b_4:

Da z_4 Nichtbasisvariable ist und in der fünften Spalte steht, gilt mit $\varphi(4) = 5$:

$$b_4^- = \min\left\{\frac{\widetilde{b}_i}{\widetilde{a}_{i5}},\ \widetilde{a}_{i5} > 0\right\} = \min\left\{\frac{1440}{4/9}, \frac{15}{1/36}, \frac{260}{5/27}, \frac{1800}{1}\right\} = 540 \quad \text{und}$$

$$b_4^+ = \min\left\{-\frac{\widetilde{b}_i}{\widetilde{a}_{i5}}, \widetilde{a}_{i5} < 0\right\} = \min\left\{-\frac{75}{-7/36}\right\} = \frac{2700}{7}.$$

Damit gilt: $b_4 \in \left[2700 - 540,\ 2700 + \frac{2700}{7}\right] = \left[2160, \frac{21600}{7}\right]$.

(5) Änderung von b_5:

Da z_5 Basisvariable ist und in der fünften Zeile steht, gilt mit $\varphi(5) = 5$:

$b_5^- = \widetilde{b}_5 = 1080$ und

$b_5^+ = \infty$.

Damit gilt: $b_5 \in [-1620 - 1080,\ -1620 + \infty) = [-2700, \infty)$.

Dies gilt für den negativen Koeffizienten aus dem ersten Simplex-Tableau. Der entsprechende (positive) Koeffizient in der Ausgangsungleichung ist im Intervall $(-\infty, 2700]$.

2.3 JAVA-Programme

In diesem Abschnitt werden zwei Programme zum Simplex-Algorithmus vorgestellt. Beide Programme sind einfach gehalten und beinhalten eine große Anzahl von Verbesserungs- bzw. Erweiterungsmöglichkeiten. Auf diese wird bei den Übungsaufgaben eingegangen.

2.3.1 Quellcodes und Erläuterungen

Der primale und der duale Simplex-Algorithmus werden durch drei Klassen abgebildet:

- simplex01.java
- simplex02.java
- matrix_io.java

Für den primalen Simplex-Algorithmus werden nur die beiden Klassen simplex01.java und matrix_io.java verwendet. Die Logik befindet sich in der Klasse simplex01.java. In die Klasse matrix_io.java sind Ein- und Ausgaben ausgelagert. Der Programmablauf erfolgt ohne Oberfläche von einer Eingabeaufforderung aus. Es werden die Eingabedaten für das erste Simplex-Tableau abgefragt. Diese müssen zeilenweise durch blanks getrennt und mit enter abgeschlossen eingegeben werden. Anschließend gibt das Programm alle weiteren Simplex-Tableaus, die erreichten Punkte und die Werte der Zielfunktion aus.

Für den dualen Simplex-Algorithmus werden alle drei Klassen verwendet. Die Klasse simplex02.java ist eine Ableitung von simplex01.java und setzt die andere Auswahl des Pivotelements um.
Der Programmablauf erfolgt wieder ohne Oberfläche von einer Eingabeaufforderung aus. Jedoch ist die Möglichkeit der Ein- und Ausgabe mittels Dateien hinzugefügt worden. In der Eingabedatei steht das erste Simplex-Tableau zeilenweise und durch blanks getrennt. Beim Programmablauf erfolgt eine Abfrage, ob die Ein- bzw. Ausgabe von Hand oder aus einer Datei durchgeführt wird.

Im Folgenden sind die Quellcodes der drei Klassen angegeben. Eine Beschreibung der Funktionalitäten, sprich der Methoden schließt sich an.

Klasse matrix_io.java

```
import java.io.*;
import java.text.*;
import java.lang.Math;
public class matrix_io
{
  private static int g=1; //zum Hochzählen der Anzahl
```

```
                              //ausgegebener Simplextableaus
private static DecimalFormat form
                              = new DecimalFormat("####0.###");
private static BufferedReader matrixin=null;
private static PrintStream matrixout=null;
private static boolean dateiAusgabe=false;
private static boolean dateiEingabe=false;

public static void matrixschreiben()
{
  try
  {
    matrixout = new PrintStream
                  (new FileOutputStream("Ausgabe.txt"));
  }
  catch(FileNotFoundException ex)
  {
    System.out.println("Fehler"+ex);
  }
  catch(IOException ex)
  {
    System.out.println("Fehler"+ex);
  }
}

public static void matrixDatei(simplex01 m1)
{
  String str1="?";
  try
  {
    matrixin= new BufferedReader
                  (new FileReader("Eingabe.txt"));
    dateiEingabe=true;
  }
  catch(FileNotFoundException ex)
  {
    System.out.println("Fehler"+ex);
  }
  catch(IOException ex)
  {
    System.out.println("Fehler"+ex);
  }
}

public static String eingabeZeile()
{
  BufferedReader eingabe = new BufferedReader
                     (new InputStreamReader(System.in));
  try
  { // IOException  m u s s  abgefangen werden
    return eingabe.readLine();
  }
  catch (IOException e)
  {
```

```
      System.out.println
                   ("Eingabe konnte nicht gelesen werden");
      return null;
    }
  }

  public static void drucke_punkt(simplex01 m1)
  {
    String st;
    int j;
    ausgabeZeileteil("Punkt  ");
    for (int i=0;i<m1.n()-1;i++)
    {
      st="x"+(i+1);
      for (j=0;j<m1.m()-1&&st.compareTo(m1.zm(j))!=0;j++) ;
        ausgabeZeileteil(" "+st+"=");
      if (st.compareTo(m1.zm(j))==0)  // 3 Nachkommastellen!
        ausgabeZeileteil(""+((double)
                   Math.round(m1.A(j,m1.n()-1)*1000)/1000));
      else ausgabeZeileteil("0"); //
    }
    ausgabeZeile(" z="+((double)
           Math.round(m1.A(m1.m()-1,m1.n()-1)*1000)/1000));
  }

  public static void ausgabeZeile(String s)
  {
    if (dateiAusgabe)
      matrixout.println(s);
    System.out.println(s);
  }

  public static void ausgabeZeileteil(String s)
  {
    if (dateiAusgabe) matrixout.print(s);
      System.out.print(s);
  }

  public static void drucke_alles(simplex01 m1)
  {
    String st;
    int f;
    ausgabeZeile((g++)+". Simplextableau:");
    ausgabeZeileteil("       ");
    for (int i=0;i<m1.n()-1;i++)  // Kopfzeile
      ausgabeZeileteil("    "+m1.xn(i)+"    ");
    ausgabeZeile(" ");
    for (int i=0;i<m1.m();i++)    // Simplex-Tableaus
    {
      if(i<m1.m()-1) ausgabeZeileteil(m1.zm(i)+"  ");
      else ausgabeZeileteil("    ");
      for (int j=0;j<m1.n();j++)
      {
        st= form.format(m1.A(i,j));
```

```
        for(f=0;f<9-st.length();f++)
          ausgabeZeileteil(" ");
        ausgabeZeileteil
        (((double)Math.round(m1.A(i,j)*1000)/1000)+" ");
      }
      ausgabeZeile(" ");
    }
    drucke_punkt(m1);
    ausgabeZeile(" ");
  }

  public static char j_nLesen()
  {
    System.out.println("Matrix aus Datei?");
    return eingabeZeile().charAt(0);
  }

  public static void ausgabeDatei()
  {
    char c;
    System.out.println("Ausgabe in Datei?");
    c= eingabeZeile().charAt(0);
    if (c=='j') {dateiAusgabe=true; matrixschreiben();}
    else dateiAusgabe=false;
  }

  public static int nLesen()
  {
    String eingabe="";
    System.out.println
      ("Matrixgroesse (Spaltenzahl einschl. b) eingeben");
    eingabe=eingabeZeile();
    if (eingabe!=null)
      return Integer.valueOf(eingabe).intValue();
      // oder Integer.parseInt(str1);
    else return 0;
  }

  public static int mLesen()
  {
    String eingabe="";
    System.out.println
     ("Matrixgroesse (Zeilenzahl ohne Zielvektor) eingeben");
    eingabe=eingabeZeile();
    if (eingabe!=null)
      return Integer.valueOf(eingabe).intValue();
      // oder Integer.parseInt(str1);
    else return 0;
  }

  public static void matrixLesen(simplex01 m1)
  {
    String str1="";
    double p;
```

```
int l;
for (int i=0;i<m1.m()-1;i++)
{
  if (dateiEingabe)
    try
    {
      str1 = matrixin.readLine();
    }
    catch(IOException ex)
    {
      System.out.println("Fehler"+ex);
    }
  else
  {
    System.out.println((i+1)+
           ". Zeile der Matrix eingeben (mit b)");
    str1=eingabeZeile();
  }
  l=0;
  if (str1!=null)
    for (int j=0;j<m1.n();j++)
    {
      if (l<str1.length()-1)
        str1=str1.substring(l,(str1.length()));
      str1=str1.trim();
      l=str1.indexOf(" ");
      if (l<0) l= str1.length();
        p=Double.valueOf
      (str1.substring(0,l)).doubleValue();
      //  if (j<m1.n()-1 || p>=0)   // b >= 0
      m1.setzen(p,i,j);
    }
}
if (dateiEingabe)
  try
  {
    str1 = matrixin.readLine();
  }
  catch(IOException ex)
  {
    System.out.println("Fehler"+ex);
  }
else
{
  System.out.println("Zielvektorzeile eingeben");
  str1=eingabeZeile();
}
l=0;
if (str1!=null)
  for (int j=0;j<m1.n()-1;j++)
  {
    if (l<str1.length()-1)
      str1=str1.substring(l,(str1.length()));
    str1=str1.trim();
```

```
            l=str1.indexOf(" ");
            if (l<0) l= str1.length();
             p=Double.valueOf(str1.substring(0,l)).doubleValue();
            m1.setzen(p,m1.m()-1,j);
          }
        m1.setzen(0,m1.m()-1,m1.n()-1);
        drucke_alles(m1);
        g=1; //Tableaunummer einmal zurücksetzen
      }
}
```

Beschreibung der Methoden der Klasse matrix_io.java:

Methode	matrixschreiben
Klasse	matrix_io
Parameter	() keine
Returnwert	keinen
Funktion	Öffnet die Datei „Ausgabe.txt", in die die Konsolausgabe kopiert werden soll
Verwendete andere Methoden	

Methode	matrixDatei
Klasse	matrix_io
Parameter	() keine
Returnwert	keinen
Funktion	Öffnet die Datei „Eingabe.txt", aus der die Matrix eingelesen werden soll
Verwendete andere Methoden	

Methode	eingabeZeile
Klasse	matrix_io
Parameter	() keine
Returnwert	String
Funktion	Liefert eine Zeile aus der Konsoleingabe
Verwendete andere Methoden	readLine

Methode	drucke_punkt
Klasse	matrix_io
Parameter	(simplex01) Objekt, aus dem die Matrix gedruckt werden soll
Returnwert	keinen
Funktion	Gibt die Zielzeile aus der ParameterMatrix aus
Verwendete andere Methoden	ausgabeZeile, ausgabeZeileteil, compareTo, format, zm, m, n

Methode	ausgabeZeile
Klasse	matrix_io
Parameter	(String) Ausgabetext
Returnwert	keinen
Funktion	Schreibt Ausgabetext (Parameter) auf die Systemausgabekonsole und in die Datei „Ausgabe.txt" – sofern Dateiausgabe=true
Verwendete andere Methoden	

Methode	ausgabeZeileteil
Klasse	matrix_io
Parameter	(String) Ausgabetext
Returnwert	keinen
Funktion	Schreibt Ausgabetext (Parameter) auf die Systemausgabekonsole und in die Datei „Ausgabe.txt" – sofern Dateiausgabe=true
Verwendete andere Methoden	

Methode	drucke_alles
Klasse	matrix_io
Parameter	(simplex01) Objekt, aus dem die Matrix ausgegeben werden soll
Returnwert	keinen
Funktion	Druckt die aktuelle ParameterMatrix
Verwendete andere Methoden	ausgabeZeile, ausgabeZeileteil, drucke_punkt

Methode	j_nLesen
Klasse	matrix_io
Parameter	() keine
Returnwert	char
Funktion	Liefert das erste Zeichen aus der Eingabezeile auf die Frage „Matrix aus Datei".
Verwendete andere Methoden	eingabeZeile

Methode	ausgabeDatei
Klasse	matrix_io
Parameter	() keine
Returnwert	keinen
Funktion	Liest das erste Zeichen aus der Eingabezeile auf die Frage „Ausgabe in Datei" und setzt dateiAusgabe auf true
Verwendete andere Methoden	eingabeZeile, ausgabeschreiben

Methode	nLesen
Klasse	matrix_io
Parameter	() keine
Returnwert	int
Funktion	Liefert n (Anzahl Spalten) aus der Eingabezeile zurück
Verwendete andere Methoden	eingabeZeile

Methode	mLesen
Klasse	matrix_io
Parameter	() keine
Returnwert	int
Funktion	Liefert m (Anzahl Zeilen) aus der Eingabezeile zurück
Verwendete andere Methoden	eingabeZeile

Methode	matrixLesen
Klasse	matrix_io
Parameter	(simplex01) Objekt, dessen Matrix geschrieben werden soll
Returnwert	keinen
Funktion	Liest zeilenweise alle Werte in die Ausgangsmatrix, entweder aus der Konsoleingabe oder aus der Datei „Eingabe.txt“, abhängig vom Attribut dateiEingabe
Verwendete andere Methoden	setzen, eingabeZeile, drucke_alles

Klasse simplex01.java

```
import java.io.*;
import java.text.*;
public class simplex01
{
  private int m, n;
  private double A[][];
  private String xn[];
  private String zm[];
  public simplex01 (int z,int s) // max. 99 Elemente je
                                    Dimension
  {
    if (z<3||s<3||z>99||s>99)
    {
      System.out.println("unzulaessige Matrixgroesse eingege-
      ben 9x9-Matrix wird erzeugt");
      m=9;
      n=9;
    }
```

```
    else
    {
      m=z;
      n=s;
    }
    A=new double [m][n];  // Simplex-Tableaus
    xn=new String [n];    // Zeilenkopf des Tableaus
    zm=new String [m];    // Spaltenkopf des Tableaus
    for(int i=0;i<n;i++)
      xn[i]=new String("x"+(i+1));
    for(int i=0;i<m;i++)
      zm[i]=new String("z"+(i+1));
  }
  protected int m()
  {
    return m;
  }
  protected int n()
  {
    return n;
  }
  protected double A(int z, int s)
  {
    return A[z][s];
  }
  protected String xn(int i)
  {
    return xn[i];
  }
  protected String zm(int i)
  {
    return zm[i];
  }

  public void setzen(double t,int z,int s)
  {
    if (z<m&&s<n&&z>=0&&s>=0)  A[z][s]=t;
    else System.out.println("Index out of range");
  }

  public boolean ci()
  {
    for (int j=0;j<n-1;j++)
      if (A[m-1][j]<0) return false;
      return true;
  }

  public int kleinstesc()
  {
    int klcy=-1;
    double klc=Double.MAX_VALUE;
    for (int j=0;j<n-1;j++)
      if (A[m-1][j]<klc)
      {
```

```
        klc=A[m-1][j];
        klcy=j;
      }
    return klcy;
  }

  public int kleinsterquot(int s)
  {
    int klqy=-1;
    double klq=Double.MAX_VALUE;
    for (int i=0;i<m-1;i++)
      if ((klq>(A[i][n-1]/A[i][s]))&&(A[i][s]>0))
      {
        klq=(A[i][n-1]/A[i][s]);
        klqy=i;
      }
    return klqy;
  }

  public void vertausche(int z,int s)
  {
    double A1[][]= new double[m][n];
    double asp[]= new double[m];
    String st;
    st=xn[s];
    xn[s]=zm[z];
    zm[z]=st;
    A1[z][s]=(1/A[z][s]);
    for (int j=0;j<n;j++)
      if(j!=s) A1[z][j]=A[z][j]*(1/A[z][s]);
    for (int i=0;i<m;i++)
      if(i!=z) A1[i][s]=A[i][s]*(-1/A[z][s]);
    for (int j=0;j<n;j++)
    {
      for (int i=0;i<m;i++)
        asp[i]=A[i][j];
      if(j!=s)
        for (int i=0;i<m;i++)
          if(i!=z) A1[i][j]=asp[i]-A1[z][j]*A[i][s];
    }
    A=A1;
  }

  public static void main(String args[])
  {
    int m=0,n=0,l;
    // normally we would have a GUI for this
    simplex01 u = new simplex01 (matrix_io.mLesen()+1,
                                 matrix_io.nLesen());
    matrix_io.matrixLesen(u);
    System.out.println("Start Berechnung\n");
    matrix_io.drucke_alles(u);
    while (!u.ci()&&m>=0&&n>=0)
    {
```

```
        m=u.kleinstesc();
        if (m>=0)
        {
          n=u.kleinsterquot(m);
          if(n>=0) u.vertausche(n,m);
        }
        matrix_io.drucke_alles(u);
      }
      if (n<0) System.out.println("es gibt unendlich viele
                                    Loesungen!");
    }
}
```

Beschreibung der Methoden der Klase simplex01.java:

Methode	simplex01
Klasse	simplex01
Parameter	(int, int): Matrixgröße
Returnwert	keiner
Funktion	Konstruktor, generiert das Array für die Matrix (max. 99 x 99) und zwei Arrays für die Bezeichnungen der Zeilen und Spalten
Verwendete andere Methoden	keine

Methode	setzen
Klasse	simplex01
Parameter	(double, int, int): Wert, Matrixkoordinaten
Returnwert	keiner
Funktion	Setzt in der Matrix den übergebenen Wert an der übergebenen Position
Verwendete andere Methoden	keine

Methode	m
Klasse	simplex01
Parameter	keine
Returnwert	Anzahl der Matrix-Zeilen (m)
Verwendete andere Methoden	keine

Methode	n
Klasse	simplex01
Parameter	keine
Returnwert	Anzahl der Matrix-Spalten (n)
Verwendete andere Methoden	keine

Methode	A
Klasse	simplex01
Parameter	(int, int): Matrixkoordinaten
Returnwert	Wert in der Matrix an den Parameterkoordinaten
Verwendete andere Methoden	keine

Methode	xn
Klasse	simplex01
Parameter	(int): Zeile
Returnwert	Bezeichnung der Parameter-Zeile
Verwendete andere Methoden	keine

Methode	zm
Klasse	simplex01
Parameter	(int): Spalte
Returnwert	Bezeichnung der Parameter-Spalte
Verwendete andere Methoden	keine

Methode	ci
Klasse	simplex01
Parameter	() keine
Returnwert	boolean
Funktion	Wenn keine negativen Werte im Zielvektor stehen, return true, sonst false
Verwendete andere Methoden	keine

Methode	kleinstesc
Klasse	simplex01
Parameter	() keine
Returnwert	int
Funktion	Liefert den Spaltenindex des kleinsten Wertes des Zielvektors zurück
Verwendete andere Methoden	keine

Methode	kleinsterquot
Klasse	simplex01
Parameter	(int) Spalte der Matrix
Returnwert	int
Funktion	Liefert den Zeilenindex des kleinsten Quotienten der Werte>0 der Spalte aus dem Parameter
Verwendete andere Methoden	keine

Methode	vertausche
Klasse	simplex01
Parameter	(int.int) Zeile, Spalte der Matrix
Returnwert	keinen
Funktion	Vertauscht die als Parameter übergebene Zeile und Spalte in einer temporären Matrix A1, indem zunächst die betreffende Zeile durch A[Zeile][Spalte] dividiert wird und die betreffende Spalte durch –A[Zeile][Spalte] dividiert wird. Alle übrigen Zeilen und Spalten werden entsprechend der Regel geändert und abschließend wird die aktuelle Matrix durch die temporäre ersetzt.
Verwendete andere Methoden	keine

Klasse simplex02.java

```
import java.io.*;
import java.text.*;
public class simplex02 extends simplex01
{
  public simplex02(int z,int s)  // maximal 99 Elemente je
  Dim.
  {
    super(z,s);
  }
  public boolean bi()
  {
    for (int i=0;i<m()-1;i++)
      if (A(i,n()-1)<0) return false;
    return true;
  }
  public int kleinstesb()
  {
    int klbx=-1;
    double klb=Double.MAX_VALUE;
    for (int i=0;i<m()-1;i++)
      if (A(i,n()-1)<klb)
        {klb=A(i,n()-1); klbx=i;  }
    return klbx;
  }
  public int kleinsterquotspalte(int z)
  {
    int klqx=-1;
    double klq=Double.MAX_VALUE;
    for (int j=0;j<n()-1;j++)
      if ((klq>(A(m()-1,j)/A(z,j)))&&(A(z,j)<0))
```

```
        {
          klq=(A(m()-1,j)/A(z,j));
          klqx=j;
        }
      return klqx;
    }

    public static void main(String args[])
    {
      int m=0,n=0;
      char c=' ';
      // normally we would have a GUI for this
      simplex02 u = new simplex02
                  (matrix_io.mLesen()+1,matrix_io.nLesen());
      if (matrix_io.j_nLesen()=='j') matrix_io.matrixDatei(u);
      matrix_io.matrixLesen(u);
      matrix_io.ausgabeDatei();
      System.out.println();
      matrix_io.drucke_alles(u);

      while (!u.bi()&&m>=0&&n>=0)
      {
        m=u.kleinstesb();
        if (m>=0)
        {
          n=u.kleinsterquotspalte(m);
          if(n<0)
            System.out.println("es gibt keine Loesung!");
          else
          {
            u.vertausche(m,n);
            matrix_io.drucke_alles(u);
          }
        }
      }
      while (!u.ci()&&m>=0&&n>=0)
      {
        m=u.kleinstesc();
        if (m>=0)
        {
          n=u.kleinsterquot(m);
          if(n>=0)
          {
            u.vertausche(n,m);
            matrix_io.drucke_alles(u);
          }
          else System.out.println
                      ("es gibt unendlich viele Loesungen!");
        }
      }
    }
}
```

Beschreibung der Methoden der Klase simplex02.java:

Methode	simplex02
Klasse	simplex02
Parameter	(int, int): Matrixgröße
Returnwert	keiner
Funktion	Konstruktor, generiert das Array für die Matrix (max. 99 x 99) in der Superklasse
Verwendete andere Methoden	keine

Methode	bi
Klasse	simplex02
Parameter	()keine
Returnwert	boolean
Funktion	Liefert true, wenn alle bi >= 0, sonst false
Verwendete andere Methoden	m, n, A

Methode	kleinstesb
Klasse	simplex02
Parameter	()keine
Returnwert	int
Funktion	Liefert den kleinsten Wert aus b
Verwendete andere Methoden	m, n, A

Methode	kleinsterquotspalte
Klasse	simplex02
Parameter	(int) Matrixzeile
Returnwert	int
Funktion	Sucht in der letzten Matrixzeile den kleinsten Quotienten A(m-1,j)/A(Parameterzeile,j) und liefert das zugehörige j (Matrixspalte)
Verwendete andere Methoden	m, n, A

2.3.2 Beispiele und Programmabläufe

Wieder soll das Beispiel 2.2 aus Abschnitt 2.2.2.2 behandelt werden:

$$10\,x_1 + 10\,x_2 + \ 5\,x_3 \le 600$$
$$5\,x_1 + 10\,x_2 + 10\,x_3 \le 400$$
$$15\,x_1 + \ 5\,x_2 + 10\,x_3 \le 800$$
$$z = -30\,x_1 - 40\,x_2 - 30\,x_3 = \min$$

Das Programm simplex01 erzeugt folgende Ausgabe:

```
Matrixgroesse (Zeilenzahl ohne Zielvektor) eingeben
3
Matrixgroesse (Spaltenzahl einschl. b) eingeben
4
1. Zeile der Matrix eingeben (mit b)
10 10 5 600
2. Zeile der Matrix eingeben (mit b)
5 10 10 400
3. Zeile der Matrix eingeben (mit b)
15 5 10 800
Zielvektorzeile eingeben
-30 -40 -30 0
1. Simplextableau:
                x1          x2          x3
z1            10.0        10.0         5.0        600.0
z2             5.0        10.0        10.0        400.0
z3            15.0         5.0        10.0        800.0
             -30.0       -40.0       -30.0          0.0
Punkt    x1=0 x2=0 x3=0 z=0.0

Start Berechnung

1. Simplextableau:
                x1          x2          x3
z1            10.0        10.0         5.0        600.0
z2             5.0        10.0        10.0        400.0
z3            15.0         5.0        10.0        800.0
             -30.0       -40.0       -30.0          0.0
Punkt    x1=0 x2=0 x3=0 z=0.0

2. Simplextableau:
                x1          z2          x3
z1             5.0        -1.0        -5.0        200.0
x2             0.5         0.1         1.0         40.0
z3            12.5        -0.5         5.0        600.0
             -10.0         4.0        10.0       1600.0
Punkt    x1=0 x2=40 x3=0 z=1600.0
```

```
3. Simplextableau:
            z1          z2          x3
x1          0.2        -0.2        -1.0          40.0
x2         -0.1         0.2         1.5          20.0
z3         -2.5         2.0        17.5         100.0
            2.0         2.0         0.0        2000.0
Punkt    x1=40 x2=20 x3=0 z=2000.0
```

Abschließend wird noch das Beispiel 2.3 aus Abschnitt 2.2.2.3 betrachtet:

$$\begin{aligned}
4\,x_1 + 4\,x_2 + 8\,x_3 + 3\,x_4 + 3\,x_5 &\geq 1200\\
10\,x_1 + x_2 + 6\,x_3 + 12\,x_4 + 2\,x_5 &\geq 2520\\
3\,x_1 + x_2 + x_3 + 3\,x_4 + 2\,x_5 &\geq 1020\\
4\,x_1 + 3\,x_2 + 4\,x_3 + 9\,x_4 &\leq 2700\\
4\,x_1 + 3\,x_2 + 4\,x_3 + 9\,x_4 &\geq 1620\\
z = 3\,x_1 + 2\,x_2 + 3\,x_3 + 2\,x_4 + 3\,x_5 &= \min
\end{aligned}$$

Das Programm simplex02 erzeugt folgende Ausgabe, falls die Inhalte des ersten Simplex-Tableaus in die Datei Eingabe.txt eingetragen werden:

Inhalt von Eingabe.txt:

```
-4 -4 -8 -3 -3 -1200
-10 -1 -6 -12 -2 -2520
-3 -1 -1 -3 -2 -1020
4 3 4 9 0 2700
-4 -3 -4 -9 0 -1620
3 2 3 2 3 0
```

Ausgabe des Programms (entweder direkt oder in der Datei Ausgabe.txt):

```
Matrixgroesse (Zeilenzahl ohne Zielvektor) eingeben
5
Matrixgroesse (Spaltenzahl einschl. b) eingeben
6
Matrix aus Datei?
j
1. Simplextableau:
            x1          x2          x3          x4          x5
z1         -4.0        -4.0        -8.0        -3.0        -3.0        -1200.0
z2        -10.0        -1.0        -6.0       -12.0        -2.0        -2520.0
z3         -3.0        -1.0        -1.0        -3.0        -2.0        -1020.0
z4          4.0         3.0         4.0         9.0         0.0         2700.0
z5         -4.0        -3.0        -4.0        -9.0         0.0        -1620.0
            3.0         2.0         3.0         2.0         3.0            0.0
Punkt    x1=0 x2=0 x3=0 x4=0 x5=0 z=0.0


Ausgabe in Datei?
```

```
n

1. Simplextableau:
             x1        x2        x3        x4        x5
z1          -4.0      -4.0      -8.0      -3.0      -3.0        -1200.0
z2         -10.0      -1.0      -6.0     -12.0      -2.0        -2520.0
z3          -3.0      -1.0      -1.0      -3.0      -2.0        -1020.0
z4           4.0       3.0       4.0       9.0       0.0         2700.0
z5          -4.0      -3.0      -4.0      -9.0       0.0        -1620.0
             3.0       2.0       3.0       2.0       3.0            0.0
Punkt    x1=0 x2=0 x3=0 x4=0 x5=0 z=0.0

2. Simplextableau:
             x1        z2        x3        x4        x5
z1          36.0      -4.0      16.0      45.0       5.0         8880.0
x2          10.0      -1.0       6.0      12.0       2.0         2520.0
z3           7.0      -1.0       5.0       9.0       0.0         1500.0
z4         -26.0       3.0     -14.0     -27.0      -6.0        -4860.0
z5          26.0      -3.0      14.0      27.0       6.0         5940.0
           -17.0       2.0      -9.0     -22.0      -1.0        -5040.0
Punkt    x1=0 x2=2520 x3=0 x4=0 x5=0 z=-5040.0

3. Simplextableau:
             x1        z2        x3        x4        z4
z1          14.333    -1.5      4.333     22.5      0.833       4830.0
x2           1.333     0.0      1.333      3.0      0.333        900.0
z3           7.0      -1.0      5.0        9.0      0.0         1500.0
x5           4.333    -0.5      2.333      4.5     -0.167        810.0
z5           0.0       0.0      0.0        0.0      1.0         1080.0
           -12.667     1.5     -6.667     17.5     -0.167      -4230.0
Punkt    x1=0 x2=900 x3=0 x4=0 x5=810 z=-4230.0

4. Simplextableau:
             x1        z2        x3        z3        z4
z1          -3.167     1.0      -8.167    -2.5      0.833       1080.0
x2          -1.0       0.333    -0.333    -0.333    0.333        400.0
x4           0.778    -0.111     0.556     0.111    0.0          166.667
x5           0.833     0.0      -0.167    -0.5     -0.167         60.0
z5           0.0       0.0       0.0       0.0      1.0         1080.0
             0.944    -0.444     3.056     1.944   -0.167      -1313.333
Punkt    x1=0 x2=400 x3=0 x4=166.667 x5=60 z=-1313.333

5. Simplextableau:
             x1        z1        x3        z3        z4
z2          -3.167     1.0      -8.167    -2.5      0.833       1080.0
x2           0.056    -0.333     2.389     0.5      0.056         40.0
x4           0.426     0.111    -0.352    -0.167    0.093        286.667
x5           0.833     0.0      -0.167    -0.5     -0.167         60.0
z5           0.0       0.0       0.0       0.0      1.0         1080.0
            -0.463     0.444    -0.574     0.833    0.204       -833.333
Punkt    x1=0 x2=40 x3=0 x4=286.667 x5=60 z=-833.333
```

```
6. Simplextableau:
              x1        z1        x2        z3        z4
z2          -2.977    -0.14     3.419    -0.791     1.023      1216.744
x3           0.023    -0.14     0.419     0.209     0.023        16.744
x4           0.434     0.062    0.147    -0.093     0.101       292.558
x5           0.837    -0.023    0.07     -0.465    -0.163        62.791
z5           0.0       0.0      0.0       0.0       1.0        1080.0
            -0.45      0.364    0.24      0.953     0.217      -823.721
Punkt    x1=0 x2=0 x3=16.744 x4=292.558 x5=62.791 z=-823.720

7. Simplextableau:
              x5        z1        x2        z3        z4
z2           3.556    -0.222    3.667    -2.444     0.444      1440.0
x3          -0.028    -0.139    0.417     0.222     0.028        15.0
x4          -0.519     0.074    0.111     0.148     0.185       260.0
x1           1.194    -0.028    0.083    -0.556    -0.194        75.0
z5           0.0       0.0      0.0       0.0       1.0        1080.0
             0.537     0.352    0.278     0.704     0.13       -790.0
Punkt    x1=75 x2=0 x3=15 x4=260 x5=0 z=-790.000
```

Alle diese Simplex-Tableaus stimmen mit den direkt mit dem Simplex-Algorithmus berechneten Tableaus überein.

2.4 Lineare Optimierung mit EXCEL

Im folgenden Abschnitt wird gezeigt, wie die lineare Optimierung mit dem Standardprodukt von Microsoft, der Tabellenkalkulation EXCEL, durchgeführt werden kann.

Dazu wird wieder das Beispiel 2.2

$$10\,x_1 + 10\,x_2 + \;\;5\,x_3 \le 600$$
$$\;\;5\,x_1 + 10\,x_2 + 10\,x_3 \le 400$$
$$15\,x_1 + \;\;5\,x_2 + 10\,x_3 \le 800$$
$$z = -30\,x_1 - 40\,x_2 - 30\,x_3 = \min$$

benutzt.

Die Abbildung dieses Beispiels in ein EXCEL-Tabellenblatt sieht folgendermaßen aus:

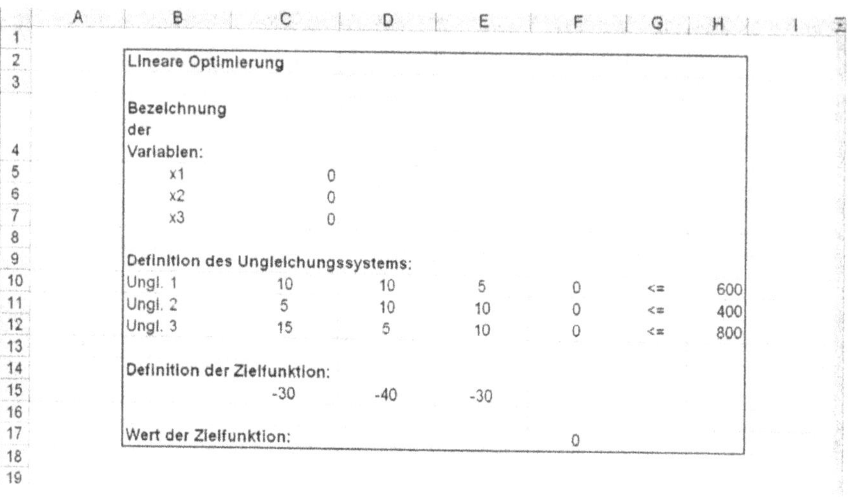

	A	B	C	D	E	F	G	H	I
1									
2		Lineare Optimierung							
3									
4		Bezeichnung der Variablen:							
5		x1	0						
6		x2	0						
7		x3	0						
8									
9		Definition des Ungleichungssystems:							
10		Ungl. 1	10	10	5	0	<=	600	
11		Ungl. 2	5	10	10	0	<=	400	
12		Ungl. 3	15	5	10	0	<=	800	
13									
14		Definition der Zielfunktion:							
15			-30	-40	-30				
16									
17		Wert der Zielfunktion:				0			
18									
19									

In den Zellen F10, F11, F12 und F17 sind Berechnungen hinterlegt:

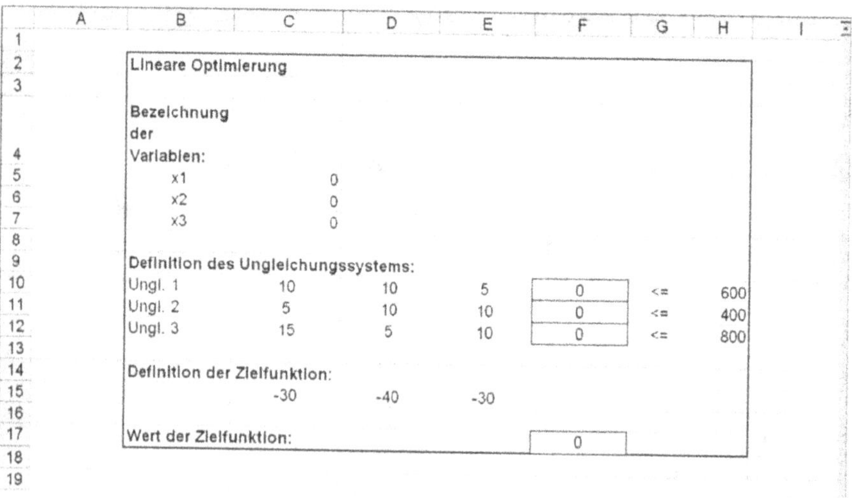

	A	B	C	D	E	F	G	H	I
1									
2		Lineare Optimierung							
3									
4		Bezeichnung der Variablen:							
5		x1	0						
6		x2	0						
7		x3	0						
8									
9		Definition des Ungleichungssystems:							
10		Ungl. 1	10	10	5	0	<=	600	
11		Ungl. 2	5	10	10	0	<=	400	
12		Ungl. 3	15	5	10	0	<=	800	
13									
14		Definition der Zielfunktion:							
15			-30	-40	-30				
16									
17		Wert der Zielfunktion:				0			
18									
19									

Der Inhalt von Zelle F10 wird berechnet mit	=C10*C5+D10*C6+E10*C7
Der Inhalt von Zelle F11 wird berechnet mit	=C11*C5+D11*C6+E11*C7
Der Inhalt von Zelle F12 wird berechnet mit	=C12*C5+D12*C6+E12*C7
Der Inhalt von Zelle F17 wird berechnet mit	=C15*C5+D15*C6+E15*C7

Alle anderen Felder sind statisch, d.h. die Zahlenwerte sind fest eingegeben.

Danach wird im Menüpunkt Extras der Solver aufgerufen:

Solver-Parameter
?
Zielzelle:
Zielwert:
Max
Min
Wert:
0
Veränderbare Zellen:
Schätzen
Nebenbedingungen:
Hinzufügen
Ändern
Löschen
Lösen
Schließen
Optionen...
Zurücksetzen
Hilfe

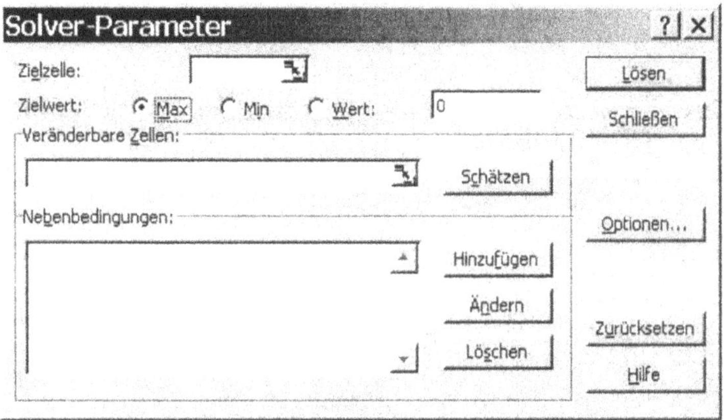

In diesem Fenster müssen

- die Zielzelle
- der Zielwert
- die veränderbaren Zellen und
- die Nebenbedingungen

eingetragen werden:

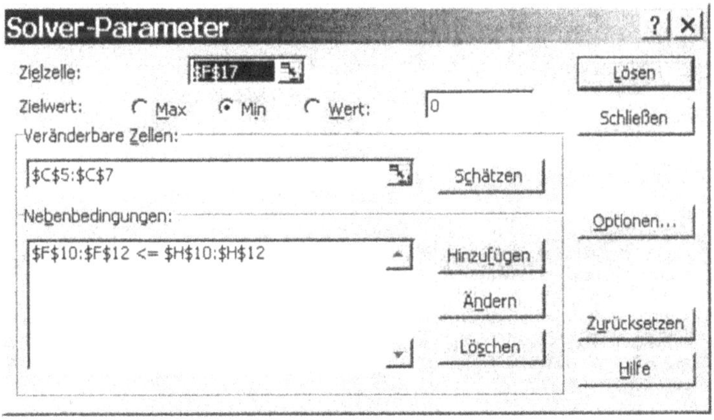

Solver-Parameter
?
Zielzelle:
$F$17
Zielwert:
Max
Min
Wert:
0
Veränderbare Zellen:
$C$5:$C$7
Schätzen
Nebenbedingungen:
$F$10:$F$12 <= $H$10:$H$12
Hinzufügen
Ändern
Löschen
Lösen
Schließen
Optionen...
Zurücksetzen
Hilfe

Danach werden noch die Optionen durch Klick auf den entsprechenden Menüpunkt eingetragen:

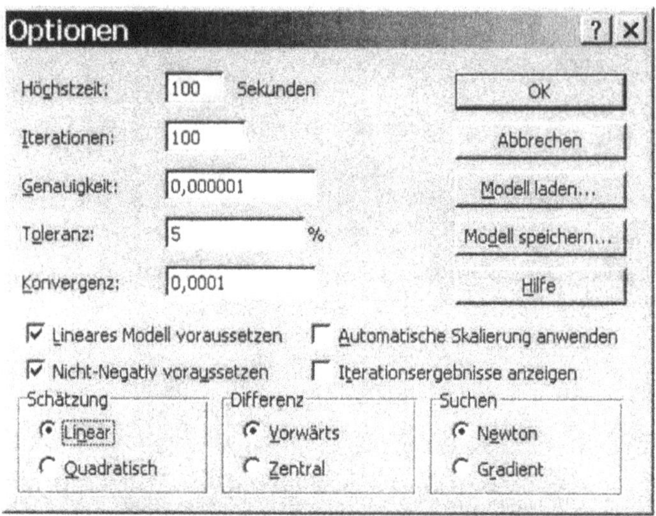

Nach Betätigen des Menüpunkts OK erscheint wieder das Ausgangsfenster. Dort wird die Berechnung durch Klick auf den Menüpunkt Lösen gestartet.

Es wird eine Lösung gefunden und in den vier Zellen C5, C6, C7 und F17 angezeigt:

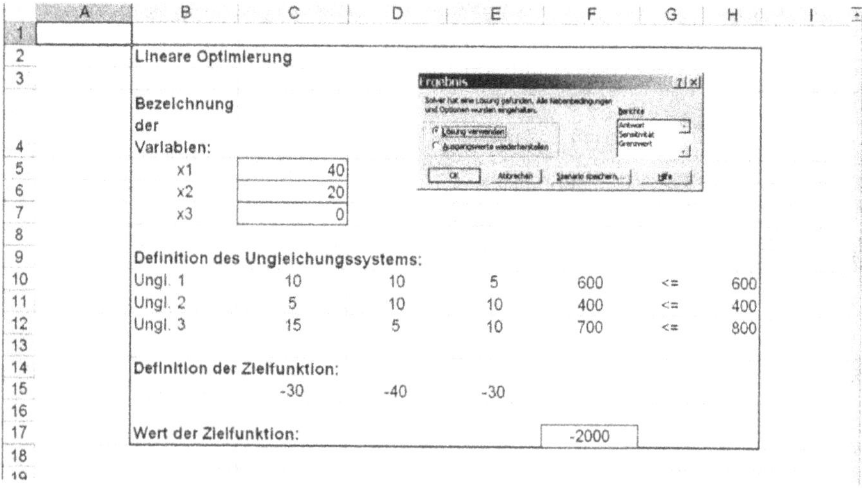

	A	B	C	D	E	F	G	H
1								
2		Lineare Optimierung						
3								
4		Bezeichnung der Variablen:						
5		x1	40					
6		x2	20					
7		x3	0					
8								
9		Definition des Ungleichungssystems:						
10		Ungl. 1	10	10	5	600	<=	600
11		Ungl. 2	5	10	10	400	<=	400
12		Ungl. 3	15	5	10	700	<=	800
13								
14		Definition der Zielfunktion:						
15			-30	-40	-30			
16								
17		Wert der Zielfunktion:				-2000		
18								

Abschließend kann man sich durch Anklicken von *Sensitivität* im Ergebnisfenster und OK die Sensitivitätsanalyse anzeigen lassen:

	A	B	C	D	E	F	G	H	I	J
1	Microsoft Excel 10.0 Sensitivitätsbericht									
2	Bericht erstellt am: 05.01.2006 16:37:38									
3										
4										
5	Veränderbare Zellen									
6				Lösung	Reduzierter	Ziel-	Zulässige	Zulässige		
7		Zelle	Name	Endwert	Kosten	Koeffizient	Zunahme	Abnahme		
8		$C$5	x1	40	0	-30	10	0		
9		$C$6	x2	20	0	-40	0	20		
10		$C$7	x3	0	0	-30	1E+30	0		
11										
12	Nebenbedingungen									
13				Lösung	Schatten	Nebenbedingung	Zulässige	Zulässige		
14		Zelle	Name	Endwert	Schattenpreis	Rechte Seite	Zunahme	Abnahme		
15		$F$10	Ungl. 1	600	-2	600	40	200		
16		$F$11	Ungl. 2	400	-2	400	200	50		
17		$F$12	Ungl. 3	700	0	800	1E+30	100		
18										
19										

2.5 Aufgaben

2.5.1 Aufgaben zum Operations Research

Aufgabe 1

Ein Händler stellt auf einer Messe zwei neue Produkte vor. Dabei möchte er für das erste Produkt zwischen 10 m^2 und 40 m^2 seiner zur Verfügung stehenden Fläche verwenden. Für das zweite Produkt möchte er zwischen 12 m^2 und 50 m^2 seiner zur Verfügung stehenden Fläche verwenden. Es steht ihm eine Fläche von höchstens 70 m^2 zur Verfügung. Für die gesamte Vorbereitung des Messestands stehen ihm 500 Stunden zur Verfügung, wobei er für das erste Produkt pro m^2 Fläche 10 Stunden und für das zweite Produkt pro m^2 Fläche 5 Stunden benötigt. Pro m^2 Fläche für das erste Produkt erhofft er sich ein Kundeninteresse von 50 Kunden, pro m^2 Fläche für das zweite Produkt erhofft er sich ein Kundeninteresse von 20 Kunden.

Der Händler möchte das Kundeninteresse maximieren.

(a) Stellen Sie das mathematische Modell auf.

(b) Wie muss er seinen Messestand (bezüglich der Flächen für die beiden Produkte) aufteilen, um möglichst viele Kunden für sich zu interessieren?

Aufgabe 2

Der Automobilkonzern Fahrschnell stellt an zwei Fertigungsstätten PKWs und LKWs her. Im ersten Werk, in dem die Montage durchgeführt wird, werden 5 Manntage pro LKW und 2 Manntage pro PKW benötigt. Im zweiten Werk, in dem die Auslieferung vorbereitet wird, werden pro PKW und pro LKW jeweils 3 Manntage benötigt. Die gesamte Kapazität des ersten Werks beträgt 180 Manntage pro Woche und die des zweiten Werks 135 Manntage pro Woche. Pro LKW verdient der Konzern 3000 € und pro PKW 2000 €.

(a) Stellen Sie das mathematische Modell auf.

(b) Wie viele PKWs und LKWs müssen pro Woche hergestellt werden, damit der Gesamtgewinn maximal wird? Wie groß ist dieser dann?

Aufgabe 3

Ein Betrieb stellt zwei Produkte her, die jeweils von zwei Maschinen bearbeitet werden. Die Herstellung einer Mengeneinheit des ersten Produkts benötigt 2 Stunden auf Maschine A und eine Stunde auf Maschine B und bringt einen Gewinn von 100 €. Die Herstellung einer Mengeneinheit des zweiten Produkts benötigt eine Stunde auf Maschine A und zwei Stunden auf Maschine B und bringt ebenfalls einen Gewinn von 100 €. Beide Maschinen zusammen haben eine Maximalkapazität von 600 Stunden.

Wie viele Mengeneinheiten der beiden Produkte müssen produziert werden, damit der Gewinn maximal wird?

Aufgabe 4

Ein Unternehmen bezieht Rohstoffe aus zwei Firmen A und B. Es muss von Firma A mindestens 50 Tonnen und von Firma B mindestens 60 Tonnen abnehmen. Firma A kann höchstens 400 Tonnen und Firma B höchstens 200 Tonnen liefern. Das Unternehmen hat eine maximale Aufnahmemenge von 500 Tonnen.

(a) Der Reingewinn beim Verkauf beträgt 900 € bzw. 600 € pro verarbeitete Tonne Rohstoff aus Firma A bzw. B. Bei welchen Abnahmemengen ist der Gesamtgewinn maximal?

(b) Der Reingewinn beim Verkauf beträgt 900 € bzw. 900 € pro verarbeitete Tonne Rohstoff aus Firma A bzw. B. Bei welchen Abnahmemengen ist der Gesamtgewinn jetzt maximal?

Aufgabe 5

Für eine Investition wird mindestens 230000 € Fremdkapital benötigt. Es liegen zwei unterschiedliche Kreditangebote vor:
Angebot A: 3% Zinsen und 1% Tilgung und
Angebot B: 2.5% Zinsen und 2.5% Tilgung.
Beim Angebot A ist der Kredit auf maximal 160000 € beschränkt. Die jährliche Belastung darf 10000 € nicht überschreiten.

(a) Wie sind die beiden Angebote zu kombinieren, so dass die Zinsen, die für das erste Jahr gezahlt werden müssen, minimal sind?

(b) Führen Sie eine Sensitivitätsanalyse für die Koeffizienten der Zielfunktion und die Koeffizienten auf den rechten Seiten durch.

Aufgabe 6

Ein Schreiner hat sich auf die Herstellung von Stühlen spezialisiert. Er stellt zwei unterschiedliche Versionen her. Die benötigte Arbeitszeit bei Version A beträt 7 Stunden, bei Version B dagegen 8 Stunden. Der Schreiner kann höchstens 23 Stühle herstellen, wobei er aufgrund von fertigungstechnischen Gründen von Version B höchsten 14 Stück herstellen kann. Seine maximale Arbeitszeit beträgt 4 Wochen zu jeweils 42 Stunden. Der Gewinn beim anschließenden Verkauf beträgt 100 € beim Verkauf eines Stuhls der Version A und 120 € beim Verkauf eines Stuhls der Version B.

(a) Bei welcher Mengenkombination wird sein Gewinn maximal?

(b) Führen Sie eine Sensitivitätsanalyse für die Koeffizienten der Zielfunktion und die Koeffizienten auf den rechten Seiten durch.

Aufgabe 7

Eine Erzgrube muss einem verarbeitenden Werk pro Woche mindestens 54 Tonnen Erz vom Körnungsgrad A, mindestens 36 Tonnen Erz vom Körnungsgrad B und mindestens 108 Tonnen Erz vom Körnungsgrad C liefern. Das Erz wird in zwei unterschiedlichen Teilen der Grube abgebaut. Im höher gelegenen Teil der

Grube werden pro Tag 27 Tonnen Erz vom Körnungsgrad A, 9 Tonnen Erz vom Körnungsgrad B und 18 Tonnen Erz vom Körnungsgrad C abgebaut. Im tiefer gelegenen Teil der Grube werden dagegen pro Tag 9 Tonnen Erz vom Körnungsgrad A, 9 Tonnen Erz vom Körnungsgrad B und 54 Tonnen Erz vom Körnungsgrad C abgebaut. Die Kosten pro Fördertag im höher gelegenen Teil betragen 60000 € und im tiefer gelegenen Teil 40000 €.

(a) An wie vielen Tagen pro Woche muss in den beiden Teilen abgebaut werden um die gesamten Kosten zu minimieren?

(b) Führen Sie eine Sensitivitätsanalyse für die Koeffizienten der Zielfunktion und die Koeffizienten auf den rechten Seiten durch.

Aufgabe 8

Für welche (x_1, x_2, x_3), die das Ungleichungssystem

$$5x_1 + 3x_2 + 4x_3 \le 100$$
$$3x_1 + 4x_2 + 3x_3 \le 50$$

erfüllen, werden die folgenden Zielfunktionen maximal:

(a) $z = 5x_1 + 6x_2 + 7x_3$

(b) $z = 5x_1 + 6x_2 + 4x_3$

(c) $z = 5x_1 + 8x_2 + 6x_3$?

Führen Sie jeweils eine Sensitivitätsanalyse für die Koeffizienten der Zielfunktion und die Koeffizienten auf den rechten Seiten durch.

Aufgabe 9

Für welche (x_1, x_2, x_3), die das Ungleichungssystem

$$2x_1 + 2x_2 + x_3 \le 11$$
$$x_1 + 6x_2 + 2x_3 \le 17$$
$$3x_3 \le 8$$
$$3x_1 + 2x_2 \le 12$$

erfüllen, werden die folgenden Zielfunktionen maximal:

(a) $z = 5x_1 + 4x_2 + 7x_3$

(b) $z = 10x_1 + 4x_2 + 7x_3$

(c) $z = 5x_1 + 25x_2 + 7x_3$?

Führen Sie jeweils eine Sensitivitätsanalyse für die Koeffizienten der Zielfunktion und die Koeffizienten auf den rechten Seiten durch.

Aufgabe 10

Für welche (x_1, x_2, x_3), die das Ungleichungssystem

$$\begin{aligned}
2x_1 + 2x_2 + x_3 &\geq 11 \\
x_1 + 6x_2 + 2x_3 &\leq 17 \\
3x_3 &\leq 8 \\
3x_1 + 2x_2 &\leq 12
\end{aligned}$$

erfüllen, werden die folgenden Zielfunktionen minimal:

(a) $z = 5x_1 + 4x_2 + 7x_3$

(b) $z = 10x_1 + 4x_2 + 7x_3$

(c) $z = 5x_1 + 25x_2 + 7x_3$?

Führen Sie jeweils eine Sensitivitätsanalyse für die Koeffizienten der Zielfunktion und die Koeffizienten auf den rechten Seiten durch.

Aufgabe 11

Für welche $(x_1, x_2, x_3, x_4, x_5, x_6)$, die das Ungleichungssystem

$$\begin{aligned}
20x_1 + 10x_2 + 40x_3 + 20x_5 &\leq 300 \\
20x_2 + 20x_3 + 20x_4 + 10x_5 + 20x_6 &\leq 280 \\
10x_1 + 40x_4 + 20x_6 &\leq 400
\end{aligned}$$

erfüllen, wird die Zielfunktion

$z = 10x_1 + 15x_2 + 10x_3 + 20x_4 + 10x_5 + 15x_6$ maximal?

Aufgabe 12

Für welche $(x_1, x_2, x_3, x_4, x_5, x_6)$, die das Ungleichungssystem

$$\begin{aligned}
20x_1 + 10x_2 + 40x_3 + 20x_5 &\leq 3300 \\
+ 20x_2 + 20x_3 + 20x_4 + 10x_5 + 20x_6 &\leq 2400 \\
10x_1 + 40x_4 + 20x_6 &\leq 4500 \\
+ 20x_2 + 40x_4 + 20x_5 + 10x_6 &\leq 4200 \\
10x_1 + 10x_2 + 20x_3 + 20x_6 &\leq 1500 \\
+ 10x_2 + 10x_3 + 20x_4 + 10x_5 &\geq 2100 \\
10x_1 + 10x_2 + 20x_5 + 20x_6 &\geq 1560 \\
+ 40x_3 + 20x_4 &\geq 2400
\end{aligned}$$

erfüllen, wird die Zielfunktion

$z = 10x_1 + 20x_2 + 10x_3 + 40x_4 + 10x_5 + 10x_6$ maximal?

Führen Sie eine Sensitivitätsanalyse für die Koeffizienten der Zielfunktion und die Koeffizienten auf den rechten Seiten durch.

Aufgabe 13

Für welche $(x_1, x_2, x_3, x_4, x_5, x_6)$, die das Ungleichungssystem

$$\begin{array}{llllllll}
20\,x_1 & +10\,x_2 & +40\,x_3 & & +20\,x_5 & & \leq 3300 \\
 & +20\,x_2 & +20\,x_3 & +20\,x_4 & +10\,x_5 & +20\,x_6 & \leq 2400 \\
10\,x_1 & & & +40\,x_4 & & +20\,x_6 & \leq 4500 \\
 & +20\,x_2 & & +40\,x_4 & +20\,x_5 & +10\,x_6 & \leq 4200 \\
10\,x_1 & +10\,x_2 & +20\,x_3 & & & +20\,x_6 & \leq 1500 \\
 & +10\,x_2 & +10\,x_3 & +20\,x_4 & +10\,x_5 & & \geq 2100 \\
10\,x_1 & +10\,x_2 & & & +20\,x_5 & +20\,x_6 & \geq 1560 \\
 & & +40\,x_3 & +20\,x_4 & & & \geq 2400
\end{array}$$

erfüllen, wird die Zielfunktion

$z = 10\,x_1 + 20\,x_2 + 10\,x_3 + 40\,x_4 + 10\,x_5 + 10\,x_6$ minimal?

Führen Sie eine Sensitivitätsanalyse für die Koeffizienten der Zielfunktion und die Koeffizienten auf den rechten Seiten durch.

Aufgabe 14

Ein Betrieb stellt vier Produkte A, B, C und D her. Die tägliche Fertigungssituation ist durch folgende Tabelle gegeben:

	Produkt				
	A	B	C	D	
Rohstoffe	6	4	3	5	Rohstoffbedarf in kg
Produktionszeit	3	1	3	2	Produktionszeit in h
Lagerraum	6	5	4	3	Lagerraum in m^2

Die Fertigung unterliegt den folgenden Kapazitätsbeschränkungen:
Die maximal verfügbare Einsatzmenge für die Rohstoffe ist 440 kg
Die maximal verfügbare Einsatzmenge für die Produktionszeit ist 460 h
Die maximal verfügbare Einsatzmenge für den Lagerraum ist 555 m^2.

Der Gewinn beim Verkauf der Produkte A, B, C bzw. D beträgt 100 €, 130 €, 100 € bzw. 110 €.
Bei welchen Produktionsmengen wird der Gewinn maximal?
Führen Sie eine Sensitivitätsanalyse für die Koeffizienten der Zielfunktion und die Koeffizienten auf den rechten Seiten durch.

2.5.2 Aufgaben zur Programmierung

Aufgabe 15

Die beiden Programme simplex01.java und simplex02.java stürzen noch bei Varianten von falschen Eingaben und falscher Bedienung durch JAVA-interne Fehler ab, etwa bei zu wenigen Werten in der Eingabezeile für die Matrix. Entfernen Sie diese Abstürze durch geeignete Fehlerbehandlung.

Aufgabe 16

Die Formatierung der Ausgabe sieht nicht ganz so aus wie in den Beispielen zuvor abgedruckt. Überarbeiten Sie die Formatierung so, dass danach alle Spalten so formatiert sind, dass die Abstände dazwischen gleich groß sind und alle Dezimalpunkte untereinander stehen.

Aufgabe 17

Erstellen Sie ein neues Programm, das nach Eingabe eines beliebigen Simplex-Tableaus die Auswahl des Pivotelements durch den Bediener zulässt. Dies ist besonders bei Gleichungen im Ungleichungssystem sinnvoll. Hier sollte eine Prüfung erfolgen, ob die Auswahl ein zulässiges Pivotelement darstellt.

Aufgabe 18

Erweitern Sie das Programm simplex02.java um die Logik für die Auswahl des Pivotelemets bei Gleichungen (siehe Aufgabe zuvor).

Aufgabe 19

Erweitern Sie das Programm simplex02.java, so dass alle Eckpunkte berechnet werden, falls die Extremwerte nicht nur in einem Eckpunkt auftreten.

Aufgabe 20

Erstellen Sie eine Klasse für die Sensitivitätsanalyse, die für ein gegebenes optimales Simplex-Tableau die Intervalle für Koeffizienten der Zielfunktion und die Koeffizienten auf den rechten Seiten angibt.

Aufgabe 21

Erweitern Sie das Programm simplex02.java um die in der vorhergehenden Aufgabe erstellte Klasse.

Aufgabe 22

Erstellen Sie eine Klasse Bruch, um die Rundungsproblematik bei Dezimalzahlen zu umgehen und erweitern sie das Programm simplex02.java um diese Klasse. Die Simplex-Tableaus dürfen dann nur noch Brüche enthalten und keine gerundeten Dezimalzahlen mehr.

Aufgabe 23

Schreiben Sie ein Applet für die beiden Klassen. Dabei soll die Ein- und Ausgabe im Applet-Fenster ablaufen.

Kapitel 3

Spieltheorie

Die Spieltheorie beschäftigt sich mit Konflikt- bzw. Wettbewerbssituationen. Hierbei sind Entscheidungen zu fällen, ohne dass das Verhalten der Gegenspieler bekannt ist. Bei Fragestellungen in der Praxis werden zwei grundsätzlich voneinander verschiedene Spielsituationen betrachtet:

- Glücksspiele
- strategische Spiele.

Bei den Glücksspielen hängt das Ergebnis größtenteils vom Zufall ab. Zu deren Betrachtung und Analyse stellt die Mathematik die Disziplin Stochastik zur Verfügung. Diese Art von Spielen werden im Folgenden nicht betrachtet.
Im Gegensatz dazu hängt bei strategischen oder rationalen Spielen das Ergebnis zu großen Teilen von den gewählten Strategien ab, welche die jeweiligen Gegenspieler auswählen. Und genau mit diesen Spielen beschäftigt sich die Spieltheorie.

3.1 Beispiel, Grundbegriffe und mathematisches Modell

Das folgende **Beispiel 3.1** verdeutlicht die Grundgedanken der Spieltheorie:
Dem Eishockey-Club aus Schwenningen stehen drei Varianten für seine Verteidigung zur Verfügung. Die gegnerische Mannschaft aus Freiburg verfügt über drei verschiedene Angriffsformationen. Die Erfolgsaussichten für Schwenningen (WK, dass kein Tor fällt) sind in folgender Tabelle zusammengestellt:

<table>
<tr><td colspan="2" rowspan="2"></td><td colspan="3">Strategien für Freiburg</td></tr>
<tr><td>$j=1$</td><td>$j=2$</td><td>$j=3$</td></tr>
<tr><td rowspan="3">Strategien für Schwenningen</td><td>$i=1$</td><td>0.6</td><td>0.2</td><td>0.3</td></tr>
<tr><td>$i=2$</td><td>0.7</td><td>0.6</td><td>0.4</td></tr>
<tr><td>$i=3$</td><td>0.1</td><td>0.7</td><td>0.2</td></tr>
</table>

Jede der beiden Mannschaften ist bestrebt, ihren Mindestvorteil zu maximieren bzw. den maximal möglichen Vorteil des Gegners zu minimieren.

Dieses Beispiel ist charakteristisch für Spielsituationen von zwei Spielern. Die mathematische Beschreibung und Lösung wird im Folgenden betrachtet.

- Zwei Spieler A und B treten gegeneinander an.
- Dem Spieler A stehen m verschiedene Strategien zur Verfügung.
- Dem Spieler B stehen n verschiedene Strategien zur Verfügung.
- Jeder Spieler wählt ohne Kenntnis der Auswahl des anderen Spielers eine seiner Strategien aus.
- Eine Auszahlungs- oder Entscheidungsmatrix gibt das Ergebnis des Spiels für Spieler A in Abhängigkeit der von beiden Spielern gewählten Strategie an.
- Das Ziel für beide Spieler ist es, ihren Mindestvorteil zu maximieren bzw. den maximal möglichen Vorteil des Gegners zu minimieren.

Mit diesen Voraussetzungen kann das mathematische Modell aufgestellt werden.

Mathematisches Modell für Zwei-Personen-Spiele

Einem Spieler X stehen m verschiedene Strategien zur Verfügung, einem Spieler Y stehen n verschiedene Strategien zur Verfügung.
Eine Entscheidungsmatrix stellt das Ergebnis des Spiels für Spieler X in Abhängigkeit der gewählten Strategien dar:

		Strategien für Spieler Y			
		$j=1$	$j=2$	$\cdots$	$j=n$
Strategien für Spieler X	$i=1$	a_{11}	a_{12}	$\cdots$	a_{1n}
	$i=2$	a_{21}	a_{22}	$\cdots$	a_{2n}
	$\vdots$	$\vdots$	$\vdots$		$\vdots$
	$i=m$	a_{m1}	a_{m2}	$\cdots$	a_{mn}

Gesucht ist für beide Spieler die optimale Strategie, um ihren Mindestvorteil zu maximieren bzw. den maximal möglichen Vorteil des Gegners zu minimieren.

Die Lösung dieses Problems wird in den nächsten zwei Abschnitten vorgestellt.

3.2 Statische Spiele

In den folgenden Ausführungen wird das obige Beispiel 3.1 mit der gegebenen Entscheidungsmatrix betrachtet:

		Strategien für Freiburg		
		$j=1$	$j=2$	$j=3$
Strategien für Schwenningen	$i=1$	0.6	0.2	0.3
	$i=2$	0.7	0.6	0.4
	$i=3$	0.1	0.7	0.2

Suche nach der optimalen Strategie für den Spieler X (Schwenningen):
Die Strategien von Spieler X sind in den Zeilen der Matrix abgebildet. Da Spieler X die Reaktion des Spielers Y einkalkulieren muss, wählt er seine Strategie so, dass er trotz des Bemühens von Spieler Y, auf sein Verlustminimum auszuweichen, seinen Gewinn maximiert.
Also sucht er in all seinen Zeilen die „schlechteste" Variante, den Mindestgewinn für sich, also das Zeilenminimum:

		Strategien für Freiburg		
		$j=1$	$j=2$	$j=3$
Strategien für Schwenningen	$i=1$	0.6	0.2	0.3
	$i=2$	0.7	0.6	0.4
	$i=3$	0.1	0.7	0.2

Abschließend wählt er das größte dieser Minima aus, also die Strategie $i=2$. Dies garantiert ihm einen Mindesterfolg von 0.4.

Suche nach der optimalen Strategie für den Spieler Y (Freiburg):
Für den Spieler Y müsste man streng genommen die Tabelle in seine Sicht der Dinge übersetzen. Man kann dies aber umgehen, indem man die Ausgangstabelle so liest, dass sie die „Verluste" des Spielers Y angibt.
Die Strategien von Spieler Y sind in den Spalten der Matrix abgebildet. Da Spieler Y die Reaktion des Spielers X einkalkulieren muss, wählt er seine Strategie so, dass er trotz des Bemühens von Spieler X, auf sein Gewinnmaximum auszuweichen, seinen Verlust minimiert.

Also sucht er in all seinen Zeilen die „schlechteste“ Variante, den größten Verlust für sich, also das Spaltenmaximum:

		Strategien für Freiburg		
		$j=1$	$j=2$	$j=3$
Strategien für Schwenningen	$i=1$	0.6	0.2	0.3
	$i=2$	[0.7]	0.6	[0.4]
	$i=3$	0.1	[0.7]	0.2

Abschließend wählt er das kleinste dieser Maxima aus, also die Strategie $j=2$. Dies garantiert ihm einen maximalen Misserfolg von 0.4.

Bildet man nun beide Betrachtungen in einer Tabelle ab, so folgt:

		Strategien für Freiburg		
		$j=1$	$j=2$	$j=3$
Strategien für Schwenningen	$i=1$	0.6	0.2	0.3
	$i=2$	[0.7]	0.6	[0.4]
	$i=3$	0.1	[0.7]	0.2

In dieser Tabelle sieht man, dass die beiden optimalen Strategien in einem Feld zusammen treffen, d.h. das Maximum der Minima aller Zeilen ist gleich dem Minimum der Maxima aller Spalten.
Folglich ist es für beide Spieler hier optimal, immer nur konstant genau eine der zur Verfügung stehenden Strategien einzusetzen:
Spieler A setzt die Strategie $i=2$ ein, während der Spieler B die Strategie $j=3$ einsetzt. Jedes Abweichen von diesem Plan würde dem Gegenspieler den Einsatz einer besseren Strategie ermöglichen und somit den Gewinn des Spielers verringern!

Diese Arten von Spielen werden statische Spiele oder Spiele mit Sattelpunkt genannt. Dass nicht alle durch das obige Modell beschriebenen Spiele statisch sind, wird im nächsten Abschnitt gezeigt.

Beispiel 3.2:

Zwei Warenhäuser Plus und Real möchten jeweils in genau einer der drei Städte A, B und C einen Supermarkt eröffnen. Positionen, Entfernungen und potentielle Käuferzahlen sind in folgender Grafik gegeben:

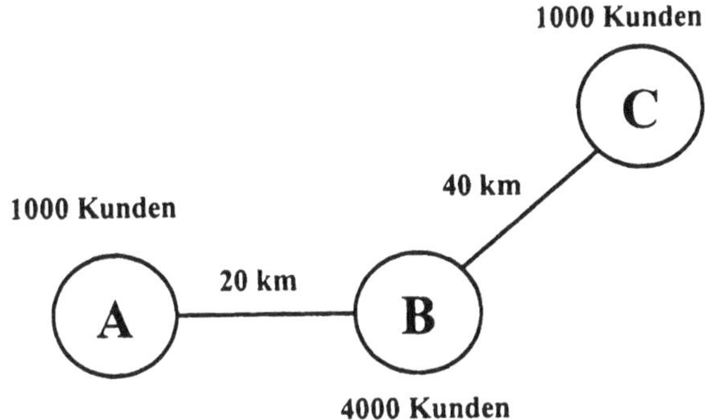

Folgende Beobachtungen über das Käuferverhalten liegen vor:

(1) Sind beide Warenhäuser in der gleichen Stadt bzw. gleich weit von dieser entfernt, so binden sie jeweils die Hälfte der potentiellen Kunden dieser Stadt.
(2) Liegt ein Warenhaus in einer Stadt, in der das andere Warenhaus nicht liegt, so bindet das dort liegende Warenhaus alle Kunden dieser Stadt.
(3) Liegt ein Warenhaus näher an einer Stadt als das andere Warenhaus (ohne dass eines der Warenhäuser dort liegt!), so bindet das näher liegende Warenhaus 80% der potentiellen Kunden dieser Stadt.

Gesucht sind die optimalen Standorte der beiden Warenhäuser, falls jedes möglichst viele Kunden binden will.

Zuerst wird die Entscheidungsmatrix aufgestellt:
Dazu wird untersucht, wie viele Kunden Plus in Abhängigkeit der verschiedenen Kombinationen der Standorte bindet:

Standorte		Anzahl der Kunden für Plus aus Stadt			
Plus	Real	A	B	C	Summe
A	A	500	2000	500	3000
A	B	1000	0	200	1200
A	C	1000	3200	0	4200
B	A	0	4000	800	4800
B	B	500	2000	500	3000
B	C	800	4000	0	4800

C	A	0	800	1000	1800
C	B	200	0	1000	1200
C	C	500	2000	500	3000

Also lautet die Entscheidungsmatrix:

		Strategien für Real		
		A	B	C
Standorte für Plus	A	3000	1200	4200
	B	4800	3000	4800
	C	1800	1200	3000

Markiert man hier wieder die Zeilenminima und die Spaltenmaxima, so gilt:

		Strategien für Real		
		A	B	C
Standorte für Plus	A	3000	1200	4200
	B	[4800]	[3000]	[4800]
	C	1800	1200	3000

Folglich liegt auch hier ein statisches Spiel vor. Beide Warenhäuser müssen ihrem Supermarkt in Stadt B eröffnen.

3.3 Dynamische Spiele

Betrachtet wird nun das nur in den Einträgen der Entscheidungsmatrix abgeänderte **Beispiel 3.3**, das die Spielsituation der beiden Eishockeymannschaften zu einem anderen Spieltag angibt:
Dem Eishockey-Club aus Schwenningen stehen drei Varianten für seine Verteidigung zur Verfügung. Die gegnerische Mannschaft aus Freiburg verfügt über drei verschiedene Angriffsformationen. Die Erfolgsaussichten für Schwenningen (WK, dass kein Tor fällt) sind in folgender Tabelle zusammengestellt:

		Strategien für Freiburg		
		$j=1$	$j=2$	$j=3$
Strategien für Schwenningen	$i=1$	0.8	0.2	0.4
	$i=2$	0.4	0.5	0.6
	$i=3$	0.4	0.7	0.3

Markiert man auch hier die Zeilenminima und die Spaltenmaxima, so gilt:

		Strategien für Freiburg		
		$j=1$	$j=2$	$j=3$
Strategien für Schwenningen	$i=1$	[0.8]	0.2	0.4
	$i=2$	0.4	0.5	[0.6]
	$i=3$	0.4	[0.7]	0.3

Hier liegt kein statisches Spiel vor. Würde nämlich Schwenningen die Strategie $i=2$ und Freiburg die Strategie $j=3$ konstant spielen, so könnte jeder Spieler durch Ändern seiner Strategie seinen Vorteil verbessern, sobald ein Spieler versucht, auf eine andere Strategie auszuweichen. Freiburg würde sofort auf Strategie $j=1$ wechseln, Schwenningen dann auf Strategie $i=1$ und so weiter.

Solche Spiele können nicht mit konstanten Strategien bestritten werden. Hier muss ein optimaler Einsatz aller zur Verfügung stehenden Strategien untersucht werden.

Herleitung der Strategie für Spieler X (Schwenningen):
Schwenningen setzt seine drei Strategien mit den Wahrscheinlichkeiten p_1, p_2 und p_3 ein.
Dann folgt für das Ergebnis des Spiels in Abhängigkeit der von Spieler Y (Freiburg) gewählten Strategien:

bei Strategie $j=1$: $0.8p_1+0.4p_2+0.4p_3$
bei Strategie $j=2$: $0.2p_1+0.5p_2+0.7p_3$
bei Strategie $j=3$: $0.4p_1+0.4p_2+0.3p_3$

Unabhängig von der von Spieler Y gewählten Strategie muss für Spieler X ein Mindestgewinn g garantiert sein. Dies führt auf folgendes Ungleichungssystem:

$$0.8p_1 + 0.4p_2 + 0.4p_3 \geq g$$
$$0.2p_1 + 0.5p_2 + 0.7p_3 \geq g$$
$$0.4p_1 + 0.4p_2 + 0.3p_3 \geq g\,.$$

Fügt man hier noch die Grundbedingung für Wahrscheinlichkeiten

$$p_1 + p_2 + p_3 = 1$$

hinzu und beachtet, dass $g = \max$ gelten soll, so erhält man sehr schnell die Lösung für dieses Problem.

Dividiert man das Ungleichungssystem und die Grundbedingung für Wahrscheinlichkeiten durch $g > 0$, so folgt:

$$0.8 \cdot \frac{p_1}{g} + 0.4 \cdot \frac{p_2}{g} + 0.4 \cdot \frac{p_3}{g} \geq 1$$
$$0.2 \cdot \frac{p_1}{g} + 0.5 \cdot \frac{p_2}{g} + 0.7 \cdot \frac{p_3}{g} \geq 1$$
$$0.4 \cdot \frac{p_1}{g} + 0.4 \cdot \frac{p_2}{g} + 0.3 \cdot \frac{p_3}{g} \geq 1$$
$$\frac{1}{g} = \frac{p_1}{g} + \frac{p_2}{g} + \frac{p_3}{g} = \min\,.$$

Substituiert man jetzt noch $x_1 = \frac{p_1}{g}$, $x_2 = \frac{p_2}{g}$ und $x_3 = \frac{p_3}{g}$, so folgt

$$0.8\,x_1 + 0.4\,x_2 + 0.4\,x_3 \geq 1$$
$$0.2\,x_1 + 0.5\,x_2 + 0.7\,x_3 \geq 1$$
$$0.4\,x_1 + 0.4\,x_2 + 0.3\,x_3 \geq 1$$
$$z = \frac{1}{g} = x_1 + x_2 + x_3 = \min$$

Damit hat man das spieltheoretische Problem auf das Verfahren der lineare Optimierung aus Kapitel 2 zurückgeführt.

Bevor dieses Beispiel mit Hilfe des Simplex-Algorithmus gelöst wird, wird das allgemeine Verfahren zur Lösung dynamischer Spiele angegeben.

Verfahren zur Lösung dynamischer Spiele

Einem Spieler X stehen m verschiedene Strategien zur Verfügung, einem Spieler Y stehen n verschiedene Strategien zur Verfügung.
Eine Entscheidungsmatrix stellt das Ergebnis des Spiels für Spieler X in Abhängigkeit der gewählten Strategien dar:

		Strategien für Spieler Y			
		$j=1$	$j=2$	$\cdots$	$j=n$
Strategien für Spieler X	$i=1$	a_{11}	a_{12}	$\cdots$	a_{1n}
	$i=2$	a_{21}	a_{22}	$\cdots$	a_{2n}
	$\vdots$	$\vdots$	$\vdots$		$\vdots$
	$i=m$	a_{m1}	a_{m2}	$\cdots$	a_{mn}

Gibt es in der Entscheidungsmatrix keinen Sattelpunkt (siehe statische Spiele), so erfolgt die Lösung mit dem Simplex-Algorithmus.

Simplex-Algorithmus für Spieler X:
Spieler X spielt seine Strategien mit den Wahrscheinlichkeiten $p_i, 1 \le i \le m$
Für den Gewinn gelte $g > 0$.

Substitution $x_i = \dfrac{p_i}{g}, 1 \le i \le m$

Aufstellen des ersten Simplex-Tableaus für die $x_i, 1 \le i \le m$

	x_1	x_2		x_m	
z_1	$-a_{11}$	$-a_{21}$	$\cdots$	$-a_{m1}$	-1
z_2	$-a_{12}$	$-a_{22}$	$\cdots$	$-a_{m2}$	-1
$\vdots$					
z_n	$-a_{1n}$	$-a_{2n}$	$\cdots$	$-a_{mn}$	-1
	1	1	$\cdots$	1	0

Lösen dieses linearen Optimierungsproblem und Rücksubstitution mit $p_i = x_i \cdot g, 1 \le i \le m$.

Simplex-Algorithmus für Spieler Y:
Spieler Y spielt seine Strategien mit den Wahrscheinlichkeiten $q_j, 1 \le j \le n$
Für den Gewinn gelte $g > 0$.

Substitution $y_j = \dfrac{q_j}{g}, 1 \le j \le n$

Aufstellen des ersten Simplex-Tableaus für die $y_j, 1 \le j \le n$

	y_1	y_2		y_n	
z_1	a_{11}	a_{12}	…	a_{1n}	1
z_2	a_{21}	a_{22}	…	a_{2n}	1
⋮					
z_m	a_{m1}	a_{m2}	…	a_{mn}	1
	−1	−1	…	−1	0

Lösen dieses linearen Optimierungsproblem und Rücksubstitution mit $q_j = y_j \cdot g, 1 \le j \le n$.

Betrachtet man nun wieder das Beispiel

$$0.8\,x_1 + 0.4\,x_2 + 0.4\,x_3 \ge 1$$
$$0.2\,x_1 + 0.5\,x_2 + 0.7\,x_3 \ge 1$$
$$0.4\,x_1 + 0.4\,x_2 + 0.3\,x_3 \ge 1$$
$$z = \frac{1}{g} = x_1 + x_2 + x_3 = \min,$$

so erhält man die optimale Strategie für Spieler X (Schwenningen) durch die Anwendung des Simplex-Algorithmus:

Aufstellen des ersten Simplex-Tableaus:

	x_1	x_2	x_3	
z_1	−0.8	−0.4	−0.4	−1
z_2	−0.2	−0.5	−0.7	−1
z_3	−0.4	−0.4	−0.3	−1
	1	1	1	0

oder

	x_1	x_2	x_3	
z_1	$-\frac{4}{5}$	$-\frac{2}{5}$	$-\frac{2}{5}$	-1
z_2	$-\frac{1}{5}$	$-\frac{1}{2}$	$-\frac{7}{10}$	-1
z_3	$-\frac{2}{5}$	$-\frac{3}{5}$	$-\frac{3}{10}$	-1
	1	1	1	0

Der zulässige Bereich ist noch nicht erreicht.

1. Iteration: Bestimmung des zweiten Simplex-Tableaus:

	x_1	z_1	x_3	
x_2	2	$-\frac{5}{2}$	1	$\frac{5}{2}$
z_2	$\frac{4}{5}$	$-\frac{5}{4}$	$-\frac{1}{5}$	$\frac{1}{4}$
z_3	$\frac{4}{5}$	$-\frac{3}{2}$	$\frac{3}{10}$	$\frac{1}{2}$
	-1	$\frac{5}{2}$	0	$-\frac{5}{2}$

Der zulässige Bereich ist erreicht mit dem Eckpunkt $E_2(0, 5/2, 0)$ und $z = 5/2$. Die optimale Lösung ist noch nicht gefunden.

2. Iteration: Bestimmung des dritten Simplex-Tableaus:

	z_2	z_1	x_3	
x_2	$-\frac{5}{2}$	$\frac{5}{8}$	$\frac{3}{2}$	$\frac{15}{8}$
x_1	$\frac{5}{4}$	$-\frac{25}{16}$	$-\frac{1}{4}$	$\frac{5}{16}$
z_3	-1	$-\frac{1}{4}$	$\frac{1}{2}$	$\frac{1}{4}$
	$\frac{5}{4}$	$\frac{15}{16}$	$-\frac{1}{4}$	$-\frac{35}{16}$

Man hat den Eckpunkt $E_3(5/16, 15/8, 0)$ und $z = 35/16$ erhalten. Die optimale Lösung ist noch nicht gefunden.

3. Iteration: Bestimmung des vierten Simplex-Tableaus:

	z_2	z_1	z_3	
x_2	$\frac{1}{2}$	$\frac{11}{8}$	-3	$\frac{9}{8}$
x_1	$\frac{3}{4}$	$-\frac{27}{16}$	$\frac{1}{2}$	$\frac{7}{16}$
x_3	-2	$-\frac{1}{2}$	2	$\frac{1}{2}$
	$\frac{3}{4}$	$\frac{13}{16}$	$\frac{1}{2}$	$-\frac{33}{16}$

Man hat den Eckpunkt $E_4(7/16, 9/8, 1/2)$ und $z = 33/16$ erhalten. Die optimale Lösung ist gefunden.

Nach Rücksubstitution der Variablen gilt mit $g = \frac{1}{z} = \frac{16}{33}$:

$$p_1 = x_1 \cdot g = \frac{7}{16} \cdot \frac{16}{33} = \frac{7}{33}$$

$$p_2 = x_2 \cdot g = \frac{9}{8} \cdot \frac{16}{33} = \frac{18}{33}$$

$$p_3 = x_3 \cdot g = \frac{1}{2} \cdot \frac{16}{33} = \frac{8}{33}.$$

Die optimale Strategie für Spieler Y (Freiburg) erhält man ebenfalls durch die Anwendung des Simplex-Algorithmus:

Aufstellen des ersten Simplex-Tableaus:

	y_1	y_2	y_3	
z_1	0.8	0.2	0.4	1
z_2	0.4	0.5	0.4	1
z_3	0.4	0.7	0.3	1
	−1	−1	−1	0

oder

	y_1	y_2	y_3	
z_1	$\frac{4}{5}$	$\frac{1}{5}$	$\frac{2}{5}$	1
z_2	$\frac{2}{5}$	$\frac{1}{2}$	$\frac{3}{5}$	1
z_3	$\frac{2}{5}$	$\frac{7}{10}$	$\frac{3}{10}$	1
	-1	-1	-1	0

Man befindet sich im zulässigen Bereich. Die optimale Lösung ist noch nicht gefunden.

1. Iteration: Bestimmung des zweiten Simplex-Tableaus:

	z_1	y_2	y_3	
y_1	$\frac{5}{4}$	$\frac{1}{4}$	$\frac{1}{2}$	$\frac{5}{4}$
z_2	$-\frac{1}{2}$	$\frac{2}{5}$	$\frac{2}{5}$	$\frac{1}{2}$
z_3	$-\frac{1}{2}$	$\frac{3}{5}$	$\frac{1}{10}$	$\frac{1}{2}$
	$\frac{5}{4}$	$-\frac{3}{4}$	$-\frac{1}{2}$	$\frac{5}{4}$

Man hat den Eckpunkt $E_2(5/4, 0, 0)$ und $z = -5/4$ erhalten. Die optimale Lösung ist noch nicht gefunden.

2. Iteration: Bestimmung des dritten Simplex-Tableaus:

	z_1	z_3	y_3	
y_1	$\frac{35}{24}$	$-\frac{5}{12}$	$\frac{11}{24}$	$\frac{25}{24}$
z_2	$-\frac{1}{6}$	$-\frac{2}{3}$	$\frac{1}{3}$	$\frac{1}{6}$
y_2	$-\frac{5}{6}$	$\frac{5}{3}$	$\frac{1}{6}$	$\frac{5}{6}$
	$\frac{5}{8}$	$\frac{5}{4}$	$-\frac{3}{8}$	$\frac{15}{8}$

Man hat den Eckpunkt $E_3(25/24, 5/6, 0)$ und $z = -15/8$ erhalten. Die optimale Lösung ist noch nicht gefunden.

3. Iteration: Bestimmung des vierten Simplex-Tableaus:

	z_1	z_3	z_2	
y_1	$\frac{27}{16}$	$\frac{1}{2}$	$-\frac{11}{8}$	$\frac{13}{16}$
y_3	$-\frac{1}{2}$	-2	3	$\frac{1}{2}$
y_2	$-\frac{3}{4}$	2	$-\frac{1}{2}$	$\frac{3}{4}$
	$\frac{7}{16}$	$\frac{1}{2}$	$\frac{9}{8}$	$\frac{33}{16}$

Man hat den Eckpunkt $E_4(13/16, 3/4, 1/2)$ und $z = -33/16$ erhalten. Die optimale Lösung ist gefunden.

Nach Rücksubstitution der Variablen gilt mit $g = \frac{1}{z} = \frac{16}{33}$:

$$q_1 = y_1 \cdot g = \frac{13}{16} \cdot \frac{16}{33} = \frac{13}{33}$$

$$q_2 = y_2 \cdot g = \frac{3}{4} \cdot \frac{16}{33} = \frac{12}{33}$$

$$q_3 = y_3 \cdot g = \frac{1}{2} \cdot \frac{16}{33} = \frac{8}{33}.$$

3.4 Aufgaben

Aufgabe 1

Gegeben seien die folgenden Entscheidungsmatrizen. Bestimmen Sie die optimalen Strategien beider Spieler.

(a)

		Strategien für Spieler Y	
		$j=1$	$j=2$
Strategien für Spieler X	$i=1$	−1	0
	$i=2$	2	4

(b)

		Strategien für Spieler Y			
		$j=1$	$j=2$	$j=3$	$j=4$
Strategien für Spieler X	$i=1$	2	−1	−1	3
	$i=2$	1	5	0	2
	$i=3$	0	5	−2	0

(c)

		Strategien für Spieler Y			
		$j=1$	$j=2$	$j=3$	$j=4$
Strategien für Spieler X	$i=1$	5	2	1	−5
	$i=2$	−1	2	0	−2
	$i=3$	0	−1	1	4
	$i=4$	3	8	2	3
	$i=5$	6	−2	−1	3

Aufgabe 2

Gegeben seien die folgenden Entscheidungsmatrizen. Bestimmen Sie die optimalen Strategien beider Spieler.

(a)

		Strategien für Spieler Y	
		$j = 1$	$j = 2$
Strategien für Spieler X	$i = 1$	–1	1
	$i = 2$	2	–1

(b)

		Strategien für Spieler Y			
		$j = 1$	$j = 2$	$j = 3$	$j = 4$
Strategien für Spieler X	$i = 1$	3	–4	3	4
	$i = 2$	2	6	2	3
	$i = 3$	1	6	–1	1

(c)

		Strategien für Spieler Y			
		$j = 1$	$j = 2$	$j = 3$	$j = 4$
Strategien für Spieler X	$i = 1$	2	2	–2	–5
	$i = 2$	–1	0	0	–2
	$i = 3$	0	–1	1	4
	$i = 4$	3	0	2	1
	$i = 5$	6	–2	–3	3

Aufgabe 3

Um Entscheidungen zufällig zu fällen, etwa wer bei einem Spiel beginnen darf, wird häufig das Auswahlspiel „Stein-Schere-Papier“ oder auch „Schnick-Schnack-Schnuck“ gespielt. Dabei zeigen beide Spieler gleichzeitig eines der Zeichen Stein, Schere oder Papier. Es gelten folgende Regeln:

- Stein gewinnt gegen Schere und verliert gegen Papier,
- Schere gewinnt gegen Papier und verliert gegen Stein,
- Papier gewinnt gegen Stein und verliert gegen Schere.
- Gleiche Zeichen neutralisieren sich.

(a) Stellen Sie die Entscheidungsmatrix auf und zeigen Sie, dass es keine statische Strategie gibt.
(b) Zeigen Sie, dass der Simplex-Algorithmus keine Lösung liefert.
(c) Addieren Sie zu jedem Element der Entscheidungsmatrix +1 und lösen Sie dann das Problem mit dem Simplex-Algorithmus.

Aufgabe 4

Um solche Entscheidungen etwas spannender zufällig zu fällen wird häufig das Auswahlspiel „Stein-Schere-Papier“ um die Auswahlmöglichkeit „Brunnen“ erweitert. Dabei zeigen wieder beide Spieler gleichzeitig eines der Zeichen Stein, Schere, Papier oder Brunnen. Es gelten folgende Regeln:

- Stein gewinnt gegen Schere und verliert gegen Papier und Brunnen,
- Schere gewinnt gegen Papier und verliert gegen Stein und Brunnen,
- Papier gewinnt gegen Stein und Brunnen und verliert gegen Schere,
- Brunnen gewinnt gegen Stein und Schere und verliert gegen Papier.
- Gleiche Zeichen neutralisieren sich.

(a) Stellen Sie die Entscheidungsmatrix auf und zeigen Sie, dass es keine statische Strategie gibt.
(b) Lösen Sie das Problem analog zu Aufgabe 3.
(c) Vor diesem Spiel wird jedem Spieler zufällig eine der vier Optionen weggenommen. Geben Sie die Entscheidungsmatrizen zu all diesen Spielvarianten an und bestimmen Sie deren optimalen Strategien.
(d) Das Verfahren von Aufgabenteil (c) wird folgendermaßen abgeändert: Vor dem Spiel muss Spieler X zuerst erklären, auf welche Option er verzichtet. Geben Sie an, auf welche Option dann Spieler Y verzichtet, wenn er die Auswahl von Spieler X optimal beantwortet.

Aufgabe 5

Dem Eishockey-Club aus Köln stehen drei Varianten für seine Verteidigung zur Verfügung. Die gegnerische Mannschaft aus Berlin verfügt über drei verschiedene Angriffsformationen. Die Erfolgsaussichten für Köln (WK, dass kein Tor fällt) sind in folgender Tabelle zusammengestellt:

		Strategien für Berlin		
		$j=1$	$j=2$	$j=3$
Strategien für Köln	$i=1$	0.4	0.4	0.3
	$i=2$	0.7	0.8	0.6
	$i=3$	0.4	0.5	0.5

Bestimmen Sie die optimalen Strategien der beiden Mannschaften.

Aufgabe 6

Dem Eishockey-Club aus Landshut stehen drei Varianten für seine Verteidigung zur Verfügung. Die gegnerische Mannschaft aus Hamburg verfügt über drei verschiedene Angriffsformationen. Die Erfolgsaussichten für Landshut (WK, dass kein Tor fällt) sind in folgender Tabelle zusammengestellt:

		Strategien für Hamburg		
		$j=1$	$j=2$	$j=3$
Strategien für Landshut	$i=1$	0.4	0.4	0.3
	$i=2$	0.7	0.8	0.6
	$i=3$	0.4	0.5	0.8

Bestimmen Sie die optimalen Strategien der beiden Mannschaften.

Kapitel 4

Transportprobleme

4.1 Einführung, Beispiel und mathematisches Modell

Werden von m Anbietern A_i irgendwelche Mengen eines Transportgutes zu n Nachfragern N_j transportiert und sollen dabei die gesamten Transportkosten minimiert werden, so hat man die Aufgabenstellung von Transport- oder Verteilungsproblemen.

Das folgende **Beispiel 4.1** verdeutlicht diesen Sachverhalt:
Am Vatertag werden die Wanderer durch ein Gewitter überrascht und suchen deshalb in den nahegelegenen Ausflugslokalen Schutz. In den vier Lokalen ist aber nicht genügend Bier vorhanden. Dieses wird unverzüglich bei der zuständigen Brauerei angefordert, die über drei verschiedene Auslieferungslager verfügt, in denen insgesamt die gewünschte Menge zur Verfügung steht. Die vier Lokale N_1, N_2, N_3 und N_4 benötigen 10 hl bzw. 30 hl bzw. 15 hl bzw. 35 hl. Diese Gesamtmenge steht in den drei Auslieferungslagern A_1, A_2 und A_3 in folgender Weise zur Verfügung: in A_1 25 hl, in A_2 25 hl und in A_3 40 hl. Die Transportkosten pro hl von den einzelnen Auslieferungslagern zu den jeweiligen Ausflugslokalen betragen

		Ausflugslokal = Nachfrager			
		N_1	N_2	N_3	N_4
Auslieferungslager= Anbieter	A_1	10	80	40	70
	A_2	90	0	50	70
	A_3	30	60	80	10

Wie ist der Transport durchzuführen, damit die Transportkosten so klein wie möglich ausfallen?

Aus diesem Beispiel kann sofort das mathematische Modell abgeleitet werden.

Mathematisches Modell für Transportprobleme

Gegeben seien m Anbieter A_i, $1 \leq i \leq m$ und n Nachfrager N_j, $1 \leq j \leq n$. Dabei kann ein Transportgut von jedem Anbieter zu jedem Nachfrager transportiert werden. Die Kosten für den Transport einer Einheit des Transportgutes vom Anbieter A_i zum Nachfrager N_j betragen c_{ij}. Jeder Anbieter hat eine Angebotskapazität von a_i Mengeneinheiten und jeder Nachfrager eine Bedarfskapazität von b_j Mengeneinheiten. Die zu transportierenden Mengen vom Anbieter A_i zum Nachfrager N_j werden mit x_{ij} bezeichnet.

Damit erhält man das folgende Minimierungsproblem:

Minimiere die Funktion $z = \sum_{i=1}^{m} \sum_{j=1}^{n} c_{ij} \cdot x_{ij}$

unter den Nebenbedingungen

$$\sum_{j=1}^{n} x_{ij} = a_i \,, \ 1 \leq i \leq m$$

$$\sum_{i=1}^{m} x_{ij} = b_j \,, \ 1 \leq j \leq n$$

$$\sum_{i=1}^{m} a_i = \sum_{j=1}^{n} b_j \quad \text{und} \quad x_{ij} \geq 0 \,.$$

Alternativ kann dieses Modell durch zwei Tabellen beschrieben werden:

Kostenmatrix:

		Nachfrager				
		N_1	N_2	N_3	...	N_n
Anbieter	A_1	c_{11}	c_{12}	c_{13}	...	c_{1n}
	A_2	c_{21}	c_{22}	c_{23}	...	c_{2n}
	A_3	c_{31}	c_{32}	c_{33}	...	c_{3n}
	$\vdots$	$\vdots$	$\vdots$	$\vdots$		$\vdots$
	A_m	c_{m1}	c_{m2}	c_{m3}	...	c_{mn}

Auslieferungsmatrix mit Randsummen:

		Nachfrager					Angebots-mengen
		N_1	N_2	N_3	...	N_n	
Anbieter	A_1	x_{11}	x_{12}	x_{13}	...	x_{1n}	a_1
	A_2	x_{21}	x_{22}	x_{23}	...	x_{2n}	a_2
	A_3	x_{31}	x_{32}	x_{33}	...	x_{3n}	a_3
	$\vdots$	$\vdots$	$\vdots$	$\vdots$		$\vdots$	$\vdots$
	A_m	x_{m1}	x_{m2}	x_{m3}	...	x_{mn}	a_m
Nachfrage-mengen		b_1	b_2	b_3	...	b_n	

Minimiere die Funktion $z = \sum_{i=1}^{m} \sum_{j=1}^{n} c_{ij} \cdot x_{ij}$ unter den in der Tabelle abgebildeten Nebenbedingungen.

Bei der Lösung des Transportproblems werden, ähnlich wie beim Simplex-Algorithmus, Basislösungen verwendet. Da das lineare Gleichungssystem aller Nebenbedingungen Abhängigkeiten beinhaltet, besteht hier eine Basislösung immer aus $n+m-1$ Variablen. Alle anderen sind, ähnlich den Schlupfvariablen, gleich 0.

4.2 Lösungsmethoden und durchgerechnete Beispiele

Eine schon aus Kapitel 2 bekannte Lösungsmethode für diese Art von Problemen ist der Simplex-Algorithmus. Alle Nebenbedingungen sind dabei Gleichungen. Allerdings wird die Anzahl der Variablen schon bei kleineren Transportproblemen schnell groß und damit das ganze Verfahren sehr rechenintensiv. Aufgrund der speziellen Struktur der Transportprobleme sind deutlich schneller zum Ziel führende Verfahren entwickelt worden.

Diese Verfahren bestehen im Normalfall aus zwei aufeinander folgenden Schritten:
1. Schritt: Ermittlung einer Ausgangslösung
2. Schritt: Ermittlung der optimalen Lösung durch ein iteratives Verfahren

4.2.1 Verfahren zur Ermittlung einer Ausgangslösung

In diesem Abschnitt werden die zwei wichtigsten Methoden zur Ermittlung einer Ausgangslösung vorgestellt: die Nordwest-Ecken-Regel und das Vogelsche Approximationsverfahren.

4.2.1.1 Die Nordwest-Ecken-Regel

Hier wird in der linken oberen Ecke der Auslieferungsmatrix begonnen und dann jeweils in der Zeile oder Spalte solange aufgefüllt, bis die entsprechende Kapazität erreicht ist. Dadurch erhält man eine Basislösung entlang einer Treppenformation.

Algorithmus zur Nordwest-Ecken-Regel

Es erfolgen Iterationen, die aus jeweils einem der optionalen Schritte 1 bis 3 bestehen, bis die Abbruchbedingung erreicht ist.

Schritt 1: Falls $a_1 > b_1$, setze $x_{11} = b_1$. Dadurch ist die Nebenbedingung in der ersten Spalte erfüllt. Dann schreitet man waagrecht nach rechts weiter und ermittelt x_{12} durch Vergleich von b_2 und $a_1 - x_{11}$ (nach einem der drei Schritte).

Schritt 2: Falls $a_1 < b_1$, setze $x_{11} = a_1$. Dadurch ist die Nebenbedingung in der ersten Zeile erfüllt. Dann schreitet man senkrecht nach unten weiter und ermittelt x_{21} durch Vergleich von a_2 und $b_1 - x_{11}$ (nach einem der drei Schritte).

Algorithmus zur Nordwest-Ecken-Regel, Fortsetzung

Schritt 3: Falls $a_1 = b_1$, setze $x_{11} = a_1$. Dadurch ist die Nebenbedingung in der ersten Spalte erfüllt. Dann schreitet man senkrecht nach unten weiter und setzt $x_{21} = 0$. Danach schreitet man waagrecht nach rechts weiter und bestimmt x_{22} (nach einem der drei Schritte).

Abbruch: Das Verfahren endet, wenn x_{mn} ermittelt wurde.

Beispiel 4.1 zur Nordwest-Ecken-Regel

Gegeben sei das Transportproblem vom Anfang dieses Kapitels. Die Angebots- und Nachfragemengen sind in folgender Tabelle aufgelistet:

	N_1	N_2	N_3	N_4	AM
A_1					25
A_2					25
A_3					40
NM	10	30	15	35	90

(1) Vergleich von a_1 und b_1: Da $a_1 = 25 > 10 = b_1$, ist $x_{11} = b_1 = 10$.

	N_1	N_2	N_3	N_4	AM
A_1	10				25
A_2	-				25
A_3	-				40
NM	10	30	15	35	90

Dadurch sind alle anderen Werte in der ersten Spalte gleich 0. Diese Nullen werden aber hier nicht mit aufgenommen, da die entsprechenden Variablen keine Basisvariablen sind.

Nun schreitet man waagrecht weiter.

(2) Vergleich von $a_1 - 10$ und b_2: Da $a_1 - 10 = 15 < 30 = b_2$, ist
$x_{12} = a_1 - 10 = 15$.

	N_1	N_2	N_3	N_4	AM
A_1	10	15	-	-	25
A_2	-				25
A_3	-				40
NM	10	30	15	35	90

Dadurch sind alle Werte in der ersten Zeile, die sich weiter rechts befinden, gleich 0. Diese Nullen werden aber hier nicht mit aufgenommen, da die entsprechenden Variablen keine Basisvariablen sind.
Nun schreitet man senkrecht weiter.

(3) Vergleich von a_2 und $b_2 - 15$: Da $a_2 = 25 > 15 = b_2 - 15$, ist
$x_{22} = b_2 - 15 = 15$.

	N_1	N_2	N_3	N_4	AM
A_1	10	15	-	-	25
A_2	-	15			25
A_3	-	-			40
NM	10	30	15	35	90

Dadurch sind alle Werte in der zweiten Spalte, die sich weiter unten befinden, gleich Null. Diese Nullen werden aber hier nicht mit aufgenommen, da die entsprechenden Variablen keine Basisvariablen sind.
Nun schreitet man waagrecht weiter.

(4) Vergleich von $a_2 - 15$ und b_3: Da $a_2 - 15 = 10 < 25 = b_3$, ist
$x_{23} = a_2 - 15 = 10$.

	N_1	N_2	N_3	N_4	AM
A_1	10	15	-	-	25
A_2	-	15	10	-	25
A_3	-	-			40
NM	10	30	15	35	90

Dadurch sind alle Werte in der zweiten Zeile, die sich weiter rechts befinden, gleich 0. Diese Nullen werden aber hier nicht mit aufgenommen, da die entsprechenden Variablen keine Basisvariablen sind.
Nun schreitet man senkrecht weiter.

(5) Vergleich von a_3 und $b_3 - 10$: Da $a_3 = 40 > 5 = b_3 - 10$, ist $x_{33} = b_3 - 10 = 5$.

	N_1	N_2	N_3	N_4	AM
A_1	10	15	-	-	25
A_2	-	15	10	-	25
A_3	-	-	5		40
NM	10	30	15	35	90

Dadurch sind alle Werte in der dritten Spalte bestimmt. Nun schreitet man waagrecht weiter.

(6) Es bleibt noch $x_{34} = a_4 - 5 = 35$.

	N_1	N_2	N_3	N_4	AM
A_1	10	15	-	-	25
A_2	-	15	10	-	25
A_3	-	-	5	35	40
NM	10	30	15	35	90

Damit ist die Ecke rechts unten erreicht und die Ausgangslösung steht in obiger Tabelle.
Für den Wert der Zielfunktion gilt:
$z = 10 \cdot 10 + 15 \cdot 80 + 15 \cdot 0 + 10 \cdot 50 + 5 \cdot 80 + 35 \cdot 10 = 2550$.

4.2.1.2 Das Vogelsche Approximationsverfahren

Eine andere Möglichkeit, eine Ausgangslösung zu bestimmen, ist das Vogelsche Approximationsverfahren. Bei dieser Methode wird im Gegensatz zur Nordwest-Ecken-Regel die Kostenmatrix verwendet. Häufig ist die Ausgangslösung, die durch das Vogelsche Approximationsverfahren ermittelt wurde, besser als diejenige, die durch die Nordwest-Ecken-Regel gefunden wurde.

Algorithmus zum Vogelschen Approximationsverfahren

Startiteration: Alle Zeilen und Spalten der Kostenmatrix sind unmarkiert und alle Variablen $x_{ij} = 0$.

Danach erfolgen Iterationen zu jeweils 4 Schritten bis zum Abbruch.

Schritt 1: Für alle unmarkierten Zeilen i wird die Differenz zwischen dem zweit-kleinsten Eintrag c_{iz} und dem kleinsten Eintrag c_{ik} der Kostenmatrix unter allen noch unmarkierten Elementen dieser Zeile berechnet, also $\Delta_i = c_{iz} - c_{ik}$.

Schritt 2: Für alle unmarkierten Spalten j wird die Differenz zwischen dem zweitkleinsten Eintrag c_{zj} und dem kleinsten Eintrag c_{kj} der Kostenmatrix unter allen noch unmarkierten Elementen dieser Spalte berechnet, also $\Delta_j = c_{zj} - c_{kj}$.

Schritt 3: Unter allen in Schritt 1 und Schritt 2 berechneten Differenzen wird die größte ausgewählt. Der zu dieser Differenz gehörende kleinste Eintrag der Kostenmatrix wird mit c_{st} bezeichnet. Gibt es mehrere Auswahlmöglichkeiten, so wird diejenige Differenz ausgewählt, bei der der kleinste Eintrag der Kostenmatrix am kleinsten ist.

Schritt 4: Die Variable x_{st} mit $x_{st} = \min\{a_s, b_t\}$ wird zu einer Basisvariablen. Die Mengen a_s und b_t werden durch $a_s - x_{st}$ und $b_t - x_{st}$ ersetzt. (Der Einfachheit halber werden die ersetzten Variablen in allen weitern Iterationen wieder mit a_s und b_t bezeichnet.) Ist danach $a_s = 0$, wird die Zeile s markiert, ist dagegen $b_t = 0$, wird die Spalte t markiert. Sind beide Größen gleich 0, so wird entweder die Zeile oder die Spalte markiert.

Abbruch: Es werden solange Iterationen durchgeführt, bis $n-1$ Spalten oder $m-1$ Zeilen markiert sind. Danach werden an den noch freien Stellen die noch übrigen Kapazitätsbeschränkungen aus der Spalte oder Zeile, die noch übrig ist, übernommen und zu Basisvariablen erklärt.

Beispiel 4.1 zum Vogelschen Approximationsverfahren

Gegeben sei das Transportproblem vom Anfang dieses Kapitels.

Startiteration:

Matrix mit den markierten Zeilen oder Spalten:

	N_1	N_2	N_3	N_4	
A_1	10	80	40	70	
A_2	90	0	50	70	
A_3	30	60	80	10	

Matrix der x_{ij}:

	N_1	N_2	N_3	N_4	AM
A_1	0	0	0	0	25
A_2	0	0	0	0	25
A_3	0	0	0	0	40
NM	10	30	15	35	90

1. Iteration:

Bestimmung der Matrix mit den markierten Zeilen oder Spalten:

(1) Berechnung der Δ_i und Δ_j:

	N_1	N_2	N_3	N_4	Δ_i
A_1	10	80	40	70	30
A_2	90	0	50	70	50
A_3	30	60	80	10	20
Δ_j	20	60	10	60	

(2) Bestimmung der größten Differenz:

	N_1	N_2	N_3	N_4	Δ_i
A_1	10	80	40	70	30
A_2	90	0	50	70	50
A_3	30	60	80	10	20
Δ_j	20	60	10	60	

Da es hier zwei Differenzen mit dem Wert 60 gibt, wird die zweite Spalte gewählt, da hier das kleinste Element 0 ist und dasjenige der vierten Spalte mit 10 größer ist. Nach Schritt 3 gilt $c_{st} = c_{22} = 0$.

(3) $x_{st} = x_{22} = \min\{a_2, b_2\} = \min\{25,30\} = 25$.

$a_2 = 25$ wird ersetzt durch $a_2 - x_{22} = 25 - 25 = 0$.

$b_2 = 30$ wird ersetzt durch $b_2 - x_{22} = 30 - 25 = 5$.

Also wird die zweite Zeile markiert. Da die markierten Elemente bei den folgenden Berechnungen nicht mehr benötigt werden, werden sie entfernt.

	N_1	N_2	N_3	N_4	
A_1	10	80	40	70	
A_3	30	60	80	10	

Setzen der neuen Basisvariablen:

(4) Setzen von x_{22} als Basisvariable und Korrektur der Beschränkungen:

	N_1	N_2	N_3	N_4	AM
A_1	0	0	0	0	25
A_2	0	25	0	0	0
A_3	0	0	0	0	40
NM	10	5	15	35	65

Die beiden Tabellen aus (3) und (4) bilden die Eingaben für die nächste Iteration.

2. Iteration:

Bestimmung der Matrix mit den markierten Zeilen oder Spalten:

(1) Berechnung der Δ_i und Δ_j:

	N_1	N_2	N_3	N_4	Δ_i
A_1	10	80	40	70	30
A_3	30	60	80	10	20
Δ_j	20	20	40	60	

(2) Bestimmung der größten Differenz:

	N_1	N_2	N_3	N_4	Δ_i
A_1	10	80	40	70	30
A_3	30	60	80	10	20
Δ_j	20	20	40	60	

Nach Schritt 3 gilt $c_{st} = c_{34} = 10$.

(3) $x_{st} = x_{34} = \min\{a_3, b_4\} = \min\{40, 35\} = 35$.

$a_3 = 40$ wird ersetzt durch $a_3 - x_{34} = 40 - 35 = 5$.

$b_4 = 35$ wird ersetzt durch $b_4 - x_{34} = 35 - 35 = 0$.

Also wird die vierte Spalte markiert. Da die markierten Elemente bei den folgenden Berechnungen nicht mehr benötigt werden, werden sie entfernt.

	N_1	N_2	N_3		
A_1	10	80	40		
A_3	30	60	80		

Setzen der neuen Basisvariablen:

(4) Setzen von x_{34} als Basisvariable und Korrektur der Beschränkungen:

	N_1	N_2	N_3	N_4	AM
A_1	0	0	0	0	25
A_2	0	25	0	0	0
A_3	0	0	0	35	5
NM	10	5	15	0	30

Die beiden Tabellen aus den Schritten 3 und 4 bilden die Eingaben für die nächste Iteration.

3. Iteration:

Bestimmung der Matrix mit den markierten Zeilen oder Spalten:

(1) Berechnung der Δ_i und Δ_j:

	N_1	N_2	N_3		Δ_i
A_1	10	80	40		30
A_3	30	60	80		
Δ_j	20	20	40		

(2) Bestimmung der größten Differenz:

	N_1	N_2	N_3		Δ_i
A_1	10	80	40		30
A_3	30	60	80		
Δ_j	20	20	40		

Nach Schritt 3 gilt $c_{st} = c_{13} = 40$.

(3) $x_{st} = x_{13} = \min\{a_1, b_3\} = \min\{25, 15\} = 15$.

$a_1 = 25$ wird ersetzt durch $a_1 - x_{13} = 25 - 15 = 10$.

$b_3 = 15$ wird ersetzt durch $b_3 - x_{13} = 15 - 15 = 0$.

Also wird die dritte Spalte markiert. Da die markierten Elemente bei den folgenden Berechnungen nicht mehr benötigt werden, werden sie entfernt.

	N_1	N_2			
A_1	10	80			
A_3	30	60			

Setzen der neuen Basisvariablen:

(4) Setzen von x_{13} als Basisvariable und Korrektur der Beschränkungen:

	N_1	N_2	N_3	N_4	AM
A_1	0	0	15	0	10
A_2	0	25	0	0	0
A_3	0	0	0	35	5
NM	10	5	0	0	15

Die beiden Tabellen aus den Schritten 3 und 4 bilden die Eingaben für die nächste Iteration.

4. Iteration:

Bestimmung der Matrix mit den markierten Zeilen oder Spalten:

(1) Berechnung der Δ_i und Δ_j:

	N_1	N_2			Δ_i
A_1	10	80			70
A_3	30	60			30
Δ_j	20	20			

(2) Bestimmung der größten Differenz:

	N_1	N_2			Δ_i
A_1	10	80			70
A_3	30	60			30
Δ_j	20	20			

Nach Schritt 3 gilt $c_{st} = c_{11} = 10$.

(3) $x_{st} = x_{11} = \min\{a_1, b_1\} = \min\{10, 10\} = 10$.

$a_1 = 10$ wird ersetzt durch $a_1 - x_{11} = 10 - 10 = 0$.

$b_1 = 10$ wird ersetzt durch $b_1 - x_{11} = 10 - 10 = 0$.

Also wird die erste Zeile markiert. Es könnte aber auch die erste Spalte markiert werden. Da die markierten Elemente bei den folgenden Berechnungen nicht mehr benötigt werden, werden sie entfernt.

	N_1	N_2			
A_3	30	60			

Setzen der neuen Basisvariablen:

(4) Setzen von x_{11} als Basisvariable und Korrektur der Beschränkungen:

	N_1	N_2	N_3	N_4	AM
A_1	10	0	15	0	0
A_2	0	25	0	0	0
A_3	0	0	0	35	5
NM	0	5	0	0	5

Damit ist die Abbruchbedingung erreicht. An den verbleibenden zwei Positionen in der dritten Zeile werden die noch übrigen Kapazitäten $b_1 = 0$ und $b_2 = 5$ aufgenommen. Damit werden $x_{31} = 0$ und $x_{32} = 5$ zu Basisvariablen.

	N_1	N_2	N_3	N_4	AM
A_1	10	0	15	0	0
A_2	0	25	0	0	0
A_3	0	5	0	35	0
NM	0	0	0	0	0

Für den Wert der Zielfunktion gilt:
$z = 10 \cdot 10 + 15 \cdot 40 + 25 \cdot 0 + 0 \cdot 30 + 5 \cdot 60 + 35 \cdot 10 = 1350$.

Dieser Funktionswert von 1350 ist deutlich kleiner als derjenige von 2550, der aus der Anfangslösung der Nordwest-Ecken-Regel stammte. Im weiteren Verlauf dieses Kapitels wird dann festgestellt, dass die mit dem Vogelschen Approximationsverfahren bestimmte Anfangslösung schon die optimale Lösung ist.

4.2.2 Ermittlung der optimalen Lösung durch iterative Verfahren

In diesem Abschnitt werden die zwei wichtigsten Verfahren zur Ermittlung der optimalen Lösung der Transportprobleme ausgehend von den in Abschnitt 4.2.1 bestimmten Anfangslösungen vorgestellt: die Stepping-Stone-Methode und die MODI-Methode.

4.2.2.1 Die Stepping-Stone-Methode

Die Vorgehensweise bei der Stepping-Stone-Methode ist eine nahe liegende Betrachtungsweise. Ausgehend von einer Anfangslösung, also einer ersten zulässigen Basislösung, wird diese dadurch verbessert, dass an genau einer freien Stelle die Ausgangsmenge von 0 auf $a \geq 0$ verändert wird. Damit alle Restriktionen nach wie vor ihre Gültigkeit behalten, wird ausschließlich an den Stellen der Basisvariablen ein entsprechender Ausgleich vorgenommen. Hierzu gibt es immer einen Weg in der entsprechenden Tabelle. Anschließend wird für den Fall $a = 1$ geprüft, ob sich der Wert der Kostenfunktion durch diese Änderungen verkleinert. Ist dies der Fall, kann die Basislösung verbessert werden.

Diese Vorgehensweise wird im folgenden Beispiel gezeigt. Im Anschluss daran wird der Algorithmus vorgestellt und dann das gesamte Beispiel durchgerechnet.

Gegeben sei das Transportproblem aus Beispiel 4.1 mit folgender Kostenmatrix und den folgenden Nachfrage - bzw. Angebotsmengen:

Kostenmatrix:

		Nachfrager			
		N_1	N_2	N_3	N_4
Anbieter	A_1	10	80	40	70
	A_2	90	0	50	70
	A_3	30	60	80	10

Auslieferungsmatrix mit Randsummen:

		Nachfrager				Angebotsmengen
		N_1	N_2	N_3	N_4	
Anbieter	A_1	x_{11}	x_{12}	x_{13}	x_{14}	25
	A_2	x_{21}	x_{22}	x_{23}	x_{24}	25
	A_3	x_{31}	x_{32}	x_{33}	x_{34}	40
Nachfragemengen		10	30	15	35	90

Nach der NWE-Regel ergab sich folgende erste Basislösung:

	N_1	N_2	N_3	N_4	AM
A_1	10	15			25
A_2		15	10		25
A_3			5	35	40
NM	10	30	15	35	90

Für den Wert der Zielfunktion gilt:
$z = 10 \cdot 10 + 15 \cdot 80 + 15 \cdot 0 + 10 \cdot 50 + 5 \cdot 80 + 35 \cdot 10 = 2550$.

Nun wird jeweils an den sechs freien, von der Basislösung nicht belegten Stellen, die Transportmenge $a \geq 0$ eingefügt. Exemplarisch wird dies hier für die Stellen x_{21} und x_{13} gezeigt.

Fügt man $a \geq 0$ an der Stelle von x_{21} ein, so muss an den in der folgenden Tabelle ersichtlichen Stellen durch Hinzufügen von $+a$ oder $-a$ korrigiert werden, damit alle Einschränkungen nach wie vor gelten:

	N_1	N_2	N_3	N_4	AM
A_1	$10-a$	$15+a$			25
A_2	a	$15-a$	10		25
A_3			5	35	40
NM	10	30	15	35	90

Danach wird überprüft, wie sich die Kosten von 2550 ändern, wenn $a = 1$ gesetzt wird.
Für die Kostenänderung $\tilde{c}_{21}$ gilt dann
$\tilde{c}_{21} = c_{21} - c_{22} + c_{12} - c_{11} = 90 - 0 + 80 - 10 = 160$, wobei hier alle Werte der Kostenmatrix mit positivem Vorzeichen berücksichtigt werden, falls $a = 1$ addiert wurde und alle Werte der Kostenmatrix mit negativem Vorzeichen berücksichtigt werden, falls $a = 1$ abgezogen wurde.
Da $\tilde{c}_{21}$ positiv ist, wird in diesem Fall die Kostenfunktion nicht kleiner!

Fügt man $a \geq 0$ dagegen an der Stelle von x_{13} ein, so gilt:

	N_1	N_2	N_3	N_4	AM
A_1	10	$15-a$	a		25
A_2		$15+a$	$10-a$		25
A_3			5	35	40
NM	10	30	15	35	90

Für die Kostenänderung $\tilde{c}_{13}$ gilt dann $\tilde{c}_{13} = 40 - 50 + 0 - 80 = -90$.
Da $\tilde{c}_{13}$ negativ ist, wird in diesem Fall die Kostenfunktion kleiner! Nun muss nur noch das maximal mögliche $a \geq 0$ bestimmt werden. Dies geschieht in den Differenzen $15 - a$ und $10 - a$. Damit beide Mengen nicht negativ werden, kann a höchstens gleich 10 gesetzt werden. Dann verringert sich die Kostenfunktion aber um $90 \cdot 10 = 900$ Einheiten.

Die neue, verbesserte Basislösung ist dann:

	N_1	N_2	N_3	N_4	AM
A_1	10	5	10		25
A_2		25			25
A_3			5	35	40
NM	10	30	15	35	90

Für den Wert der Zielfunktion gilt: $z = 2550 - 90 \cdot 10 = 1650$.

Dieses Verfahren wird so lange durchgeführt, bis keine negativen Kostenänderungen mehr vorhanden sind.

Algorithmus zur Stepping-Stone-Methode

Start: Man bestimme eine Ausgangslösung durch eines der beschriebenen Verfahren. Diese wird die erste Basislösung genannt.

Danach erfolgen Iterationen zu jeweils 5 Schritten bis zum Abbruch.

Schritt 1: An einem freien Feld der vorliegenden Basislösung wird $a \geq 0$ eingefügt.

Schritt 2: Danach werden Korrekturen der Form $+a$ oder $-a$ an den Stellen der Basisvariablen vorgenommen, so dass alle Einschränkungen gültig bleiben. Es existiert immer ein solcher Pfad entlang der Basivariablen.

Schritt 3: Danach wird die Kostenänderung $\tilde{c}_{ij}$ für $a = 1$ berechnet. Dabei werden alle Werte der Kostenmatrix mit positivem Vorzeichen berücksichtigt, falls $a = 1$ addiert wurde und alle Werte der Kostenmatrix mit negativem Vorzeichen berücksichtigt, falls $a = 1$ abgezogen wurde.

Schritt 4: Die Schritte 1 – 3 werden für alle freien Felder der vorliegenden Basislösung durchgeführt.

Schritt 5: (a) Sind alle $\tilde{c}_{ij} > 0$, so ist die vorliegende Basislösung optimal und das Verfahren bricht ab.

(b) Gibt es mindestens ein $\tilde{c}_{ij} < 0$, so kann die vorliegende Basislösung verbessert werden. Dann wird der kleinste Wert dieser negativen $\tilde{c}_{ij}$ ausgewählt und das größtmögliche $a \geq 0$ dazu ermittelt. Anschließend wird durch Einsetzen dieses $a \geq 0$ die neue verbesserte Basislösung bestimmt. (Hier kann es passieren, dass sich $a = 0$ ergibt. Dadurch werden in der Basislösung nur zwei Nullen getauscht. Anschließend geht das Verfahren wie gewohnt weiter.) Danach erfolgt die nächste Iteration.

(c) Sind alle $\tilde{c}_{ij} \geq 0$ und mindestens ein $\tilde{c}_{ij} = 0$, so existieren mehrere optimale Lösungen. Diese werden durch weitere Iterationen ermittelt.

Beispiel 4.1 zur Stepping-Stone-Methode

Gegeben sei ein Transportproblem mit folgender Kostenmatrix und den folgenden Nachfrage - bzw. Angebotsmengen:

Kostenmatrix:

		Nachfrager			
		N_1	N_2	N_3	N_4
Anbieter	A_1	10	80	40	70
	A_2	90	0	50	70
	A_3	30	60	80	10

Auslieferungsmatrix mit Randsummen:

		Nachfrager				Angebots-mengen
		N_1	N_2	N_3	N_4	
Anbieter	A_1	x_{11}	x_{12}	x_{13}	x_{14}	25
	A_2	x_{21}	x_{22}	x_{23}	x_{24}	25
	A_3	x_{31}	x_{32}	x_{33}	x_{34}	40
Nachfrage-mengen		10	30	15	35	90

1. Iteration: erste zulässige Basislösung nach der NWE-Regel

	N_1	N_2	N_3	N_4	AM
A_1	10	15			25
A_2		15	10		25
A_3			5	35	40
NM	10	30	15	35	90

Für den Wert der Zielfunktion gilt:
$z = 10 \cdot 10 + 15 \cdot 80 + 15 \cdot 0 + 10 \cdot 50 + 5 \cdot 80 + 35 \cdot 10 = 2550$

2. Iteration: Berechnung der zweiten verbesserten Basislösung
Für alle sechs freien Stellen muss die Kostenänderung $\widetilde{c}_{ij}$ berechnet werden.

Berechnung von $\widetilde{c}_{13}$:

	N_1	N_2	N_3	N_4	AM
A_1	10	$15-a$	a		25
A_2		$15+a$	$10-a$		25
A_3			5	35	40
NM	10	30	15	35	90

$\widetilde{c}_{13} = 40-50+0-80 = -90$

Berechnung von $\widetilde{c}_{14}$:

	N_1	N_2	N_3	N_4	AM
A_1	10	$15+a$		a	25
A_2		$15+a$	$10-a$		25
A_3			$5+a$	$35-a$	40
NM	10	30	15	35	90

$\widetilde{c}_{14} = 70-10+80-50+0-80 = 10$

Berechnung von $\widetilde{c}_{21}$:

	N_1	N_2	N_3	N_4	AM
A_1	$10-a$	$15+a$			25
A_2	a	$15-a$	10		25
A_3			5	35	40
NM	10	30	15	35	90

$\widetilde{c}_{21} = 90-0+80-10 = 160$

Berechnung von $\tilde{c}_{24}$:

	N_1	N_2	N_3	N_4	AM
A_1	10	15			25
A_2		15	$10-a$	a	25
A_3			$5+a$	$35-a$	40
NM	10	30	15	35	90

$\tilde{c}_{24} = 70 - 10 + 80 - 50 = 90$

Berechnung von $\tilde{c}_{31}$:

	N_1	N_2	N_3	N_4	AM
A_1	$10-a$	$15+a$			25
A_2		$15-a$	$10+a$		25
A_3	a		$5-a$	35	40
NM	10	30	15	35	90

$\tilde{c}_{31} = 30 - 10 + 80 - 0 + 50 - 80 = 70$

Berechnung von $\tilde{c}_{32}$:

	N_1	N_2	N_3	N_4	AM
A_1	10	15			25
A_2		$15-a$	$10+a$		25
A_3		a	$5-a$	35	40
NM	10	30	15	35	85

$\tilde{c}_{32} = 60 - 80 + 50 - 0 = 30$

Für die Matrix der Größen $\tilde{c}_{ij}$ gilt dann:

		j			
		1	2	3	4
i	1			-90	10
	2	160			90
	3	70	30		

Da es in der Matrix der Größen $\tilde{c}_{ij}$ negative Einträge gibt, ist die erste zulässige Basislösung nicht optimal.

Das kleinste aller $\tilde{c}_{ij}$ ist $\tilde{c}_{13} = -90$:

	N_1	N_2	N_3	N_4	AM
A_1	10	$15-a$	a		25
A_2		$15+a$	$10-a$		25
A_3			5	35	40
NM	10	30	15	35	90

Aus dieser Tabelle erhält man $a = \min(15,10) = 10$.

Also lautet die zweite verbesserte Basislösung durch Einsetzen:

	N_1	N_2	N_3	N_4	AM
A_1	10	5	10		25
A_2		25			25
A_3			5	35	40
NM	10	30	15	35	90

Für den Wert der Zielfunktion gilt: $z = 2550 - 90 \cdot 10 = 1650$.

3. Iteration: Berechnung der dritten verbesserten Basislösung
Für alle sechs freien Stellen muss die Kostenänderung $\tilde{c}_{ij}$ berechnet werden.

Berechnung von $\tilde{c}_{14}$:

	N_1	N_2	N_3	N_4	AM
A_1	10	5	$10-a$	a	25
A_2		25			25
A_3			$5+a$	$35-a$	40
NM	10	30	15	35	90

$\tilde{c}_{14} = 70 - 40 + 80 - 10 = 100$

Berechnung von $\tilde{c}_{21}$:

	N_1	N_2	N_3	N_4	AM
A_1	$10-a$	$5+a$	10		25
A_2	a	$25-a$			25
A_3			5	35	40
NM	10	30	15	35	90

$\tilde{c}_{21} = 90 - 10 + 80 - 0 = 160$

Berechnung von $\tilde{c}_{23}$:

	N_1	N_2	N_3	N_4	AM
A_1	10	$5+a$	$10-a$		25
A_2		$25-a$	a		25
A_3			5	35	40
NM	10	30	15	35	90

$\tilde{c}_{23} = 50 - 0 + 80 - 40 = 90$

Berechnung von $\tilde{c}_{24}$:

	N_1	N_2	N_3	N_4	AM
A_1	10	$5+a$	$10-a$		25
A_2		$25-a$		a	25
A_3			$5+a$	$35-a$	40
NM	10	30	15	35	90

$\tilde{c}_{24} = 70-10+80-40+80-0 = 180$

Berechnung von $\tilde{c}_{31}$:

	N_1	N_2	N_3	N_4	AM
A_1	$10-a$	5	$10+a$		25
A_2		25			25
A_3	a		$5-a$	35	40
NM	10	30	15	35	90

$\tilde{c}_{31} = 30-80+40-10 = -20$

Berechnung von $\tilde{c}_{32}$:

	N_1	N_2	N_3	N_4	AM
A_1	10	$5-a$	$10+a$		25
A_2		25			25
A_3		a	$5-a$	35	40
NM	10	30	15	35	85

$\tilde{c}_{32} = 60-80+40-80 = -60$

Für die Matrix der Größen $\tilde{c}_{ij}$ gilt dann:

		j			
		1	2	3	4
i	1				100
	2	160		90	180
	3	-20	-60		

Da es in der Matrix der Größen $\tilde{c}_{ij}$ negative Einträge gibt, ist die zweite verbesserte Basislösung nicht optimal.

Das kleinste aller $\tilde{c}_{ij}$ ist $\tilde{c}_{32} = -60$:

	N_1	N_2	N_3	N_4	AM
A_1	10	$5-a$	$10+a$		25
A_2		25			25
A_3		a	$5-a$	35	40
NM	10	30	15	35	85

Aus dieser Tabelle erhält man $a = \min(5,5) = 5$.

Also lautet die dritte verbesserte Basislösung durch Einsetzen:

	N_1	N_2	N_3	N_4	AM
A_1	10	0	15		25
A_2		25			25
A_3		5		35	40
NM	10	30	15	35	90

Für den Wert der Zielfunktion gilt: $z = 1650 - 60 \cdot 5 = 1350$.

4. Iteration: Berechnung der vierten verbesserten Basislösung
Für alle sechs freien Stellen muss die Kostenänderung $\tilde{c}_{ij}$ berechnet werden.

Berechnung von $\widetilde{c}_{14}$:

	N_1	N_2	N_3	N_4	AM
A_1	10	$0-a$	15	a	25
A_2		25			25
A_3		$5+a$		$35-a$	40
NM	10	30	15	35	90

$\widetilde{c}_{14} = 70-10+60-80 = 40$

Berechnung von $\widetilde{c}_{21}$:

	N_1	N_2	N_3	N_4	AM
A_1	$10-a$	$0+a$	15		25
A_2	a	$25-a$			25
A_3		5		35	40
NM	10	30	15	35	90

$\widetilde{c}_{21} = 90-10+80-0 = 160$

Berechnung von $\widetilde{c}_{23}$:

	N_1	N_2	N_3	N_4	AM
A_1	10	$0+a$	$15-a$		25
A_2		$25-a$	a		25
A_3		5		35	40
NM	10	30	15	35	90

$\widetilde{c}_{23} = 50-0+80-40 = 90$

Berechnung von $\widetilde{c}_{24}$:

	N_1	N_2	N_3	N_4	AM
A_1	10	0	15		25
A_2		$25-a$		a	25
A_3		$5+a$		$35-a$	40
NM	10	30	15	35	90

$\widetilde{c}_{24} = 70 - 10 + 60 - 0 = 120$

Berechnung von $\widetilde{c}_{31}$:

	N_1	N_2	N_3	N_4	AM
A_1	$10-a$	$0+a$	15		25
A_2		25			25
A_3	a	$5-a$		35	40
NM	10	30	15	35	90

$\widetilde{c}_{31} = 30 - 60 + 80 - 10 = 40$

Berechnung von $\widetilde{c}_{33}$:

	N_1	N_2	N_3	N_4	AM
A_1	10	$0+a$	$15-a$		25
A_2		25			25
A_3		$5-a$	a	35	40
NM	10	30	15	35	85

$\widetilde{c}_{33} = 80 - 60 + 80 - 40 = 60$

Für die Matrix der Größen $\tilde{c}_{ij}$ gilt dann:

		j			
		1	2	3	4
i	1				40
	2	160		90	120
	3	40		60	

Da es in der Matrix der Größen $\tilde{c}_{ij}$ keine negativen Einträge mehr gibt, ist die dritte verbesserte Basislösung optimal.

Also lautet die optimale Lösung:

	N_1	N_2	N_3	N_4	AM
A_1	10	0	15		25
A_2		25			25
A_3		5		35	40
NM	10	30	15	35	90

Für den Wert der Zielfunktion gilt: $z = 1350$.

4.2.2.2 Die MODI-Methode

Die Berechnung der Kostenänderungen $\tilde{c}_{ij}$ an den freien Stellen bei der Stepping-Stone-Methode ist sehr mühsam, aufwendig und besonders bei etwas größerer Anzahl von Anbietern und Nachfragern sehr zeitintensiv.
Durch eine intelligente mathematische Idee kann dieses Berechnungsverfahren erheblich verkürzt werden. Dazu werden bei jeder Iteration alle Einträge der Kostenmatrix an den Stellen der Basisvariablen mittels folgender Darstellung zerlegt: $c_{ij} = u_i + v_j$. Dies ergibt ein lineares Gleichungssystem, das eine Variable mehr als Gleichungen beinhaltet. Gibt man nun eine Variable fest vor, etwa $u_1 = 0$, so kann das lineare Gleichungssystem gelöst werden. Danach werden für alle anderen Variablen die Summen $z_{ij} = u_i + v_j$ berechnet. So erhält man eine neue Matrix mit den Größen z_{ij}. Die Einträge in der Matrix der Kostenänderungen werden jetzt ganz einfach durch $\tilde{c}_{ij} = c_{ij} - z_{ij}$ berechnet. Anschließend geht das Verfahren in den Schritt 2 der Stepping-Stone-Methode über. Dieser muss aber nur ein einziges Mal durchgeführt werden.

Algorithmus zur MODI-Methode

Start: Man bestimme eine Ausgangslösung durch eines der beschriebenen Verfahren. Diese wird die erste Basislösung genannt.

Danach erfolgen Iterationen zu jeweils 3 Schritten bis zum Abbruch.

Schritt 1: Bestimmung der neuen Matrix der Größen z_{ij}:

(a) An den Stellen der Basisvariablen werden die Werte der Kostenmatrix c_{ij} übernommen.

(b) Danach werden die Zeilenbezeichnungen der neuen Tabelle (Matrix) mit u_i und die Spaltenbezeichnungen mit v_j vorgenommen. Das dadurch relativ einfach dargestellte lineare Gleichungssystem wird jetzt gelöst. Setze dabei $u_1 = 0$.

(c) Abschließend werden die restlichen Einträge aus den in Teil (b) berechneten Variablen ermittelt: $z_{ij} = u_i + v_j$

Schritt 2: Berechnung der Matrix mit den Kostenänderungen $\tilde{c}_{ij}$:

Diese ergeben sich durch $\tilde{c}_{ij} = c_{ij} - z_{ij}$.

Schritt 3: (a) Sind alle $\tilde{c}_{ij} > 0$, so ist die vorliegende Basislösung optimal und das Verfahren bricht ab.

(b) Gibt es mindestens ein $\tilde{c}_{ij} < 0$, so kann die vorliegende Basislösung verbessert werden. Dann wird der kleinste Wert dieser negativen $\tilde{c}_{ij}$ ausgewählt und das größtmögliche $a \geq 0$ dazu ermittelt. Dies geschieht durch den Schritt 2 der Stepping-Stone-Methode (Korrekturen der Form $+a$ oder $-a$ an den Stellen der Basisvariablen). Anschließend wird durch Einsetzen dieses $a \geq 0$ die neue verbesserte Basislösung bestimmt. (Hier kann es passieren, dass sich $a = 0$ ergibt. Dadurch werden in der Basislösung nur zwei Nullen getauscht. Anschließend geht das Verfahren wie gewohnt weiter.) Danach erfolgt die nächste Iteration.

(c) Sind alle $\tilde{c}_{ij} \geq 0$ und mindestens ein $\tilde{c}_{ij} = 0$, so existieren mehrere optimale Lösungen. Diese werden durch weitere Iterationen ermittelt.

Beispiel 4.2 zur MODI-Methode

Nachfolgend wird ein etwas größer dimensioniertes Beispiel als das seither mehrfach durchgerechnete Beispiel 4.1 betrachtet.

Gegeben sei ein Transportproblem mit folgender Kostenmatrix und den folgenden Nachfrage - bzw. Angebotsmengen:

Kostenmatrix:

		Nachfrager					
		N_1	N_2	N_3	N_4	N_5	N_6
Anbieter	A_1	4	3	4	4	3	5
	A_2	3	4	5	4	5	3
	A_3	4	5	3	3	3	5
	A_4	5	3	4	5	5	3
	A_5	3	5	3	5	4	3

Auslieferungsmatrix mit Randsummen:

		Nachfrager						
		N_1	N_2	N_3	N_4	N_5	N_6	Angebots-mengen
Anbieter	A_1	x_{11}	x_{12}	x_{13}	x_{14}	x_{15}	x_{16}	40
	A_2	x_{21}	x_{22}	x_{23}	x_{24}	x_{25}	x_{26}	60
	A_3	x_{31}	x_{32}	x_{33}	x_{34}	x_{35}	x_{36}	60
	A_4	x_{41}	x_{42}	x_{43}	x_{44}	x_{45}	x_{46}	70
	A_5	x_{51}	x_{52}	x_{53}	x_{54}	x_{55}	x_{56}	130
Nachfrage-mengen		120	70	60	40	30	40	360

1. Iteration: erste zulässige Basislösung nach der NWE-Regel :

	N_1	N_2	N_3	N_4	N_5	N_6	AM
A_1	40						40
A_2	60						60
A_3	20	40					60
A_4		30	40				70
A_5			20	40	30	40	130
NM	120	70	60	40	30	40	360

Für den Wert der Zielfunktion gilt:

$z = 40 \cdot 4 + 60 \cdot 3 + 20 \cdot 4 + 40 \cdot 5 + 30 \cdot 3 + 40 \cdot 4 + 20 \cdot 3 + 40 \cdot 5 + 30 \cdot 4 + 40 \cdot 3 = 1370$

2. Iteration: ausführliche Berechnung der zweiten verbesserten Basislösung

1a. Schritt: Matrix der Größen z_{ij} nach Übernahme der Größen c_{ij} für die Basisvariablen:

		Nachfrager					
		N_1	N_2	N_3	N_4	N_5	N_6
Anbieter	A_1	4					
	A_2	3					
	A_3	4	5				
	A_4		3	4			
	A_5			3	5	4	3

1b. Schritt: Matrix der Größen z_{ij} und Berechnung der Größen u_i und v_j:

		v_j						
		4	5	6	8	7	6	
u_i	0	4						1
	−1	3						3
	0	4	5					4
	−2		3	4				6
	−3			3	5	4	3	8
		2	5	7	9	10	11	

Die ganz rechte Spalte und die unterste Zeile geben die Reihenfolge an, in der die u_i und v_j berechnet werden.

1c. Schritt: Matrix der Größen z_{ij} nach Berechnung der noch fehlenden Matrizenelemente aus den in Schritt 2 berechneten Größen u_i und v_j:

		v_j					
		4	5	6	8	7	6
u_i	0	4	5	6	8	7	6
	−1	3	4	5	7	6	5
	0	4	5	6	8	7	6
	−2	2	3	4	6	5	4
	−3	1	2	3	5	4	3

2. Schritt: Matrix der Größen $\tilde{c}_{ij} = c_{ij} - z_{ij}$:

		v_j					
		4	5	6	8	7	6
u_i	0	0	−2	−2	−4	−4	−1
	−1	0	0	0	−3	−1	−2
	0	0	0	−3	−5	−4	−1
	−2	3	0	0	−1	0	−1
	−3	2	3	0	0	0	0

Da es in der Matrix der Größen $\tilde{c}_{ij}$ negative Einträge gibt, ist die erste zulässige Basislösung nicht optimal.

3. Schritt: Auswahl und Stepping-Stone:

	N_1	N_2	N_3	N_4	N_5	N_6	AM
A_1	40						40
A_2	60						60
A_3	20	$40-a$		a			60
A_4		$30+a$	$40-a$				70
A_5			$20+a$	$40-a$	30	40	130
NM	120	70	60	40	30	40	360

Aus dieser Tabelle erhält man $a = \min(40, 40, 40) = 40$.

4. Schritt: zweite verbesserte Basislösung durch Einsetzen:

	N_1	N_2	N_3	N_4	N_5	N_6	AM
A_1	40						40
A_2	60						60
A_3	20			40			60
A_4		70	0				70
A_5			60	0	30	40	130
NM	120	70	60	40	30	40	360

Für den Wert der Zielfunktion gilt: $z = 1370 - 5 \cdot 40 = 1170$.

Da sich beim Einsetzen von a dreimal die 0 ergibt und nur eine Basisvariable ersetzt wird, muss an den beiden anderen Positionen in der Matrix eine 0 eingefügt werden, da die Basislösung weiterhin aus 10 Variablen bestehen muss. Welche der drei Positionen ersetzt wird, spielt hier keine Rolle.

3. Iteration: Berechnung der dritten verbesserten Basislösung

Es wird im Folgenden keine ausführliche Berechnung wie in der 2. Iteration durchgeführt, da die Schritte 1a-1c gleichzeitig in einem Schritt erfolgen können.

1. Schritt: Matrix der Größen z_{ij} nach Übernahme der Größen c_{ij} für die Basisvariablen, Berechnung der Größen u_i und v_j und Berechnung der noch fehlenden Matrizenelemente:

		v_j					
		4	0	1	3	2	1
u_i	0	4	0	1	3	2	1
	−1	3	−1	0	2	1	0
	0	4	0	1	3	2	1
	3	7	3	4	6	5	4
	2	6	2	3	5	4	3

2. Schritt: Matrix der Größen $\widetilde{c}_{ij} = c_{ij} - z_{ij}$:

		v_j					
		4	0	1	3	2	1
u_i	0	0	3	3	1	1	4
	−1	0	5	5	2	4	3
	0	0	5	2	0	1	4
	3	−2	0	0	−1	0	−1
	2	−3	3	0	0	0	0

Da es in der Matrix der Größen $\widetilde{c}_{ij}$ negative Einträge gibt, ist die zweite verbesserte Basislösung nicht optimal.

3. Schritt: Auswahl und Stepping-Stone:

	N_1	N_2	N_3	N_4	N_5	N_6	AM
A_1	40						40
A_2	60						60
A_3	$20-a$			$40+a$			60
A_4		70	0				70
A_5	a		60	$0-a$	30	40	130
NM	120	70	60	40	30	40	360

Aus dieser Tabelle erhält man $a = \min(20, 0) = 0$.

4. Schritt: dritte verbesserte Basislösung durch Einsetzen:

	N_1	N_2	N_3	N_4	N_5	N_6	AM
A_1	40						40
A_2	60						60
A_3	20			40			60
A_4		70	0				70
A_5	0		60		30	40	130
NM	120	70	60	40	30	40	360

Für den Wert der Zielfunktion gilt: $z = 1170 - 3 \cdot 0 = 1170$.

Offensichtlich ist die Zielfunktion nicht kleiner geworden. Es ist nur eine Umgruppierung einer Basisvariablen, die mit 0 belegt war, durchgeführt worden. Da es in der Matrix der Größen c_{ij} negative Einträge gab, ist diese dritte verbesserte Basislösung nicht optimal und die Iterationen gehen weiter.

4. Iteration: Berechnung der vierten verbesserten Basislösung

1. Schritt: Matrix der Größen z_{ij} nach Übernahme der Größen c_{ij} für die Basisvariablen, Berechnung der Größen u_i und v_j und Berechnung der noch fehlenden Matrizenelemente:

		v_j					
		4	3	4	3	5	4
u_i	0	4	3	4	3	5	4
	−1	3	2	3	2	4	3
	0	4	3	4	3	5	4
	0	4	3	4	3	5	4
	−1	3	2	3	2	4	3

2. Schritt: Matrix der Größen $\widetilde{c}_{ij} = c_{ij} - z_{ij}$:

		v_j					
		4	3	4	3	5	4
u_i	0	0	0	0	1	−2	1
	−1	0	2	2	2	1	0
	0	0	2	−1	0	−2	1
	0	1	0	0	2	0	−1
	−1	0	3	0	3	0	0

Da es in der Matrix der Größen $\widetilde{c}_{ij}$ negative Einträge gibt, ist die dritte verbesserte Basislösung nicht optimal.

3. Schritt: Auswahl und Stepping-Stone:

	N_1	N_2	N_3	N_4	N_5	N_6	AM
A_1	$40-a$				a		40
A_2	60						60
A_3	20			40			60
A_4		70	0				70
A_5	$0+a$		60		$30-a$	40	130
NM	120	70	60	40	30	40	360

Aus dieser Tabelle erhält man $a = \min(40,30) = 30$.

4. Schritt: vierte verbesserte Basislösung durch Einsetzen:

	N_1	N_2	N_3	N_4	N_5	N_6	AM
A_1	10				30		40
A_2	60						60
A_3	20			40			60
A_4		70	0				70
A_5	30		60			40	130
NM	120	70	60	40	30	40	360

Für den Wert der Zielfunktion gilt: $z = 1170 - 2 \cdot 30 = 1110$.

5. Iteration: Berechnung der fünften verbesserten Basislösung

1. Schritt: Matrix der Größen z_{ij} nach Übernahme der Größen c_{ij} für die Basisvariablen, Berechnung der Größen u_i und v_j und Berechnung der noch fehlenden Matrizenelemente:

		v_j					
		4	3	4	3	3	4
u_i	0	4	3	4	3	3	4
	−1	3	2	3	2	2	3
	0	4	3	4	3	3	4
	0	4	3	4	3	3	4
	−1	3	2	3	2	2	3

2. Schritt: Matrix der Größen $\widetilde{c}_{ij} = c_{ij} - z_{ij}$:

		v_j					
		4	3	4	3	3	4
u_i	0	0	0	0	1	0	1
	−1	0	2	2	2	3	0
	0	0	2	−1	0	0	1
	0	1	0	0	2	2	−1
	−1	0	3	0	3	2	0

Da es in der Matrix der Größen $\widetilde{c}_{ij}$ negative Einträge gibt, ist die vierte verbesserte Basislösung nicht optimal.

3. Schritt: Auswahl und Stepping-Stone:

	N_1	N_2	N_3	N_4	N_5	N_6	AM
A_1	10				30		40
A_2	60						60
A_3	$20-a$		a	40			60
A_4		70	0				70
A_5	$30+a$		$60-a$			40	130
NM	120	70	60	40	30	40	360

Aus dieser Tabelle erhält man $a = \min(20, 60) = 20$.

4. Schritt: fünfte verbesserte Basislösung durch Einsetzen:

	N_1	N_2	N_3	N_4	N_5	N_6	AM
A_1	10				30		40
A_2	60						60
A_3			20	40			60
A_4		70	0				70
A_5	50		40			40	130
NM	120	70	60	40	30	40	360

Für den Wert der Zielfunktion gilt: $z = 1110 - 1 \cdot 20 = 1090$.

6. Iteration: Berechnung der sechsten verbesserten Basislösung

1. Schritt: Matrix der Größen z_{ij} nach Übernahme der Größen c_{ij} für die Basisvariablen, Berechnung der Größen u_i und v_j und Berechnung der noch fehlenden Matrizenelemente:

		v_j					
		4	3	4	4	3	4
u_i	0	4	3	4	4	3	4
	−1	3	2	3	3	2	3
	−1	3	2	3	3	2	3
	0	4	3	4	4	3	4
	−1	3	2	3	3	2	3

2. Schritt: Matrix der Größen $\tilde{c}_{ij} = c_{ij} - z_{ij}$:

		v_j					
		4	3	4	4	3	4
u_i	0	0	0	0	0	0	1
	−1	0	2	2	1	3	0
	−1	1	3	0	0	1	2
	0	1	0	0	1	2	−1
	−1	0	3	0	2	2	0

Da es in der Matrix der Größen $\tilde{c}_{ij}$ negative Einträge gibt, ist die fünfte verbesserte Basislösung nicht optimal.

3. Schritt: Auswahl und Stepping-Stone:

	N_1	N_2	N_3	N_4	N_5	N_6	AM
A_1	10				30		40
A_2	60						60
A_3			20	40			60
A_4		70	$0-a$			a	70
A_5	50		$40+a$			$40-a$	130
NM	120	70	60	40	30	40	360

Aus dieser Tabelle erhält man $a = \min(0,40) = 0$.

4. Schritt: sechste verbesserte Basislösung durch Einsetzen:

	N_1	N_2	N_3	N_4	N_5	N_6	AM
A_1	10				30		40
A_2	60						60
A_3			20	40			60
A_4		70				0	70
A_5	50		40			40	130
NM	120	70	60	40	30	40	360

Für den Wert der Zielfunktion gilt: $z = 1090 - 1 \cdot 0 = 1090$.

7. Iteration: Berechnung der siebenten verbesserten Basislösung

1. Schritt: Matrix der Größen z_{ij} nach Übernahme der Größen c_{ij} für die Basisvariablen, Berechnung der Größen u_i und v_j und Berechnung der noch fehlenden Matrizenelemente:

		v_j					
		4	4	4	4	3	4
u_i	0	4	4	4	4	3	4
	−1	3	3	3	3	2	3
	−1	3	3	3	3	2	3
	−1	3	3	3	3	2	3
	−1	3	3	3	3	2	3

2. Schritt: Matrix der Größen $\tilde{c}_{ij} = c_{ij} - z_{ij}$:

		v_j					
		4	4	4	4	3	4
u_i	0	0	−1	0	0	0	1
	−1	0	1	2	1	3	0
	−1	1	2	0	0	1	2
	−1	2	0	1	2	3	0
	−1	0	2	0	2	2	0

Da es in der Matrix der Größen $\tilde{c}_{ij}$ negative Einträge gibt, ist die sechste verbesserte Basislösung nicht optimal.

3. Schritt: Auswahl und Stepping-Stone:

	N_1	N_2	N_3	N_4	N_5	N_6	AM
A_1	$10-a$	a			30		40
A_2	60						60
A_3			20	40			60
A_4		$70-a$				$0+a$	70
A_5	$50+a$		40			$40-a$	130
NM	120	70	60	40	30	40	360

Aus dieser Tabelle erhält man $a = \min(10,70,40) = 10$.

4. Schritt: siebente verbesserte Basislösung durch Einsetzen:

	N_1	N_2	N_3	N_4	N_5	N_6	AM
A_1		10			30		40
A_2	60						60
A_3			20	40			60
A_4		60				10	70
A_5	60		40			30	130
NM	120	70	60	40	30	40	360

Für den Wert der Zielfunktion gilt: $z = 1090 - 1 \cdot 10 = 1080$.

8. Iteration: Berechnung der achten verbesserten Basislösung

1. Schritt: Matrix der Größen z_{ij} nach Übernahme der Größen c_{ij} für die Basisvariablen, Berechnung der Größen u_i und v_j und Berechnung der noch fehlenden Matrizenelemente:

		v_j					
		3	3	3	3	3	3
u_i	0	3	3	3	3	3	3
	0	3	3	3	3	3	3
	0	3	3	3	3	3	3
	0	3	3	3	3	3	3
	0	3	3	3	3	3	3

2. Schritt: Matrix der Größen $\tilde{c}_{ij} = c_{ij} - z_{ij}$:

		v_j					
		3	3	3	3	3	3
u_i	0	1	0	1	1	0	2
	0	0	1	2	1	2	0
	0	1	2	0	0	0	2
	0	2	0	1	2	2	0
	0	0	2	0	2	1	0

Da es in der Matrix der Größen $\tilde{c}_{ij}$ keine negativen Einträge mehr gibt, ist die siebente verbesserte Basislösung optimal.
Allerdings gibt es an zwei Stellen, die zu keinen Basisvariablen gehören, den Eintrag 0. Dies bedeutet, dass es noch weitere, ebenfalls optimale Basislösungen gibt. Diese und eventuelle weitere Lösungen werden in dieser Iteration und den folgenden drei Iterationen bestimmt.

3. Schritt für die erste weitere Stelle: Auswahl und Stepping-Stone:

	N_1	N_2	N_3	N_4	N_5	N_6	AM
A_1		10			30		40
A_2	$60-a$					a	60
A_3			20	40			60
A_4		60				10	70
A_5	$60+a$		40			$30-a$	130
NM	120	70	60	40	30	40	360

Aus dieser Tabelle erhält man $a = \min(60,30) = 30$.

4. Schritt für die erste weitere Stelle: zweite opt. Basislösung durch Einsetzen

	N_1	N_2	N_3	N_4	N_5	N_6	AM
A_1		10			30		40
A_2	30					30	60
A_3			20	40			60
A_4		60				10	70
A_5	90		40				130
NM	120	70	60	40	30	40	360

Für den Wert der Zielfunktion gilt: $z = 1080 - 0 \cdot 30 = 1080$.

3. Schritt die zweite weitere Stelle: Auswahl und Stepping-Stone:

	N_1	N_2	N_3	N_4	N_5	N_6	AM
A_1		$10+a$			$30-a$		40
A_2	60						60
A_3			$20-a$	40	a		60
A_4		$60-a$				$10+a$	70
A_5	60		$40+a$			$30-a$	130
NM	120	70	60	40	30	40	360

Aus dieser Tabelle erhält man $a = \min(60, 20, 30, 30) = 20$.

4. Schritt für die zweite weitere Stelle: dritte opt. Basislösung durch Einsetzen:

	N_1	N_2	N_3	N_4	N_5	N_6	AM
A_1		30			10		40
A_2	60						60
A_3				40	20		60
A_4		40				30	70
A_5	60		60			10	130
NM	120	70	60	40	30	40	360

Für den Wert der Zielfunktion gilt: $z = 1080 - 0 \cdot 20 = 1080$.

9. Iteration: Überprüfung, ob es ausgehend von der zweiten opt. Basislösung noch weitere Basislösungen gibt.

1. Schritt: Matrix der Größen z_{ij} nach Übernahme der Größen c_{ij} für die Basisvariablen, Berechnung der Größen u_i und v_j und Berechnung der noch fehlenden Matrizenelemente:

		v_j					
		3	3	3	3	3	3
u_i	0	3	3	3	3	3	3
	0	3	3	3	3	3	3
	0	3	3	3	3	3	3
	0	3	3	3	3	3	3
	0	3	3	3	3	3	3

2. Schritt: Matrix der Größen $\widetilde{c}_{ij} = c_{ij} - z_{ij}$:

		v_j					
		3	3	3	3	3	3
u_i	0	1	0	1	1	0	2
	0	0	1	2	1	2	0
	0	1	2	0	0	0	2
	0	2	0	1	2	2	0
	0	0	2	0	2	1	0

Hier gibt es wieder an zwei Stellen, die zu keinen Basisvariablen gehören, den Eintrag 0. Es muss allerdings nur die Null an der Stelle c_{53} weiter betrachtet werden, da die Null an der Stelle c_{55} wieder zur ersten opt. Basislösung zurückkehrt.

3. Schritt: Auswahl und Stepping-Stone:

	N_1	N_2	N_3	N_4	N_5	N_6	AM
A_1		$10+a$			$30-a$		40
A_2	$30+a$					$30-a$	60
A_3			$20-a$	40	a		60
A_4		$60-a$				$10+a$	70
A_5	$90-a$		$40+a$				130
NM	120	70	60	40	30	40	360

Aus dieser Tabelle erhält man $a = \min(30,30,20,60,90) = 20$.

4. Schritt: vierte opt. Basislösung durch Einsetzen:

	N_1	N_2	N_3	N_4	N_5	N_6	AM
A_1		30			10		40
A_2	50					10	60
A_3				40	20		60
A_4		40				30	70
A_5	70		60				130
NM	120	70	60	40	30	40	360

Für den Wert der Zielfunktion gilt: $z = 1080 - 0 \cdot 20 = 1080$.

10. Iteration: Überprüfung, ob es ausgehend von der dritten opt. Basislösung noch weitere Basislösungen gibt.

1. Schritt: Matrix der Größen z_{ij} nach Übernahme der Größen c_{ij} für die Basisvariablen, Berechnung der Größen u_i und v_j und Berechnung der noch fehlenden Matrizenelemente:

		v_j					
		3	3	3	3	3	3
u_i	0	3	3	3	3	3	3
	0	3	3	3	3	3	3
	0	3	3	3	3	3	3
	0	3	3	3	3	3	3
	0	3	3	3	3	3	3

2. Schritt: Matrix der Größen $\tilde{c}_{ij} = c_{ij} - z_{ij}$:

		v_j					
		3	3	3	3	3	3
u_i	0	1	0	1	1	0	2
	0	0	1	2	1	2	0
	0	1	2	0	0	0	2
	0	2	0	1	2	2	0
	0	0	2	0	2	1	0

Hier gibt es wieder an zwei Stellen, die zu keinen Basisvariablen gehören, den Eintrag 0. Betrachtet man die die Null an der Stelle c_{25}, so ergibt sich beim Weiterrechnen die vierte optimale Basislösung. Betrachtet man die Null an der Stelle c_{33}, so ergibt sich beim Weiterrechnen die erste optimale Basislösung. Somit gibt es in dieser Iteration keine weiteren Lösungen.

11. Iteration: Überprüfung, ob es ausgehend von der vierten opt. Basislösung noch weitere Basislösungen gibt.

1. Schritt: Matrix der Größen z_{ij} nach Übernahme der Größen c_{ij} für die Basisvariablen, Berechnung der Größen u_i und v_j und Berechnung der noch fehlenden Matrizenelemente:

		v_j					
		3	3	3	3	3	3
u_i	0	3	3	3	3	3	3
	0	3	3	3	3	3	3
	0	3	3	3	3	3	3
	0	3	3	3	3	3	3
	0	3	3	3	3	3	3

2. Schritt: Matrix der Größen $\tilde{c}_{ij} = c_{ij} - z_{ij}$:

		v_j					
		3	3	3	3	3	3
u_i	0	1	0	1	1	0	2
	0	0	1	2	1	2	0
	0	1	2	0	0	0	2
	0	2	0	1	2	2	0
	0	0	2	0	2	1	0

Hier gibt es wieder an zwei Stellen, die zu keinen Basisvariablen gehören, den Eintrag 0. Betrachtet man die Null an der Stelle c_{33}, so ergibt sich beim Weiterrechnen die zweite optimale Basislösung. Betrachtet man die Null an der Stelle c_{56}, so ergibt sich beim Weiterrechnen die dritte optimale Basislösung. Somit gibt es in dieser Iteration keine weiteren Lösungen.

Also ist der gesamte Algorithmus beendet und es gibt vier optimale Basislösungen:

	N_1	N_2	N_3	N_4	N_5	N_6	AM
A_1		10			30		40
A_2	60						60
A_3			20	40			60
A_4		60				10	70
A_5	60		40			30	130
NM	120	70	60	40	30	40	360

	N_1	N_2	N_3	N_4	N_5	N_6	AM
A_1		10			30		40
A_2	30					30	60
A_3			20	40			60
A_4		60				10	70
A_5	90		40				130
NM	120	70	60	40	30	40	360

	N_1	N_2	N_3	N_4	N_5	N_6	AM
A_1		30			10		40
A_2	60						60
A_3				40	20		60
A_4		40				30	70
A_5	60		60			10	130
NM	120	70	60	40	30	40	360

	N_1	N_2	N_3	N_4	N_5	N_6	AM
A_1		30			10		40
A_2	50					10	60
A_3				40	20		60
A_4		40				30	70
A_5	70		60				130
NM	120	70	60	40	30	40	360

4.2.2.3 Das lineare Zuordnungsproblem

Das lineare Zuordnungsproblem stellt einen Spezialfall der Transportprobleme dar. Hier werden n verschiedene Aufgaben (Anbieter) durch n verschiedene Ausführende (Nachfrager) durchgeführt. Jede Aufgabe wird genau einmal von genau einem der Ausführenden erledigt. Eine Kostenmatrix stellt die Kosten durch die einzelnen Ausführenden in Abhängigkeit von den Aufgaben dar.

Mathematisches Modell für lineare Zuordnungsprobleme

Gegeben seien n Aufgaben A_i, $1 \leq i \leq n$ und n Ausführende N_j, $1 \leq j \leq n$. Dabei kann eine Aufgabe von jedem Ausführenden erledigt werden. Die Kosten für die Erledigung der Aufgabe A_i durch den Ausführenden N_j betragen c_{ij}. Jede Aufgabe muß erledigt werden und jeder Ausführende muß eingesetzt werden. Die Variablen x_{ij} bezeichnen, ob die Aufgabe A_i durch den Ausführenden N_j erledigt wird oder nicht.

Damit erhält man das folgende Minimierungsproblem:

Minimiere die Funktion $z = \sum_{i=1}^{n} \sum_{j=1}^{n} c_{ij} \cdot x_{ij}$

unter den Nebenbedingungen

$$\sum_{j=1}^{n} x_{ij} = 1, \; 1 \leq i \leq n$$

$$\sum_{i=1}^{n} x_{ij} = 1, \; 1 \leq j \leq n$$

und $x_{ij} \in \{0, 1\}$.

Im folgenden Beispiel wird gezeigt, wie ein lineares Zuordnungsproblem mit der MODI-Methode gelöst wird.

Beispiel 4.3 für ein lineares Zuordnungsproblem

Gegeben sei ein lineares Zuordnungsproblem mit 4 verschiedenen Aufgaben, die durch 4 verschiedene Ausführende durchgeführt werden. Die Kostenmatrix und die Zuordnungsmatrix sind in den beiden folgenden Tabellen dargestellt.

Kostenmatrix:

		Nachfrager			
		N_1	N_2	N_3	N_4
Anbieter	A_1	19	20	30	17
	A_2	18	24	35	20
	A_3	32	37	35	32
	A_4	25	31	20	25

Zuordnungsmatrix mit Randsummen:

		Nachfrager				
		N_1	N_2	N_3	N_4	Angebots-mengen
Anbieter	A_1	x_{11}	x_{12}	x_{13}	x_{14}	1
	A_2	x_{21}	x_{22}	x_{23}	x_{24}	1
	A_3	x_{31}	x_{32}	x_{33}	x_{34}	1
	A_3	x_{41}	x_{42}	x_{43}	x_{44}	1
Nachfrage-mengen		1	1	1	1	4

<u>1. Iteration:</u> erste zulässige Basislösung nach der NWE-Regel:

	N_1	N_2	N_3	N_4	AM
A_1	1				1
A_2	0	1			1
A_3		0	1		1
A_4			0	1	1
NM	1	1	1	1	4

Für den Wert der Zielfunktion gilt:
$z = 1 \cdot 19 + 1 \cdot 24 + 1 \cdot 35 + 1 \cdot 25 = 103$.

2. Iteration: Berechnung der zweiten verbesserten Basislösung

1. Schritt: Matrix der Größen z_{ij} nach Übernahme der Größen c_{ij} für die Basisvariablen, Berechnung der Größen u_i und v_j und Berechnung der noch fehlenden Matrizenelemente:

		v_j			
		19	25	23	28
u_i	0	19	25	23	28
	−1	18	24	22	27
	12	31	37	35	40
	−3	16	22	20	25

2. Schritt: Matrix der Größen $\tilde{c}_{ij} = c_{ij} - z_{ij}$:

		v_j			
		19	25	23	28
u_i	0	0	−5	7	−11
	−1	0	0	13	−7
	12	1	0	0	−8
	−3	9	9	0	0

Da es in der Matrix der Größen $\tilde{c}_{ij}$ negative Einträge gibt, ist die erste zulässige Basislösung nicht optimal.

3. Schritt: Auswahl und Stepping-Stone:

	N_1	N_2	N_3	N_4	AM
A_1	$1-a$			a	1
A_2	$0+a$	$1-a$			1
A_3		$0+a$	$1-a$		1
A_4			$0+a$	$1-a$	1
NM	1	1	1	1	4

$a = \min(1,1,1,1) = 1$.

4. Schritt: zweite verbesserte Basislösung durch Einsetzen:

	N_1	N_2	N_3	N_4	AM
A_1				1	1
A_2	1	0			1
A_3		1	0		1
A_4			1	0	1
NM	1	1	1	1	4

Für den Wert der Zielfunktion gilt:
$z = 103 - 1 \cdot 11 = 92$.

3. Iteration: Berechnung der dritten verbesserten Basislösung

1. Schritt: Matrix der Größen z_{ij} nach Übernahme der Größen c_{ij} für die Basisvariablen, Berechnung der Größen u_i und v_j und Berechnung der noch fehlenden Matrizenelemente:

		v_j			
		8	14	12	17
u_i	0	8	14	12	17
	10	18	24	22	27
	23	31	37	35	40
	8	16	22	20	25

2. Schritt: Matrix der Größen $\tilde{c}_{ij} = c_{ij} - z_{ij}$:

		v_j			
		8	14	12	17
u_i	0	11	6	18	0
	10	0	0	13	−7
	23	1	0	0	−8
	8	0	9	0	0

Da es in der Matrix der Größen $\tilde{c}_{ij}$ negative Einträge gibt, ist die zweite verbesserte Basislösung nicht optimal.

3. Schritt: Auswahl und Stepping-Stone:

	N_1	N_2	N_3	N_4	AM
A_1				1	1
A_2	1	0			1
A_3		1	$0-a$	a	1
A_4			$1+a$	$0-a$	1
NM	1	1	1	1	4

$a = \min(0,0) = 0$.

4. Schritt: dritte verbesserte Basislösung durch Einsetzen

	N_1	N_2	N_3	N_4	AM
A_1				1	1
A_2	1	0			1
A_3		1		0	1
A_4			1	0	1
NM	1	1	1	1	4

Für den Wert der Zielfunktion gilt:
$z = 92 - 0 \cdot 8 = 92$.

4. Iteration: Berechnung der vierten verbesserten Basislösung

1. Schritt: Matrix der Größen z_{ij} nach Übernahme der Größen c_{ij} für die Basisvariablen, Berechnung der Größen u_i und v_j und Berechnung der noch fehlenden Matrizenelemente:

		v_j			
		16	22	12	17
u_i	0	16	22	12	17
	2	18	24	14	19
	15	31	37	27	32
	8	24	30	20	25

2. Schritt: Matrix der Größen $\tilde{c}_{ij} = c_{ij} - z_{ij}$:

		v_j			
		16	22	12	17
u_i	0	3	–2	18	0
	2	0	0	21	1
	15	1	0	8	0
	8	1	1	0	0

Da es in der Matrix der Größen $\tilde{c}_{ij}$ negative Einträge gibt, ist die dritte verbesserte Basislösung nicht optimal.

3. Schritt: Auswahl und Stepping-Stone:

	N_1	N_2	N_3	N_4	AM
A_1		a		$1-a$	1
A_2	1	0			1
A_3		$1-a$		$0+a$	1
A_4			1	0	1
NM	1	1	1	1	4

$a = \min(1,1) = 1$.

4. Schritt: vierte verbesserte Basislösung durch Einsetzen

	N_1	N_2	N_3	N_4	AM
A_1		1			1
A_2	1	0			1
A_3		0		1	1
A_4			1	0	1
NM	1	1	1	1	4

Für den Wert der Zielfunktion gilt:
$z = 92 - 1 \cdot 2 = 90$.

5. Iteration: Berechnung der fünften verbesserten Basislösung

1. Schritt: Matrix der Größen z_{ij} nach Übernahme der Größen c_{ij} für die Basisvariablen, Berechnung der Größen u_i und v_j und Berechnung der noch fehlenden Matrizenelemente:

		v_j			
		14	20	10	15
u_i	0	14	20	10	15
	4	18	24	14	19
	17	31	37	27	32
	10	24	30	20	25

2. Schritt: Matrix der Größen $\tilde{c}_{ij} = c_{ij} - z_{ij}$:

		v_j			
		14	20	10	15
u_i	0	5	0	20	2
	4	0	0	21	1
	17	1	0	8	0
	10	1	1	0	0

Da es in der Matrix der Größen $\tilde{c}_{ij}$ keine negativen Einträge mehr gibt, ist die dritte verbesserte Basislösung optimal.

Also lautet die optimale Lösung:

	N_1	N_2	N_3	N_4	AM
A_1		1			1
A_2	1	0			1
A_3		0		1	1
A_4			1	0	1
NM	1	1	1	1	4

Für den Wert der Zielfunktion gilt: $z = 90$.

Bemerkung:
Alternativ dazu kann bei kleinen n das lineare Zuordnungsproblem auch durch stures Berechnen aller möglichen $n!$ verschiedenen Varianten gelöst werden.
Da es hier nur 24 verschiedene Möglichkeiten gibt, sind diese in der folgenden Tabelle angegeben.

Ausführender Nr.				Kosten für den Ausführenden Nr.				Gesamtkosten
1	2	3	4	1	2	3	4	
erledigt welche Aufgabe								
1	2	3	4	19	24	35	25	103
1	2	4	3	19	24	20	32	95
1	3	2	4	19	37	35	25	116
1	3	4	2	19	37	20	20	117
1	4	2	3	19	31	35	32	96
1	4	3	2	19	31	35	20	105
2	1	3	4	18	20	35	25	98
2	1	4	3	18	20	20	32	90
2	3	1	4	18	37	30	32	112
2	3	4	1	18	37	20	25	112
2	4	1	3	18	31	30	32	92
2	4	3	1	18	31	35	17	100
3	1	2	4	32	20	35	25	110
3	1	4	2	32	20	20	20	111
3	2	1	4	32	24	30	25	111
3	2	4	1	32	24	20	17	111
3	4	2	1	32	31	24	17	112
3	4	1	2	32	31	20	20	113
4	1	2	3	25	20	35	32	92
4	1	3	2	25	20	35	20	101
4	2	1	3	25	24	30	32	93
4	2	3	1	25	24	35	17	101
4	3	1	2	25	37	30	20	115
4	3	2	1	25	37	35	17	114

4.3 JAVA-Programme

In diesem Abschnitt werden zwei Programme vorgestellt. Das erste setzt die Stepping-Stone-Methode um, das zweite die MODI-Methode. Bei beiden Verfahren wird die Anfangslösung mit der Nordwest-Ecken-Regel bestimmt.
Beide Programme sind einfach gehalten und beinhalten eine große Anzahl von Verbesserungs- bzw. Erweiterungsmöglichkeiten. Auf diese wird bei den Übungsaufgaben eingegangen.

4.3.1 Quellcodes und Erläuterungen

4.3.1.1 Stepping-Stone-Methode

Da die Dateneingabe sehr einfach gehalten ist, kann das Stepping-Stone-Methode übersichtlich in nur einer Klasse abgebildet werden:

- transport.java

Der Programmablauf erfolgt ohne Oberfläche von einer Eingabeaufforderung aus. Es werden die Eingabedaten abgefragt. Dies sind im einzelnen:

- Anzahl Anbieter eingeben
- Anzahl Nachfrager eingeben
- Kostenmatrix zeilenweise eingeben (ohne Summen)
- b1 - bn eingeben (Restriktionen der Anbieter)
- a1 - am eingeben (Restriktionen der Nachfrager)

Dies geschieht immer zeilenweise durch blanks getrennt.

Das Programm gibt dann folgendes aus:

- Das Ergebnis der Nordwesteckenregel als Tabelle und die Gesamtkosten
- Für jede Iteration bis zur optimalen Lösung :
  - Tabelle der Kostenänderungen
  - Tabelle für die Positionen der Basisvariablen
  - Werte der neunen Basisvariablen
  - Gesamtkosten
  - kleinstes der $\tilde{c}_{ij}$, grösstmögliches a dazu.

Im Folgenden ist der Quellcode der Klasse angegeben. Eine Beschreibung der Funktionalitäten, sprich der Methoden, schließt sich an.

Klasse transport.java

```
import java.io.*;
import java.text.*;
public class transport
{
  private int m, n;
  private int auslieferung[][];
  private int kosten[][];
  private int [][] kostena;
  private int [][] basisvar;
  private int [][] kostenamin;
  private int cmin,ga;

  public transport(int z,int s)  // maximal 99x99 Elemente
  {
    if (z<2||s<2||z>99||s>99)
    {
      System.out.println("unzulaessige Matrixgroesse
      eingegeben - 9x9-Matrix wird erzeugt");
      m=9;
      n=9;
    }
    else
    {
      m=z;
      n=s;
    }
    auslieferung=new int [m+1][n+1];
    kosten=new int [m+1] [n+1];
    kostena=new int [m+1] [n+1];
    basisvar=new int [m+1] [n+1];
  }

  public void setzen(int t,int z,int s)
  {
    if (z<=m&&s<=n&&z>=0&&s>=0)
    {
      auslieferung[z][s]=t;
      basisvar[z][s]=1;
    }// Matrix basisvar initialisieren
    else System.out.println("Index out of range");
  }

  public void ksetzen(int t,int z,int s)
  {
    if (z<=m&&s<=n&&z>0&&s>0)
      kosten[z][s]=t;
    else System.out.println("Index out of range");
  }

  public void nordwest()
  {
```

```
    int i=1;
    int j=1;
    int a=0;
    int b=0;
    while (i<=m||j<=n)
    {
      if (b<=0) b=auslieferung[0][j];
      if (a<=0) a=auslieferung[i][0];
      if (b<a)
      {
        setzen(b,i,j);
        a-=b;
        b=0;
        j++;
      }
      else if (b>a)
      {
        setzen(a,i,j);
        b-=a;
        a=0;
        i++;
      }
      else if (b==a)
      {
        setzen(a,i,j);
        if (i<m)
          setzen(0,i+1,j);
        a=0;
        b=0;
        i++; j++;
      }
    }
  }

  public void finde(int x,int y,int z)
  {
    int og=0;
    if (z==-1) og=m-1;
    if (z==1) og=n-1;
    for (int c=0;c<og;c++)
    {
      if (z==-1)x++;
      if (z==1) y++;
      if (x>m) x=1;
      if (y>n) y=1;
      if (basisvar[x][y]>0 && kostena[x][y]==0) // moegliche
                                                   a-Position
      {
        kostena[x][y]=z;
        kostena[x][0]+=z;
        kostena[0][y]+=z;
        if (!geht())
          finde(x,y,z*-1);
        kostena[x][y]=0;
```

```
      kostena[x][0]-=z;
      kostena[0][y]-=z;
    }
  }
}

public int[][] kopie(int[][]orig) // Kopie der Matrix orig
                                      erzeugen
{
  int[][]k=new int[m+1][n+1];
  for (int i=0;i<=m;i++)
    for (int j=0;j<=n;j++)
      k[i][j]=orig[i][j];
  return k;
}

public boolean geht()  // wurden alle Positionen gefunden?
{
  int c;
  for (int i=1;i<=m;i++)
    if (kostena[i][0]!=0) return false;
  for (int j=1;j<=n;j++)
    if (kostena[0][j]!=0) return false;
  c=c();
  if (cmin>c) // groessere Kosteneinsparung gefunden
  {
    ga=groesstesa();  // groesstes a bestimmen
    cmin=c;
    kostenamin=kopie(kostena);
  }
  return true;
}

public void stepingStone(int x,int y)
{
  kostena=new int [m+1] [n+1];  // Hilfsmatrix in der die
                       // Positionen fuer a eingetragen werden
  kostena[x][y]=1;
  kostena[0][y]+=1;
  kostena[x][0]+=1;
  finde(x,y,-1);
}
public int gesamtkosten()
{
  int c=0,i=1,j=1;
  for (i=1;i<=m;i++)
    for (j=1;j<=n;j++)
      c+=auslieferung[i][j]*kosten[i][j];
  return c;
}

public int c()
{
  int c=0;
```

```
    for (int i=1;i<=m;i++)
      for (int j=1;j<=n;j++)
        c+=kostena[i][j]*kosten[i][j];
    return c;
  }

  public void kostenaenderung()
  {
    int i,j,a,b;
    boolean basisvarentfernt;
    do
    {
      cmin=1;
      for (i=1;i<=m;i++)
        for (j=1;j<=n;j++)
        {
          if (basisvar[i][j]==0) // moegliche Kostenaenderung
            stepingStone(i,j);
        }
      if (cmin<0) //Kostenreduzierung
      {  // Kostenaenderung durchfuehren
        basisvarentfernt=false;
        for (a=1;a<=m;a++)
          for (b=1;b<=n;b++)
          {
            if (auslieferung[a][b]==0 && kostenamin[a][b]==1)
             basisvar[a][b]=1;
            auslieferung[a][b] += kostenamin[a][b]*ga;
            if (auslieferung[a][b]==0 && kostenamin[a][b]==-1
                 && basisvarentfernt==false)
              {basisvar[a][b]=0;basisvarentfernt=true; }
          }
        drucke_a();
        System.out.println("die neuen Basisvariablen sind:");
        drucke_alles();
        System.out.println("kleinstes c: "+cmin+"
                                 grösstes a: "+ga);
      }

    } while (cmin<0); // solange Kostenreduzierung moeglich
  }

  // fuer eine moegliche Kostenaenderung das groesstmoegliche
     a finden

  public int groesstesa()
  {
    int min=Integer.MAX_VALUE;
    for (int i=1;i<=m;i++)
      for (int j=1;j<=n;j++)
        if (kostena[i][j]<0)
          min=Math.min(min,auslieferung[i][j]);
    return min;
  }
```

```
public static String eingabeLesen()
{
  BufferedReader eingabe = new BufferedReader
               (new InputStreamReader(System.in));
  try {  // IOException  m u s s  abgefangen werden
    return eingabe.readLine();
  }
  catch (IOException e)
  {
    System.out.println("Eingabe konnte nicht
                         gelesen werden");
    return null;
  }
}

public static int eingabeM()
{
  String str1;
  System.out.println("Anzahl Anbieter eingeben");
  str1=eingabeLesen();
  if (str1!=null)
    return Integer.valueOf(str1).intValue();
    // oder Integer.parseInt(str1);
  return 0;
}

public static int eingabeN()
{
  String str1;
  System.out.println("Anzahl Nachfrager eingeben");
  str1=eingabeLesen();
  if (str1!=null)
    return Integer.valueOf(str1).intValue();
  return 0;
}

public void eingabeB()
{
  System.out.println("b1 - bn eingeben");
  eingabeZeile(n,auslieferung[0]);
}
public void eingabeZeile(int anz,int[]matrixzeile)
{
  String str1=eingabeLesen();
  int l=0;
  if (str1!=null)
    for (int j=1;j<=anz;j++)
    // keine Pruefung auf Werte = anz
    {
      if (l<str1.length()-1)
        str1=str1.substring(l,(str1.length()));
      str1=str1.trim();
      l=str1.indexOf(" ");
      if (l<0) l= str1.length();
```

```
        matrixzeile[j]=Integer.valueOf
                      (str1.substring(0,1)).intValue();
      }
  }

  public void eingabeZeileA()
  {
    System.out.println("a1 - am eingeben");
    String str1=eingabeLesen();
    int l=0;
    if (str1!=null)
      for (int i=1;i<=m;i++)  // keine Pruefung auf Werte = m
      {
        if (l<str1.length()-1)
          str1=str1.substring(l,(str1.length()));
        str1=str1.trim();
        l=str1.indexOf(" ");
        if (l<0) l= str1.length();
        auslieferung[i][0]=Integer.valueOf
                          (str1.substring(0,l)).intValue();
      }
  }

  public void eingabeKosten()
  {
    System.out.println("Kostenmatrix zeilenweise eingeben
                      (ohne Summen)");
    for (int i=1;i<=m;i++) eingabeZeile(n,kosten[i]);
  }

  public void drucke_alles()
  {
    for (int i=1;i<=m;i++)
    {
      for (int j=1;j<=n;j++)
        System.out.print (auslieferung[i][j]+" ");
      System.out.println();
    }
    System.out.println();
    System.out.println("Gesamtkosten: "+gesamtkosten());
  }
  public void drucke_a()
  {
    System.out.println("\nÄnderungen sind an
                        diesen Stellen:");
    for (int i=1;i<=m;i++)
    {
      for (int j=1;j<=n;j++)
        System.out.print (kostenamin[i][j]+" ");
      System.out.println();
    }
    System.out.println("\nBasisvariablen sind an
                       diesen Stellen:");
    for (int i=1;i<=m;i++)
```

```
    {
      for (int j=1;j<=n;j++)
        System.out.print (basisvar[i][j]+" ");
      System.out.println();
    }
    System.out.println();
  }

  public void drucke_kosten()
  {
    System.out.println("Kosten:");
    for (int i=1;i<=m;i++)
    {
      for (int j=1;j<=n;j++)
      {
        System.out.print (kosten[i][j]+" ");
      }
      System.out.println("   ");
    }
  }

  public static void main(String args[])
  {
    transport t = new transport(transport.eingabeM(),
                                transport.eingabeN());
    t.eingabeKosten();
    t.eingabeB();
    t.eingabeZeileA();
    //  "Nordwesteckenregel":
    System.out.println("   ");
    System.out.println("Nordwesteckenregel: ");
    t.nordwest();
    t.drucke_alles();     //t.drucke_kosten();
    //  "Stepping-Stone"
    System.out.println("\n\nIterationen: ");
    t.kostenaenderung();
    System.out.println("\nkeine negativen Kostenänderungen
                       mehr.\nLösung ist gefunden.");
  }
}
```

Beschreibung der Methoden der Klasse transport.java:

Methode	transport
Klasse	transport
Parameter	(int, int): Matrixgröße
Returnwert	keiner
Funktion	Konstruktor, generiert die entsprechenden Arrays für Auslieferungs- und Kostenmatrix, sowie zwei weitere Arrays in Matrixgröße (max. 99 x 99)
Verwendete andere Methoden	keine

Methode	setzen
Klasse	transport
Parameter	(int, int, int): Wert, Matrixkoordinaten
Returnwert	keiner
Funktion	Setzt in der Auslieferungsmatrix den übergebenen Wert an der übergebenen Position und registriert den Wert als Basisvariable (Array „basisvar“)
Verwendete andere Methoden	keine

Methode	ksetzen
Klasse	transport
Parameter	(int, int, int): Wert, Matrixkoordinaten
Returnwert	keiner
Funktion	Setzt in der Kostenmatrix den übergebenen Wert an der übergebenen Position
Verwendete andere Methoden	keine

Methode	nordwest
Klasse	transport
Parameter	() keine
Returnwert	keiner
Funktion	Besetzt die Auslieferungsmatrix mit den Basisvariablen entsprechend der „Nordwestecken“-Regel
Verwendete andere Methoden	keine

Methode	finde
Klasse	transport
Parameter	(int, int, int)Matrixkoordinaten, z-Wert
Returnwert	keiner
Funktion	sucht in Abhängigkeit von z (-1/+1) in x- oder y-Richtung (senkrecht / waagrecht) von x/y aus an allen m-1 bzw. n-1 Positionen der Auslieferungsmatrix mögliche a-Positionen
Verwendete andere Methoden	geht()

Methode	kopie
Klasse	transport
Parameter	(int-Array): Kopiervorlage
Returnwert	int-Array
Funktion	Liefert ein int-Array mit den Werten des Parameter-Arrays
Verwendete andere Methoden	keine

Methode	geht
Klasse	transport
Parameter	() keine
Returnwert	boolean
Funktion	Prüft, ob die Zeilen- und Spaltensummen der gefundenen a-Positionen 0 sind (Array „kostena"): Die Werte verändern die Zeilen- und Spaltensummen in der Auslieferungsmatrix nicht -> Rückgabewert „true" ansonsten „false"
Verwendete andere Methoden	c(), groesstesa, kopie

Methode	steppingStone
Klasse	transport
Parameter	(int, int): Matrixkoordinaten
Returnwert	keiner
Funktion	Versucht entsprechend „stepping stone" durch andere Basisvariablen die Kosten zu verringern – ausgehend von einer neuen Basisvariablen an den Parameterkoordinaten
Verwendete andere Methoden	finde()

Methode	gesamtkosten
Klasse	transport
Parameter	() keine
Returnwert	int
Funktion	Berechnet die Gesamtkosten aus der aktuellen Auslieferungs- und Kostenmatrix und liefert diese zurück
Verwendete andere Methoden	keine

Methode	c
Klasse	transport
Parameter	() keine
Returnwert	int
Funktion	Berechnet die Gesamtkosten aus der temporären („kostena") Auslieferungs- und Kostenmatrix und liefert diese zurück
Verwendete andere Methoden	keine

Methode	kostenaenderung
Klasse	transport
Parameter	() keine
Returnwert	keinen
Funktion	Prüft für alle nicht Basisvariablenpositionen, ob eine Kostenreduzierung möglich ist
Verwendete andere Methoden	steppingStone, gesamtkosten, drucke_a, drucke_alles

Methode	groesstesa
Klasse	transport
Parameter	() keine
Returnwert	int
Funktion	Ermittelt den kleinsten Wert der negativen a-Positionen – somit das größtmögliche a und liefert diesen Wert zurück
Verwendete andere Methoden	Math.min

Methode	eingabeLesen
Klasse	transport
Parameter	() keine
Returnwert	String
Funktion	Liest eine Zeile aus der Konsoleingabe und liefert sie als String zurück
Verwendete andere Methoden	keine

Methode	eingabeM
Klasse	transport
Parameter	() keine
Returnwert	int
Funktion	Wandelt den String aus „eingabeLesen" in ein int und liefert diesen Wert zurück
Verwendete andere Methoden	eingabeLesen

Methode	eingabeN
Klasse	transport
Parameter	() keine
Returnwert	int
Funktion	Wandelt den String aus „eingabeLesen" in ein int und liefert diesen Wert zurück
Verwendete andere Methoden	eingabeLesen

Methode	eingabeB
Klasse	transport
Parameter	() keine
Returnwert	keinen
Funktion	Legt die eingelesenen Werte am Index 0 in der Auslieferungsmatrix ab („b1 – bn")
Verwendete andere Methoden	eingabeZeile

Methode	eingabeZeile
Klasse	transport
Parameter	(int, int[]) Anzahl Werte, Matrixzeile
Returnwert	keinen
Funktion	Liest „Anzahl Werte" aus der Eingabezeile und legt sie ab Pos. 1 in der Matrixzeile ab
Verwendete andere Methoden	eingabeLesen

Methode	eingabeZeileA
Klasse	transport
Parameter	() keine
Returnwert	keinen
Funktion	Liest m Werte aus der Eingabezeile und legt sie an Pos. 0 in der Matrixzeile ab („a1 – am")
Verwendete andere Methoden	eingabeLesen

Methode	eingabeKosten
Klasse	transport
Parameter	() keine
Returnwert	keinen
Funktion	Liest die Kostenmatrix zeilenweise ein
Verwendete andere Methoden	eingabeZeile

Methode	drucke_alles
Klasse	transport
Parameter	() keine
Returnwert	keinen
Funktion	Druckt die aktuelle Auslieferungsmatrix und die Gesamtkosten
Verwendete andere Methoden	gesamtkosten()

Methode	drucke_kosten
Klasse	transport
Parameter	() keine
Returnwert	keinen
Funktion	Druckt die aktuelle Kostenmatrix
Verwendete andere Methoden	gesamtkosten()

Methode	drucke_a
Klasse	transport
Parameter	() keine
Returnwert	keinen
Funktion	Druckt die „kostena"- und „basisvar"-Arrays aus
Verwendete andere Methoden	keine

4.3.1.2 MODI-Methode

Da die Dateneingabe sehr einfach gehalten ist, kann die MODI-Methode übersichtlich in nur einer Klasse abgebildet werden:

- transportM.java

Der Programmablauf erfolgt ohne Oberfläche von einer Eingabeaufforderung aus. Es werden die Eingabedaten abgefragt. Dies sind im Einzelnen:

- Anzahl Anbieter eingeben
- Anzahl Nachfrager eingeben
- Kostenmatrix zeilenweise eingeben (ohne Summen)
- b1 - bn eingeben (Restriktionen der Anbieter)
- a1 - am eingeben (Restriktionen der Nachfrager)

Dies geschieht immer zeilenweise durch blanks getrennt.

Das Programm gibt dann Folgendes aus:

- Das Ergebnis der Nordwesteckenregel als Tabelle und die Gesamtkosten
- Für jede Iteration bis zur optimalen Lösung :
  - Tabelle der Kostenänderungen
  - Tabelle für die Änderungen der Stepping-Stone Positionen
  - Tabelle für die Positionen der Basisvariablen
  - Werte der neuen Basisvariablen
  - Gesamtkosten
  - kleinstes der $\tilde{c}_{ij}$, größtmögliches a dazu.

Im Folgenden ist der Quellcode der Klasse angegeben. Eine Beschreibung der Funktionalitäten, sprich der Methoden, schließt sich an.

Klasse transportM.java

```
import java.io.*;
import java.text.*;
public class transportM
{
  private int m, n;
  private int auslieferung[][];
  private int kosten[][];
  private int [][] kostena;
  private int [][] basisvar;
  private int [][] kostenamin;
  private int [][] modi;
  private int cmin,ga;

  public transportM(int z,int s)  // maximal 99x99 Elemente
  {
    if (z<2||s<2||z>99||s>99)
    {
      System.out.println("unzulaessige Matrixgroesse
                        eingegeben - 9x9-Matrix wird erzeugt");
      m=9;
      n=9;
    }
    else
    {
      m=z;
      n=s;
    }
    auslieferung=new int [m+1][n+1];
    kosten=new int [m+1] [n+1];
    kostena=new int [m+1] [n+1];
    basisvar=new int [m+1] [n+1];
  }

  public void setzen(int t,int z,int s)
  {
    if (z<=m&&s<=n&&z>=0&&s>=0)
    {
      auslieferung[z][s]=t;
      // Matrix basisvar initialisieren
      basisvar[z][s]=1;
    }
    else System.out.println("Index out of range");
  }

  public void ksetzen(int t,int z,int s)
  {
    if (z<=m&&s<=n&&z>0&&s>0)  kosten[z][s]=t;
    else System.out.println("Index out of range");
  }
```

```
public void nordwest()
{
  int i=1;
  int j=1;
  int a=0;
  int b=0;
  while (i<=m||j<=n)
  {
    if (b<=0) b=auslieferung[0][j];
    if (a<=0) a=auslieferung[i][0];
    if (b<a)
    {
      setzen(b,i,j);
      a-=b;
      b=0;
      j++;
    }
    else if (b>a)
    {
      setzen(a,i,j);
      b-=a;
      a=0;
      i++;
    }
    else if (b==a)
    {
      setzen(a,i,j);
      if (i<m)
        setzen(0,i+1,j);
      a=0;
      b=0;
      i++; j++;
    }
  }
}

public void modi()
{
  int i,j,k,l,c;
  boolean gesetzt;
  do   // Wiederholung, bis kein negatives c mehr vorkommt
  {
    // Matrix  initialisieren
    modi=new int [m+1] [n+1];
    for (i=1;i<=m;i++)
      for (j=1;j<=n;j++)
        if (basisvar[i][j]!=0) modi[i][j]=kosten[i][j];
        else modi[i][j]=Integer.MIN_VALUE;
    for (i=1;i<=m;i++)
      modi[i][0]=Integer.MIN_VALUE;
    for (j=1;j<=n;j++)
      modi[0][j]=Integer.MIN_VALUE;
    i=1;
    modi[i][0]=0;
```

```
do  // u und v berechnen
{
  gesetzt=false;
  for (i=1;i<=m;i++)
    for (j=1;j<=n;j++)
      if (modi[i][j]!=Integer.MIN_VALUE)
      // Index e. Basisvariablen
      { // kein v-Wert
        if (modi[0][j]==Integer.MIN_VALUE&&
            modi[i][0]!=Integer.MIN_VALUE)
        {
          modi[0][j]=modi[i][j]-modi[i][0];
          gesetzt=true;
        }
        // kein u-Wert
        if (modi[i][0]==Integer.MIN_VALUE&&
            modi[0][j]!=Integer.MIN_VALUE)
        {
          modi[i][0]=modi[i][j]-modi[0][j];
          gesetzt=true;
        }
      }
} while (gesetzt);

for (i=1;i<=m;i++)
  for (j=1;j<=n;j++)
    if (modi[i][j]==Integer.MIN_VALUE)
      modi[i][j]=modi[0][j]+modi[i][0];
for (i=1;i<=m;i++)
  for (j=1;j<=n;j++)
    modi[i][j]=kosten[i][j]-modi[i][j];
System.out.println("\n\nKostenänderung nach MODI: ");
for (k=1;k<=m;k++)
{
  for (l=1;l<=n;l++)
  {
    System.out.print (modi[k][l]+" ");
  }
  System.out.println("  ");
}
// kleinstes c in der Modi-Matrix suchen (ggf. erstes
   von links oben aus)
c=Integer.MAX_VALUE;
k=0;
l=0;
for (i=1;i<=m;i++)
  for (j=1;j<=n;j++)
    if (modi[i][j]<c)
    {
      c=modi[i][j];
      k=i;
      l=j;
    }
if (c<0) kostenaenderung(k,l);
```

```
    } while (c<0);
    System.out.println("\nAlle c sind nicht negativ,
                        Algorithmus beendet ");
  }

  // finde sucht in x- oder y-Richtung (senkrecht/waagrecht)
  // in Abhaengigkeit von z (-1/+1) von x/y aus an allen m-1
  // bzw. n-1 Positionen moegl. a-Positionen
  public void finde(int x,int y,int z)
  {
    int og=0;
    if (z==-1) og=m-1;
    if (z==1) og=n-1;
    for (int c=0;c<og;c++)
    {
      if (z==-1)x++;
      if (z==1) y++;
      if (x>m) x=1;
      if (y>n) y=1;
      if (basisvar[x][y]>0 && kostena[x][y]==0)
      // moegliche a-Position
      // einer noch nicht beruecksichtigten Basisvariablen
      {
        kostena[x][y]=z;
        kostena[x][0]+=z;
        kostena[0][y]+=z;
        if (!geht())  // noch keine vollstaendige Loesung
          finde(x,y,z*-1);
        // weitersuchen in der anderen Dimension
        // a-Position wieder loeschen
        kostena[x][y]=0;
        kostena[x][0]-=z;
        kostena[0][y]-=z;
      }
    }
  }

  public int[][] kopie(int[][]orig) // Kopie der Matrix orig
                                       erzeugen
  {
    int[][]k=new int[m+1][n+1];
    for (int i=0;i<=m;i++)
      for (int j=0;j<=n;j++)
        k[i][j]=orig[i][j];
    return k;
  }


  public boolean geht()   // wurden alle Positionen gefunden?
                          // d.h. Zeilen- und Spaltensummen
                          // sind ausgeglichen
  {
    int c;
    for (int i=1;i<=m;i++)
```

```
      if (kostena[i][0]!=0) return false;
    for (int j=1;j<=n;j++)
      if (kostena[0][j]!=0) return false;
    c=c();
    if (cmin>c) // groessere Kosteneinsparung gefunden und
                // merken
    {
      ga=groesstesa();  // groesstes a bestimmen
      cmin=c;
      kostenamin=kopie(kostena);
    }
    return true;
  }

  public int c()
  {
    int c=0;
    for (int i=1;i<=m;i++)
      for (int j=1;j<=n;j++)
        c+=kostena[i][j]*kosten[i][j];
    return c;
  }

  public void stepingStone(int x,int y)
  {
    kostena=new int [m+1] [n+1];  // Hilfsmatrix in der die
                                  // Pos. fuer a eingetragen werden
    kostena[x][y]=1;
    kostena[0][y]+=1;
    kostena[x][0]+=1;
    finde(x,y,-1);
  }

  public int gesamtkosten()
  {
    int c=0,i=1,j=1;
    for (i=1;i<=m;i++)
      for (j=1;j<=n;j++)
        c+=auslieferung[i][j]*kosten[i][j];
    return c;
  }

  public void kostenaenderung(int i, int j)
  {
    int a,b;
    boolean basisvarentfernt;
    cmin=1;
    stepingStone(i,j);
    basisvarentfernt=false;
    // Kostenaenderung durchfuehren: Auslieferungsmatrix
       aktualisieren
    for (a=1;a<=m;a++)
      for (b=1;b<=n;b++)
      {
```

```
        if (auslieferung[a][b]==0 && kostenamin[a][b]==1)
          basisvar[a][b]=1; // neue Basisvariable
        // Auslieferungsmatrix aktualisieren
        auslieferung[a][b] += kostenamin[a][b]*ga;
        if (auslieferung[a][b]==0 && kostenamin[a][b]==-1 &&
            basisvarentfernt==false)
        // eine alte Basisvar. weg
        {
          basisvar[a][b]=0;
          basisvarentfernt=true;
        }
      }
    drucke_a();
    drucke_alles();
    System.out.println("kleinstes c: "+cmin+"
                       grösstes a: "+ga);
  }

  // fuer eine moegliche Kostenaenderung das
     groesstmoegliche a finden
  public int groesstesa()
  {
    int min=Integer.MAX_VALUE;
    for (int i=1;i<=m;i++)
      for (int j=1;j<=n;j++)
        if (kostena[i][j]<0) // nur negat. Aenderungen
                                beruecksichtigen
           min=Math.min(min,auslieferung[i][j]);
    return min;
  }

  public static String eingabeLesen()
  {
    BufferedReader eingabe = new BufferedReader
                        (new InputStreamReader(System.in));
    try {  // IOException  m u s s  abgefangen werden
      return eingabe.readLine();
    }
    catch (IOException e)
    {
      System.out.println("Eingabe konnte nicht
                        gelesen werden");
      return null;
    }
  }

  public static int eingabeM()
  {
    String str1;
    System.out.println("Anzahl Anbieter eingeben");
    str1=eingabeLesen();
    if (str1!=null)
      return Integer.valueOf(str1).intValue();
      // oder Integer.parseInt(str1);
```

```
    return 0;
  }

  public static int eingabeN()
  {
    String str1;
    System.out.println("Anzahl Nachfrager eingeben");
    str1=eingabeLesen();
    if (str1!=null)
      return Integer.valueOf(str1).intValue();
    return 0;
  }

  public void eingabeB()
  {
    System.out.println("b1 - bn eingeben");
    eingabeZeile(n,auslieferung[0]);
  }

  public void eingabeZeile(int anz,int[]matrixzeile)
  {
    String str1=eingabeLesen();
    int l=0;
    if (str1!=null)
      for (int j=1;j<=anz;j++)
      // keine Pruefung auf Werte = anz
      {
        if (l<str1.length()-1)
          str1=str1.substring(l,(str1.length()));
        str1=str1.trim();
        l=str1.indexOf(" ");
        if (l<0) l= str1.length();
          matrixzeile[j]=Integer.valueOf
                              (str1.substring(0,l)).intValue();
       }
  }

  public void eingabeZeileA()
  {
    System.out.println("a1 - am eingeben");
    String str1=eingabeLesen();
    int l=0;
    if (str1!=null)
      for (int i=1;i<=m;i++)  // keine Pruefung auf Werte = m
      {
        if (l<str1.length()-1)
          str1=str1.substring(l,(str1.length()));
        str1=str1.trim();
        l=str1.indexOf(" ");
        if (l<0) l= str1.length();
          auslieferung[i][0]=Integer.valueOf
                              (str1.substring(0,l)).intValue();
      }
  }
```

```
public void eingabeKosten()
{
  System.out.println("Kostenmatrix zeilenweise eingeben
                     (ohne Summen)");
  for (int i=1;i<=m;i++)
    eingabeZeile(n,kosten[i]);
}

public void drucke_alles()
{
  System.out.println("die neuen Basisvariablen sind: ");
  for (int i=1;i<=m;i++)
  {
    for (int j=1;j<=n;j++)
      System.out.print (auslieferung[i][j]+" ");
    System.out.println();
  }
  System.out.println();
  System.out.println("Gesamtkosten: "+gesamtkosten());
}

public void drucke_a()
{
  System.out.println("\nKostenänderungen sind an diesen
                     Stellen: ");
  for (int i=1;i<=m;i++)
  {
    for (int j=1;j<=n;j++)
      System.out.print (kostenamin[i][j]+" ");
    System.out.println();
  }
  System.out.println("\nBasisvariablen sind an
                     diesen Stellen: ");
  for (int i=1;i<=m;i++)
  {
    for (int j=1;j<=n;j++)
      System.out.print (basisvar[i][j]+" ");
    System.out.println();
  }
  System.out.println();
}

public static void main(String args[])
{
  transportM t = new transportM(transportM.eingabeM(),
                                transportM.eingabeN());
  t.eingabeKosten();
  t.eingabeB();
  t.eingabeZeileA();
  //  "Nordwesteckenregel":
  System.out.println("\nNordwesteckenregel: ");
  t.nordwest();
  t.drucke_alles();
  //  "Modi"
```

```
    t.modi();
  }
}
```

Beschreibung der Methoden der Klasse transportM.java

Methode	transportM
Klasse	transportM
Parameter	(int, int): Matrixgröße
Returnwert	keiner
Funktion	Konstruktor, generiert die entsprechenden Arrays für Auslieferungs- und Kostenmatrix sowie zwei weitere Arrays in Matrixgröße (max. 99 x 99)
Verwendete andere Methoden	keine

Methode	setzen
Klasse	transportM
Parameter	(int, int, int): Wert, Matrixkoordinaten
Returnwert	keiner
Funktion	Setzt in der Auslieferungsmatrix den übergebenen Wert an der übergebenen Position und registriert den Wert als Basisvariable (Array „basisvar“)
Verwendete andere Methoden	keine

Methode	ksetzen
Klasse	transportM
Parameter	(int, int, int): Wert, Matrixkoordinaten
Returnwert	keiner
Funktion	Setzt in der Kostenmatrix den übergebenen Wert an der übergebenen Position
Verwendete andere Methoden	keine

Methode	nordwest
Klasse	transportM
Parameter	() keine
Returnwert	keiner
Funktion	Besetzt die Auslieferungsmatrix mit den Basisvariablen entsprechend der „Nordwestecken“-Regel
Verwendete andere Methoden	keine

Methode	modi
Klasse	transportM
Parameter	() keine
Returnwert	keiner
Funktion	Versucht entsprechend der „Modi"-Methode durch andere Basisvariablen die Kosten zu verringern – bis keine Kostensenkung mehr möglich ist
Verwendete andere Methoden	kostenaenderung

Methode	finde
Klasse	transportM
Parameter	(int, int, int)Matrixkoordinaten, z-Wert
Returnwert	keiner
Funktion	Sucht in Abhängigkeit von z (-1/+1) in x- oder y-Richtung (senkrecht / waagrecht) von x/y aus an allen m-1 bzw. n-1 Positionen der Auslieferungsmatrix mögliche a-Positionen
Verwendete andere Methoden	geht()

Methode	kopie
Klasse	transportM
Parameter	(int-Array): Kopiervorlage
Returnwert	int-Array
Funktion	Liefert ein int-Array mit den Werten des Parameter-Arrays
Verwendete andere Methoden	keine

Methode	geht
Klasse	transportM
Parameter	() keine
Returnwert	boolean
Funktion	Prüft, ob die Zeilen- und Spaltensummen der gefundenen a-Positionen 0 sind (Array „kostena"): Die Werte verändern die Zeilen- und Spaltensummen in der Auslieferungsmatrix nicht -> Rückgabewert „true" ansonsten „false"
Verwendete andere Methoden	c(), groesstesa, kopie

Methode	steppingStone
Klasse	transportM
Parameter	(int, int): Matrixkoordinaten
Returnwert	keiner
Funktion	Versucht entsprechend „stepping stone“ durch andere Basisvariablen die Kosten zu verringern – ausgehend von einer neuen Basisvariablen an den Parameterkoordinaten
Verwendete andere Methoden	finde()

Methode	gesamtkosten
Klasse	transportM
Parameter	() keine
Returnwert	int
Funktion	Berechnet die Gesamtkosten aus der aktuellen Auslieferungs- und Kostenmatrix und liefert diese zurück
Verwendete andere Methoden	keine

Methode	c
Klasse	transportM
Parameter	() keine
Returnwert	int
Funktion	Berechnet die Gesamtkosten aus der temporären („kostena“) Auslieferungs- und Kostenmatrix und liefert diese zurück
Verwendete andere Methoden	Keine

Methode	kostenaenderung
Klasse	transportM
Parameter	(int, int): Matrixkoordinaten
Returnwert	keinen
Funktion	Führt für die Ausgangsposition der Matrixkoordinaten entspr. „stepping stone“ durch andere Basisvariablen eine Kostenreduzierung durch
Verwendete andere Methoden	steppingStone, gesamtkosten, drucke_a, drucke_alles

Methode	groesstesa
Klasse	transportM
Parameter	() keine
Returnwert	int
Funktion	Ermittelt den kleinsten Wert der negativen a-Positionen – somit das größtmögliche a und liefert diesen Wert zurück
Verwendete andere Methoden	Math.min

Methode	eingabeLesen
Klasse	transportM
Parameter	() keine
Returnwert	String
Funktion	Liest eine Zeile aus der Konsoleingabe und liefert sie als String zurück
Verwendete andere Methoden	keine

Methode	eingabeM
Klasse	transportM
Parameter	() keine
Returnwert	int
Funktion	Wandelt den String aus „eingabeLesen" in ein int und liefert diesen Wert zurück
Verwendete andere Methoden	eingabeLesen

Methode	eingabeN
Klasse	transportM
Parameter	() keine
Returnwert	int
Funktion	Wandelt den String aus „eingabeLesen" in ein int und liefert diesen Wert zurück
Verwendete andere Methoden	eingabeLesen

Methode	eingabeB
Klasse	transportM
Parameter	() keine
Returnwert	keinen
Funktion	Legt die eingelesenen Werte am Index 0 in der Auslieferungsmatrix ab („b1 – bn")
Verwendete andere Methoden	eingabeZeile

Methode	eingabeZeile
Klasse	transportM
Parameter	(int, int[]) Anzahl Werte, Matrixzeile
Returnwert	keinen
Funktion	Liest „Anzahl Werte“ aus der Eingabezeile und legt sie ab Pos. 1 in der Matrixzeile ab
Verwendete andere Methoden	eingabeLesen

Methode	eingabeZeileA
Klasse	transportM
Parameter	() keine
Returnwert	keinen
Funktion	Liest m Werte aus der Eingabezeile und legt sie an Pos. 0 in der Matrixzeile ab
Verwendete andere Methoden	eingabeLesen

Methode	eingabeKosten
Klasse	transportM
Parameter	() keine
Returnwert	keinen
Funktion	Liest die Kostenmatrix zeilenweise ein
Verwendete andere Methoden	eingabeZeile

Methode	drucke_alles
Klasse	transportM
Parameter	() keine
Returnwert	keinen
Funktion	Druckt die aktuelle Auslieferungsmatrix und die Gesamtkosten
Verwendete andere Methoden	gesamtkosten()

Methode	drucke_kosten
Klasse	transportM
Parameter	() keine
Returnwert	keinen
Funktion	Druckt die aktuelle Kostenmatrix
Verwendete andere Methoden	gesamtkosten()

Methode	drucke_a
Klasse	transportM
Parameter	() keine
Returnwert	keinen
Funktion	Druckt die „kostena“- und „basisvar“-Arrays aus
Verwendete andere Methoden	keine

4.3.2 Beispiele und Programmabläufe

4.3.2.1 Beispiele zur Stepping-Stone-Methode

Es werden die Beispiele aus diesem Kapitel behandelt.

Gegeben sei zuerst das Beispiel 4.1:

Restriktionen:

	N_1	N_2	N_3	N_4	AM
A_1					25
A_2					25
A_3					40
NM	10	30	15	35	90

Kostenmatrix:

	N_1	N_2	N_3	N_4	
A_1	10	80	40	70	
A_2	90	0	50	70	
A_3	30	60	80	10	

Das Programm transport erzeugt folgende Ausgabe:

```
Anzahl Anbieter eingeben
3
Anzahl Nachfrager eingeben
4
Kostenmatrix zeilenweise eingeben (ohne Summen)
10 80 40 70
90  0 50 70
30 60 80 10
b1 - bn eingeben
10 30 15 35
a1 - am eingeben
25 25 40

Nordwesteckenregel:
10 15  0  0
 0 15 10  0
 0  0  5 35

Gesamtkosten: 2550
```

```
Iterationen:

Änderungen sind an diesen Stellen:
0 -1  1 0
0  1 -1 0
0  0  0 0

Basisvariablen sind an diesen Stellen:
1 1 1 0
0 1 0 0
0 0 1 1

die neuen Basisvariablen sind:
10  5 10  0
 0 25  0  0
 0  0  5 35

Gesamtkosten: 1650
kleinstes c: -90  grösstes a: 10

Änderungen sind an diesen Stellen:
0 -1  1 0
0  0  0 0
0  1 -1 0

Basisvariablen sind an diesen Stellen:
1 0 1 0
0 1 0 0
0 1 1 1

die neuen Basisvariablen sind:
10  0 15  0
 0 25  0  0
 0  5  0 35

Gesamtkosten: 1350
kleinstes c: -60  grösstes a: 5

Änderungen sind an diesen Stellen:
-1 0  1 0
 0 0  0 0
 1 0 -1 0

Basisvariablen sind an diesen Stellen:
1 0 1 0
0 1 0 0
1 1 0 1

die neuen Basisvariablen sind:
10  0 15  0
 0 25  0  0
 0  5  0 35

Gesamtkosten: 1350
```

```
kleinstes c: -20  grösstes a: 0

keine negativen Kostenänderungen mehr.
Lösung ist gefunden.
```

Als nächstes wird noch das Beispiel 4.2 betrachtet:

Restriktionen:

		Nachfrager						Angebotsmengen
		N_1	N_2	N_3	N_4	N_5	N_6	
Anbieter	A_1							40
	A_2							60
	A_3							60
	A_4							70
	A_5							130
Nachfragemengen		120	70	60	40	30	40	360

Kostenmatrix:

		Nachfrager					
		N_1	N_2	N_3	N_4	N_5	N_6
Anbieter	A_1	4	3	4	4	3	5
	A_2	3	4	5	4	5	3
	A_3	4	5	3	3	3	5
	A_4	5	3	4	5	5	3
	A_5	3	5	3	5	4	3

Das Programm transport erzeugt folgende Ausgabe:

```
Anzahl Anbieter eingeben
5
Anzahl Nachfrager eingeben
6
Kostenmatrix zeilenweise eingeben (ohne Summen)
4 3 4 4 3 5
3 4 5 4 5 3
4 5 3 3 3 5
5 3 4 5 5 3
3 5 3 5 4 3
```

```
b1 - bn eingeben
120 70 60 40 30 40
a1 - am eingeben
40 60 60 70 130

Nordwesteckenregel:
40  0  0  0  0  0
60  0  0  0  0  0
20 40  0  0  0  0
 0 30 40  0  0  0
 0  0 20 40 30 40

Gesamtkosten: 1370


Iterationen:

Änderungen sind an diesen Stellen:
0  0  0  0 0 0
0  0  0  0 0 0
0 -1  0  1 0 0
0  1 -1  0 0 0
0  0  1 -1 0 0

Basisvariablen sind an diesen Stellen:
1 0 0 0 0 0
1 0 0 0 0 0
1 0 0 1 0 0
0 1 1 0 0 0
0 0 1 1 1 1

die neuen Basisvariablen sind:
40  0  0  0  0  0
60  0  0  0  0  0
20  0  0 40  0  0
 0 70  0  0  0  0
 0  0 60  0 30 40

Gesamtkosten: 1170
kleinstes c: -5  grösstes a: 40

Änderungen sind an diesen Stellen:
 0 0 0  0 0 0
 0 0 0  0 0 0
-1 0 0  1 0 0
 0 0 0  0 0 0
 1 0 0 -1 0 0

Basisvariablen sind an diesen Stellen:
1 0 0 0 0 0
1 0 0 0 0 0
1 0 0 1 0 0
0 1 1 0 0 0
1 0 1 0 1 1
```

```
die neuen Basisvariablen sind:
40  0  0  0  0  0
60  0  0  0  0  0
20  0  0 40  0  0
 0 70  0  0  0  0
 0  0 60  0 30 40

Gesamtkosten: 1170
kleinstes c: -3  grösstes a: 0

Änderungen sind an diesen Stellen:
-1 0 0 0  1 0
 0 0 0 0  0 0
 0 0 0 0  0 0
 0 0 0 0  0 0
 1 0 0 0 -1 0

Basisvariablen sind an diesen Stellen:
1 0 0 0 1 0
1 0 0 0 0 0
1 0 0 1 0 0
0 1 1 0 0 0
1 0 1 0 0 1

die neuen Basisvariablen sind:
10  0  0  0 30  0
60  0  0  0  0  0
20  0  0 40  0  0
 0 70  0  0  0  0
30  0 60  0  0 40

Gesamtkosten: 1110
kleinstes c: -2  grösstes a: 30

Änderungen sind an diesen Stellen:
 0 0  0 0 0 0
 0 0  0 0 0 0
-1 0  1 0 0 0
 0 0  0 0 0 0
 1 0 -1 0 0 0

Basisvariablen sind an diesen Stellen:
1 0 0 0 1 0
1 0 0 0 0 0
0 0 1 1 0 0
0 1 1 0 0 0
1 0 1 0 0 1

die neuen Basisvariablen sind:
10  0  0  0 30  0
60  0  0  0  0  0
 0  0 20 40  0  0
 0 70  0  0  0  0
50  0 40  0  0 40
```

```
Gesamtkosten: 1090
kleinstes c: -1  grösstes a: 20

Änderungen sind an diesen Stellen:
0 0  0 0 0  0
0 0  0 0 0  0
0 0  0 0 0  0
0 0 -1 0 0  1
0 0  1 0 0 -1

Basisvariablen sind an diesen Stellen:
1 0 0 0 1 0
1 0 0 0 0 0
0 0 1 1 0 0
0 1 0 0 0 1
1 0 1 0 0 1

die neuen Basisvariablen sind:
10  0  0  0 30  0
60  0  0  0  0  0
 0  0 20 40  0  0
 0 70  0  0  0  0
50  0 40  0  0 40

Gesamtkosten: 1090
kleinstes c: -1  grösstes a: 0

Änderungen sind an diesen Stellen:
-1  1 0 0 0  0
 0  0 0 0 0  0
 0  0 0 0 0  0
 0 -1 0 0 0  1
 1  0 0 0 0 -1

Basisvariablen sind an diesen Stellen:
0 1 0 0 1 0
1 0 0 0 0 0
0 0 1 1 0 0
0 1 0 0 0 1
1 0 1 0 0 1

die neuen Basisvariablen sind:
 0 10  0  0 30  0
60  0  0  0  0  0
 0  0 20 40  0  0
 0 60  0  0  0 10
60  0 40  0  0 30

Gesamtkosten: 1080
kleinstes c: -1  grösstes a: 10

keine negativen Kostenänderungen mehr.
Lösung ist gefunden.
```

Als Letztes wird noch das Beispiel 4.3 betrachtet:

Restriktionen:

		Nachfrager				
		N_1	N_2	N_3	N_4	Angebotsmengen
Anbieter	A_1					1
	A_2					1
	A_3					1
	A_3					1
Nachfragemengen		1	1	1	1	4

Kostenmatrix:

		Nachfrager			
		N_1	N_2	N_3	N_4
Anbieter	A_1	19	20	30	17
	A_2	18	24	35	20
	A_3	32	37	35	32
	A_4	25	31	20	25

Das Programm transport erzeugt folgende Ausgabe:

```
Anzahl Anbieter eingeben
4
Anzahl Nachfrager eingeben
4
Kostenmatrix zeilenweise eingeben (ohne Summen)
19 20 30 17
18 24 35 20
32 37 35 32
25 31 20 25
b1 - bn eingeben
1 1 1 1
a1 - am eingeben
1 1 1 1

Nordwesteckenregel:
1 0 0 0
0 1 0 0
0 0 1 0
0 0 0 1
```

```
Gesamtkosten: 103


Iterationen:

Änderungen sind an diesen Stellen:
-1  0  0  1
 1 -1  0  0
 0  1 -1  0
 0  0  1 -1

Basisvariablen sind an diesen Stellen:
0 0 0 1
1 1 0 0
0 1 1 0
0 0 1 1

die neuen Basisvariablen sind:
0 0 0 1
1 0 0 0
0 1 0 0
0 0 1 0

Gesamtkosten: 92
kleinstes c: -11  grösstes a: 1

Änderungen sind an diesen Stellen:
0 0  0  0
0 0  0  0
0 0 -1  1
0 0  1 -1

Basisvariablen sind an diesen Stellen:
0 0 0 1
1 1 0 0
0 1 0 1
0 0 1 1

die neuen Basisvariablen sind:
0 0 0 1
1 0 0 0
0 1 0 0
0 0 1 0

Gesamtkosten: 92
kleinstes c: -8  grösstes a: 0

Änderungen sind an diesen Stellen:
0  1 0 -1
0  0 0  0
0 -1 0  1
0  0 0  0
```

```
Basisvariablen sind an diesen Stellen:
0 1 0 0
1 1 0 0
0 1 0 1
0 0 1 1

die neuen Basisvariablen sind:
0 1 0 0
1 0 0 0
0 0 0 1
0 0 1 0

Gesamtkosten: 90
kleinstes c: -2  grösstes a: 1

keine negativen Kostenänderungen mehr.
Lösung ist gefunden.
```

4.3.2.2 Beispiele zur MODI-Methode

Es werden wieder die Beispiele aus diesem Kapitel behandelt.

Gegeben sei zuerst das Beispiel 4.1:

Restriktionen:

	N_1	N_2	N_3	N_4	AM
A_1					25
A_2					25
A_3					40
NM	10	30	15	35	90

Kostenmatrix:

	N_1	N_2	N_3	N_4	
A_1	10	80	40	70	
A_2	90	0	50	70	
A_3	30	60	80	10	

Das Programm transportM erzeugt folgende Ausgabe:

```
Anzahl Anbieter eingeben
3
Anzahl Nachfrager eingeben
4
Kostenmatrix zeilenweise eingeben (ohne Summen)
10 80 40 70
90 0 50 70
30 60 80 10
b1 - bn eingeben
10 30 15 35
a1 - am eingeben
25 25 40

Nordwesteckenregel:
die neuen Basisvariablen sind:
10 15  0  0
 0 15 10  0
 0  0  5 35

Gesamtkosten: 2550


Kostenänderung nach MODI:
  0  0 -90 10
160  0   0 90
 70 30   0  0

Kostenänderungen sind an diesen Stellen:
0 -1  1 0
0  1 -1 0
0  0  0 0

Basisvariablen sind an diesen Stellen:
1 1 1 0
0 1 0 0
0 0 1 1

die neuen Basisvariablen sind:
10  5 10  0
 0 25  0  0
 0  0  5 35

Gesamtkosten: 1650
kleinstes c: -90  grösstes a: 10


Kostenänderung nach MODI:
  0   0  0 100
160   0 90 180
-20 -60  0   0
```

```
Kostenänderungen sind an diesen Stellen:
0 -1  1 0
0  0  0 0
0  1 -1 0

Basisvariablen sind an diesen Stellen:
1 0 1 0
0 1 0 0
0 1 1 1

die neuen Basisvariablen sind:
10  0 15  0
 0 25  0  0
 0  5  0 35

Gesamtkosten: 1350
kleinstes c: -60  grösstes a: 5


Kostenänderung nach MODI:
  0 60  0 100
100  0 30 120
-20  0  0   0

Kostenänderungen sind an diesen Stellen:
-1 0  1 0
 0 0  0 0
 1 0 -1 0

Basisvariablen sind an diesen Stellen:
1 0 1 0
0 1 0 0
1 1 0 1

die neuen Basisvariablen sind:
10  0 15  0
 0 25  0  0
 0  5  0 35

Gesamtkosten: 1350
kleinstes c: -20  grösstes a: 0


Kostenänderung nach MODI:
  0 40  0  80
120  0 50 120
  0  0 20   0

Alle c sind nicht negativ, Algorithmus beendet
```

Als Nächstes wird noch das Beispiel 4.2 betrachtet:

Restriktionen:

		Nachfrager						
		N_1	N_2	N_3	N_4	N_5	N_6	Angebots-mengen
Anbieter	A_1							40
	A_2							60
	A_3							60
	A_4							70
	A_5							130
Nachfrage-mengen		120	70	60	40	30	40	360

Kostenmatrix:

		Nachfrager					
		N_1	N_2	N_3	N_4	N_5	N_6
Anbieter	A_1	4	3	4	4	3	5
	A_2	3	4	5	4	5	3
	A_3	4	5	3	3	3	5
	A_4	5	3	4	5	5	3
	A_5	3	5	3	5	4	3

Das Programm transportM erzeugt folgende Ausgabe:

```
Anzahl Anbieter eingeben
5
Anzahl Nachfrager eingeben
6
Kostenmatrix zeilenweise eingeben (ohne Summen)
4 3 4 4 3 5
3 4 5 4 5 3
4 5 3 3 3 5
5 3 4 5 5 3
3 5 3 5 4 3
b1 - bn eingeben
120 70 60 40 30 40
a1 - am eingeben
40 60 60 70 130
```

```
Nordwesteckenregel:
die neuen Basisvariablen sind:
40  0  0  0  0  0
60  0  0  0  0  0
20 40  0  0  0  0
 0 30 40  0  0  0
 0  0 20 40 30 40

Gesamtkosten: 1370


Kostenänderung nach MODI:
0 -2 -2 -4 -4 -1
0  0  0 -3 -1 -2
0  0 -3 -5 -4 -1
3  0  0 -1  0 -1
2  3  0  0  0  0

Kostenänderungen sind an diesen Stellen:
0  0  0  0 0 0
0  0  0  0 0 0
0 -1  0  1 0 0
0  1 -1  0 0 0
0  0  1 -1 0 0

Basisvariablen sind an diesen Stellen:
1 0 0 0 0 0
1 0 0 0 0 0
1 0 0 1 0 0
0 1 1 0 0 0
0 0 1 1 1 1

die neuen Basisvariablen sind:
40  0  0  0  0  0
60  0  0  0  0  0
20  0  0 40  0  0
 0 70  0  0  0  0
 0  0 60  0 30 40

Gesamtkosten: 1170
kleinstes c: -5  grösstes a: 40


Kostenänderung nach MODI:
 0 3 3  1 1  4
 0 5 5  2 4  3
 0 5 2  0 1  4
-2 0 0 -1 0 -1
-3 3 0  0 0  0
```

```
Kostenänderungen sind an diesen Stellen:
 0 0 0  0 0 0
 0 0 0  0 0 0
-1 0 0  1 0 0
 0 0 0  0 0 0
 1 0 0 -1 0 0

Basisvariablen sind an diesen Stellen:
1 0 0 0 0 0
1 0 0 0 0 0
1 0 0 1 0 0
0 1 1 0 0 0
1 0 1 0 1 1

die neuen Basisvariablen sind:
40  0  0  0  0  0
60  0  0  0  0  0
20  0  0 40  0  0
 0 70  0  0  0  0
 0  0 60  0 30 40

Gesamtkosten: 1170
kleinstes c: -3  grösstes a: 0


Kostenänderung nach MODI:
0 0  0 1 -2  1
0 2  2 2  1  0
0 2 -1 0 -2  1
1 0  0 2  0 -1
0 3  0 3  0  0

Kostenänderungen sind an diesen Stellen:
-1 0 0 0  1 0
 0 0 0 0  0 0
 0 0 0 0  0 0
 0 0 0 0  0 0
 1 0 0 0 -1 0

Basisvariablen sind an diesen Stellen:
1 0 0 0 1 0
1 0 0 0 0 0
1 0 0 1 0 0
0 1 1 0 0 0
1 0 1 0 0 1

die neuen Basisvariablen sind:
10  0  0  0 30  0
60  0  0  0  0  0
20  0  0 40  0  0
 0 70  0  0  0  0
30  0 60  0  0 40
```

```
Gesamtkosten: 1110
kleinstes c: -2  grösstes a: 30


Kostenänderung nach MODI:
0 0  0 1 0  1
0 2  2 2 3  0
0 2 -1 0 0  1
1 0  0 2 2 -1
0 3  0 3 2  0

Kostenänderungen sind an diesen Stellen:
 0 0  0 0 0 0
 0 0  0 0 0 0
-1 0  1 0 0 0
 0 0  0 0 0 0
 1 0 -1 0 0 0

Basisvariablen sind an diesen Stellen:
1 0 0 0 1 0
1 0 0 0 0 0
0 0 1 1 0 0
0 1 1 0 0 0
1 0 1 0 0 1

die neuen Basisvariablen sind:
10  0  0  0 30  0
60  0  0  0  0  0
 0  0 20 40  0  0
 0 70  0  0  0  0
50  0 40  0  0 40

Gesamtkosten: 1090
kleinstes c: -1  grösstes a: 20


Kostenänderung nach MODI:
0 0 0 0 0  1
0 2 2 1 3  0
1 3 0 0 1  2
1 0 0 1 2 -1
0 3 0 2 2  0

Kostenänderungen sind an diesen Stellen:
0 0  0 0 0  0
0 0  0 0 0  0
0 0  0 0 0  0
0 0 -1 0 0  1
0 0  1 0 0 -1
```

```
Basisvariablen sind an diesen Stellen:
1 0 0 0 1 0
1 0 0 0 0 0
0 0 1 1 0 0
0 1 0 0 0 1
1 0 1 0 0 1

die neuen Basisvariablen sind:

10  0  0  0 30  0
60  0  0  0  0  0
 0  0 20 40  0  0
 0 70  0  0  0  0
50  0 40  0  0 40

Gesamtkosten: 1090
kleinstes c: -1  grösstes a: 0


Kostenänderung nach MODI:
0 -1 0 0 0 1
0  1 2 1 3 0
1  2 0 0 1 2
2  0 1 2 3 0
0  2 0 2 2 0

Kostenänderungen sind an diesen Stellen:
-1  1 0 0 0  0
 0  0 0 0 0  0
 0  0 0 0 0  0
 0 -1 0 0 0  1
 1  0 0 0 0 -1

Basisvariablen sind an diesen Stellen:
0 1 0 0 1 0
1 0 0 0 0 0
0 0 1 1 0 0
0 1 0 0 0 1
1 0 1 0 0 1

die neuen Basisvariablen sind:
 0 10  0  0 30  0
60  0  0  0  0  0
 0  0 20 40  0  0
 0 60  0  0  0 10
60  0 40  0  0 30

Gesamtkosten: 1080
kleinstes c: -1  grösstes a: 10
```

```
Kostenänderung nach MODI:
1 0 1 1 0 2
0 1 2 1 2 0
1 2 0 0 0 2
2 0 1 2 2 0
0 2 0 2 1 0

Alle c sind nicht negativ, Algorithmus beendet
```

Als Letztes wird noch das Beispiel 4.3 betrachtet:

Restriktionen:

		Nachfrager				Angebotsmengen
		N_1	N_2	N_3	N_4	
Anbieter	A_1					1
	A_2					1
	A_3					1
	A_3					1
Nachfragemengen		1	1	1	1	4

Kostenmatrix:

		Nachfrager			
		N_1	N_2	N_3	N_4
Anbieter	A_1	19	20	30	17
	A_2	18	24	35	20
	A_3	32	37	35	32
	A_4	25	31	20	25

Das Programm transportM erzeugt folgende Ausgabe:

```
Anzahl Anbieter eingeben
4
Anzahl Nachfrager eingeben
4
Kostenmatrix zeilenweise eingeben (ohne Summen)
19 20 30 17
18 24 35 20
32 37 35 32
25 31 20 25
```

```
b1 - bn eingeben
1 1 1 1
a1 - am eingeben
1 1 1 1

Nordwesteckenregel:
die neuen Basisvariablen sind:
1 0 0 0
0 1 0 0
0 0 1 0
0 0 0 1

Gesamtkosten: 103


Kostenänderung nach MODI:
0 -5  7 -11
0  0 13  -7
1  0  0  -8
9  9  0   0

Kostenänderungen sind an diesen Stellen:
-1  0  0  1
 1 -1  0  0
 0  1 -1  0
 0  0  1 -1

Basisvariablen sind an diesen Stellen:
0 0 0 1
1 1 0 0
0 1 1 0
0 0 1 1

die neuen Basisvariablen sind:
0 0 0 1
1 0 0 0
0 1 0 0
0 0 1 0

Gesamtkosten: 92
kleinstes c: -11  grösstes a: 1


Kostenänderung nach MODI:
11 6 18  0
 0 0 13 -7
 1 0  0 -8
 9 9  0  0

Kostenänderungen sind an diesen Stellen:
0 0  0  0
0 0  0  0
0 0 -1  1
0 0  1 -1
```

```
Basisvariablen sind an diesen Stellen:
0 0 0 1
1 1 0 0
0 1 0 1
0 0 1 1

die neuen Basisvariablen sind:
0 0 0 1
1 0 0 0
0 1 0 0
0 0 1 0

Gesamtkosten: 92
kleinstes c: -8  grösstes a: 0


Kostenänderung nach MODI:
3 -2 18 0
0  0 21 1
1  0  8 0
1  1  0 0

Kostenänderungen sind an diesen Stellen:
0  1 0 -1
0  0 0  0
0 -1 0  1
0  0 0  0

Basisvariablen sind an diesen Stellen:
0 1 0 0
1 1 0 0
0 1 0 1
0 0 1 1

die neuen Basisvariablen sind:
0 1 0 0
1 0 0 0
0 0 0 1
0 0 1 0

Gesamtkosten: 90
kleinstes c: -2  grösstes a: 1


Kostenänderung nach MODI:
5 0 20 2
0 0 21 1
1 0  8 0
1 1  0 0

Alle c sind nicht negativ, Algorithmus beendet
```

4.4 Aufgaben

4.4.1 Aufgaben zum Operations Research

Aufgabe 1

Gegeben sei ein Transportproblem mit zwei Anbietern und drei Nachfragern. Die Angebotsmengen der Anbieter A_1 und A_2 sind 20 und 30 Einheiten. Die Nachfragemengen der Kunden N_1, N_2 und N_3 sind 10, 20 und 20 Einheiten.

Die Transportkosten pro Einheit von den einzelnen Anbietern zu den jeweiligen Kunden betragen

		Nachfrager		
		N_1	N_2	N_3
Anbieter	A_1	5	10	8
	A_2	8	5	8

(a) Bestimmen Sie eine Basislösung mit der Nordwesteckenregel.
(b) Bestimmen Sie eine Basislösung nach dem Vogelschen Approximationsverfahren.
(c) Bestimmen Sie mit der Stepping-Stone-Methode und der MODI-Methode die optimale Lösung, um die gesamten Transportkosten zu minimieren. Benutzen Sie als Anfangslösung die Basislösung der Nordwesteckenregel.

Aufgabe 2

Gegeben sei ein Transportproblem mit drei Anbietern und vier Nachfragern. Die Angebotsmengen der Anbieter A_1, A_2 und A_3 sind 20, 40 und 90 Einheiten. Die Nachfragemengen der Kunden N_1, N_2, N_3 und N_4 sind 30, 40, 60 und 20 Einheiten.

Die Transportkosten pro Einheit von den einzelnen Anbietern zu den jeweiligen Kunden betragen

		Nachfrager			
		N_1	N_2	N_3	N_4
Anbieter	A_1	5	8	10	2
	A_2	4	6	2	10
	A_3	6	3	5	6

(a) Bestimmen Sie eine Basislösung mit der Nordwesteckenregel.
(b) Bestimmen Sie eine Basislösung nach dem Vogelschen Approximationsverfahren.
(c) Bestimmen Sie mit der Stepping-Stone-Methode und der MODI-Methode die optimale Lösung, um die gesamten Transportkosten zu minimieren. Benutzen Sie als Anfangslösung die Basislösung der Nordwesteckenregel.

Aufgabe 3

Gegeben sei ein Transportproblem mit sieben Anbietern und sieben Nachfragern. Die Angebotsmengen der Anbieter A_1, A_2, A_3, A_4, A_5, A_6 und A_7 sind 300, 1 000, 600, 400, 800, 400 und 500 Einheiten. Die Nachfragemengen der Kunden N_1, N_2, N_3, N_4, N_5, N_6 und N_7 sind 500, 800, 300, 600, 700, 400 und 700 Einheiten.

Die Transportkosten pro Einheit von den einzelnen Anbietern zu den jeweiligen Kunden betragen

		Nachfrager						
		N_1	N_2	N_3	N_4	N_5	N_6	N_7
Anbieter	A_1	10	12	8	12	10	7	11
	A_2	20	18	22	15	13	17	18
	A_3	8	10	12	11	9	12	10
	A_4	16	13	8	11	7	10	12
	A_5	10	12	8	13	15	11	7
	A_6	12	5	10	7	12	9	13
	A_7	9	15	12	10	11	13	11

(a) Bestimmen Sie eine Basislösung mit der Nordwesteckenregel.
(b) Bestimmen Sie eine Basislösung nach dem Vogelschen Approximationsverfahren.
(c) Bestimmen Sie mit der Stepping-Stone-Methode und der MODI-Methode die optimale Lösung, um die gesamten Transportkosten zu minimieren. Benutzen Sie als Anfangslösung die Basislösung der Nordwesteckenregel.

4.4.2 Aufgaben zur Programmierung

Aufgabe 4

Die beiden Programme transport.java und transportM.java stürzen noch bei Varianten von falschen Eingaben und falscher Bedienung durch JAVA-interne Fehler ab, etwa bei einer Eingabe von zu wenigen Werten pro Zeile. Verhindern Sie diese Abstürze durch geeignete Fehlerbehandlung.

Aufgabe 5

Die Formatierung der Ausgabe sieht nicht ganz so aus wie in den Beispielen zuvor abgedruckt. Überarbeiten Sie die Formatierung, so dass danach alle Spalten so formatiert sind, dass die Abstände dazwischen gleich groß sind und alle Dezimalpunkte untereinander stehen.

Aufgabe 6

Erweitern Sie die beiden Programme um die Option, die Eingabedaten aus einer Datei einzulesen.
Hinweis: Dies ist bei den beiden Simplexprogrammen schon implementiert!

Aufgabe 7

Erstellen Sie eine Klasse für die Berechnung der Anfangslösung nach dem Vogelschen Approximationsverfahren und fügen Sie diese in die beiden Programme ein.

Aufgabe 8

Die beiden Programme lassen als Eingaben nur natürliche Zahlen zu, da die ganze Logik auf String-Verarbeitungen beruht. Bauen Sie die beiden Programme so um, dass beliebige Dezimalzahlen verarbeitet werden können.

Aufgabe 9

Schreiben Sie ein Applet für die beiden Klassen. Dabei soll die Ein- und Ausgabe im Applet-Fenster ablaufen.

Kapitel 5

Graphentheorie

5.1 Beispiel, Grundbegriffe und mathematische Modelle

Ein Graph besteht aus n verschiedenen Punkten (Knoten), die zumindest teilweise verbunden sind. In der Praxis sind dies häufig Verkehrsnetze, Kommunikationsnetze oder auch Versorgungsnetze. Das folgende Beispiel zeigt einen solchen Graphen.

Beispiel 5.1
Gegeben sind sechs verschiedene Städte. Alle möglichen Verbindungen sind im Schaubild dargestellt:

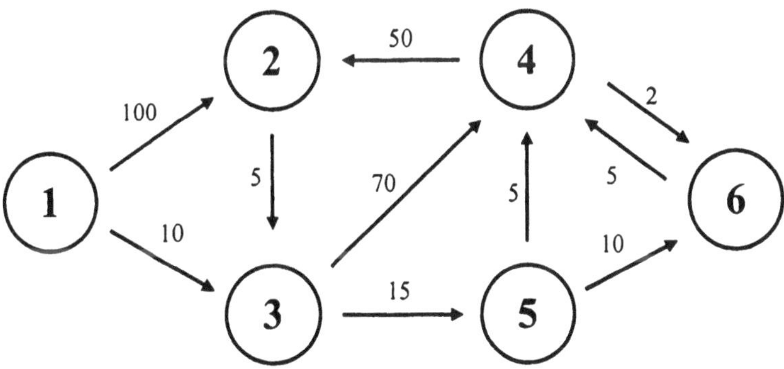

Im Folgenden werden Grundbegriffe und Sachverhalte für Graphen vorgestellt, die bei der Modellbildung eine wichtige Rolle spielen.

Definition 1:

Ein Graph G besteht aus einer nichtleeren Knotenmenge V und einer Kanten- oder Pfeilmenge E. Dabei ist jedem Element von E genau ein Knotenpaar aus V zugeordnet. Die Bezeichnung ist $G = (V, E)$.

Definition 2:

Sind die Elemente aus E nicht geordnet, so ist G ein ungerichteter Graph und die Elemente von E heißen Kanten. Eine Kante vom Knoten i zu Knoten j wird mit $[i, j]$ gekennzeichnet.
Sind die Elemente aus E geordnet, so ist G ein gerichteter Graph und die Elemente von E heißen Pfeile. Ein Pfeil vom Knoten i zu Knoten j wird mit (i, j) gekennzeichnet.

Definition 3:

Zwei Pfeile (Kanten) mit gleichen Anfangs- und Endknoten nennt man parallel.
Ein Pfeil mit gleichem Anfangs- und Endknoten heißt Schlinge.
Ein Graph ohne parallele Kanten bzw. Pfeile und ohne Schlingen wird ein schlichter Graph genannt.

Definition 4:

In einem gerichteten Graphen heißt ein Knoten j Nachfolger eines Knotens i, falls ein Pfeil (i, j) existiert. Die Menge aller Nachfolger wird mit $N(i)$ bezeichnet.

Definition 5:

Ein schlichter gerichteter Graph mit endlicher Knotenmenge heißt Digraph.

Definition 6:

Ein Graph $G = (V, E, k)$ heißt bewertet, falls für alle Kanten bzw. Pfeile eine Bewertung $k(i, j)$ bzw. $k[i, j]$ existiert. Diese Bewertungen können Längen, Zeiten, Transportkosten, usw. sein. Bewertungen werden auch mit k_{ij} bezeichnet.

Definition 7:

Eine Folge von Pfeilen (i_0, i_1), (i_1, i_2), ... , (i_{m-1}, i_m) nennt man einen Weg

$w = (i_0, i_1, \ldots, i_m)$. Die Zahl $k_{ges}(w) = \sum_{r=1}^{m} k(i_{r-1}, i_r) = \sum_{r=1}^{m} k_{i_{r-1}, i_r}$ heißt die Länge

des Weges $w = (i_0, i_1, \ldots, i_m)$.

Definition 8:

Ein Weg heißt der kürzeste Weg vom Knoten i zu Knoten j, falls die Zahl $k_{ges}(w) = \sum_{r=1}^{m(w)} k(i_{r-1}, i_r) = \sum_{r=1}^{m(w)} k_{i_{r-1}, i_r}$ minimal ist unter allen möglichen Wegen von $i_0 = i$ nach $i_{m(w)} = j$.

In den folgenden Abschnitten dieses Kapitels werden Modelle und Algorithmen vorgestellt, mit denen die optimalen (minimalen) Wege zwischen je zwei Punkten eines Digraphen bestimmt werden können.
Die Probleme der Bestimmung von minimal kleinen Versorgungsnetzen (minimal spannende Bäume) und das Problem vom Handlungsreisenden, der in einem geschlossenen Graphen in einem Punkt startet, alle Punkte anfährt und schließlich wieder im Ausgangspunkt landet, werden hier nicht besprochen.
Der Themenkomplex Netzplantechnik, der auch zur Graphentheorie gehört, wird im nächsten Kapitel getrennt betrachtet.

5.2 Algorithmus von Dijkstra

Mit dem Algorithmus von Dijkstra und auch dem im nächsten Abschnitt aufgeführten FIFO-Algorithmus wird folgendes Problem gelöst:
Gegeben sei ein Digraph mit n Knoten und ein Startpunkt bzw. Startknoten. Gesucht sind alle kürzesten Wege zwischen dem Startpunkt und allen anderen $n-1$ Knoten, also nur die kürzesten Wege zwischen dem Startpunkt und jedem anderen Knoten. Der Startpunkt ist in diesen Betrachtungen immer der gleiche.

Mathematisches Modell zur Bestimmung von kürzesten Wegen in Digraphen

Gegeben sei ein Digraph mit n Knoten und ein Startknoten $start$.
Alle existierenden Pfeile seien mit $k(i, j)$ bewertet.
Gesucht ist der kürzeste Weg vom Startknoten zu allen anderen $n-1$ Knoten.
Ist dabei W die Menge aller möglichen Wege $w = (i_0 = start, i_1, \ldots, i_{m(w)})$, so folgt:
Gesucht ist für jeden Knoten $j \neq start$, der von $start$ aus erreichbar ist, ein

$$w_{\min} \in W \text{ mit } k_{ges}(w_{\min}) = \sum_{r=1}^{m(w)} k(i_{r-1}, i_r) = \sum_{r=1}^{m(w)} k_{i_{r-1}, i_r} = \min$$

über alle $w \in W$ mit $i_0 = i$ und $i_{m(w)} = j$.

Eine erste Lösungsvariante stellt der Algorithmus von Dijkstra zur Verfügung.

Algorithmus von Dijkstra

Gegeben sei ein Digraph mit n Knoten und ein Startknoten *start*.
Alle existierenden Pfeile seien mit $k(i, j)$ bewertet.
Gesucht ist der kürzeste Weg vom Startknoten zu allen anderen $n-1$ Knoten.

Es werden zwei Vektoren mit folgenden Komponenten definiert:

- $D(i), 1 \leq i \leq n$
- $Vorg(i), 1 \leq i \leq n$.

$D(i)$ stellt dabei die (zu einem bestimmten Zeitpunkt erreichte) kürzeste Entfernung von Startknoten *start* zum Knoten i dar.
$Vorg(i)$ bezeichnet den unmittelbaren Vorgänger von Knoten i auf dem (zu einem bestimmten Zeitpunkt erreichten) kürzesten Weg vom Startknoten *start* zum Knoten i.
Außerdem stellt die Menge M die Menge einer bestimmten Auswahl von Knoten dar.

Startiteration: Es werden folgende Initialisierungen gesetzt:

- $M = \{start\}$
- $D(start) = 0$ und $D(i) = \infty$ für alle Knoten $i \neq start$
- $Vorg(i) = -$ für alle Knoten i.

Danach erfolgen Iterationen zu jeweils 3 Schritten bis zum Abbruch.

Schritt 1: Es wird ein Knoten $a \in M$ ausgewählt mit

$$D(a) = \min\{D(i) \mid i \in M\}.$$

Schritt 2: Für alle $j \in N(a)$ wird überprüft:

Gilt $D(a) + k_{aj} < D(j)$, dann werden folgende Belegungen gesetzt:
$D(j) = D(a) + k_{aj}$, $Vorg(j) = a$
und der Knoten j wird in die Menge M aufgenommen.

Schritt 3: Der ausgewählte Knoten $a \in M$ wird aus der Menge M entfernt.

Abbruch: Das Verfahren endet, falls gilt: $M = \{\}$.

Nachfolgend wird der Algorithmus von Dijkstra am Beispiel 5.1 mit dem Startknoten 1 durchgeführt:

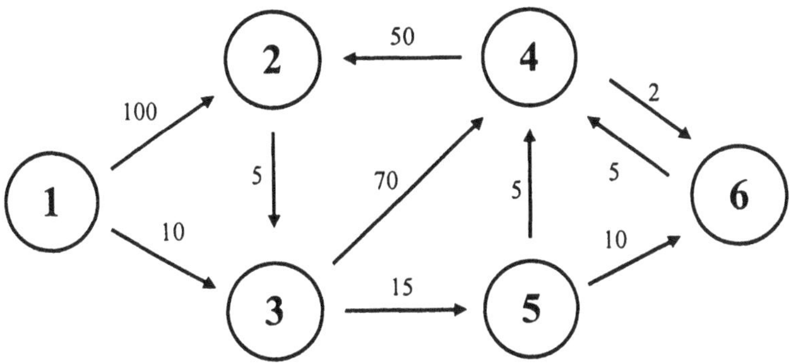

Verläßt ein Knoten die Menge M, so ist der gefundene Weg dorthin optimal. Diese Knoten werden grau unterlegt. An diesen Knoten muß keine weitere Prüfung mehr erfolgen.

Startiteration:

i	1	2	3	4	5	6
$D(i)$	0	∞	∞	∞	∞	∞
$Vorg(i)$	-	-	-	-	-	-

$M = \{1\}$.

1. Iteration:

Auswahl: $a = 1$ und $N(1) = \{2, 3\}$.

Prüfung für $j = 2$: $D(1) + k_{12} = 0 + 100 = 100$ und $D(2) = \infty$

Da $D(1) + k_{12} < D(2)$ wird gesetzt: $D(2) = 100$, $Vorg(2) = 1$.

Prüfung für $j = 3$: $D(1) + k_{13} = 0 + 10 = 10$ und $D(3) = \infty$

Da $D(1) + k_{13} < D(3)$ wird gesetzt: $D(3) = 10$, $Vorg(3) = 1$.

i	1	2	3	4	5	6
$D(i)$	0	100	10	∞	∞	∞
$Vorg(i)$	-	1	1	-	-	-

$M = \{2, 3\}$.

2. Iteration:

Auswahl: $a = 3$ und $N(3) = \{4, 5\}$.

Prüfung für $j = 4$: $D(3) + k_{34} = 10 + 70 = 80$ und $D(4) = \infty$

Da $D(3) + k_{34} < D(4)$ wird gesetzt: $D(4) = 80$, $Vorg(4) = 3$.

Prüfung für $j = 5$: $D(3) + k_{35} = 10 + 15 = 25$ und $D(5) = \infty$

Da $D(3) + k_{35} < D(5)$ wird gesetzt: $D(5) = 25$, $Vorg(5) = 3$.

i	1	2	3	4	5	6
$D(i)$	0	100	10	80	25	∞
$Vorg(i)$	-	1	1	3	3	-

$M = \{2, 4, 5\}$.

3. Iteration:

Auswahl: $a = 5$ und $N(5) = \{4, 6\}$.

Prüfung für $j = 4$: $D(5) + k_{54} = 25 + 5 = 30$ und $D(4) = 80$

Da $D(5) + k_{54} < D(4)$ wird gesetzt: $D(4) = 30$, $Vorg(4) = 5$.

Prüfung für $j = 6$: $D(5) + k_{56} = 25 + 10 = 35$ und $D(6) = \infty$

Da $D(5) + k_{56} < D(6)$ wird gesetzt: $D(6) = 35$, $Vorg(6) = 5$.

i	1	2	3	4	5	6
$D(i)$	0	100	10	30	25	35
$Vorg(i)$	-	1	1	5	3	5

$M = \{2, 4, 6\}$.

4. Iteration:

Auswahl: $a = 4$ und $N(4) = \{2, 6\}$.

Prüfung für $j = 2$: $D(4) + k_{42} = 30 + 50 = 80$ und $D(2) = 100$

Da $D(4) + k_{42} < D(2)$ wird gesetzt: $D(2) = 80$, $Vorg(2) = 4$.

Prüfung für $j = 6$: $D(4) + k_{46} = 30 + 2 = 3$ und $D(6) = 35$

Da $D(4) + k_{46} < D(6)$ wird gesetzt: $D(6) = 32$, $Vorg(6) = 4$.

i	1	2	3	4	5	6
$D(i)$	0	80	10	30	25	32
$Vorg(i)$	-	4	1	5	3	4

$M = \{2, 6\}$.

5. Iteration:

Auswahl: $a = 6$ und $N(6) = \{4\}$.
Prüfung für $j = 4$: nicht nötig, da der Weg nach Knoten 4 schon optimal ist.

i	1	2	3	4	5	6
$D(i)$	0	80	10	30	25	32
$Vorg(i)$	-	4	1	5	3	4

$M = \{2\}$.

6. Iteration:

Auswahl: $a = 2$ und $N(2) = \{3\}$.
Prüfung für $j = 3$: nicht nötig, da der Weg nach Knoten 3 schon optimal ist.

i	1	2	3	4	5	6
$D(i)$	0	80	10	30	25	32
$Vorg(i)$	-	4	1	5	3	4

$M = \{\ \}$.
Damit ist die Abbruchbedingung erfüllt. Die optimalen Weglängen stehen in den Variablen $D(i)$. Der exakte Weg wird aus den Variablen $Vorg(i)$ rückwärts, ausgehend vom Endpunkt, abgelesen.

Die kürzesten Wege sind:

- $1 \to 3 \to 5 \to 4 \to 2$ mit der Länge 80
- $1 \to 3$ mit der Länge 10
- $1 \to 3 \to 5 \to 4$ mit der Länge 30
- $1 \to 3 \to 5$ mit der Länge 25
- $1 \to 3 \to 5 \to 4 \to 6$ mit der Länge 32.

5.3 FIFO-Algorithmus

Eine Alternative zum Algorithmus von Dijkstra stellt der FIFO-Algorithmus dar. Er löst exakt dieselbe Problemstellung wie der Algorithmus von Dijkstra. FIFO-Algorithmen spielen in der Stochastik und im Operations Research eine bedeutende Rolle. Immer dann, wenn Warteschlangen Teile einer Modellierung sind, kommen solche Überlegungen ins Spiel. FIFO bedeutet nichts anderes als first in – first out. Derjenige, der die Schlange zuerst betritt, wird auch zuerst bedient.

Der einzige Unterschied zum Algorithmus von Dijkstra besteht in der Auswahl im Schritt 1. Beim Algorithmus von Dijkstra wird ein $a \in M$ mit einer bestimmten Eigenschaft ausgewählt. Beim FIFO-Algorithmus dagegen wird dieser Wert aus dem Anfang einer Warteschlange entnommen.

FIFO-Algorithmus

Gegeben sei ein Digraph mit n Knoten und ein Startknoten $start$.
Alle existierenden Pfeile seien mit $k(i, j)$ bewertet.
Gesucht ist der kürzeste Weg vom Startknoten zu allen anderen $n-1$ Knoten.

Es werden zwei Vektoren mit folgenden Komponenten definiert:

- $D(i), 1 \le i \le n$
- $Vorg(i), 1 \le i \le n$.

$D(i)$ stellt dabei die (zu einem bestimmten Zeitpunkt erreichte) kürzeste Entfernung von Startknoten $start$ zum Knoten i dar.
$Vorg(i)$ bezeichnet den unmittelbaren Vorgänger von Knoten i auf dem (zu einem bestimmten Zeitpunkt erreichten) kürzesten Weg vom Startknoten $start$ zum Knoten i.
Außerdem stellt S eine Warteschlange dar, deren Anfang bzw. Kopf mit KS und deren Ende mit ES bezeichnet wird. Die Bezeichnung der Warteschlange sei $S =< KS, \ldots, ES]$.

Startiteration: Es werden folgende Initialisierungen gesetzt:

- $KS = ES = start$
- $D(start) = 0$ und $D(i) = \infty$ für alle Knoten $i \ne start$
- $Vorg(i) = -$ für alle Knoten i.

FIFO-Algorithmus, Fortsetzung

Danach erfolgen Iterationen zu jeweils 3 Schritten bis zum Abbruch.

Schritt 1: Es wird der Schlangenkopf KS ausgewählt.

Schritt 2: Für alle $j \in N(KS)$ wird überprüft:

Gilt $D(KS)+k_{KS,j} < D(j)$, dann werden folgende Belegungen gesetzt:
$D(j) = D(KS)+k_{KS,j}$, $Vorg(j) = KS$ und der Knoten j wird der Warteschlange hinten angestellt, falls er dort noch nicht vorhanden ist.

Abbruch: Das Verfahren endet, falls gilt: $KS = ES$.

Schritt 3: Der alte Schlangenkopf KS wird entfernt.

Nachfolgend wird der FIFO-Algorithmus am Beispiel 5.1 mit dem Startknoten 1 durchgeführt:

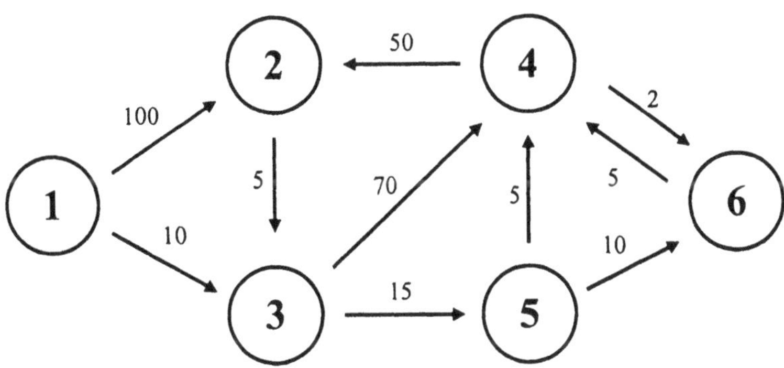

Startiteration:

i	1	2	3	4	5	6
$D(i)$	0	∞	∞	∞	∞	∞
$Vorg(i)$	-	-	-	-	-	-

$S =< 1]$.

1. Iteration:

Auswahl: $KS = 1$ und $N(1) = \{2, 3\}$.

Prüfung für $j = 2$: $D(1) + k_{12} = 0 + 100 = 100$ und $D(2) = \infty$

Da $D(1) + k_{12} < D(2)$ wird gesetzt: $D(2) = 100$, $Vorg(2) = 1$.

Prüfung für $j = 3$: $D(1) + k_{13} = 0 + 10 = 10$ und $D(3) = \infty$

Da $D(1) + k_{13} < D(3)$ wird gesetzt: $D(3) = 10$, $Vorg(3) = 1$.

i	1	2	3	4	5	6
$D(i)$	0	100	10	∞	∞	∞
$Vorg(i)$	-	1	1	-	-	-

$S =< 1, 2, 3]$.

Da $KS \neq ES$ gehen die Iterationen weiter mit der neuen Schlange $S =< 2, 3]$.

2. Iteration:

Auswahl: $KS = 2$ und $N(2) = \{3\}$.

Prüfung für $j = 3$: $D(2) + k_{23} = 100 + 5 = 105$ und $D(3) = 10$

Da $D(2) + k_{23} > D(3)$ gilt, gibt es hier keine Änderung.

i	1	2	3	4	5	6
$D(i)$	0	100	10	∞	∞	∞
$Vorg(i)$	-	1	1	-	-	-

$S =< 2, 3]$.

Da $KS \neq ES$ gehen die Iterationen weiter mit der neuen Schlange $S =< 3]$.

3. Iteration:

Auswahl: $KS = 3$ und $N(3) = \{4, 5\}$.

Prüfung für $j = 4$: $D(3) + k_{34} = 10 + 70 = 80$ und $D(4) = \infty$

Da $D(3) + k_{34} < D(4)$ wird gesetzt: $D(4) = 80$, $Vorg(4) = 3$.

Prüfung für $j = 5$: $D(3) + k_{35} = 10 + 15 = 25$ und $D(5) = \infty$

Da $D(3) + k_{35} < D(5)$ wird gesetzt: $D(5) = 25$, $Vorg(5) = 3$.

i	1	2	3	4	5	6
$D(i)$	0	100	10	80	25	∞
$Vorg(i)$	-	1	1	3	3	-

$S =< 3, 4, 5]$.
Da $KS \neq ES$ gehen die Iterationen weiter mit der neuen Schlange $S =< 4, 5]$.

4. Iteration:

Auswahl: $KS = 4$ und $N(4) = \{2, 6\}$.
Prüfung für $j = 2$: $D(4) + k_{42} = 80 + 50 = 130$ und $D(2) = 100$
Da $D(4) + k_{42} > D(2)$ gilt, gibt es hier keine Änderung.
Prüfung für $j = 6$: $D(4) + k_{46} = 80 + 2 = 82$ und $D(6) = \infty$
Da $D(4) + k_{46} < D(6)$ wird gesetzt: $D(6) = 82$, $Vorg(6) = 4$.

i	1	2	3	4	5	6
$D(i)$	0	100	10	80	25	82
$Vorg(i)$	-	1	1	3	3	4

$S =< 4, 5, 6]$.
Da $KS \neq ES$ gehen die Iterationen weiter mit der neuen Schlange $S =< 5, 6]$.

5. Iteration:

Auswahl: $KS = 5$ und $N(5) = \{4, 6\}$.
Prüfung für $j = 4$: $D(5) + k_{54} = 25 + 5 = 30$ und $D(4) = 80$
Da $D(5) + k_{54} < D(4)$ wird gesetzt: $D(4) = 30$, $Vorg(4) = 5$.
Prüfung für $j = 6$: $D(5) + k_{56} = 25 + 10 = 35$ und $D(6) = 82$
Da $D(5) + k_{56} < D(6)$ wird gesetzt: $D(6) = 35$, $Vorg(6) = 5$.

i	1	2	3	4	5	6
$D(i)$	0	100	10	30	25	35
$Vorg(i)$	-	1	1	5	3	5

$S =< 5, 6, 4]$.

Da $KS \neq ES$ gehen die Iterationen weiter mit der neuen Schlange $S = \langle 6, 4]$.

6. Iteration:

Auswahl: $KS = 6$ und $N(6) = \{4\}$.
Prüfung für $j = 4$: $D(6) + k_{64} = 35 + 5 = 40$ und $D(4) = 30$
Da $D(6) + k_{64} > D(4)$ gilt, gibt es hier keine Änderung.

i	1	2	3	4	5	6
$D(i)$	0	100	10	30	25	35
$Vorg(i)$	-	1	1	5	3	5

$S = \langle 6, 4]$.
Da $KS \neq ES$ gehen die Iterationen weiter mit der neuen Schlange $S = \langle 4]$.

7. Iteration:

Auswahl: $KS = 4$ und $N(4) = \{2, 6\}$.
Prüfung für $j = 2$: $D(4) + k_{42} = 30 + 50 = 80$ und $D(2) = 100$
Da $D(4) + k_{42} < D(2)$ wird gesetzt: $D(2) = 80$, $Vorg(2) = 4$.
Prüfung für $j = 6$: $D(4) + k_{46} = 30 + 2 = 32$ und $D(6) = 35$
Da $D(4) + k_{46} < D(6)$ wird gesetzt: $D(6) = 32$, $Vorg(6) = 4$.

i	1	2	3	4	5	6
$D(i)$	0	80	10	30	25	32
$Vorg(i)$	-	4	1	5	3	4

$S = \langle 4, 2, 6]$.
Da $KS \neq ES$ gehen die Iterationen weiter mit der neuen Schlange $S = \langle 2, 6]$.

8. Iteration:

Auswahl: $KS = 2$ und $N(2) = \{3\}$.
Prüfung für $j = 3$: $D(2) + k_{23} = 80 + 5 = 85$ und $D(3) = 10$
Da $D(2) + k_{23} > D(3)$ gilt, gibt es hier keine Änderung.

i	1	2	3	4	5	6
$D(i)$	0	80	10	30	25	32
$Vorg(i)$	-	4	1	5	3	4

$S =< 2, 6]$.
Da $KS \neq ES$ gehen die Iterationen weiter mit der neuen Schlange $S =< 6]$.

9. Iteration:

Auswahl: $KS = 6$ und $N(6) = \{4\}$.
Prüfung für $j = 4$: $D(6) + k_{64} = 32 + 5 = 37$ und $D(4) = 30$
Da $D(6) + k_{64} > D(4)$ gilt, gibt es hier keine Änderung.

i	1	2	3	4	5	6
$D(i)$	0	80	10	30	25	32
$Vorg(i)$	-	4	1	5	3	4

$S =< 6]$.
Es gilt $KS = ES$.
Damit ist die Abbruchbedingung erfüllt. Die optimalen Weglängen stehen in den Variablen $D(i)$. Der exakte Weg wird aus den Variablen $Vorg(i)$ rückwärts ausgehend vom Endpunkt abgelesen.

Die kürzesten Wege sind:
- $1 \to 3 \to 5 \to 4 \to 2$ mit der Länge 80
- $1 \to 3$ mit der Länge 10
- $1 \to 3 \to 5 \to 4$ mit der Länge 30
- $1 \to 3 \to 5$ mit der Länge 25
- $1 \to 3 \to 5 \to 4 \to 6$ mit der Länge 32.

Die beiden vorgestellten Algorithmen haben den Nachteil, dass der Startknoten fest ist. Benötigt man den kürzesten Weg zwischen allen paarweise verschiedenen Punktepaaren, so müsste man die Algorithmen jeweils n-mal durchführen. Dies wäre eine äußerst aufwendige Angelegenheit.
Der im nächsten Abschnitt vorgestellte Tripel-Algorithmus beseitigt diesen Mangel. Der Rechenaufwand verbessert sich in vielen Fällen allerdings nicht dramatisch.

5.4 Tripel-Algorithmus

Mit dem Tripel-Algorithmus findet man die kürzesten Wege zwischen allen paarweise verschiedenen Knoten eines Digraphen.

Tripel-Algorithmus

Gegeben sei ein Digraph mit n Knoten.
Alle existierenden Pfeile seien mit $k(i, j)$ bewertet.
Gesucht sind die kürzesten Wege zwischen allen paarweise verschiedenen Knoten.

Es werden zwei Matrizen mit folgenden Komponenten definiert:

- $D(i, j), 1 \le i \le n, 1 \le j \le n$
- $Vorg(i, j), 1 \le i \le n, 1 \le j \le n$.

$D(i, j)$ stellt dabei die (zu einem bestimmten Zeitpunkt erreichte) kürzeste Entfernung vom Knoten i zum Knoten j dar.
$Vorg(i, j)$ bezeichnet den unmittelbaren Vorgänger von Knoten j auf dem (zu einem bestimmten Zeitpunkt erreichten) kürzesten Weg vom Knoten i zum Knoten j.

Es werden folgende Initialisierungen gesetzt:

$$D(i, j) = \begin{cases} 0 & \text{falls } i = j \\ k(i, j) & \text{falls ein Pfeil von } i \text{ nach } j \text{ existiert} \\ \infty & \text{sonst} \end{cases}$$

$$Vorg(i, j) = \begin{cases} i & \text{falls } i = j \\ i & \text{falls ein Pfeil von } i \text{ nach } j \text{ existiert} \\ 0 & \text{sonst} \end{cases}.$$

Danach erfolgen 3 Schleifen.

Tripel-Algorithmus, Fortsetzung

Schleife 1: $j = 1$ bis n

Schleife 2: $i = 1$ bis n

Schleife 3: $k = 1$ bis n

Es wird überprüft:

Gilt $D(i, j) + D(j, k) < D(i, k)$, dann werden Veränderungen in den beiden Matrizen vorgenommen:

- $D(i, k)$ wird durch $D(i, j) + D(j, k)$ ersetzt
- $Vorg(i, k)$ wird durch $Vorg(j, k)$ ersetzt.

Ende Schleife 3

Ende Schleife 2

Ende Schleife 1

Die Bedingung $D(i, j) + D(j, k) < D(i, k)$ kann nur erfüllt sein, wenn die Indexpaare paarweise verschieden sind. Deshalb können die Schleifendurchläufe entfallen, bei denen mindestens ein Indexpaar in der Ungleichung die gleichen Werte enthält. Außerdem kann diese Bedingung nur erfüllt sein, wenn sowohl $D(i, j) < \infty$ als auch $D(j, k) < \infty$ gilt. Also müssen für festes j nur diejenigen Paare i, k überprüft werden, für die es einen Weg von i zu j bzw. einen Weg von j zu k gibt.

Nachfolgend wird der Tripel-Algorithmus am Beispiel 5.1 durchgeführt:

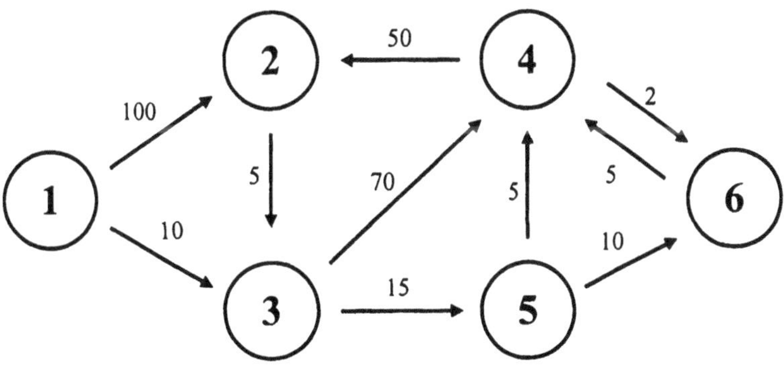

Initialisierungen:

$$D(i,j)=\begin{pmatrix} 0 & 100 & 10 & \infty & \infty & \infty \\ \infty & 0 & 5 & \infty & \infty & \infty \\ \infty & \infty & 0 & 70 & 15 & \infty \\ \infty & 50 & \infty & 0 & \infty & 2 \\ \infty & \infty & \infty & 5 & 0 & 10 \\ \infty & \infty & \infty & 5 & \infty & 0 \end{pmatrix} \text{ und } Vorg(i,j)=\begin{pmatrix} 1 & 1 & 1 & 0 & 0 & 0 \\ 0 & 2 & 2 & 0 & 0 & 0 \\ 0 & 0 & 3 & 3 & 3 & 0 \\ 0 & 4 & 0 & 4 & 0 & 4 \\ 0 & 0 & 0 & 5 & 5 & 5 \\ 0 & 0 & 0 & 6 & 0 & 6 \end{pmatrix}.$$

Schleife 1: $j = 1$

Welche Wege zu $j = 1$ und welche Wege von $j = 1$ existieren schon?

1. Wege zu $j = 1$: $D(1,1) = 0$
2. Wege von $j = 1$: $D(1,1) = 0$, $D(1,2) = 100$ und $D(1,3) = 10$.

Deshalb müssen nur diese Kombinationen überprüft werden. Da es aber in jeder der drei Kombinationen mindestens ein Paar aus gleichen Indizes gibt, entfallen auch diese Prüfungen und beide Matrizen bleiben gleich.

$$D(i,j)=\begin{pmatrix} 0 & 100 & 10 & \infty & \infty & \infty \\ \infty & 0 & 5 & \infty & \infty & \infty \\ \infty & \infty & 0 & 70 & 15 & \infty \\ \infty & 50 & \infty & 0 & \infty & 2 \\ \infty & \infty & \infty & 5 & 0 & 10 \\ \infty & \infty & \infty & 5 & \infty & 0 \end{pmatrix} \text{ und } Vorg(i,j)=\begin{pmatrix} 1 & 1 & 1 & 0 & 0 & 0 \\ 0 & 2 & 2 & 0 & 0 & 0 \\ 0 & 0 & 3 & 3 & 3 & 0 \\ 0 & 4 & 0 & 4 & 0 & 4 \\ 0 & 0 & 0 & 5 & 5 & 5 \\ 0 & 0 & 0 & 6 & 0 & 6 \end{pmatrix}.$$

Schleife 2: $j = 2$

Welche Wege zu $j = 2$ und welche Wege von $j = 2$ existieren schon? Dabei werden Wege mit gleichen Anfangs- und Endknoten weggelassen.

- Wege zu $j = 2$: $D(1,2) = 100$ und $D(4,2) = 50$
- Wege von $j = 2$: $D(2,3) = 5$.

Deshalb müssen nur diese zwei Kombinationen überprüft werden.

(1) $D(1,2) + D(2,3) = 100 + 5 = 105$ und $D(1,3) = 10$

Die Bedingung $D(1,2) + D(2,3) < D(1,3)$ ist nicht erfüllt.

(2) $D(4,2) + D(2,3) = 50 + 5 = 55$ und $D(4,3) = \infty$

Da $D(4, 2) + D(2, 3) < D(4, 3)$ wird gesetzt: $D(4, 3) = 55$, $Vorg(4, 3) = 2$.

Die beiden Matrizen lauten:

$$D(i, j) = \begin{pmatrix} 0 & 100 & 10 & \infty & \infty & \infty \\ \infty & 0 & 5 & \infty & \infty & \infty \\ \infty & \infty & 0 & 70 & 15 & \infty \\ \infty & 50 & 55 & 0 & \infty & 2 \\ \infty & \infty & \infty & 5 & 0 & 10 \\ \infty & \infty & \infty & 5 & \infty & 0 \end{pmatrix} \text{ und } Vorg(i, j) = \begin{pmatrix} 1 & 1 & 1 & 0 & 0 & 0 \\ 0 & 2 & 2 & 0 & 0 & 0 \\ 0 & 0 & 3 & 3 & 3 & 0 \\ 0 & 4 & 2 & 4 & 0 & 4 \\ 0 & 0 & 0 & 5 & 5 & 5 \\ 0 & 0 & 0 & 6 & 0 & 6 \end{pmatrix}.$$

Schleife 3: $j = 3$

Welche Wege zu $j = 3$ und welche Wege von $j = 3$ existieren schon? Dabei werden Wege mit gleichen Anfangs- und Endknoten weggelassen.

- Wege zu $j = 3$: $D(1, 3) = 10$, $D(2, 3) = 5$ und $D(4, 3) = 55$
- Wege von $j = 3$: $D(3, 4) = 70$ und $D(3, 5) = 15$.

Deshalb müssen nur diese sechs Kombinationen überprüft werden.

(1) $D(1, 3) + D(3, 4) = 10 + 70 = 80$ und $D(1, 4) = \infty$

Da $D(1, 3) + D(3, 4) < D(1, 4)$ wird gesetzt: $D(1, 4) = 80$, $Vorg(1, 4) = 3$.

(2) $D(1, 3) + D(3, 5) = 10 + 15 = 25$ und $D(1, 5) = \infty$

Da $D(1, 3) + D(3, 5) < D(1, 5)$ wird gesetzt: $D(1, 5) = 25$, $Vorg(1, 5) = 3$.

(3) $D(2, 3) + D(3, 4) = 5 + 70 = 75$ und $D(2, 4) = \infty$

Da $D(2, 3) + D(3, 4) < D(2, 4)$ wird gesetzt: $D(2, 4) = 75$, $Vorg(2, 4) = 3$.

(4) $D(2, 3) + D(3, 5) = 5 + 15 = 20$ und $D(2, 5) = \infty$

Da $D(2, 3) + D(3, 5) < D(2, 5)$ wird gesetzt: $D(2, 5) = 20$, $Vorg(2, 5) = 3$.

(5) $D(4, 3) + D(3, 4) = 55 + 70 = 125$ und $D(4, 4) = 0$

Die Bedingung $D(4, 3) + D(3, 4) < D(4, 4)$ ist nicht erfüllt.

(6) $D(4, 3) + D(3, 5) = 55 + 15 = 70$ und $D(4, 5) = \infty$

Da $D(4, 3) + D(3, 5) < D(4, 5)$ wird gesetzt: $D(4, 5) = 70$, $Vorg(4, 5) = 3$.

Die beiden Matrizen lauten:

$$D(i,\, j) = \begin{pmatrix} 0 & 100 & 10 & 80 & 25 & \infty \\ \infty & 0 & 5 & 75 & 20 & \infty \\ \infty & \infty & 0 & 70 & 15 & \infty \\ \infty & 50 & 55 & 0 & 70 & 2 \\ \infty & \infty & \infty & 5 & 0 & 10 \\ \infty & \infty & \infty & 5 & \infty & 0 \end{pmatrix} \quad \text{und} \quad Vorg(i,\, j) = \begin{pmatrix} 1 & 1 & 1 & 3 & 3 & 0 \\ 0 & 2 & 2 & 3 & 3 & 0 \\ 0 & 0 & 3 & 3 & 3 & 0 \\ 0 & 4 & 2 & 4 & 3 & 4 \\ 0 & 0 & 0 & 5 & 5 & 5 \\ 0 & 0 & 0 & 6 & 0 & 6 \end{pmatrix}.$$

Schleife 4: $j = 4$

Welche Wege zu $j = 4$ und welche Wege von $j = 4$ existieren schon? Dabei werden Wege mit gleichen Anfangs- und Endknoten weggelassen.

- Wege zu $j = 4$: $D(1, 4) = 80$, $D(2, 4) = 75$, $D(3, 4) = 70$, $D(5, 4) = 5$ und $D(6, 4) = 5$
- Wege von $j = 4$: $D(4, 2) = 50$, $D(4, 3) = 55$, $D(4, 5) = 70$ und $D(4, 6) = 2$.

Deshalb müssen nur diese 20 Kombinationen überprüft werden.

(1) $D(1, 4) + D(4, 2) = 80 + 50 = 130$ und $D(1, 2) = 100$

Die Bedingung $D(1, 4) + D(4, 2) < D(1, 2)$ ist nicht erfüllt.

(2) $D(1, 4) + D(4, 3) = 80 + 55 = 135$ und $D(1, 3) = 10$

Die Bedingung $D(1, 4) + D(4, 3) < D(1, 3)$ ist nicht erfüllt.

(3) $D(1, 4) + D(4, 5) = 80 + 70 = 150$ und $D(1, 5) = 25$

Die Bedingung $D(1, 4) + D(4, 5) < D(1, 5)$ ist nicht erfüllt.

(4) $D(1, 4) + D(4, 6) = 80 + 2 = 82$ und $D(1, 6) = \infty$

Da $D(1, 4) + D(4, 6) < D(1, 6)$ wird gesetzt: $D(1, 6) = 82$, $Vorg(1, 6) = 4$.

(5) $D(2, 4) + D(4, 2) = 75 + 50 = 125$ und $D(2, 2) = 0$

Die Bedingung $D(2, 4) + D(4, 2) < D(2, 2)$ ist nicht erfüllt.

(6) $D(2, 4) + D(4, 3) = 75 + 55 = 130$ und $D(2, 3) = 5$

Die Bedingung $D(2, 4) + D(4, 3) < D(2, 3)$ ist nicht erfüllt.

(7) $D(2, 4) + D(4, 5) = 75 + 70 = 145$ und $D(2, 5) = 20$

Die Bedingung $D(2, 4) + D(4, 5) < D(2, 5)$ ist nicht erfüllt.

(8) $D(2, 4) + D(4, 6) = 75 + 2 = 77$ und $D(2, 6) = \infty$

Da $D(2, 4) + D(4, 6) < D(2, 6)$ wird gesetzt: $D(2, 6) = 77$, $Vorg(2, 6) = 4$.

(9) $D(3, 4) + D(4, 2) = 70 + 50 = 120$ und $D(3, 2) = \infty$

Da $D(3, 4) + D(4, 2) < D(3, 2)$ wird gesetzt: $D(3, 2) = 120$, $Vorg(3, 2) = 4$.

(10) $D(3, 4) + D(4, 3) = 70 + 55 = 125$ und $D(3, 3) = 0$

Die Bedingung $D(3, 4) + D(4, 3) < D(3, 3)$ ist nicht erfüllt.

(11) $D(3, 4) + D(4, 5) = 70 + 70 = 140$ und $D(3, 5) = 15$

Die Bedingung $D(3, 4) + D(4, 5) < D(3, 5)$ ist nicht erfüllt.

(12) $D(3, 4) + D(4, 6) = 70 + 2 = 72$ und $D(3, 6) = \infty$

Da $D(3, 4) + D(4, 6) < D(3, 6)$ wird gesetzt: $D(3, 6) = 72$, $Vorg(3, 6) = 4$.

(13) $D(5, 4) + D(4, 2) = 5 + 50 = 55$ und $D(5, 2) = \infty$

Da $D(5, 4) + D(4, 2) < D(5, 2)$ wird gesetzt: $D(5, 2) = 55$, $Vorg(5, 2) = 4$.

(14) $D(5, 4) + D(4, 3) = 5 + 55 = 60$ und $D(5, 3) = \infty$

Da $D(5, 4) + D(4, 3) < D(5, 3)$ wird gesetzt: $D(5, 3) = 60$, $Vorg(5, 3) = 2$.

(15) $D(5, 4) + D(4, 5) = 5 + 70 = 75$ und $D(5, 5) = 0$

Die Bedingung $D(5, 4) + D(4, 5) < D(5, 5)$ ist nicht erfüllt.

(16) $D(5, 4) + D(4, 6) = 5 + 2 = 7$ und $D(5, 6) = 10$

Da $D(5, 4) + D(4, 6) < D(5, 6)$ wird gesetzt: $D(5, 6) = 7$, $Vorg(5, 6) = 4$.

(17) $D(6, 4) + D(4, 2) = 5 + 50 = 55$ und $D(6, 2) = \infty$

Da $D(6, 4) + D(4, 2) < D(6, 2)$ wird gesetzt: $D(6, 2) = 55$, $Vorg(6, 2) = 4$.

(18) $D(6, 4) + D(4, 3) = 5 + 55 = 60$ und $D(6, 3) = \infty$

Da $D(6, 4) + D(4, 3) < D(6, 3)$ wird gesetzt: $D(6, 3) = 60$, $Vorg(6, 3) = 2$.

(19) $D(6, 4) + D(4, 5) = 5 + 70 = 75$ und $D(6, 5) = \infty$

Da $D(6, 4) + D(4, 5) < D(6, 5)$ wird gesetzt: $D(6, 5) = 75$, $Vorg(6, 5) = 3$.

(20) $D(6, 4) + D(4, 6) = 5 + 2 = 7$ und $D(6, 6) = 0$

Die Bedingung $D(6, 4) + D(4, 6) < D(6, 6)$ ist nicht erfüllt.

Die beiden Matrizen lauten:

$$D(i, j) = \begin{pmatrix} 0 & 100 & 10 & 80 & 25 & 82 \\ \infty & 0 & 5 & 75 & 20 & 77 \\ \infty & 120 & 0 & 70 & 15 & 72 \\ \infty & 50 & 55 & 0 & 70 & 2 \\ \infty & 55 & 60 & 5 & 0 & 7 \\ \infty & 55 & 60 & 5 & 75 & 0 \end{pmatrix} \text{ und } Vorg(i, j) = \begin{pmatrix} 1 & 1 & 1 & 3 & 3 & 4 \\ 0 & 2 & 2 & 3 & 3 & 4 \\ 0 & 4 & 3 & 3 & 3 & 4 \\ 0 & 4 & 2 & 4 & 3 & 4 \\ 0 & 4 & 2 & 5 & 5 & 4 \\ 0 & 4 & 2 & 6 & 3 & 6 \end{pmatrix}.$$

Schleife 5: $j = 5$

Welche Wege zu $j = 5$ und welche Wege von $j = 5$ existieren schon? Dabei werden Wege mit gleichen Anfangs- und Endknoten weggelassen.

- Wege zu $j = 5$: $D(1, 5) = 25$, $D(2, 5) = 20$, $D(3, 5) = 15$, $D(4, 5) = 70$ und $D(6, 5) = 75$
- Wege von $j = 5$: $D(5, 2) = 55$, $D(5, 3) = 60$, $D(5, 4) = 5$ und $D(5, 6) = 7$.

Deshalb müssen nur diese 20 Kombinationen überprüft werden.

(1) $D(1, 5) + D(5, 2) = 25 + 55 = 80$ und $D(1, 2) = 100$

Da $D(1, 5) + D(5, 2) < D(1, 2)$ wird gesetzt: $D(1, 2) = 80$, $Vorg(1, 2) = 4$.

(2) $D(1, 5) + D(5, 3) = 25 + 60 = 85$ und $D(1, 3) = 10$

Die Bedingung $D(1, 5) + D(5, 3) < D(1, 3)$ ist nicht erfüllt.

(3) $D(1, 5) + D(5, 4) = 25 + 5 = 30$ und $D(1, 4) = 80$

Da $D(1, 5) + D(5, 4) < D(1, 4)$ wird gesetzt: $D(1, 4) = 30$, $Vorg(1, 4) = 5$.

(4) $D(1, 5) + D(5, 6) = 25 + 7 = 32$ und $D(1, 6) = 82$

Da $D(1, 5) + D(5, 6) < D(1, 6)$ wird gesetzt: $D(1, 6) = 32$, $Vorg(1, 6) = 4$.

(5) $D(2, 5) + D(5, 2) = 20 + 55 = 75$ und $D(2, 2) = 0$

Die Bedingung $D(2, 5) + D(5, 2) < D(2, 2)$ ist nicht erfüllt.

(6) $D(2, 5) + D(5, 3) = 20 + 60 = 80$ und $D(2, 3) = 5$

Die Bedingung $D(2, 5) + D(5, 3) < D(2, 3)$ ist nicht erfüllt.

(7) $D(2, 5) + D(5, 4) = 20 + 5 = 25$ und $D(2, 4) = 75$

Da $D(2, 5) + D(5, 4) < D(2, 4)$ wird gesetzt: $D(2, 4) = 25$, $Vorg(2, 4) = 5$.

(8) $D(2, 5) + D(5, 6) = 20 + 7 = 27$ und $D(2, 6) = 77$

Da $D(2, 5) + D(5, 6) < D(2, 6)$ wird gesetzt: $D(2, 6) = 27$, $Vorg(2, 6) = 4$.

(9) $D(3, 5) + D(5, 2) = 15 + 55 = 70$ und $D(3, 2) = 120$

Da $D(3, 5) + D(5, 2) < D(3, 2)$ wird gesetzt: $D(3, 2) = 70$, $Vorg(3, 2) = 4$

(10) $D(3, 5) + D(5, 3) = 15 + 60 = 75$ und $D(3, 3) = 0$

Die Bedingung $D(3, 5) + D(5, 3) < D(3, 3)$ ist nicht erfüllt.

(11) $D(3, 5) + D(5, 4) = 15 + 5 = 20$ und $D(3, 4) = 70$

Da $D(3, 5) + D(5, 4) < D(3, 4)$ wird gesetzt: $D(3, 4) = 20$, $Vorg(3, 4) = 5$.

(12) $D(3, 5) + D(5, 6) = 15 + 7 = 22$ und $D(3, 6) = 72$

Da $D(3, 5) + D(5, 6) < D(3, 6)$ wird gesetzt: $D(3, 6) = 22$, $Vorg(3, 6) = 4$.

(13) $D(4, 5) + D(5, 2) = 70 + 55 = 125$ und $D(4, 2) = 50$

Die Bedingung $D(4, 5) + D(5, 2) < D(4, 2)$ ist nicht erfüllt.

(14) $D(4, 5) + D(5, 3) = 70 + 60 = 130$ und $D(4, 3) = 55$

Die Bedingung $D(4, 5) + D(5, 3) < D(4, 3)$ ist nicht erfüllt.

(15) $D(4, 5) + D(5, 4) = 70 + 5 = 75$ und $D(4, 4) = 0$

Die Bedingung $D(4, 5) + D(5, 4) < D(4, 4)$ ist nicht erfüllt.

(16) $D(4, 5) + D(5, 6) = 70 + 7 = 77$ und $D(4, 6) = 2$

Die Bedingung $D(4, 5) + D(5, 6) < D(4, 6)$ ist nicht erfüllt.

(17) $D(6, 5) + D(5, 2) = 75 + 55 = 130$ und $D(6, 2) = 55$

Die Bedingung $D(6, 5) + D(5, 2) < D(6, 2)$ ist nicht erfüllt.

(18) $D(6, 5) + D(5, 3) = 75 + 60 = 135$ und $D(6, 3) = 60$

Die Bedingung $D(6, 5) + D(5, 3) < D(6, 3)$ ist nicht erfüllt.

(19) $D(6, 5) + D(5, 4) = 75 + 5 = 80$ und $D(6, 4) = 5$

Die Bedingung $D(6, 5) + D(5, 4) < D(6, 4)$ ist nicht erfüllt.

(20) $D(6, 5) + D(5, 6) = 75 + 7 = 82$ und $D(6, 6) = 0$

Die Bedingung $D(6, 5) + D(5, 6) < D(6, 6)$ ist nicht erfüllt.

Die beiden Matrizen lauten:

$$D(i, j) = \begin{pmatrix} 0 & 80 & 10 & 30 & 25 & 32 \\ \infty & 0 & 5 & 25 & 20 & 27 \\ \infty & 70 & 0 & 20 & 15 & 22 \\ \infty & 50 & 55 & 0 & 70 & 2 \\ \infty & 55 & 60 & 5 & 0 & 7 \\ \infty & 55 & 60 & 5 & 75 & 0 \end{pmatrix} \text{ und } Vorg(i, j) = \begin{pmatrix} 1 & 4 & 1 & 5 & 3 & 4 \\ 0 & 2 & 2 & 5 & 3 & 4 \\ 0 & 4 & 3 & 5 & 3 & 4 \\ 0 & 4 & 2 & 4 & 3 & 4 \\ 0 & 4 & 2 & 5 & 5 & 4 \\ 0 & 4 & 2 & 6 & 3 & 6 \end{pmatrix}.$$

Schleife 6: $j = 6$

Welche Wege zu $j = 6$ und welche Wege von $j = 6$ existieren schon? Dabei werden Wege mit gleichen Anfangs- und Endknoten weggelassen.

- Wege zu $j = 6$: $D(1, 6) = 32$, $D(2, 6) = 27$, $D(3, 6) = 22$, $D(4, 6) = 2$ und $D(5, 6) = 7$
- Wege von $j = 6$: $D(6, 2) = 55$, $D(6, 3) = 60$, $D(6, 4) = 5$ und $D(6, 5) = 75$.

Deshalb müssen nur diese 20 Kombinationen überprüft werden.

(1) $D(1, 6) + D(6, 2) = 32 + 55 = 87$ und $D(1, 2) = 80$

Die Bedingung $D(1, 6) + D(6, 2) < D(1, 2)$ ist nicht erfüllt.

(2) $D(1, 6) + D(6, 3) = 32 + 60 = 92$ und $D(1, 3) = 10$

Die Bedingung $D(1, 6) + D(6, 3) < D(1, 3)$ ist nicht erfüllt.

(3) $D(1, 6) + D(6, 4) = 32 + 5 = 37$ und $D(1, 4) = 30$

Die Bedingung $D(1, 6) + D(6, 4) < D(1, 4)$ ist nicht erfüllt.

(4) $D(1, 6) + D(6, 5) = 32 + 75 = 107$ und $D(1, 5) = 25$

Die Bedingung $D(1, 6) + D(6, 5) < D(1, 5)$ ist nicht erfüllt.

(5) $D(2, 6) + D(6, 2) = 27 + 55 = 82$ und $D(2, 2) = 0$

Die Bedingung $D(2, 6) + D(6, 2) < D(2, 2)$ ist nicht erfüllt.

(6) $D(2, 6) + D(6, 3) = 27 + 60 = 87$ und $D(2, 3) = 5$

Die Bedingung $D(2, 6) + D(6, 3) < D(2, 3)$ ist nicht erfüllt.

(7) $D(2, 6) + D(6, 4) = 27 + 5 = 32$ und $D(2, 4) = 25$

Die Bedingung $D(2, 6) + D(6, 4) < D(2, 4)$ ist nicht erfüllt.

(8) $D(2, 6) + D(6, 5) = 27 + 75 = 102$ und $D(2, 5) = 20$

Die Bedingung $D(2, 6) + D(6, 5) < D(2, 5)$ ist nicht erfüllt.

(9) $D(3, 6) + D(6, 2) = 22 + 55 = 77$ und $D(3, 2) = 70$

Die Bedingung $D(3, 6) + D(6, 2) < D(3, 2)$ ist nicht erfüllt.

(10) $D(3, 6) + D(6, 3) = 22 + 60 = 82$ und $D(3, 3) = 0$

Die Bedingung $D(3, 6) + D(6, 3) < D(3, 3)$ ist nicht erfüllt.

(11) $D(3, 6) + D(6, 4) = 22 + 5 = 27$ und $D(3, 4) = 20$

Die Bedingung $D(3, 6) + D(6, 4) < D(3, 4)$ ist nicht erfüllt.

(12) $D(3, 6) + D(6, 5) = 22 + 75 = 97$ und $D(3, 5) = 15$

Die Bedingung $D(3, 6) + D(6, 5) < D(3, 5)$ ist nicht erfüllt.

(13) $D(4, 6) + D(6, 2) = 2 + 55 = 57$ und $D(4, 2) = 50$

Die Bedingung $D(4, 6) + D(6, 2) < D(4, 2)$ ist nicht erfüllt.

(14) $D(4, 6) + D(6, 3) = 2 + 60 = 62$ und $D(4, 3) = 55$

Die Bedingung $D(4, 6) + D(6, 3) < D(4, 3)$ ist nicht erfüllt.

(15) $D(4, 6) + D(6, 4) = 2 + 5 = 7$ und $D(4, 4) = 0$

Die Bedingung $D(4, 6) + D(6, 4) < D(4, 4)$ ist nicht erfüllt.

(16) $D(4, 6) + D(6, 5) = 2 + 75 = 77$ und $D(4, 5) = 70$

Die Bedingung $D(4, 6) + D(6, 5) < D(4, 5)$ ist nicht erfüllt.

(17) $D(5, 6) + D(6, 2) = 7 + 55 = 62$ und $D(5, 2) = 55$

Die Bedingung $D(5, 6) + D(6, 2) < D(5, 2)$ ist nicht erfüllt.

(18) $D(5, 6) + D(6, 3) = 7 + 60 = 67$ und $D(5, 3) = 60$

Die Bedingung $D(5, 6) + D(6, 3) < D(5, 3)$ ist nicht erfüllt.

(19) $D(5, 6) + D(6, 4) = 7 + 5 = 12$ und $D(5, 4) = 5$

Die Bedingung $D(5, 6) + D(6, 4) < D(5, 4)$ ist nicht erfüllt.

(20) $D(5, 6) + D(6, 5) = 7 + 75 = 82$ und $D(5, 5) = 0$

Die Bedingung $D(5, 6) + D(6, 5) < D(5, 5)$ ist nicht erfüllt.

Die beiden Matrizen lauten:

$$D(i, j) = \begin{pmatrix} 0 & 80 & 10 & 30 & 25 & 32 \\ \infty & 0 & 5 & 25 & 20 & 27 \\ \infty & 70 & 0 & 20 & 15 & 22 \\ \infty & 50 & 55 & 0 & 70 & 2 \\ \infty & 55 & 60 & 5 & 0 & 7 \\ \infty & 55 & 60 & 5 & 75 & 0 \end{pmatrix} \text{ und } Vorg(i, j) = \begin{pmatrix} 1 & 4 & 1 & 5 & 3 & 4 \\ 0 & 2 & 2 & 5 & 3 & 4 \\ 0 & 4 & 3 & 5 & 3 & 4 \\ 0 & 4 & 2 & 4 & 3 & 4 \\ 0 & 4 & 2 & 5 & 5 & 4 \\ 0 & 4 & 2 & 6 & 3 & 6 \end{pmatrix}.$$

Aus den beiden Matrizen werden die kürzesten Wege abgelesen:

Für den Startknoten 1:

- $1 \to 3 \to 5 \to 4 \to 2$ mit der Länge 80
- $1 \to 3$ mit der Länge 10
- $1 \to 3 \to 5 \to 4$ mit der Länge 30
- $1 \to 3 \to 5$ mit der Länge 25
- $1 \to 3 \to 5 \to 4 \to 6$ mit der Länge 32

Für den Startknoten 2:

- 2 nach 1 geht nicht
- $2 \to 3$ mit der Länge 5
- $2 \to 3 \to 5 \to 4$ mit der Länge 25
- $2 \to 3 \to 5$ mit der Länge 20
- $2 \to 3 \to 5 \to 4 \to 6$ mit der Länge 27

Für den Startknoten 3:

- 3 nach 1 geht nicht
- $3 \rightarrow 5 \rightarrow 4 \rightarrow 2$ mit der Länge 70
- $3 \rightarrow 5 \rightarrow 4$ mit der Länge 20
- $3 \rightarrow 5$ mit der Länge 15
- $3 \rightarrow 5 \rightarrow 4 \rightarrow 6$ mit der Länge 22

Für den Startknoten 4:

- 4 nach 1 geht nicht
- $4 \rightarrow 2$ mit der Länge 50
- $4 \rightarrow 2 \rightarrow 3$ mit der Länge 55
- $4 \rightarrow 2 \rightarrow 3 \rightarrow 5$ mit der Länge 70
- $4 \rightarrow 6$ mit der Länge 2

Für den Startknoten 5:

- 5 nach 1 geht nicht
- $5 \rightarrow 4 \rightarrow 2$ mit der Länge 55
- $5 \rightarrow 4 \rightarrow 2 \rightarrow 3$ mit der Länge 60
- $5 \rightarrow 4$ mit der Länge 5
- $5 \rightarrow 4 \rightarrow 6$ mit der Länge 7

Für den Startknoten 6:

- 6 nach 1 geht nicht
- $6 \rightarrow 4 \rightarrow 2$ mit der Länge 55
- $6 \rightarrow 4 \rightarrow 2 \rightarrow 3$ mit der Länge 60
- $6 \rightarrow 4$ mit der Länge 5
- $6 \rightarrow 4 \rightarrow 2 \rightarrow 3 \rightarrow 5$ mit der Länge 75.

5.5 JAVA-Programme

In diesem Abschnitt werden zwei Programme zur Graphentheorie vorgestellt. Beide Programme beinhalten eine GUI, also eine graphische Benutzeroberfläche. Das erste Programm bildet den Algorithmus von Dijkstra ab, das zweite Programm den Tripel-Algorithmus. Auf die Implementierung des FIFO-Algorithmus wird hier verzichtet, da bei der Anwendung für den Algorithmus von Dijkstra im Wesentlichen nur die eigentliche Berechnung ausgetauscht werden muss.
Beide Programme beinhalten eine Anzahl von Verbesserungs- bzw. Erweiterungsmöglichkeiten. Auf diese wird bei den Übungsaufgaben eingegangen.

5.5.1 Quellcodes und Erläuterungen

5.5.1.1 Algorithmus von Dijkstra

Der Algorithmus von Dijkstra wird durch 14 Klassen abgebildet:

Klasse zum Starten der Anwendung:

- Klasse StartDijkstra.java

Klassen für die GUI:

- Klasse AusgabeFenster.java
- Klasse Fenster.java
- Klasse Kantenzeichner.java
- Klasse PunktZeichner.java

Klassen für die Logik:

- Klasse Kante.java
- Klasse Logik.java
- Klasse Menge.java
- Klasse Punkt.java
- Klasse PunktVector.java
- Klasse Punktvektor.java
- Klasse Richtungsvektor.java
- Klasse RoutenplanerGUI.java
- Klasse Zeichenflaeche.java

Sämtliche Funktionalitäten, Zusammenhänge und Konstruktionen sind als Kommentare in den Quellcode eingefügt, um die ständigen Verweise auf Quellcodezeilen zu umgehen.

Der Programmablauf ist im Folgenden beschrieben und kann im Abschnitt Beispiel und Programmabläufe angesehen werden.

(1) Nach dem Starten der Anwendung erscheint ein leeres, weißes Fenster.
(2) Nach einem Klick auf einen Punkt (in diesem Fenster) mit der linken Maustaste erscheint ein Fenster mit der Frage „Name des Punktes“. Nach Eingabe eines Namens und Klick auf den Button „OK“ wird an der angeklickten Stelle ein dicker, orangefarbener Punkt mit der eingegebenen Beschriftung gezeichnet. Der erste eingegebene Punkt ist der **Startpunkt.**
So werden nacheinander alle Punkte angelegt.
(3) Als Nächstes werden die Verbindungen eingegeben:
Es erfolgt ein Klick mit der linken Maustaste auf den Anfangspunkt der Verbindung und Ziehen des Mauszeigers auf den Endpunkt der Verbindung. Nach dem Loslassen der Maustaste erscheint ein Fenster mit der Frage „Länge der Kante“. Nach Eingabe einer Zahl und Klick auf den Button „OK“ wird ein gerichteter Vektor zwischen den beiden Punkten mit der Beschriftung der eingegebenen Länge gezeichnet.
So werden nacheinander alle Verbindungen angelegt.
(4) Nach einem Klick auf einen beliebigen Punkt werden in einem neuen Fenster mit dem Namen „Ergebnis“ die Berechnungen aller Iterationen angezeigt. Die einzelnen Punkte werden in der Reihenfolge ihrer Eingabe in der Tabelle angeordnet.

Im Folgenden sind die Quellcodes der 14 Klassen angegeben. Eine Beschreibung der Funktionalitäten usw. erfolgt direkt im Quellcode.

Klasse AusgabeFenster.java

```
// package dijkstra.gui;

import java.awt.FlowLayout;
import javax.swing.JFrame;
import javax.swing.JLabel;
import javax.swing.JTable;

// import dijkstra.logik.Punkt;
// import dijkstra.logik.PunktVector;
// import dijkstra.logik.RoutenplanerGUI;

// Klasse AusgabeFenster
// Erzeugt ein Fenster für die Ausgabe der Lösung eines
// Routenplanerproblems. Implementiert das Interface
// RoutenplanerGUI, so kann die Logik die Ergebnisse einer
// jeden Iteration übermitteln.

public class AusgabeFenster extends JFrame
                            implements RoutenplanerGUI
{
  // Konstruktor der Klasse AusgabeFenster<br>
  // Initialisiert das Fenster

  public AusgabeFenster()
```

```
{
  setBounds(250, 150, 350, 300);
  setTitle("Ergebnis");
  getContentPane().setLayout( new FlowLayout() );
}

public void reset()
{
  getContentPane().removeAll();
}

// Aus Interface logik.RoutenplanerGUI
// Wird von der Logik am Ende einer jeden Iteration
// ausgeführt, übergibt den aktuellen Stand der Punkte.
// Überträgt die Daten in ein zweidimensionales Array als
// Datenbasis für ein JTable

public void zeichneIteration(String titel,
                             PunktVector punkte)
{
  int anzahlPunkte= punkte.size();

  // Das 2d- Datenmodell für das JTable:
  // 3 Zeilen hoch und -anzahlPunkte- Spalten breit

  Object[][] rowdata = new Object [3][anzahlPunkte];

  // Das JTable fordert noch Spaltenbezeichnungen, die wir
  // aber nicht benutzen wollen

  Object[] columnName = new String[anzahlPunkte];

  for (int i=0; i < anzahlPunkte; i++)
  {

    // Spaltenbezeichnungen werden ignoriert

    columnName[i]="";

    // Wir betrachten jetzt pro Schleifendurchgang einen
    // konkreten Punkt:

    Punkt hilfspunkt = punkte.get(i);

    // Und füllen die 3 Zeilen des Arrays an der Stelle i

    rowdata[0][i]=hilfspunkt.getName();
    rowdata[1][i]=Integer.toString(
                  hilfspunkt.getEntfernung());
    rowdata[2][i]=hilfspunkt.getVorgaengerName();
  }

  // Jetzt werden Oberflächenkomponenten erstellt:
  // Das JLabel gibt den Titel an,
```

```
    JLabel bezeichnung = new JLabel(titel);
    getContentPane().add(bezeichnung);

    // Das JTable stellt unser 2d-Array dar

    JTable tabelle = new JTable(rowdata, columnName );
    getContentPane().add(tabelle);
  }

  // Aus Interface logik.RoutenplanerGUI
  // Die Logik informiert uns, dass die Berechnung zu Ende
  // ist. Das Ausgabefenster kann nun angezeigt werden.

  public void berechnungBeendet()
  {
    setVisible(true);
  }
}
```

Klasse Fenster.java

```
// package dijkstra.gui;

import javax.swing.*;
import java.awt.*;

// Klasse Fenster
// Das Fenster beinhaltet lediglich die mächtigere
// Zeichenfläche.

public class Fenster extends JFrame
{
  private Zeichenflaeche zeichenflaeche;

  public Fenster()
  {
    this.setBounds(50,50,400,300);
    Container c = getContentPane();
    setTitle("Dijkstra");
    zeichenflaeche = new Zeichenflaeche();
    c.add(zeichenflaeche);
    setDefaultCloseOperation(EXIT_ON_CLOSE);
  }
}
```

Klasse Kante.java

```
// package dijkstra.logik;

// Klasse Kante
// Eine Kante verbindet 2 Punkte und repräsentiert die
```

```
// Distanz dazwischen.

public class Kante
{
  // Distanz der Kante

  private int distanz;

  // Referenz auf den Nachfolgenden Punkt

  private Punkt nachfolger;

  // Konstruktor der Klasse Kante
  // Die Kante erfordert direkt einen Nachfolger und eine
  // Distanz zum Nachfolger. Ohne diese beiden Werte macht
  // die Kante auch nicht viel Sinn.

  public Kante( Punkt nachfolger, int distanz )
  {
    this.nachfolger = nachfolger;
    this.distanz = distanz;
  }

  public Punkt getNachfolger()
  {
    return nachfolger;
  }

  public String getNameNachfolger()
  {
    return nachfolger.getName();
  }

  public int getDistanz()
  {
    return distanz;
  }
}
```

Klasse Kantenzeichner.java

```
// package dijkstra.gui;

import java.awt.*;

// import dijkstra.logik.Kante;

  // Klasse KantenZeichner<br>
  // Der KantenZeichner verbindet analog zum PunktZeichner
  // den logischen Punkt mit der grafischen Oberfläche.

public class KantenZeichner
```

```
{
  // Die Form der Kante ist eine Gerade zwischen den beiden
  // Mittelpunkten der verbundenen Punkte, die Gerade ist im
  // Allgemeinen durch 2 Punkte definiert.

  private Punktvektor startpunkt;
  private Punktvektor endpunkt;

  // Zusätzlich wird der Richtungsvektor vorgehalten.

  private Richtungsvektor richtung;

  // Referenz auf die zu zeichnende logische Kante

  private Kante kante;

  // Bestimmt, wie groß das Pfeilelement ist

  private final int PFEILGROESSE = 20;

  // Konstruktor der Klasse KantenZeichner
  // Initialisiert den Zeichner mit einer Referenz auf die
  // Kante und den Eckpunkten der Gerade
  public KantenZeichner( Kante k, int x1, int y1,
                         int x2, int y2 )
  {
    kante = k;
    startpunkt = new Punktvektor(x1, y1);
    endpunkt = new Punktvektor(x2, y2);
    richtung = new Richtungsvektor(x1,y1,x2,y2);
  }

  // Zeichnet den Punkt auf ein Graphics- Objekt, welches
  // vergleichbar mit einer Zeichenfläche ist.

  public void zeichne( Graphics g )
  {

  // Zeichnen einer Linie aus Anfangs- und Endkoordinaten
  // Es werden im Folgenden 4 Punkte ermittelt und mit Linien
  // verbunden.
  // Es werden nun 4 Punkte ermittelt und mit Punkten
  // verbunden, so dass ein Pfeil zwischen Start- und
  // Endpunkt entsteht.
  // * Erster Punkt ist der Startpunkt.
  // * Der zweite Punkt ist die Pfeilspitze, die sich auf dem
  //   Kreisradius des Endpunktes befindet.
  // * Die "Pfeilmitte" ist der dritte Punkt und stellt den
  //   Schnittpunkt einer Senkrechten auf den Pfeil dar, die
  //   durch die beiden Endpunkte des Pfeils gehen.
  // * Die Punkte "Pfeilende1" und "Pfeilende2" stellen die
  //   Enden des Pfeils über der Senkrechten dar.

  // Es wird die Pfeillänge ermittelt und auf
```

```
// einfacherheitshalber auf int gecastet.
// Im Pixelbereich sollte da kein Fehler passieren.

int pfeillaenge = (int) Richtungsvektor.berechneEntfernung
      (startpunkt, endpunkt) - PunktZeichner.DURCHMESSER/2;

// Der Punkt "Pfeilspitze"

Punktvektor pfeilspitze =
       startpunkt.bewegeInRichtung(pfeillaenge, richtung );

// Der Punkt "Pfeilmitte"

Punktvektor pfeilmitte = startpunkt.bewegeInRichtung
                 (pfeillaenge - PFEILGROESSE, richtung );

// Die Pfeilenden

Punktvektor pfeilende1 = pfeilmitte.
        bewegeSenkrechtInRichtung(PFEILGROESSE,richtung);
Punktvektor pfeilende2 = pfeilmitte.
        bewegeSenkrechtInRichtung(-PFEILGROESSE,richtung);

// Nun können die notwendigen Verbindungen gezeichnet
// werden

g.drawLine(startpunkt.x, startpunkt.y,
           pfeilspitze.x, pfeilspitze.y);
g.drawLine(pfeilspitze.x, pfeilspitze.y,
           pfeilende1.x, pfeilende1.y);
g.drawLine(pfeilspitze.x, pfeilspitze.y,
           pfeilende2.x, pfeilende2.y);

// Zeichnen der Distanzanzeige:
// Es wird ein neuer Punkt auf 3/5 der Strecke ermittelt,
// an dem die Anzeige der Kantendistanz erfolgt.

int entfernungZweiDrittel = (int) (Richtungsvektor.
             berechneEntfernung(startpunkt, endpunkt)*3/5);
Punktvektor anzeigepunkt =  startpunkt.
        bewegeInRichtung(entfernungZweiDrittel, richtung );

// Damit nicht direkt auf der Linie gezeichnet wird, gehen
// wir 15 Pixel weg

anzeigepunkt = anzeigepunkt.
        bewegeSenkrechtInRichtung(15, richtung);

// Der String wird aus dem Integerwert gebildet.

String distanz = new String();
distanz = String.valueOf(kante.getDistanz());

// Nun kann der String gezeichnet werden
```

```
    g.drawString(distanz, anzeigepunkt.x, anzeigepunkt.y);
  }
}
```

Klasse Logik.java

```
// package dijkstra.logik;

// Klasse Logik<br>
// Die Logik ist in der Lage, ein Routenplanerproblem zu
// erfassen und mit dem Dijkstraalgorithmus zu lösen.

public class Logik
{

  // Der Punktvector kapselt ein Array sämtlicher am Problem
  // beteiligter Punkte.

  private PunktVector punkte;

  // Schnittstelle zu einer Oberfläche, die die Ergebnisse
  // jeder Iteration darstellen kann.

  private RoutenplanerGUI gui;

  // Konstruktor der Klasse
  // Initialisert den Punktvector

  public Logik(RoutenplanerGUI gui)
  {
    this.gui = gui;
    punkte = new PunktVector();
  }

  // Fügt dem System einen Punkt hinzu.

  public void addPunkt(Punkt p)
  {
    punkte.add(p);
  }


  // Berechnet die Lösung des gestellten Problems mit
  // dem Algorithmus von Dijkstra.

  public void berechneDijkstra()
  {

    // Die Berechnung macht nur Sinn, wenn mehr als ein Punkt
    // vorhanden ist
```

```
if( punkte.size() > 1 )
{

  // Instantiierung einer Menge m

  Menge m = new Menge();

  // Die Gui wird resettet, damit auch mehrere Berech-
  // nungen hintereinander durchgeführt werden können.

  gui.reset();

  // Auch die berechneten Entfernungen der Punkte müssen
  // resettet werden, um multiple Berechnungen zu
  // ermöglichen

  for(int i=0;i<punkte.size();i++)
  {
    punkte.get(i).resetEntfernung();
  }

  // Hinzufügen des ersten Punktes als Startpunkt

  Punkt startpunkt = punkte.get(0);
  startpunkt.verbesserung(0, "-/-" );
  m.add( startpunkt, true );

  // Das true unterbindet ein mehrfaches Einstellen
  // ein- und desselben Punkts

  int iteration = 0;
  while( !m.istLeer() )
  {

    // Punkt a ist der Punkt aus Menge m mit der
    // kleinsten Entfernung

    Punkt a = m.getPunktMitKleinsterEntfernung();

    // Dieser Punkt prüft und verbessert gegebenenfalls
    // seine Nachfolger, liefert die verbesserten Punkte
    // zurück.

    PunktVector verbessertePunkte =
                          a.berechneNachfolger();
    // Die verbesserten Punkte werden der Menge m
    //hinzugefügt

    m.add( verbessertePunkte, true );

    // Die Iteration ist beendet, kann nur von der
    // Oberfläche ausgegeben werden.

    iteration++;
```

```
        gui.zeichneIteration("Iteration " + iteration,
                             punkte);
      }

      // Nach der Schleife ist die Berechnung beendet, diese
      // Information kann an die gui weitergereicht werden.

      gui.berechnungBeendet();
    }
  }
}
```

Klasse Menge.java

```
// package dijkstra.logik;

// Klasse Menge
// Eine besondere Datenstruktur für das Routenplanerproblem,
// wird z.B. bei Dijkstra und FIFO benutzt

public class Menge
{

  // Die Menge ist nichts als eine Anordnung von Punkten

  private PunktVector punkte;

  // Konstruktor der Klasse Menge
  // Initialisiert den PunktVector

  public Menge()
  {
    punkte = new PunktVector();
  }

  // Fügt einen Punkt zur Menge hinzu
  // * @param p - Hinzuzufügender Punkt
  // * @param distinktiv - Gibt an, dass Punkte nur einfach
  //   in die Menge gefügt werden sollen

  public void add( Punkt p, boolean distinktiv )
  {

    // falls distinktiv true ist, muss überprüft werden, ob
    // sich der Punkt schon in der Menge befindet
    if( distinktiv )
    {

      // Wenn indexOf(p) einen Wert >= 0 liefert, existiert
      // der Punkt schon in der Menge

      if( punkte.indexOf(p) < 0 )
```

```
      {

        // Nur wenn der Index -1 beträgt, darf der Punkt in
        // die Menge eingefügt werden

        punkte.add(p);
      }
    }

    // wenn distinktiv false ist, wird der Punkt auf jeden
    // Fall in die Menge eingefügt

    else
    {
      punkte.add(p);
    }
  }

  // Fügt eine Menge von Punkten zur Menge hinzu
  // * @param pv - Hinzuzufügender PunktVector
  // * @param distinktiv - Gibt an, dass Punkte nur einfach
  // in die Menge gefügt werden sollen

  public void add( PunktVector pv, boolean distinktiv )
  {

    // Für jeden Punkt p im Vector wird die die Methode
    // add( Punkt p, boolean distinktiv ) ausgeführt

    for (int i = 0; i < pv.size(); i++)
    {
      Punkt p = pv.get(i);
      add(p, distinktiv);
    }
  }

  // Gibt den gesuchten Punkt zurück und löscht ihn aus der
  // Liste
  // @return - Punkt mit kleinster Entfernung zum Startpunkt,
  // null wenn Liste leer

  public Punkt getPunktMitKleinsterEntfernung()
  {
    Punkt gesucht = null;

    if( !istLeer() )
    {

      // Suchalgorithmus: Wir nehmen Punkt Nummer 1

      gesucht = punkte.get(0);
      for (int i = 1; i < punkte.size(); i++)
      {
        // und vergleichen ihn mit dem jeweils nächsten.
```

```
        Punkt temp = punkte.get(i);
        if( temp.getEntfernung() < gesucht.getEntfernung() )
        {

          // Falls der Vergleichspunkt kleiner als das
          // aktuelle Minimum ist, wird er selbst zum
          // gesuchten Punkt.

          gesucht = temp;
        }
      }
    }

    // Nun kann der Punkt mit der kleinsten Entfernung aus
    // der Menge entfernt und zurückgegeben werden

    punkte.remove(gesucht);
    return gesucht;
  }

  / Gibt an, ob die Menge leer ist.

  public boolean istLeer()
  {

    // leer ist sie, wenn der PunktVector 0 groß ist

    return ( punkte.size() == 0 );
  }
}
```

Klasse Punkt.java

```
// package dijkstra.logik;

// Klasse Punkt
// Repräsentiert einen Punkt im Routenplanerproblem und ist
// über Objekte der Klasse Kante mit seinen Nachfolgern
// verbunden.

public class Punkt
{
   // Entfernung zum Startpunkt

  private int entfernung;

  // Name des Punktes (z.B. P1, P2, Stuttgart, ... )

  private String name;

  // Name des Vorgänger-Punktes
```

```
private String vorgaengerName = "-";

// Array der Kanten, die auf die Nachfolger referenzieren

private Kante[] kanten;

// Konstruktor der Klasse Punkt
// Initialisiert einen Punkt
// @param name - Der Name des Punktes, z.B. P1, P2,
// Stuttgart, ...

public Punkt( String name )
{
  this.name = name;

  // Der Punkt wird mit der Entfernung "unendlich"
  // initialisiert, als Trick verwenden wir die Hälfte des
  // maximalen Integerwertes. (2^31)
  // Die Addition 2er "unendlicher" Werte ergibt so
  // immernoch einen sehr großen positiven Wert,
  // der für Vergleiche herangezogen werden kann.

  entfernung = Integer.MAX_VALUE/2;

  // Erzeugt das (bisher leere) Array, in dem später die
  // Kanten abgelegt werden

  kanten = new Kante[0];
}

// Fügt dem Punkt eine Kante und so einen Nachfolger hinzu

public void addKante( Kante k )
{

  // Das Array wird durch den Zuwachs einer Kante um eines
  // größer, so muss ein neues Array mit der größe
  // "kanten.length+1" erstellt werden.
  // Dieses speichern wir zunächst in einer Hilfsvariablen,
  // um den Inhalt kopieren zu können.

  Kante[] kantenNeu = new Kante[kanten.length+1];

  // hier werden dem Hilfsarray alle Kanten des alten
  // Arrays hinzugefügt

  for (int i=0; i < kanten.length; i++)
  {
    kantenNeu[i] = kanten [i];
  }

  // neue erzeugte Kante wird dem Hilfarray als letztes
  // hinzugefügt
```

```
    kantenNeu[kanten.length] = k;

    // Nun kann das neue Array übernommen werden, das alte
    // fällt der Garbage Collection zum Opfer

    kanten = kantenNeu;
  }

  // Berechnet die Entfernung zu den Nachfolgern und
  // verbessert diese gegebenenfalls.
  // * @return - PunktVector, die Menge von Punkten, die
  // verbessert wurden.

  public PunktVector berechneNachfolger()
  {

    // Vorbereitung des Ergebnisvectors

    PunktVector verbessertePunkte = new PunktVector();

    // Jetzt wird jede Kante samt Nachfolger betrachtet

    for (int i = 0; i < kanten.length; i++)
    {
      Punkt nachfolger = kanten[i].getNachfolger();
      int neueEntfernung = entfernung +
                              kanten[i].getDistanz();
      if( neueEntfernung < nachfolger.getEntfernung() )
      {

        // Falls der Punkt verbessert werden kann, bekommt er
        // seine neue Entfernung und den Vorgänger,

        nachfolger.verbesserung( neueEntfernung, name );

        // und wird in die Menge der verbesserten Punkte
        // aufgenommen

        verbessertePunkte.add( nachfolger );
      }
    }
    return verbessertePunkte;
  }

  // Verbessert die Entfernung eines Punktes und gibt den
  // Vorgänger der Verbesserung an.

  public void verbesserung( int neuEntf,
                            String neuVorgaenger )
  {

    //die mitgegebenen Werte werden dem Punkt zugewiesen

    entfernung = neuEntf;
```

```
    vorgaengerName = neuVorgaenger;
  }

  public int getEntfernung()
  {
    return entfernung;
  }

  public String getName()
  {
    return name;
  }

  public String getVorgaengerName()
  {
    return vorgaengerName;
  }

  public void resetEntfernung()
  {
    entfernung = Integer.MAX_VALUE/2;
  }
}
```

Klasse PunktVector.java

```
// package dijkstra.logik;

import java.util.Vector;

// Klasse PunktVector
// Ein typsicherer Vector, der nur Punkte als Datentyp
// zulässt.

public class PunktVector
{

  // Ein java.util.Vector, darf nur mit Objekten der Klasse
  // Punkt gefüllt werden!

  private Vector punkte;

  public PunktVector()
  {
    punkte = new Vector();
  }

  // Gibt einen Punkt zurück.
  // * @param index - Index des zu liefernden Punktes

  public Punkt get(int index)
  {
```

```
    // Der Vector punkte liefert stets Objekte in der
    // Sichtbarkeit "Object" zurück: man müsste mittels des
    // Operators "instanceof" feststellen, ob ein Cast auf
    // (Punkt) zulässig ist. Brauchen wir aber nicht, da der
    // Vector nur in der Methode .add(Punkt p) weiter befüllt
    // werden kann, und dort kann auch nur ein Punktobjekt
    // übergeben werden.

    return (Punkt)punkte.get(index);
  }

  // Fügt dem Vector einen weiteren Punkt hinzu

  public void add( Punkt p )
  {
    punkte.add(p);
  }

  // Gibt die Anzahl der Elemente im Vektor zurück.

  public int size()
  {
    return punkte.size();
  }

  // Gibt den Index des gesuchten Punkts zurück, -1 falls
  // nicht gefunden

  public int indexOf( Punkt p )
  {
    return punkte.indexOf(p);
  }

  // Entfernt einen Punkt aus dem Vector

  public void remove( Punkt p)
  {
    punkte.remove(p);
  }
}
```

Klasse Punktvektor.java

```
// Klasse Punktvektor<br>
// Der Punktvektor repräsentiert eine Position. Mittels eines
// Richtungsvektors kann er um eine beliebige Länge
// verschoben werden.

public class Punktvektor
{

  // Unspecifed Deklarationen für die Richtungsangabe
```

```
  int x, y;

  public Punktvektor(int x, int y)
  {
    this.x=x;
    this.y=y;
  }

  // Gibt eine Kopie dieses Punkvektors zurück, die um die
  // Länge laenge in die Richtung richtung verschoben ist.

  public Punktvektor bewegeInRichtung(int laenge,
                                Richtungsvektor richtung)
  {
    Richtungsvektor normalisierterVektor =
                    richtung.normalisiereAufLaenge(laenge);
    int xNeu = x + normalisierterVektor.getX();
    int yNeu = y + normalisierterVektor.getY();

    return new Punktvektor(xNeu, yNeu);
  }

  // Gibt eine Kopie dieses Punkvektors zurück, die um die
  // Länge laenge in die Senkrechte der Richtung richtung
  // verschoben ist.

  public Punktvektor bewegeSenkrechtInRichtung(int laenge,
                                Richtungsvektor richtung)
  {
    Richtungsvektor gedrehterVektor =
              richtung.getSenkrechte();
    Richtungsvektor normalisierterVektor =
              gedrehterVektor.normalisiereAufLaenge(laenge);
    int xNeu = x + normalisierterVektor.getX();
    int yNeu = y + normalisierterVektor.getY();

    return new Punktvektor(xNeu, yNeu);
  }
}
```

Klasse PunktZeichner.java

```
// package dijkstra.gui;

import java.lang.Math;
import java.awt.*;

// import dijkstra.logik.Punkt;

// Klasse Punktzeichner
// Das Bindeglied zwischen dem logischen Punkt und dem Auge
// des Benutzers. Eine unabhängige Logik kann nur existieren,
```

```
// wenn sie von den Funktionsweisen der Oberflächen-
// darstellung getrennt wird.
// Darum kümmert sich ein PunktZeichner.

public class PunktZeichner
{

  // Abstand von links (in Pixeln) auf der übergeordneten
  // Oberflächenkomponente

  private int xWert;

  // Abstand von oben (in Pixeln) auf der übergeordneten
  // Oberflächenkomponente

  private int yWert;

  // Konstante Durchmesser: wie groß ist ein Kreis?

  public static final int DURCHMESSER = 50;

  // Font und Schriftgröße der Bezeichnung

  private static Font schriftzug =
               new Font("Arial", Font.BOLD, 20);

  // Referenz auf den darzustellenden Punkt

  private Punkt punkt;

  // Konstruktor der Klasse Punkt
  // Benötigt Referenz auf den Punkt, sowie die Koordinaten
  // auf der Oberfläche.

  public PunktZeichner( Punkt p, int x, int y )
  {
    punkt = p;
    xWert = x;
    yWert = y;
  }

  // Zeichnet den Punkt auf ein Graphics- Objekt, welches
  // vergleichbar mit einer Zeichenfläche ist.

  public void zeichne( Graphics g, Color color )
  {
    // Zeichenfarbe des Kreises

    g.setColor(color);

    // füllt einen Kreis

    g.fillOval (xWert - (DURCHMESSER/2),
         yWert - (DURCHMESSER/2), DURCHMESSER,DURCHMESSER );
```

```
    // Zeichenfarbe des Namens

    g.setColor(Color.black);

    // Schriftart und Größe

    g.setFont( schriftzug );

    // zeichnet den Namen

    g.drawString(punkt.getName(), xWert, yWert);
  }

  // Die Methode hitTest ist eine Kollisionsabfrage, in der
  // festgestellt wird, ob sich die mitgelieferten
  // Koordinaten innerhalb des gezeichneten Punktes befinden.
  // * @return - true, wenn xKlick und yKlick innerhalb des
  // Kreises

  public boolean hitTest(int xKlick, int yKlick)
  {

    // Zur Lösung berechnen wir einfach mittels Pythagoras
    // die Entfernung vom Klickpunkt zum Mittelpunkt des
    // Kreises. Wenn die Entfernung größer ist als
    // Durchmesser/2, wird false zurückgegeben.

    int xAbstand = xWert - xKlick; //Berechnung der Kathete x
    int yAbstand = yWert - yKlick; //Berechnung der Kathete y

    xAbstand= Math.abs(xAbstand);
    // Betrag der Kathete x, da xAbstand auch neg. sein kann

    yAbstand= Math.abs(yAbstand);
    // Betrag der Kathete y, da yAbstand auch neg. sein kann

    double asymptote=xAbstand*xAbstand+yAbstand*yAbstand;
    // Satz von Pythagoras

    asymptote= Math.sqrt(asymptote);

    return (asymptote < (DURCHMESSER/2));
  }

  public Punkt getPunkt()
  {
    return punkt;
  }

  public int getX()
  {
    return xWert;
  }
```

```
  public int getY()
  {
    return yWert;
  }
}
```

Klasse Richtungsvektor.java

```
// Klasse Richtungsvektor
// Der Richtungsvektor setzt sich aus zwei Punkten zusammen
// und verfügt über die Fähigkeiten, die Entfernung
// auszugeben, sich selbst auf eine gegebene Länge zu
// normieren oder den senkrechten Richtungsvektor zu bilden.

public class Richtungsvektor
{

  // Unspecifed Deklarationen für die Richtungsangabe

  int x1, y1, x2, y2;

  public Richtungsvektor(int x1, int y1, int x2, int y2)
  {
    this.x1=x1;
    this.y1=y1;
    this.x2=x2;
    this.y2=y2;
  }

  // Diese Methode normalisiert den Vektor auf eine gegebene
  // Länge, so dass er direkt auf einen Punkt addiert werden
  // kann, um eine Verschiebung zu realisieren.

  public Richtungsvektor normalisiereAufLaenge(int laenge)
  {

    // Zurückgegeben werden soll ein Richtungsvektor, der die
    // Länge 1 hat. Gemeint ist hierbei die Hypotenuse des
    // sich ergebenden Rechtecks.
    // Zu diesem Zweck werden die Abstande X und Y ermittelt
    // und normiert.
    // Der Faktor der Normierung wird bestimmt.

    double faktor = berechneEntfernung(x1,y1,x2,y2);


    // Die einzelnen Werte werden nun mit (laenge/faktor)
    // multipliziert und somit normiert
    int x1Neu = (int)Math.round(x1 * laenge / faktor);
    int y1Neu = (int)Math.round(y1 * laenge / faktor);
    int x2Neu = (int)Math.round(x2 * laenge / faktor);
    int y2Neu = (int)Math.round(y2 * laenge / faktor);
```

```
    // Der fertige, normierte Richtungsvektor wird
    // zurückgeben.

    return new Richtungsvektor(x1Neu,y1Neu,x2Neu,y2Neu);
  }

  // Gibt den Richtungsvektor zurück, der senkrecht auf dem
  // gegebenen steht.

  public Richtungsvektor getSenkrechte()
  {

    // Der Richtungsvektor wird gedreht, in dem
    // x2-x1 / y2-y1 in z.B. y2-y1 / x1-x2 getauscht wird.

    return new Richtungsvektor(y1,x2,y2,x1);
  }

  public int getX()
  {
    return x2-x1;
  }

  public int getY()
  {
    return y2-y1;
  }

  // Berechnet die Entfernung zwischen zwei Punkten

  public static double berechneEntfernung(Punktvektor
                      startpunkt, Punktvektor endpunkt)
  {

    return berechneEntfernung(startpunkt.x, startpunkt.y,
                              endpunkt.x, endpunkt.y );
  }

  // Berechnet die Entfernung zwischen zwei Punkten

  private static double berechneEntfernung(int xStartpunkt,
            int yStartpunkt, int xEndpunkt, int yEndpunkt )
  {
    int abstandY = yEndpunkt - yStartpunkt;
    int abstandX = xEndpunkt - xStartpunkt;

    // Die statische Funktion Math.pow potenziert die
    // Parameter, Math.sqrt gibt die Wurzel zurück. So wird
    // mittels des Satzes von Pythagoras die Länge der
    // Hypotenuse ermittelt.

    return Math.sqrt( Math.pow(abstandX,2) +
                      Math.pow(abstandY,2) );
  }
}
```

Klasse RoutenplanerGUI.java

```
// package dijkstra.logik;

// Interface RoutenplanerGUI<br>
// Bietet eine abstrakte Schnittstelle zu beliebigen
// Oberflächen an. So können Veränderungen des Systems (bei-
// spielsweise die Berechnung einer Iteration), die zeitlich
// von Berechnungen der Logik abhängig sind, angezeigt
// werden.

public interface RoutenplanerGUI
{
  public void zeichneIteration( String titel,
                                PunktVector punkte );
  public void berechnungBeendet();
  public void reset();
}
```

Klasse StartDijkstra.java

```
// Startklasse der Anwendung

public class StartDijkstra
{
  public static void main( String[] args )
  {
    Fenster f = new Fenster();
    f.setVisible(true);
  }
}
```

Klasse Zeichenflaeche.java

```
// package dijkstra.gui;

import java.awt.Color;
import java.awt.Graphics;
import java.awt.event.MouseEvent;
import java.awt.event.MouseListener;

import javax.swing.JOptionPane;
import javax.swing.JPanel;

// import dijkstra.logik.Logik;
// import dijkstra.logik.Punkt;


// Klasse Zeichenflaeche
// Die Zeichenfläche stellt das Problem grafisch dar und
```

```
// übernimmt die Kontrolle der Eingaben.

public class Zeichenflaeche extends JPanel
                            implements MouseListener
{

  // Referenz auf eine Logik

  public Logik logik;

  // Legt die Hintergrundfarbe fest

  public static final Color ZEICHENFLAECHEFARBE =
                            Color.WHITE;

  // Farbe, in der die Punkte dargestellt werden

  private Color punktFarbe = Color.ORANGE;

  // Eine Referenz auf einen PunktZeichner, von dem aus
  // gedragt wird (Ziehen mit der Maus)

  private PunktZeichner trefferPressed;

  // Array sämtlicher PunktZeichner

  private PunktZeichner[] punktzeichner;

  // Array sämtlicher KantenZeichner

  private KantenZeichner[] kantenzeichner;

  // Konstruktor der Klasse Zeichenflaeche
  // Initialisiert die Zeichenfläche

  public Zeichenflaeche()
  {

    // Hintergrundfarbe

    setBackground(ZEICHENFLAECHEFARBE);

    // Registrierung als MouseListener, wichtig um
    // Mouse-Events abfangen zu können

    addMouseListener(this);

    // Initialisierung der Zeichner-Arrays

    punktzeichner = new PunktZeichner[0];
    kantenzeichner = new KantenZeichner[0];

    // Im Hintergrund wird schonmal ein AusgabeFenster
    // vorbereitet, bleibt erstmal unsichtbar
```

```
    AusgabeFenster f = new AusgabeFenster();

    // Mit dem AusgabeFenster als Parameter können wir ein
    // Logik-Objekt erstellen

    logik = new Logik(f);
  }

  // Diese Methode ist aus den Superklassen überschrieben und
  // wird von den übergeordneten grafischen Elementen aufge-
  // rufen, wenn sich das Bild verändert hat und neu
  // gezeichnet werden soll.

  public void paintComponent( Graphics g )
  {

    // Sehr wichtig, die Basisklassen müssen erst Ihre
    // Funktionalität erfüllen

    super.paintComponent(g);

    // Jetzt können wir drübermalen:

    for(int i=0; i<kantenzeichner.length; i++)
    {
      kantenzeichner[i].zeichne(g);
    }
    for(int i=0; i<punktzeichner.length; i++)
    {
      punktzeichner[i].zeichne(g, punktFarbe);
    }
  }

  // MouseClicked wird gerufen, wenn die Maus geklickt wurde.


  public void mouseClicked(MouseEvent e)
  {

    // Das sind die Koordinaten des Klicks auf der
    // Zeichenfläche, 0/0 wäre links oben

    int x = e.getX();
    int y = e.getY();

    // Der Punktzeichner, der "getroffen" wurde:
    // (oder auch nicht)

    PunktZeichner tHit = null;
    for (int i=0; i < punktzeichner.length; i++)
    {

      // hitTest(x,y) gibt true zurück, wenn die Koordinaten
      // im Punkt liegen
```

```
      if( punktzeichner[i].hitTest(x, y))
      {
        tHit = punktzeichner[i];

        // break beendet die for-Schleife sofort
        break;
      }
    }

    // So fangen wir einen Doppelklick:

    if(e.getClickCount() == 2)
    {

      // Startsequenz

      logik.berechneDijkstra();
    }
    else if(tHit == null)

    // Nur wenn kein Punkt angeklickt wurde, wird ein neuer
    // erstellt:
    {

      //Textbox fragt nach dem Namen des Punktes

      String name = JOptionPane.showInputDialog
                                (this, "Name des Punktes: ");

      // Wurde der Dialog abgebrochen, wird natürlich kein
      // Punkt erstellt:

      if( name != null )
      {

        // Nun kann ein neuer Punkt erstellt und der Logik
        // hinzugefügt werden:

        Punkt punkt = new Punkt(name);
        logik.addPunkt(punkt);

        // Hierzu erstellen wir auch direkt einen
        // PunktZeichner
        // Üblicher Kopiervorgang für Arrays, die eines
        // größer werden:

        PunktZeichner[] punktzeichnerNeu =
        new PunktZeichner[punktzeichner.length+1];

        for (int w=0; w < punktzeichner.length; w++)
        {
          punktzeichnerNeu[w] = punktzeichner[w];
        }
```

```
      // neue erzeugter Punktzaehler wird dem Hilfarray als
      // letztes hinzugefügt

      punktzeichnerNeu[punktzeichner.length] =
      new PunktZeichner(punkt, x, y);
      punktzeichner = punktzeichnerNeu;
    }
  }

  // Nachdem sich etwas an der Darstellung geändert hat
  // (ein weiterer PunktZeichner ist da), müssen wir noch
  // ein Neuzeichnen beantragen. Ansonsten würde sich der
  // Punkt erst nach z.B. einem Verschieben des Fensters
  // zeigen.

  this.repaint();
}

public void mouseEntered(MouseEvent e)
{
}

public void mouseExited(MouseEvent e)
{
}

// MousePressed wird jedes Mal ausgelöst, wenn eine Maus-
// taste gedrückt (also nach unten bewegt) wird.
// Merkt sich einen ggfls. getroffenen Punkt in der
// Variable trefferPressed.
// Siehe Weiterverarbeitung MouseReleased

public void mousePressed(MouseEvent e)
{

  // Koordinaten auf der Zeichenfläche
  int xPressed = e.getX();
  int yPressed = e.getY();

  for (int bloe = 0; bloe < punktzeichner.length; bloe ++)
  {

  // Nun finden wir wieder mittels hitTest heraus, ob ein
  // PunktZeichner getroffen wurde.

    if (punktzeichner[bloe].hitTest(xPressed, yPressed) )
    {
      trefferPressed = punktzeichner[bloe];
      break;
    }
  }
}

// Wird gerufen, wenn eine Maustaste losgelassen wird.
```

```
// Falls das über einem PunktZeichner geschieht, und
// trefferPressed auf einen anderen PunktZeichner zeigt,
// wurde von einem Punkt zum anderen gezogen.
// Dann muss eine Kante zwischen den beiden Punkten
// erstellt werden.

public void mouseReleased(MouseEvent e)
{

  // Nur relevant, wenn trefferPressed in mousePressed
  // gefüllt wurde

  if (trefferPressed != null)
  {

    // Koordinaten des loslassens

    int xReleased = e.getX();
    int yReleased = e.getY();

    for (int i = 0; i < punktzeichner.length; i ++)
    {

      // Gesucht ist ein PunktZeichner, den wir mit dem
      // Loslassen getroffen haben:

      if (punktzeichner[i].hitTest(xReleased,
                                   yReleased) == true)
      {

        // wenn dieser PunktZeichner ungleich dem ist, auf
        // den geklickt wurde, wollen wir eine Kante
        // zwischen beiden Punkten ziehen

        if(punktzeichner[i] != trefferPressed)
        {

          // Textbox fragt nach der Länge der Kante

          String strDistanz = OptionPane.showInputDialog
                              (this, "Länge der Kante");

          // Falls der Dialog abgebrochen wurde, also
          //(strDistanz == null), wird keine Kante erstellt

          if(strDistanz!=null)
          {
            int distanz = Integer.parseInt(strDistanz);

            // Nun wird eine neue Kante erstellt

            Kante kante = new Kante
                  (punktzeichner[i].getPunkt(), distanz);
```

```
            // Dem ersten Punkt wird nun diese Kante
            // hinzugefügt

            trefferPressed.getPunkt().addKante(kante);

            // Jetzt fehlt nur noch der KantenZeichner:
            // Nun können wir die Mittelpunkte der beiden
            // Zeichner als Eckpunkte der Geraden benutzen.

            int x1 = trefferPressed.getX();
            int y1 = trefferPressed.getY();
            int x2 = punktzeichner[i].getX();
            int y2 = punktzeichner[i].getY();

            // Übliches Arrayvergrößern
            KantenZeichner[] kantenzeichnerNeu =
               new KantenZeichner[kantenzeichner.length+1];

            for (int j=0; j < kantenzeichner.length; j++)
            {
              kantenzeichnerNeu[j] = kantenzeichner[j];
            }

            // neue erzeugter Kantenzaehler wird dem
            // Hilfsarray als letztes hinzugefügt

            kantenzeichnerNeu[kantenzeichner.length] =
                 new KantenZeichner(kante, x1, y1, x2, y2);
            kantenzeichner = kantenzeichnerNeu;

            // Auch hier muss ein Neuzeichnen angefordert
            // werden, damit die neue Kante gezeichnet
            // werden kann.

            this.repaint();

            // da ein Punkt getroffen wurde, kann die
            // for-schleife beendet werden.
            // Es kann keine sich schneidenden Punkte geben

            break;
          }
        }
      }
    } // Ende for

    // Auf jeden Fall, unabhängig davon, ob eine Kante
    // gezogen wurde, muss die Variable trefferPressed null
    // gesetzt werden. Das Loslassen einer Maustaste
    // beendet eine "Zieh"-Bewegung auf jeden Fall

    trefferPressed = null;
  } // Ende erstes if
}
```

5.5.1.2 Tripel-Algorithmus

Der Tripel-Algorithmus wird durch 4 Klassen abgebildet:

Klasse zum Starten der Anwendung:

- Klasse StartTriple.java

Klasse für die GUI:

- TripleFenster.java

Klassen für die Logik:

- Klasse TripleFensterModel.java
- Klasse TripleTableau.java

Sämtliche Funktionalitäten, Zusammenhänge und Konstruktionen sind als Kommentare in den Quellcode eingefügt um die ständigen Verweise auf Quellcodezeilen zu umgehen.

Der Programmablauf ist im Folgenden beschrieben und kann im Abschnitt Beispiel und Programmabläufe angesehen werden:

(1) Nach dem Starten der Anwendung erscheint ein Fenster mit der Frage „Bitte Anzahl der Punkte eingeben".
(2) Nach Eingabe der Anzahl und Klick auf den Button „OK" wird ein Fenster angezeigt, in dem im oberen Teil die Matrix mit den Einträgen $D(i, j)$ eingetragen wird. Dies geschieht durch Springen mit der TAB-Taste über alle Felder und Löschen des Symbols -/- und Eintragen der Länge der Kante. Durch Klick auf die einzelnen Zeilen der Tabelle im unteren Teil wird diese automatisch mit den Einträgen der matrix $Vorg(i, j)$ gefüllt. Dabei wird das Symbol ∞ durch -/- dargestellt.
(3) Nach dem (mehrfachen) Betätigen des Buttons „Iterationen" werden nacheinander alle Iterationen bis zur optimalen Lösung angezeigt. Nach der letzten Iteration ist kann der Button „Iterationen" nicht mehr betätigt werden und die optimale Lösung wird angezeigt.

Im Folgenden sind die Quellcodes der 4 Klassen angegeben. Eine Beschreibung der Funktionalitäten usw. erfolgt direkt im Quellcode.

Klasse StartTriple.java

```
// Erstellt ein TripleFenster, mit dem das
// Routenplanerproblem gelöst werden kann.
```

```
public class StartTriple
{
  public static void main(String[] args)
  {
    TripleFenster bloe = new TripleFenster();
    bloe.setVisible( true );
  }
}
```

Klasse TripleFenster.java

```
import java.awt.Container;
import java.awt.FlowLayout;
import java.awt.event.ActionEvent;
import java.awt.event.ActionListener;

import javax.swing.JButton;
import javax.swing.JFrame;
import javax.swing.JOptionPane;
import javax.swing.JPanel;
import javax.swing.JTable;

// Die Klasse TripleFenster stellt sich als Hauptklasse der
// gui dar, abgeleitet von JFrame dient sie der Visualisie-
// rung eines Tripletableaus.

public class TripleFenster extends JFrame
                           implements ActionListener
{

  // in diesem JTable wird die Entfernungsmatrix angezeigt

  private JTable entfernungsTabelle;

  // in diesem JTable wird die Vorgängermatrix angezeigt

  private JTable vorgaengerTabelle;

  // Berechnet die nächste Itereation

  private JButton weiterButton;

  // Referenziert das aktuell darzustellende TripleTableau

  private TripleTableau tableau;

  // Konstruktor der Klasse TripleFenster
  // Erstellt ein JFrame mit 2 Tabellen und dem "Weiter"-
     Button.
```

```
public TripleFenster()
{

   // JFrame- Eigenschaften:
   // Legt fest, was beim Schliessen des Fensters ( ALT + F4
   // oder "X" ) passieren soll
   // EXIT_ON_CLOSE beendet den Prozess mit der Anweisung
   // System.exit(0)

   setDefaultCloseOperation( EXIT_ON_CLOSE );

   // Setzt den Titel des Fensters
   // setTitle("Tripel-Algorithmus");
   // Legt die Startposition fest, 1. Wert ist der Abstand
   // (in Pixeln) vom linken Rand, 2. der Abstand von oben

   setLocation(100, 150);

   // Schlechte Sache von Java 1.4, wurde in Version 1.5
   // wieder verändert:
   // Wir können andere Oberflächenelemente nicht einfach
   // auf das Fenster kleben ( add() ), sondern müssen einen
   // Container namens ContentPane(1) anfordern

   Container inhalt = (JPanel)getContentPane();

   // FlowLayout ist ein Layout-manager, der die hinzugefüg-
   // ten Oberflächenelemente automatisch anordnet.

   inhalt.setLayout( new FlowLayout() );

   // Nun fügen wir einfach 2 Tabellen und einen Button mit-
   // tels "add()" hinzu. Dies macht diese Oberflächenkompo-
   // nenten auch tatsächlich sichtbar

   entfernungsTabelle = new JTable();
   inhalt.add( entfernungsTabelle );

   vorgaengerTabelle = new JTable();
   inhalt.add( vorgaengerTabelle );

   // Erstellen des Buttons

   weiterButton = new JButton("Iteration Berechnen");

   // Diese Anweisung ermöglicht es dem Button, diese Klasse
   // bei einem Klick zu informieren.
   // Genauer: Bei einem Klick ruft der Button die Methode
   // "actionPerformed" auf

   weiterButton.addActionListener( this );
   inhalt.add( weiterButton);

   // Initialisieren der Logik:
```

```
    // Herausfinden, wie viele Punkte unser Problem eigent-
    // lich hat. Das tun wir mit einem Input-Dialog:

    String input = JOptionPane.showInputDialog( this, "Bitte
                   Anzahl der Punkte angeben:");
    int anzahlPunkte = Integer.parseInt( input );

    // Erstellen der Logik

    tableau = new TripleTableau( anzahlPunkte );

    // Wir benötigen 2 TableModels

    TripleTableModel entfernungsModel = new TripleTableModel(
                                        tableau, true );
    TripleTableModel vorgaengerModel = new TripleTableModel(
                                       tableau, false );

    // Diese TableModels verknüpfen wir nun mit den schon
    // vorhandenen Tabellen

    entfernungsTabelle.setModel( entfernungsModel );
    vorgaengerTabelle.setModel( vorgaengerModel );

    // Dynamisch Größe des Fensters bestimmen

    setSize( 85*anzahlPunkte + 30, 42 * anzahlPunkte + 40 );
  }

  // Diese Methode reagiert auf einen Klick auf den "Iterati-
  // on berechnen"- Button, und stößt die Berechnung an.

  public void actionPerformed( ActionEvent evt )
  {

    // Durch berechneIteration() verändert sich das Tableau,
    // boolean fertig = tableau.berechneIteration();
    // Deshalb müssen wir die Tabellen lediglich anweisen,
    // sich neu zu zeichnen.

    entfernungsTabelle.repaint();
    vorgaengerTabelle.repaint();

    // Wenn das die letzte Iteration war, schalten
    // wir den Button aus

    if( fertig )
    {
      weiterButton.setEnabled( false );
    }
  }
}
```

Klasse TripleFensterModel.java

```
import javax.swing.event.TableModelListener;
import javax.swing.table.TableModel;


// Das TripleTableModel implementiert das zu JTable gehörende
// Interface TableModel und referenziert gleichzeitig noch
// auf eines der TripleTableaus. Im Endeffekt wird dieses
// TripleTableModel-Objekt an ein JTable übergeben, das
// JTable wird dann ständig unser Model fragen, wie es die
// Tabelle darstellen soll.
// Diese Information wird aus dem TripleTableau bezogen.

public class TripleTableModel implements TableModel
{

  // Referenz auf das darzustellende Tableau

  private TripleTableau tableau;

  // Information, welche der beiden Matrizen darzustellen ist

  private boolean istEntfernungsModel;

  // Konstruktor der Klasse TripleTableModel
  // @param pTableau - Darzustellendes Tableau
  // @param pIstEntfernungsModel - Soll es die Entfernungs-
  // matrix sein?

  public TripleTableModel( TripleTableau pTableau, boolean
                           pIstEntfernungsModel )
  {
    tableau = pTableau;
    istEntfernungsModel = pIstEntfernungsModel;
  }

  // Gibt die Anzahl der Zeilen zurück, die das JTable
  // darstellen kann/soll
  // siehe javax.swing.table.TableModel#getRowCount()

  public int getRowCount()
  {
    return tableau.getAnzahlPunkte();
  }

  // Gibt die Anzahl der Zeilen zurück, die das JTable
  // darstellen kann/soll

  public int getColumnCount()
  {
    return tableau.getAnzahlPunkte();
  }
```

```
// Würde Spaltenbezeichnungen für Spalte -columnIndex-
// zurückliefern, benutzen wir aber hier nicht.
// siehe javax.swing.table.TableModel#getColumnName(int)

public String getColumnName(int columnIndex)
{
  return null;
}

// siehe javax.swing.table.TableModel#getColumnClass(int)

public Class getColumnClass(int columnIndex)
{
  return String.class;
}

// Sagt aus, ob eine Zelle an der durch die Parameter indi-
// zierten Stelle editierbar sein soll oder nicht. Trifft
// hier nur auf das Entfernungsmodell VOR der ersten Itera-
// tion zu.

public boolean isCellEditable(int rowIndex,
                              int columnIndex)
{

  // Gibt "true" zurück, lässt das JTable ein editieren der
  // Zelle zu. Das darf nur passieren, wenn wir das Entfer-
  // nungsmodell sind UND die Iteration kleiner 0 ist

  return ( istEntfernungsModel && tableau.getIteration() <
           0 );
}

// Hier fordert das JTable zellenweise Inhalte an.
// siehe javax.swing.table.TableModel#getValueAt(int, int)

public Object getValueAt(int rowIndex, int columnIndex)
{
  // Je nachdem wir im Entfernungs- oder VorgaengerModell
  // sind, geben wir schon mal andere Werte zurück.

  if( istEntfernungsModel )
  {

    // Referenz auf die Entfernungsmatrix:

    int[][] entfernungsMatrix =
            tableau.getEntfernungsMatrix();

    // Zahlenwert der angeforderten Zelle in "int"

    int entfernung = entfernungsMatrix
                     [rowIndex][columnIndex];
```

```
        // Da 1073741823 unangenehm aussieht, mappen wir die
        // unendlichen Werte in einen aussagekräftigeren
        // String, und geben den gleich zurück

        if( entfernung == TripleTableau.UNENDLICH )
        {
          return "-/-";
        }
        else
        {

          // Ansonsten geben wir klar den Zahlenwert zurück,
          // aber nicht als Datentyp int, das ist kein Object.
          // Rückgabewert ist aber Object.
          // Integer ist -wie alle Klassen- Subklasse von
          // Object

          return new Integer( entfernung );
        }
      }
      else
      {

        // Die Vorgaengermatrix funktioniert nach demselben
        // Prinzip wie die "normalen" Zahlen der
        // Entfernungsmatrix

        int[][] vorgaengerMatrix =
                tableau.getVorgaengerMatrix();
        return new Integer( vorgaengerMatrix[rowIndex]
                [columnIndex] );
      }
    }

    // Die umgekehrte Variante von getValueAt():
    // Hier hat der Benutzer was in die Tabelle eingetragen
    // (vgl. isCellEditable() ), und jetzt müssen wir diese
    // Veränderung noch bis zur Quelle schleifen.
    // siehe javax.swing.table.TableModel#setValueAt
    // (java.lang.Object, int, int)

    public void setValueAt(Object aValue, int rowIndex,
                           int columnIndex)
    {

      // Nur das EntfernungsModel lässt sich ändern:

      if( istEntfernungsModel )
      {

        // Referenz auf die (echte!) Entfernungsmatrix:

        int[][] entfernungsMatrix =
                tableau.getEntfernungsMatrix();
```

```
      // Der Parameter Object aValue ist das, was der Benut-
      // zer neu hinzufügen will.
      // toString() erzwingt eine Stringdarstellung:

      String objString = aValue.toString();

      // nun parsen wir einen int-Wert aus diesem String.
      // VORSICHT: Dies ist noch kein Fehlerhandling!!!

      int objInt = Integer.parseInt( objString );

      // Diesen neu gewonnenen Wert schreiben wir nun in die
      // (logische) Matrix.

      entfernungsMatrix[rowIndex][columnIndex] = objInt;

      // Jetzt aendern wir noch die Vorgaenger in der
      // Vorgaengermatrix

      int[][] vorgaengerMatrix=tableau.getVorgaengerMatrix();
      vorgaengerMatrix[rowIndex][columnIndex] = rowIndex + 1;
    }
  }

  // Brauchen wir nicht direkt, würde aber bei dem repaint()-
  // Problem der Vorgängermatrix helfen
  // siehe javax.swing.table.TableModel#addTableModelListener
  // (javax.swing.event.TableModelListener)

  public void addTableModelListener(TableModelListener l)
  {
  }

  // Brauchen wir nicht direkt, würde aber bei dem repaint()-
  // Problem der Vorgängermatrix helfen
  // s.javax.swing.table.TableModel#removeTableModelListener
  // (javax.swing.event.TableModelListener)

  public void removeTableModelListener(TableModelListener l)
  {
  }
}
```

Klasse TripleTableau.java

```
// Das TripleTableau bildet einen Anwendungsfall des Routen-
// planerproblems ab und ist in der Lage, das Problem mit dem
// Triple-Algorithmus zu lösen.

public class TripleTableau
{
```

```
// Bildet die Entfernungen der einzelnen Punkte untereinan-
// der ab

private int[][] entfernungsMatrix;

// Bildet die Vorgänger zur gegebenen Entfernungsmatrix ab

private int[][] vorgaengerMatrix;

// Anzahl der Punkte des Routenplanerproblems

private int anzahlPunkte;

// Fortschritt der Berechnung

private int iteration;

// Die Unendlichkeit: In diesem Falle nur die Hälfte der
// größten mit int darstellbaren Zahl:
// Der Algorithmus addiert 2 Zellen und könnte so im
// schlimmsten Falle die Addition zweier unendlich
// grosser Werte als negative Zahl interpretieren.

public static final int UNENDLICH = Integer.MAX_VALUE / 2;

// Konstruktor der Klasse TripleTableau
// Erstellt und initialisiert ein Tableau anhand einer ge-
// gebenen Anzahl von Punkten
// @param pAnzahlPunkte - Anzahl der Punkte im gegebenen
// Problem

public TripleTableau(int pAnzahlPunkte)
{
  anzahlPunkte = pAnzahlPunkte;

  // Der Zahlenwert der Iteration fliesst in den Algorith-
  // mus ein

  iteration = -1;

  // Erstellung beider Matrizen

  entfernungsMatrix = new int[anzahlPunkte][anzahlPunkte];
  vorgaengerMatrix = new int[anzahlPunkte][anzahlPunkte];

  // Füllen der Entfernungen:
  // Wir füllen die Matrix mit UNENDLICH, da sonst ein ma-
  // nuelles Eintragen nötig wäre. Des Weiteren wissen wir,
  // dass in der Diagonalen immer "0" steht

  for (int i = 0; i < anzahlPunkte; i++)
  {
    for (int j = 0; j < anzahlPunkte; j++)
    {
```

```
        if (i == j)
        {
          entfernungsMatrix[i][j] = 0;
        }
        else
        {
          entfernungsMatrix[i][j] = UNENDLICH;
        }
      }
    }

    // Füllen der Vorgaenger:
    // Da starten wir einfach mit "0", außer auf der
    // Diagonalen

    for (int i = 0; i < anzahlPunkte; i++)
    {
      for (int j = 0; j < anzahlPunkte; j++)
      {
        if ( i == j )
        {
          vorgaengerMatrix[i][j] = i+1;
        }
        else
        {
          vorgaengerMatrix[i][j] = 0;
        }
      }
    }
  }

  // Erhöht die Iteration dieses Tabeaus um eins. Benutzt
  // wird der Triple-Algorithmus
  // @return true, wenn das die letzte Iteration war.

  public boolean berechneIteration()
  {
    // Dem Algorithmus fehlt die äußerste Schleife, sowie
    // eine Laufvariable.
    // Wird durch iteration ausgeglichen, welche mit inkre-
    // mentiert wird

    iteration++;

    //  Triple- Algorithmus wird implementiert:

    int summeEntfernung;

    for (int i = 0; i < anzahlPunkte; i++)
    {
      for (int k = 0; k < anzahlPunkte; k++)
      {
        summeEntfernung = entfernungsMatrix[i][iteration]
                              + entfernungsMatrix[iteration][k];
```

```
          if( summeEntfernung < entfernungsMatrix[i][k])
          {
            entfernungsMatrix[i][k] = summeEntfernung;
            vorgaengerMatrix[i][k] = vorgaenger
                                      Matrix[iteration][k];
          }
        }
      }

      // statt
      // if ( iteration == anzahlPunkte -1 )
      // {
      //   return true;
      // }
      // else
      // {
      //   return false;
      // }
      // kann man auch einfach den Ausdruck zurückgeben, da
      // kommt nämlich auch ein boolean raus

      return ( iteration == anzahlPunkte -1 );
    }

    // Gibt die Anzahl der Punkte zurück.

    public int getAnzahlPunkte()
    {
      return anzahlPunkte;
    }

    // Gibt iteration zurück.

    public int getIteration()
    {
      return iteration;
    }

    // Gibt die Entfernungsmatrix zurück.

    public int[][] getEntfernungsMatrix()
    {
      return entfernungsMatrix;
    }

    // Gibt die Vorgängermatrix zurück.

    public int[][] getVorgaengerMatrix()
    {
      return vorgaengerMatrix;
    }
  }
```

5.5.2 Beispiele und Programmabläufe

5.5.2.1 Beispiel zum Algorithmus von Dijkstra

Es wird das Beispiel 5.1 betrachtet:

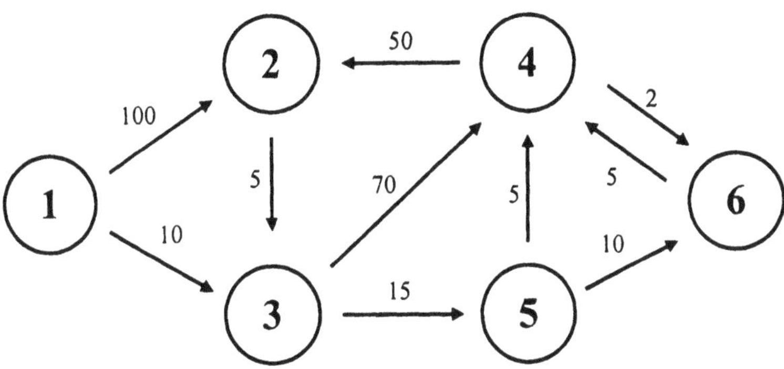

Das Programm StartDijkstra.java erzeugt folgenden Ablauf und folgende Ausgabe:

(1) Start der Anwendung:

(2) Eingabe des Startpunkts:
Klick an die Stelle, an der dieser Punkt gezeichnet werden soll.

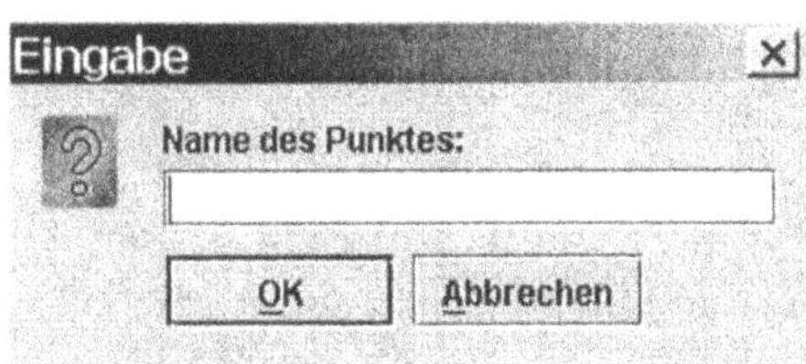

Eingabe des Namens dieses Punkts:

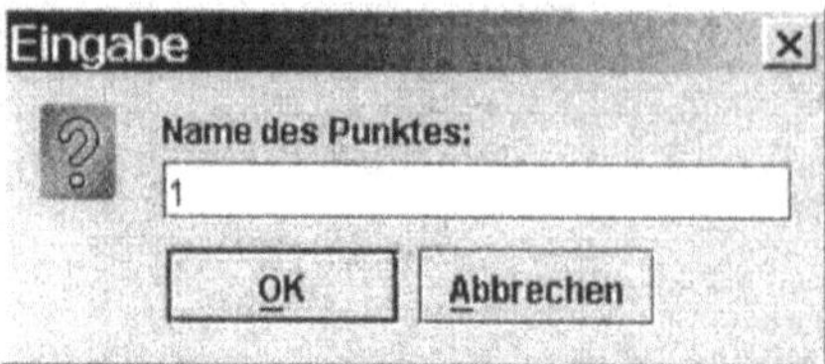

Klick auf den Button „OK“:

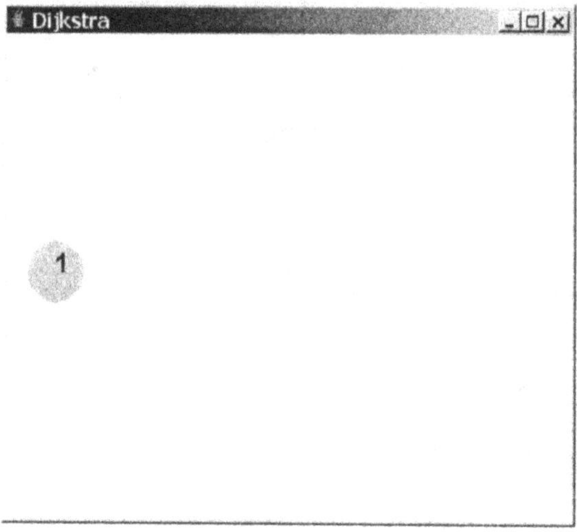

Analog dazu werden die anderen fünf Punkte eingegeben:

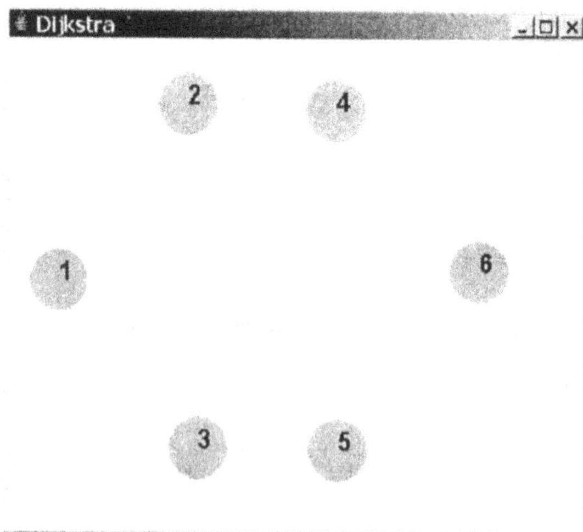

(3) Eingabe der Verbindung von Knoten 1 nach Knoten 2:
Klick auf Punkt 1 und ziehen nach Punkt 2 und loslassen.

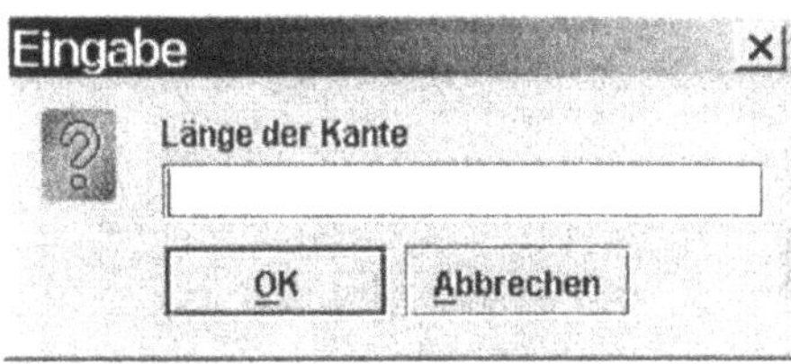

Eingabe der Länge dieser Verbindung:

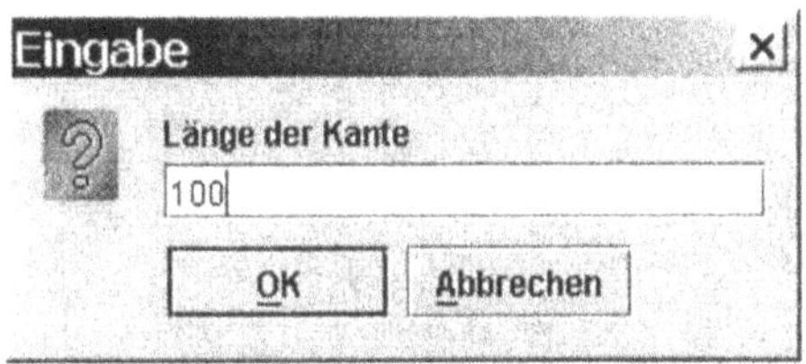

Klick auf den Button „OK“:

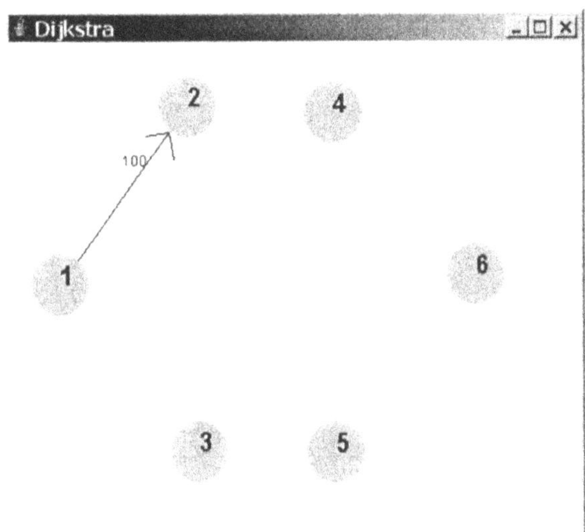

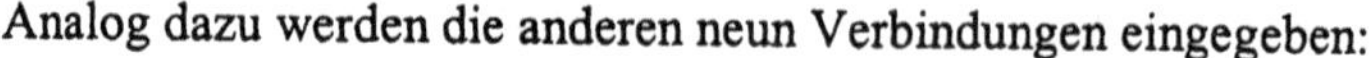

Analog dazu werden die anderen neun Verbindungen eingegeben:

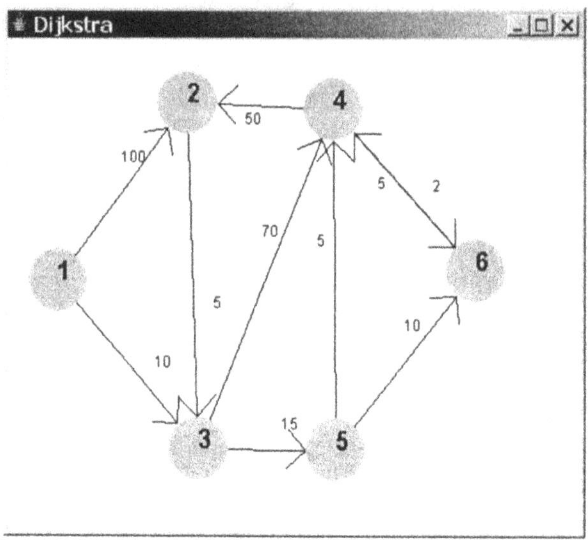

(4) Klick auf einen beliebigen Punkt:

Ergebnis

Iteration 1

1	2	3	4	5	6
0	100	10	1073741823	1073741823	1073741823
-/-	1	1	-	-	-

Iteration 2

1	2	3	4	5	6
0	100	10	80	25	1073741823
-/-	1	1	3	3	-

Iteration 3

1	2	3	4	5	6
0	100	10	30	25	35
-/-	1	1	5	3	5

Iteration 4

1	2	3	4	5	6
0	80	10	30	25	32
-/-	4	1	5	3	4

Iteration 5

1	2	3	4	5	6
0	80	10	30	25	32
-/-	4	1	5	3	4

Iteration 6

1	2	3	4	5	6
0	80	10	30	25	32
-/-	4	1	5	3	4

5.5.2.2 Beispiel zum Tripel-Algorithmus

Es wird wieder das Beispiel 5.1 betrachtet:

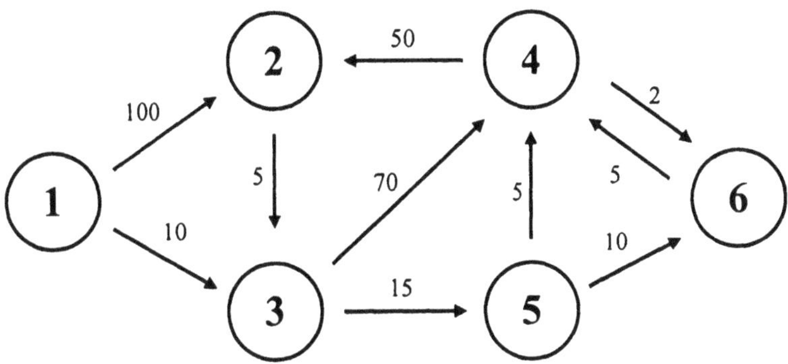

Das Programm StartTriple.java erzeugt folgenden Ablauf und folgende Ausgabe:

(1) Start der Anwendung:
Es erscheint das Fenster:

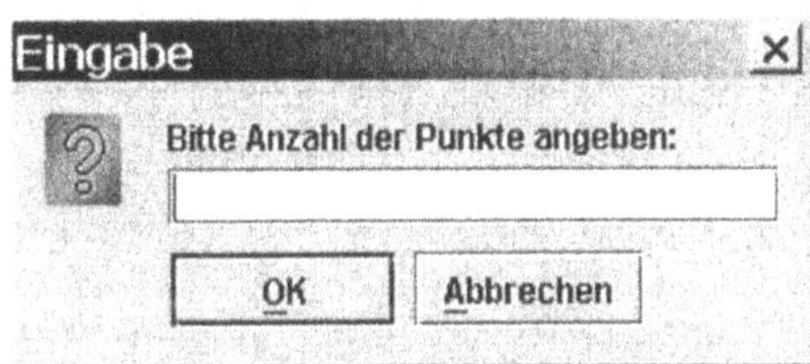

(2) Eingabe der Anzahl und Klick auf den Button „OK“:

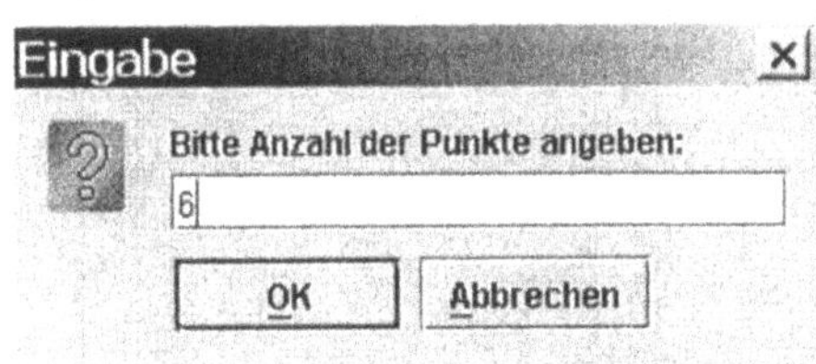

Es erscheint das Fenster:

Tripel-Algorithmus

0	-/-	-/-	-/-	-/-	-/-
-/-	0	-/-	-/-	-/-	-/-
-/-	-/-	0	-/-	-/-	-/-
-/-	-/-	-/-	0	-/-	-/-
-/-	-/-	-/-	-/-	0	-/-
-/-	-/-	-/-	-/-	-/-	0

1	0	0	0	0	0
0	2	0	0	0	0
0	0	3	0	0	0
0	0	0	4	0	0
0	0	0	0	5	0
0	0	0	0	0	6

Iteration Berechnen

Hier werden die Initialisierungen eingetragen:

$$D(i,\, j) = \begin{pmatrix} 0 & 100 & 10 & \infty & \infty & \infty \\ \infty & 0 & 5 & \infty & \infty & \infty \\ \infty & \infty & 0 & 70 & 15 & \infty \\ \infty & 50 & \infty & 0 & \infty & 2 \\ \infty & \infty & \infty & 5 & 0 & 10 \\ \infty & \infty & \infty & 5 & \infty & 0 \end{pmatrix} \quad \text{und} \quad Vorg(i,\, j) = \begin{pmatrix} 1 & 1 & 1 & 0 & 0 & 0 \\ 0 & 2 & 2 & 0 & 0 & 0 \\ 0 & 0 & 3 & 3 & 3 & 0 \\ 0 & 4 & 0 & 4 & 0 & 4 \\ 0 & 0 & 0 & 5 & 5 & 5 \\ 0 & 0 & 0 & 6 & 0 & 6 \end{pmatrix}.$$

Tripel-Algorithmus

0	100	10	-/-	-/-	-/-
-/-	0	5	-/-	-/-	-/-
-/-	-/-	0	70	15	-/-
-/-	50	-/-	0	-/-	2
-/-	-/-	-/-	5	0	10
-/-	-/-	-/-	5	-/-	0

1	1	1	0	0	0
0	2	2	0	0	0
0	0	3	3	3	0
0	4	0	4	0	4
0	0	0	5	5	5
0	0	0	6	0	6

Iteration Berechnen

(3) Nach dem (mehrfachen) Betätigen des Buttons „Iterationen“ werden nacheinander alle Iterationen bis zur optimalen Lösung angezeigt:

1. Iteration:

Tripel-Algorithmus

0	100	10	-/-	-/-	-/-
-/-	0	5	-/-	-/-	-/-
-/-	-/-	0	70	15	-/-
-/-	50	-/-	0	-/-	2
-/-	-/-	-/-	5	0	10
-/-	-/-	-/-	5	-/-	0
1	1	1	0	0	0
0	2	2	0	0	0
0	0	3	3	3	0
0	4	0	4	0	4
0	0	0	5	5	5
0	0	0	6	0	6

Iteration Berechnen

2. Iteration:

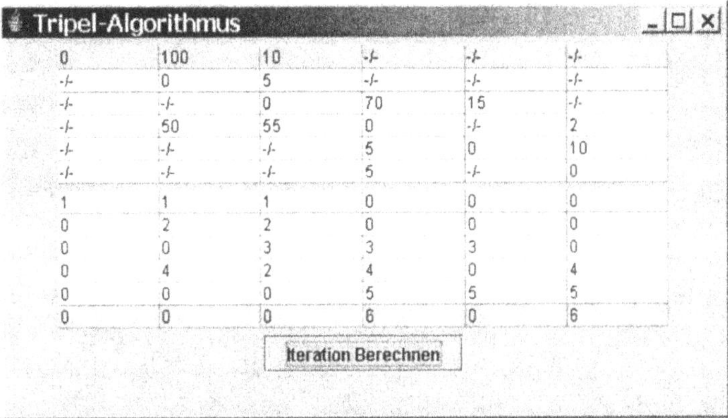

Tripel-Algorithmus

0	100	10	-/-	-/-	-/-
-/-	0	5	-/-	-/-	-/-
-/-	-/-	0	70	15	-/-
-/-	50	55	0	-/-	2
-/-	-/-	-/-	5	0	10
-/-	-/-	-/-	5	-/-	0
1	1	1	0	0	0
0	2	2	0	0	0
0	0	3	3	3	0
0	4	2	4	0	4
0	0	0	5	5	5
0	0	0	6	0	6

Iteration Berechnen

3. Iteration:

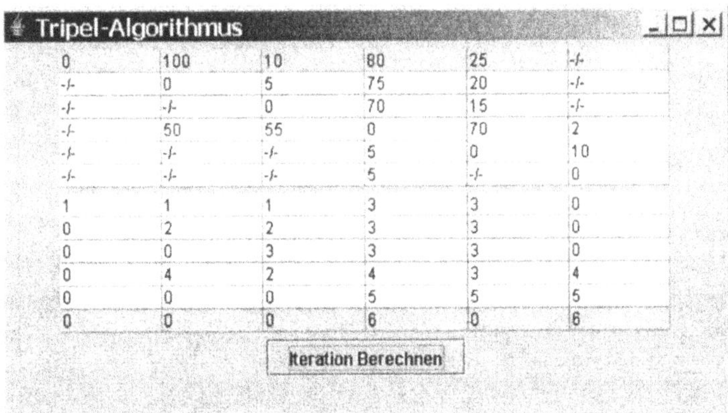

Tripel-Algorithmus

0	100	10	80	25	-/-
-/-	0	5	75	20	-/-
-/-	-/-	0	70	15	-/-
-/-	50	55	0	70	2
-/-	-/-	-/-	5	0	10
-/-	-/-	-/-	5	-/-	0
1	1	1	3	3	0
0	2	2	3	3	0
0	0	3	3	3	0
0	4	2	4	3	4
0	0	0	5	5	5
0	0	0	6	0	6

Iteration Berechnen

4. Iteration:

Tripel-Algorithmus

0	100	10	80	25	82
-/-	0	5	75	20	77
-/-	120	0	70	15	72
-/-	50	55	0	70	2
-/-	55	60	5	0	7
-/-	55	60	5	75	0
1	1	1	3	3	4
0	2	2	3	3	4
0	4	3	3	3	4
0	4	2	4	3	4
0	4	2	5	5	4
0	4	2	6	3	6

Iteration Berechnen

5. Iteration:

Tripel-Algorithmus

0	80	10	30	25	32
-/-	0	5	25	20	27
-/-	70	0	20	15	22
-/-	50	55	0	70	2
-/-	55	60	5	0	7
-/-	55	60	5	75	0
1	4	1	5	3	4
0	2	2	5	3	4
0	4	3	5	3	4
0	4	2	4	3	4
0	4	2	5	5	4
0	4	2	6	3	6

Iteration Berechnen

6. Iteration:

Tripel-Algorithmus

0	80	10	30	25	32
-/-	0	5	25	20	27
-/-	70	0	20	15	22
-/-	50	55	0	70	2
-/-	55	60	5	0	7
-/-	55	60	5	75	0
1	4	1	5	3	4
0	2	2	5	3	4
0	4	3	5	3	4
0	4	2	4	3	4
0	4	2	5	5	4
0	4	2	6	3	6

Iteration Berechnen

Nach der letzten Iteration kann der Button „Iterationen" nicht mehr betätigt werden und die optimale Lösung wird angezeigt.

5.6 Aufgaben

5.6.1 Aufgaben zum Operations Research

Aufgabe 1

Gegeben sei der folgende bewertete Digraph, bestehend aus vier Knoten.

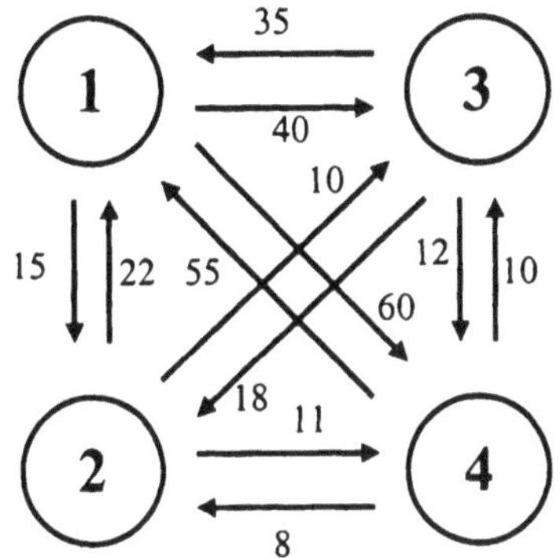

(a) Geben Sie mit dem Algorithmus von Dijkstra die jeweils kürzesten Wege von Knoten 1 zu allen anderen Knoten an.

(b) Geben Sie mit dem FIFO-Algorithmus die jeweils kürzesten Wege von Knoten 1 zu allen anderen Knoten an.

(c) Bestimmen Sie mit dem Tripel-Algorithmus die kürzesten Wege zwischen allen paarweise verschiedenen Knoten.

Aufgabe 2

Gegeben sei der folgende bewertete Digraph, bestehend aus sechs Knoten.

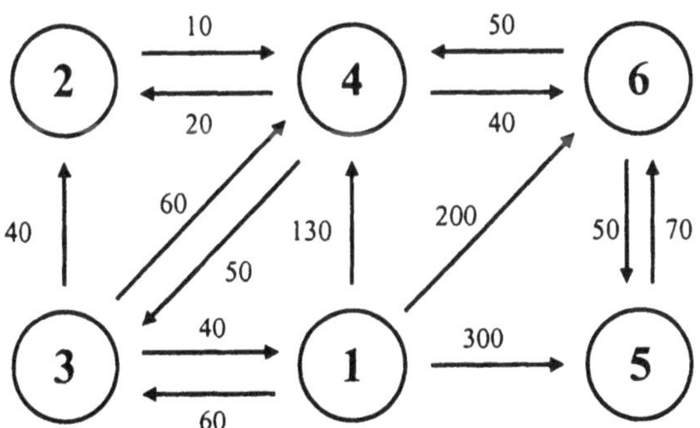

(a) Geben Sie mit dem Algorithmus von Dijkstra die jeweils kürzesten Wege von Knoten 1 zu allen anderen Knoten an.
(b) Geben Sie mit dem FIFO-Algorithmus die jeweils kürzesten Wege von Knoten 1 zu allen anderen Knoten an.
(c) Bestimmen Sie mit dem Tripel-Algorithmus die kürzesten Wege zwischen allen paarweise verschiedenen Knoten.

Aufgabe 3

Gegeben sei der folgende bewertete Digraph, bestehend aus acht Knoten.

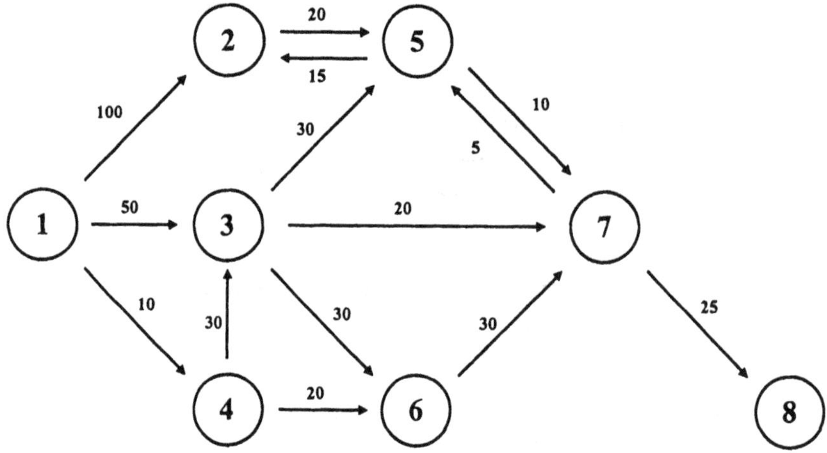

(a) Geben Sie mit dem Algorithmus von Dijkstra die jeweils kürzesten Wege von Knoten 1 zu allen anderen Knoten an.
(b) Geben Sie mit dem FIFO-Algorithmus die jeweils kürzesten Wege von Knoten 1 zu allen anderen Knoten an.
(c) Bestimmen Sie mit dem Tripel-Algorithmus die kürzesten Wege zwischen allen paarweise verschiedenen Knoten

Aufgabe 4

Gegeben sei der folgende Ausschnitt aus einer Landkarte mit 15 Orten. Alle eingezeichneten Straßen sind in beide Richtungen befahrbar.

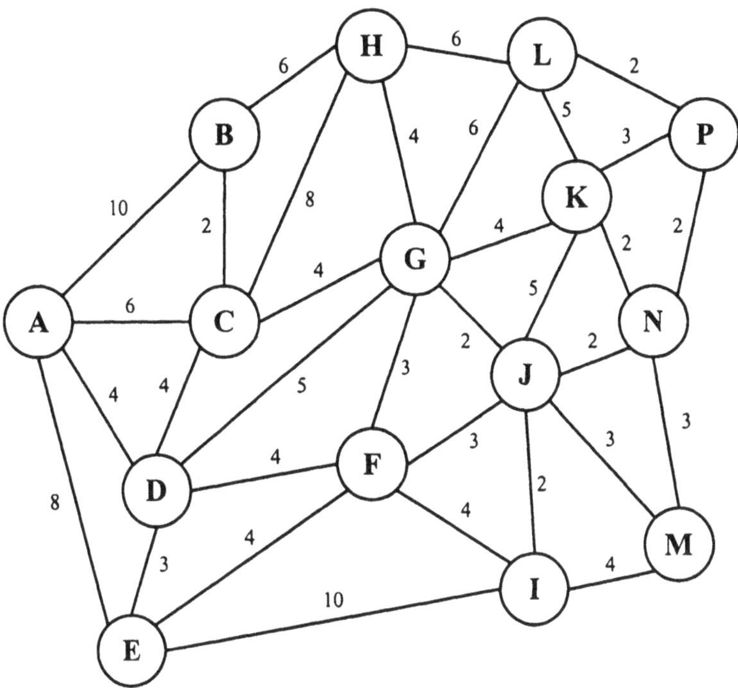

(a) Geben Sie mit dem Algorithmus von Dijkstra die jeweils kürzesten Wege von Ort A zu allen anderen Orten an.

(b) Geben Sie mit dem FIFO-Algorithmus die jeweils kürzesten Wege von Ort A zu allen anderen Orten an.

5.6.2 Aufgaben zur Programmierung

5.6.2.1 Aufgaben zum Algorithmus von Dijkstra

Aufgabe 5

Führen Sie folgende Verbesserungen an der Klasse AusgabeFenster.java durch.

(a) Die Größe des Fensters ist unabhängig von der Anzahl der anzuzeigenden Punkte und sieht aufgrund des Flowlayouts oftmals bescheiden aus. Führen Sie ein geeignetes x in der Methode setSize(x, y) ein, um zumindest eine vernünftige Breite herzustellen.

(b) Bei einer hohen Anzahl von Iterationen würden die Tabellen nach unten hin unsichtbar bleiben, was durch eine Scroll-Leiste verbessert werden soll. Hier bietet sich an, ein JScrollPane zwischen getContentPane() und die Oberflächenkomponenten zu setzen. Setzen Sie dabei die Komponenten auf ein extra JPanel, welches in dem JScrollPane platziert ist.

Aufgabe 6

Ersetzen Sie das Auslösen der Berechnung über einen Doppelklick durch einen "Berechnen"- Button im Fenster.

Aufgabe 7

Ein Klick auf den "Berechnen"-Button (siehe Aufgabe 5) sollte einen Reset der Entfernungen zur Folge haben, bevor die Berechnung gestartet wird. So kann ein einmal berechnetes Problem weiter editiert und berechnet werden. Führen Sie die nötigen Änderungen in der richtigen Klasse durch.

Aufgabe 8

Ein falsch gesetzter Punkt kann nicht gelöscht werden. Fügen Sie diese Option ein.

Aufgabe 9

Ein Punkt kann ohne Namen gezeichnet werden. Unterbinden Sie diesen Fall, da alle Punkte ohne Namen in der Ergebnistabelle nicht mehr unterschieden werden können.

Aufgabe 10

Ein nachträgliches Ändern der Namen für die Knoten und die Länge der Kanten ist nicht möglich. Fügen Sie ein Verfahren dafür ein.

(a) Ermöglichen Sie dazu, den Namensdialog neu aufzurufen und so das nachträgliche Editieren des Punktes zu ermöglichen.
(b) Um das Ändern der Längen der Kanten zu ermöglichen, muss die Klasse KantenZeichner um einen hitTest analog zum PunktZeichner erweitert werden.

Aufgabe 11

Implementieren Sie folgende wünschenswerte Eigenschaften:
(a) die Option, die Knoten im Fenster zu verschieben um gegebenenfalls bessere Anordnungen zu erhalten.
(b) die Option, die Größe der Knoten zu ändern, um z.B. die Größe der gezeichneten Städte zu symbolisieren.

Aufgabe 12

Suchen Sie nach weiteren Eigenschaften oder Optionen, die stören oder fehlen und versuchen Sie Abhilfe zu schaffen.

Aufgabe 13

Implementieren Sie statt des Algorithmusses von Dijkstra den FIFO-Algorithmus.
(a) Dazu müssen Sie in der Klasse Logik.java eine Methode berechneFiFo() einfügen, die Steuerung anpassen und die Logik bezüglich der Menge M durch diejenige der Warteschlangen ersetzen.
(b) Alternativ dazu können Sie auch in der Klasse Menge.java eine Methode "public Punkt getErstenPunkt()" implementieren.

5.6.2.2 Aufgaben zum Tripel-Algorithmus

Aufgabe 14

Fügen Sie die Möglichkeit ein, zwischen den benachbarten Iterationen blättern zu können.

Aufgabe 15

Beim Tripel-Algorithmus werden die Daten in Tabellen eingegeben. Implementieren Sie im gegebenen Programm für den Algorithmus von Dijkstra statt diesem den Tripel-Algorithmus, um ebenfalls die Möglichkeit der graphischen Eingabe zu erhalten.

Kapitel 6

Netzplantechnik

6.1 Beispiel, Grundbegriffe und mathematisches Modell

Ein wichtiger Teil der Graphentheorie ist die Netzplantechnik. Sie stellt ein bedeutendes Verfahren im Projektmanagement dar. Dabei geht es im Wesentlichen um die Struktur- und Zeitplanung von Projekten, deren einzelne Tätigkeiten durch eine Vorgangsliste gegeben sind.

Das folgende Beispiel verdeutlicht diesen Sachverhalt.

Beispiel 6.1

Gegeben sei die Vorgangsliste aufgrund eines Angebots für den Einbau einer neuen EDV-Anlage:

Tätigkeit	Beschreibung	Dauer in Wochen	Vorgänger
A	Systemanalyse und Design	12	-
B	CPU-Anpassung	6	A
C	Konsolengeräte auswählen	1	A
D	Erstellen der Basisprogramme	10	A
E	Erstellen der Plausibilitäten	3	D
F	Erstellen der Individual-Software	20	D
G	Prüfen und Testen	1	B, C, E
H	Aufbau der gesamten Anlage	1	C
I	Installation und Abnahme	4	F, G, H

Gesucht sind ein Strukturplan und ein Zeitplan, um die EDV-Anlage möglichst schnell zu realisieren.

Um eine Struktur- bzw. Zeitplanung durchzuführen, wird das folgende Modell benötigt.

Mathematisches Modell Netzplantechnik

Gegeben sei eine Vorgangsliste mit n Tätigkeiten in Form einer Tabelle mit folgenden Einträgen:

- Nummer (Bezeichnung) der Tätigkeit
- eventuell eine Beschreibung in Wortform
- Dauer der Tätigkeit
- alle Vorgänger einer Tätigkeit
- alle zeitlichen Mindestabstände (Wartezeiten) zum Vorgänger, falls diese nicht alle 0 sind.

Es werden die folgenden mathematischen Größen definiert:

$i, 1 \leq i \leq n$	Nummer der Tätigkeit
$t_i, 1 \leq i \leq n$	Dauer der Tätigkeit i
$d_{ij}, 1 \leq i, j \leq n$	zeitlicher Mindestabstand der Tätigkeit j zum Vorgänger i
$FAZ(i), 1 \leq i \leq n$	frühest möglicher Anfangszeitpunkt der Tätigkeit i
$FEZ(i), 1 \leq i \leq n$	frühest möglicher Endzeitpunkt der Tätigkeit i
$SAZ(i), 1 \leq i \leq n$	spätest möglicher Anfangszeitpunkt der Tätigkeit i
$SEZ(i), 1 \leq i \leq n$	spätest möglicher Endzeitpunkt der Tätigkeit i
$GP(i), 1 \leq i \leq n$	gesamte Pufferzeit der Tätigkeit i.

Gesucht sind bei gegebenen n, t_i, d_{ij} und der Vorgängerliste die Größen $FAZ(i)$, $FEZ(i)$, $SAZ(i)$, $SEZ(i)$ und $GP(i)$.

Für Netzpläne mit günstigen Eigenschaften können sehr schnell Berechnungsformeln für die gesuchten Größen gefunden werden. Dabei ist es angenehm, wenn der Netzplan keine Zyklen beinhaltet, also solche Wege, die an einen gewissen Ausgangspunkt wieder zurückkehren und so unendlich oft durchlaufen werden könnten. Sind keine Zyklen vorhanden, kann man die Nummerierung der Tätigkeiten so auswählen, dass ein Vorgänger immer eine kleinere Nummer hat als ein Nachfolger. Meist sind die Tätigkeiten aber in der Vorgangsliste schon so vernünftig nummeriert.

6.2 Lösungsmethoden und durchgerechnete Beispiele

In diesem Abschnitt werden Berechnungsformeln für die im oben angegebenen Modell zu bestimmenden Größen sowie ein Algorithmus zur Berechnung bei größeren Netzplänen angegeben.

6.2.1 Strukurplanung

Ziel der Strukturplanung ist einzig und allein die graphische Darstellung der Tätigkeiten in Bezug auf den Fluss bzw. die Eigenschaften Vorgänger bzw. Nachfolger.

Dies geschieht durch die Symbole

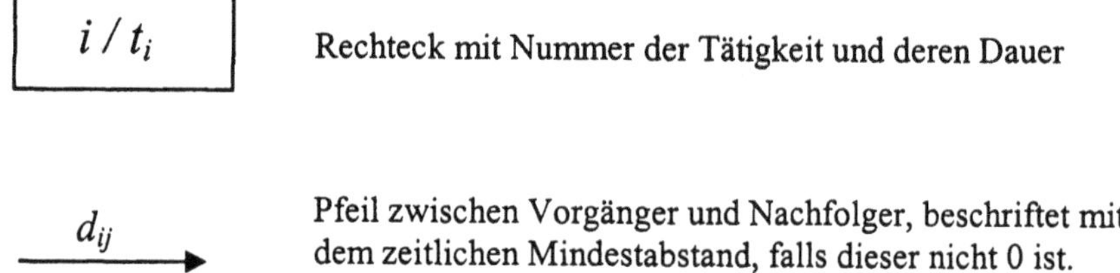

Der Strukturplan für das Beispiel 6.1 sieht so aus:

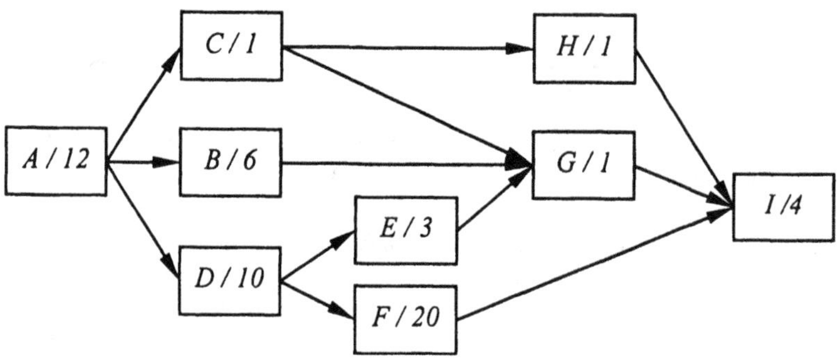

Die Strukturplanung beinhaltet allerdings noch keine Zeitplanung.

6.2.2 Zeitplanung

Die Berechnung der gesuchten Zeiten im oben erstellten Modell geschieht mit den nachfolgend dargestellten Formeln.

Berechnungsformeln Netzplantechnik

Gegeben sei eine Vorgangsliste mit n Tätigkeiten. Dabei gibt es nur einen Startknoten 1 (Knoten ohne einen Vorgänger) und einen Endknoten n (Knoten ohne einen Nachfolger). Der Netzplan enthält keine Zyklen.

Gegeben sind außerdem:

- Nummer $i, 1 \leq i \leq n$ der Tätigkeit
- Dauer $t_i, 1 \leq i \leq n$ der Tätigkeit
- alle Vorgänger einer Tätigkeit
- alle zeitlichen Mindestabstände $d_{ij}, 1 \leq i, j \leq n$ der Tätigkeit j zum Vorgänger i.

Wird die Menge aller Vorgänger einer Tätigkeit mit $V(i)$ und die Menge aller Nachfolger einer Tätigkeit mit $N(i)$ bezeichnet, so gilt:

$$FAZ(1) = 0,$$
$$FAZ(i) = \max\{FEZ(a) + d_{ai} \mid a \in V(i)\}, 2 \leq i \leq n,$$
$$FEZ(i) = FAZ(i) + t_i, 1 \leq i \leq n,$$

$$SEZ(n) = FEZ(n),$$
$$SEZ(i) = \min\{SAZ(p) - d_{ip} \mid p \in N(i)\}, 1 \leq i \leq n-1,$$
$$SAZ(i) = SEZ(i) - t_i, 1 \leq i \leq n,$$

$$GP(i) = SAZ(i) - FAZ(i), 1 \leq i \leq n .$$

Die Berechnung der Größen $FAZ(i)$ und $FEZ(i)$ wird dabei Vorwärtsrechnung genannt, die Berechnung der Größen $SAZ(i)$ und $SEZ(i)$ dagegen wird Rückwärtsrechnung genannt.

Ein Weg vom Startknoten zum Endknoten heißt kritischer Pfad, falls die Summe aller Pufferzeiten gleich 0 ist. Verzögerungen bei diesen Tätigkeiten wirken sich in jedem Fall negativ auf das Ende des gesamten Prozesses aus.

Am einfachsten werden diese Zeiten anhand des Strukturplans ermittelt. Dabei werden die Rechtecke durch komplexere Darstellungen ersetzt, die eben alle zu bestimmenden Zeiten enthalten:

i	t_i
$FAZ(i)$	$SAZ(i)$
$FEZ(i)$	$SEZ(i)$
$GP(i)$	

Im Folgenden werden alle Zeiten für das **Beispiel 6.1** berechnet.

Tätigkeit	Beschreibung	Dauer in Wochen	Vorgänger
A	Systemanalyse und Design	12	-
B	CPU-Anpassung	6	A
C	Konsolengeräte auswählen	1	A
D	Erstellen der Basisprogramme	10	A
E	Erstellen der Plausibilitäten	3	D
F	Erstellen der Individual-Software	20	D
G	Prüfen und Testen	1	B, C, E
H	Aufbau der gesamten Anlage	1	C
I	Installation und Abnahme	4	F, G, H

Vorwärtsrechnung: Bestimmung der Zeiten $FAZ(i)$ und $FEZ(i)$

Dies geschieht in Schritten, wobei pro Schritt immer alle Zeiten derjenigen Tätigkeiten bestimmt werden, für die alle Zeiten aller Vorgänger schon bestimmt wurden.

1. Schritt: Setzen der Zeiten für den Startknoten:

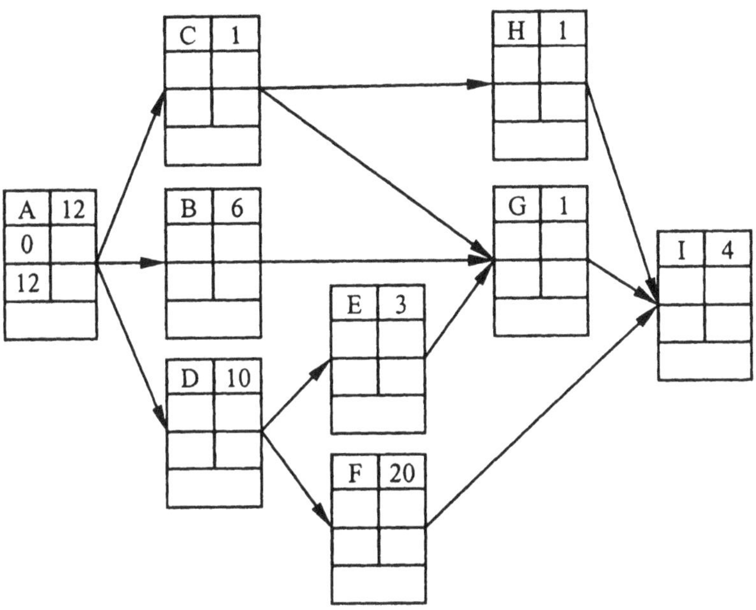

2. Schritt: Setzen der Zeiten für die Tätigkeiten B, C und D:

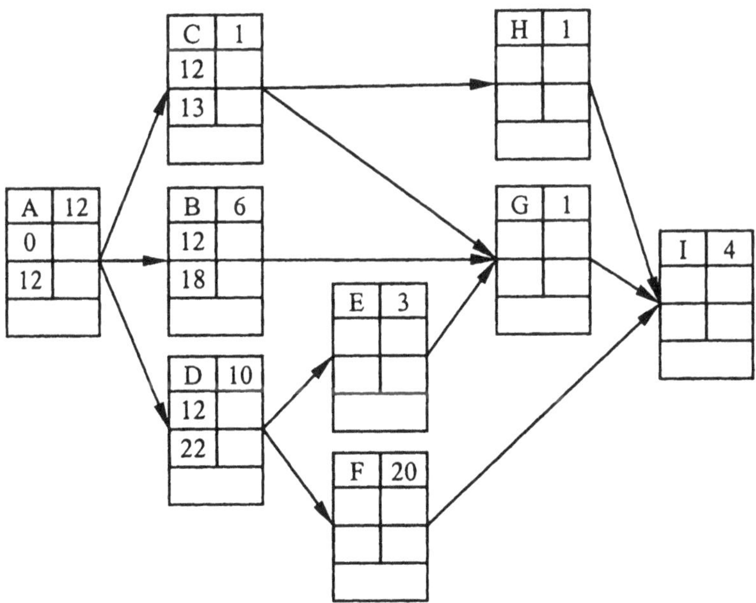

3. Schritt: Setzen der Zeiten für die Tätigkeiten E, F und H:

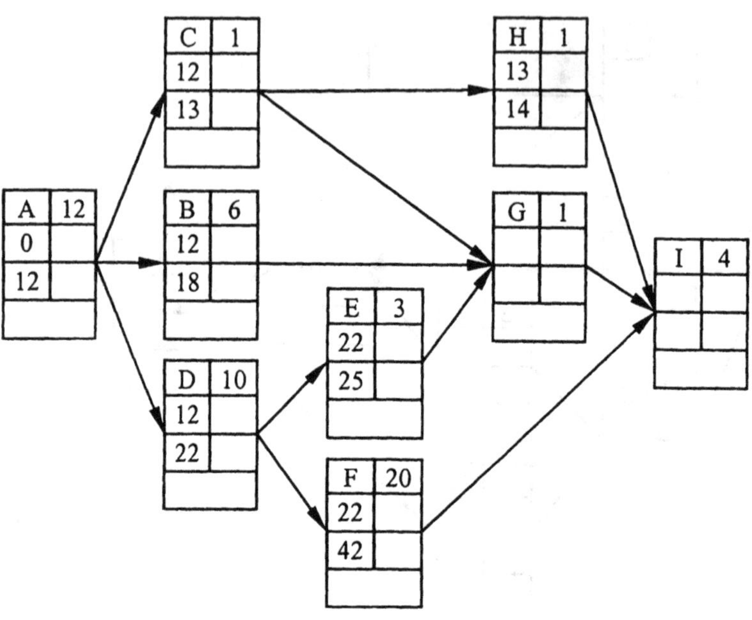

4. Schritt: Setzen der Zeiten für die Tätigkeit G: $FAZ(G) = \max\{13, 18, 25\} = 25$

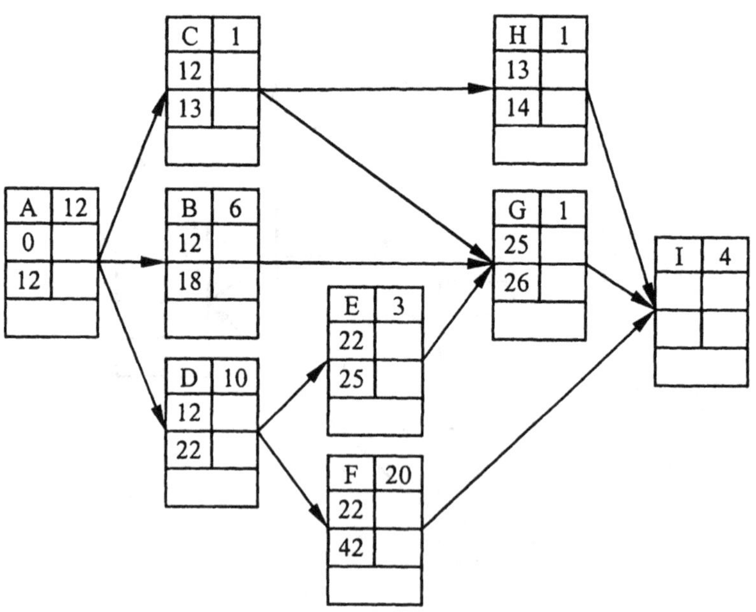

5. Schritt: Setzen der Zeiten für die Tätigkeit I: $FAZ(I) = \max\{14, 26, 42\} = 42$

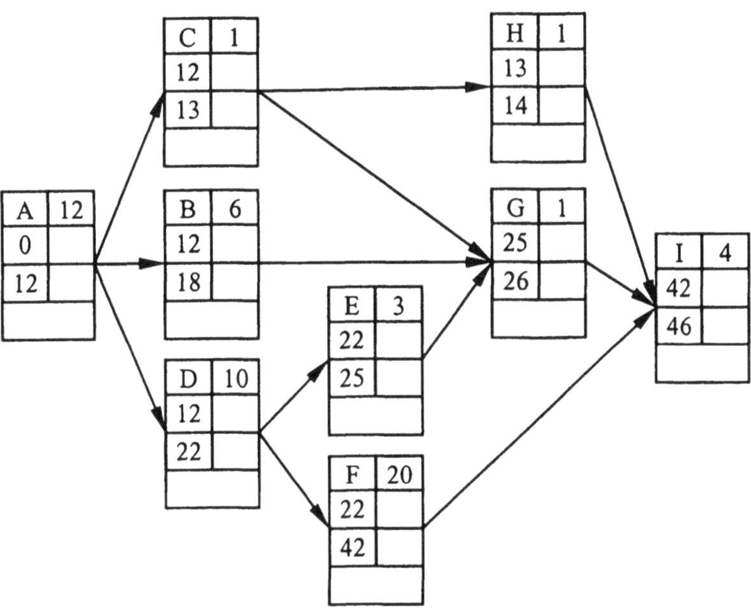

Rückwärtsrechnung: Bestimmung der Zeiten $SAZ(i)$ und $SEZ(i)$

Dies geschieht in Schritten, wobei pro Schritt immer alle Zeiten der Tätigkeiten bestimmt werden, für die alle Zeiten aller Nachfolger schon bestimmt wurden.

1. Schritt: Setzen der Zeiten für den Endknoten:

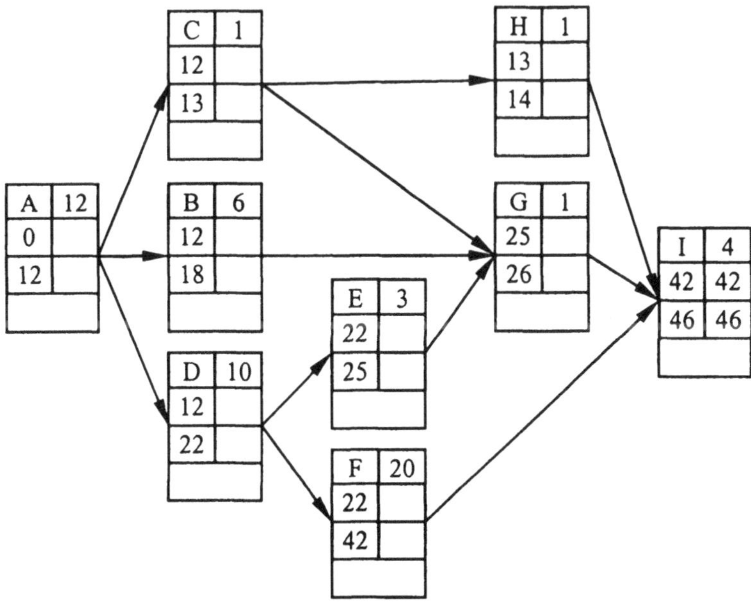

2. Schritt: Setzen der Zeiten für die Tätigkeiten F, G und H:

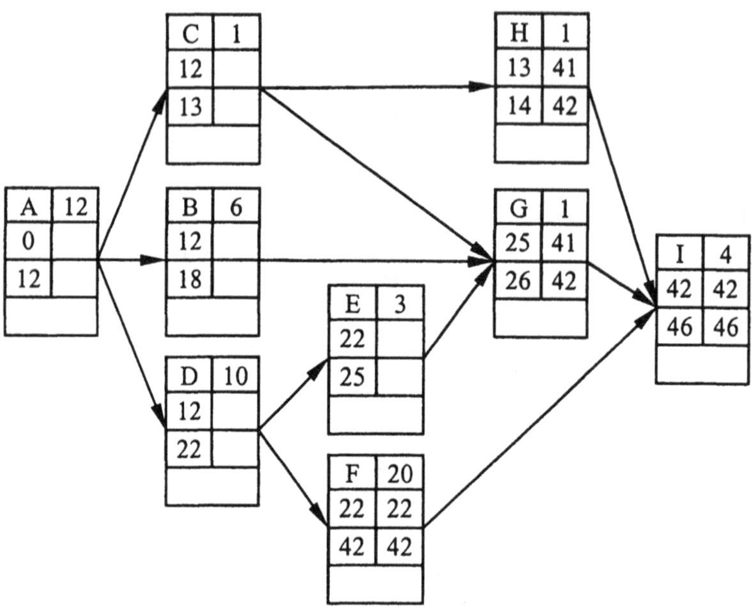

3. Schritt: Setzen der Zeiten für die Tätigkeiten B, C und E:

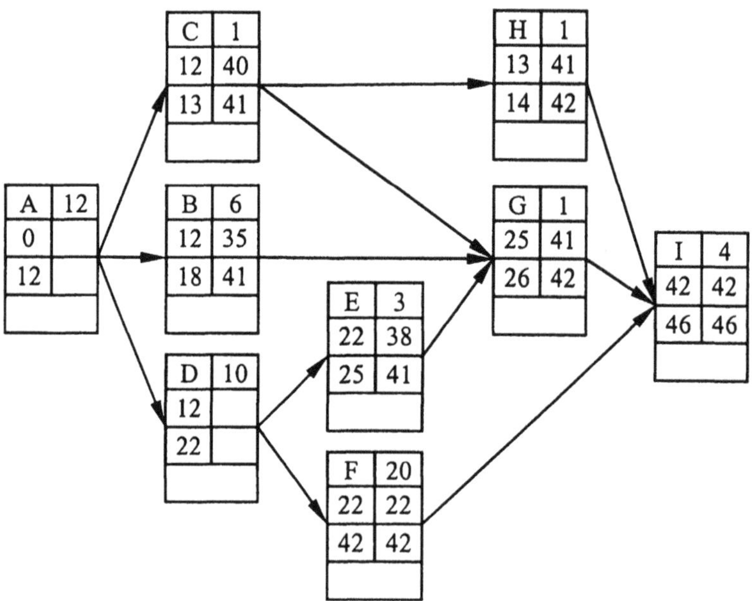

4. Schritt: Setzen der Zeiten für die Tätigkeit D: $SEZ(D) = \min\{22, 38\} = 22$

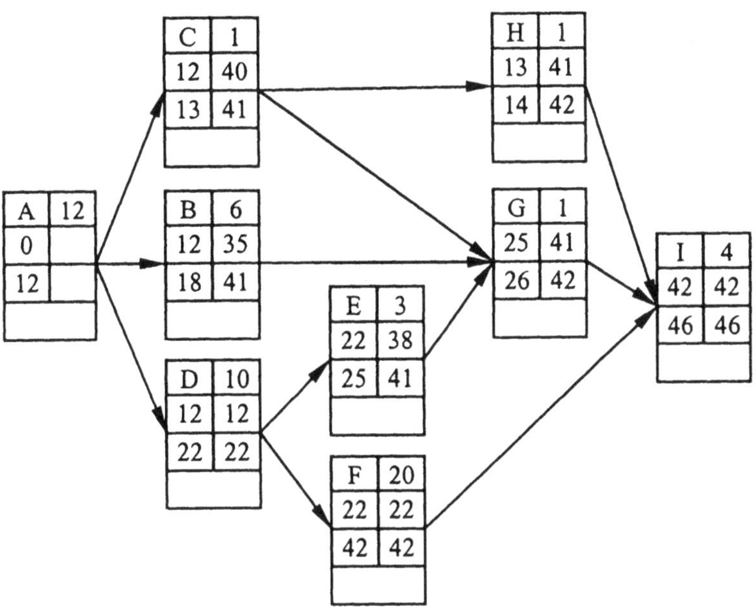

5. Schritt: Setzen der Zeiten für die Tätigkeit A: $SEZ(A) = \min\{35, 40, 12\} = 12$

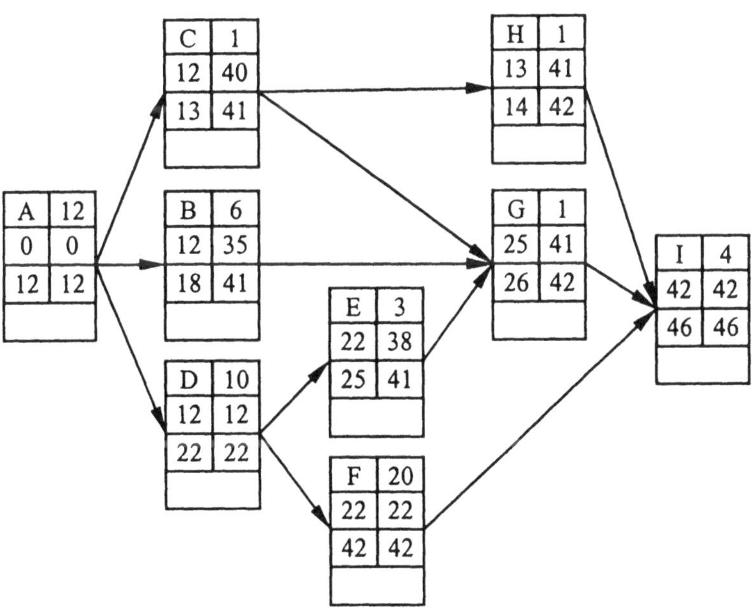

Nach Berechnung der Zeiten $GP(i)$ sieht der fertige Netzplan so aus:

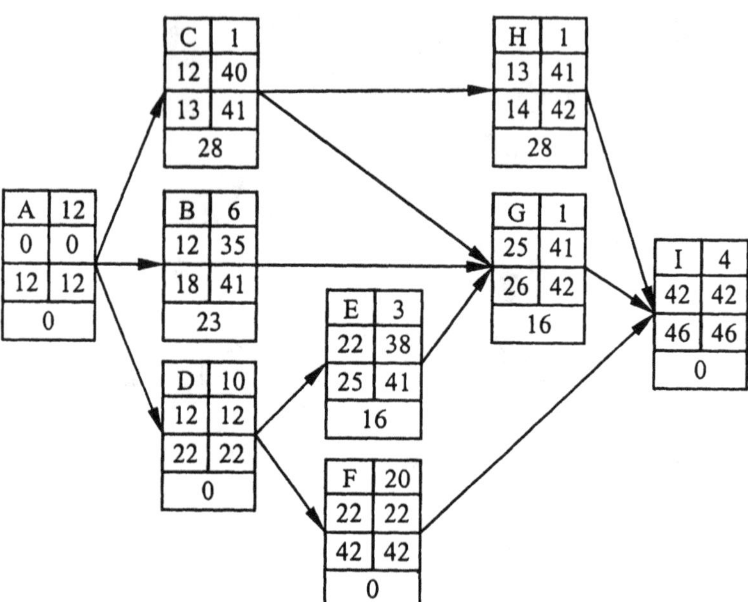

Die Vorgangsliste dieses Beispiels hatte der Einfachheit halber keine zeitlichen Mindestabstände, d.h. es gab keinerlei Wartezeiten zwischen einzelnen Vorgängern. Dies soll im nächsten Beispiel geändert werden.

Beispiel 6.2

Gegeben sei die Vorgangsliste zum Bau eines Gartenpavillions:

Tätigkeit	Beschreibung	Dauer in Tagen	Vorgänger	Mindestabstand zum Vorgänger
1	Vorbereitung und Aushub des Fundaments	2	-	-
2	Betonieren des Fundaments	2	1	0
3	Verlegung der Erdleitungen	2	2	-1
4	Mauern und Stahlstützen setzen	4	2	2
5	Bedachung setzen	2	4	2
6	Fenster und Türen einbauen	1	4 5	3 0
7	Estrich verlegen	3	3 4	0 1
8	Verputz oder Verkleidung innen	2	6 7	0 3

9	Verputz oder Verkleidung außen	2	6	0
10	Fliesen oder Beläge verlegen	5	7	14
11	Abnahme	1	8 9 10	0 0 0

Der vollständige Strukturplan sieht folgendermaßen aus:

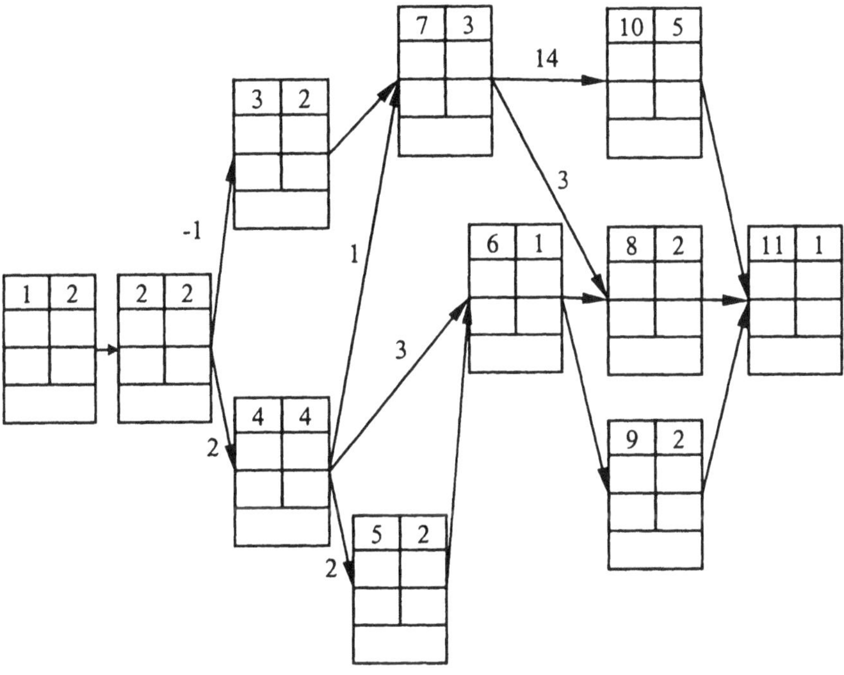

Der fertige Netzplan ist unten gezeichnet.
Auf eine ausführliche Darstellung der Berechnung wurde verzichtet, es werden nur ausgewählte Berechnungen angegeben:

$$FAZ(3) = 4 + (-1) = 4 - 1 = 3$$

$$FAZ(8) = \max\{15, 14 + 3\} = 17$$

$$SEZ(7) = \min\{28 - 14, 31 - 3\} = 14$$

$$SEZ(4) = \min\{28 - 2, 30 - 3, 11 - 1\} = 10 .$$

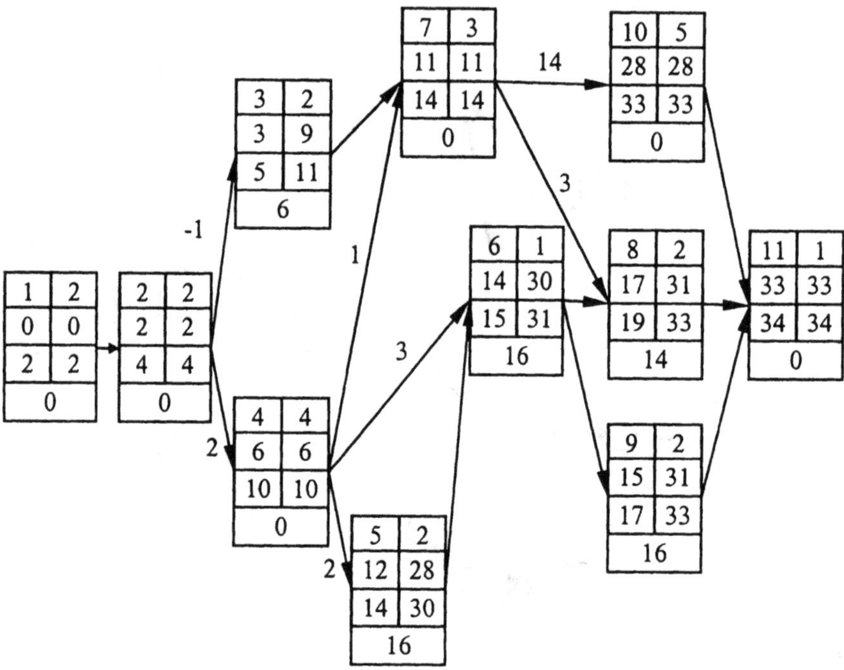

Die Berechnung der gesamten Zeiten bei der Vorwärts- und bei der Rückwärtsrechnung setzt eine genaue Kenntnis der Struktur des Netzplans voraus. Bei umfangreichen Netzplänen mit vielen Knoten und Verbindungen müsste die Struktur irgendwie in eine Logik umgesetzt werden. Da dies explizit vom Netzplan abhängt und deshalb große Mühe erfordern würde, hat sich in der Praxis der aus dem letzten Kapitel bekannte FIFO-Algorithmus durchgesetzt. Dieser wird nachfolgend vorgestellt.

FIFO-Algorithmus

Gegeben sei eine Vorgangsliste mit n Tätigkeiten. Dabei gibt es nur einen Startknoten 1 (Knoten ohne einen Vorgänger) und einen Endknoten n (Knoten ohne einen Nachfolger). Der Netzplan enthält keine Zyklen.
Gegeben sind außerdem:

- Nummer $i, 1 \le i \le n$ der Tätigkeit
- Dauer $t_i, 1 \le i \le n$ der Tätigkeit
- alle Vorgänger einer Tätigkeit
- alle zeitlichen Mindestabstände $d_{ij}, 1 \le i, j \le n$ der Tätigkeit j zum Vorgänger i.

Die Menge aller Vorgänger einer Tätigkeit wird mit $V(i)$ bezeichnet und die Menge aller Nachfolger einer Tätigkeit mit $N(i)$ bezeichnet.
Es werden vier Vektoren mit folgenden Komponenten definiert:

- $FAZ(i), 1 \le i \le n$
- $FEZ(i), 1 \le i \le n$
- $SAZ(i), 1 \le i \le n$
- $SEZ(i), 1 \le i \le n$.

Außerdem stellt S eine Warteschlange dar, deren Anfang bzw. Kopf mit KS und deren Ende mit ES bezeichnet wird. Die Bezeichnung der Warteschlange sei $S =< KS, \ldots, ES]$.

Für die **Vorwärtsrechnung** gilt:

Startiteration: Es werden folgende Initialisierungen gesetzt:

- $KS = ES = 1$
- $FAZ(1) = 0$ und $FAZ(i) = -\infty$ für alle Knoten $i \ne 1$
- $FEZ(i) = 0$ für alle Knoten i.

Danach erfolgen Iterationen zu jeweils 3 Schritten bis zum Abbruch.

Schritt 1: Es wird der Schlangenkopf KS ausgewählt.

Schritt 2: Es wird $FEZ(KS) = FAZ(KS) + t_{KS}$ gesetzt.

Für alle $j \in N(KS)$ wird überprüft:

Gilt $FAZ(j) < FEZ(KS) + d_{KS,j}$, dann wird folgende Belegung gesetzt: $FAZ(j) = FEZ(KS) + d_{KS,j}$ und der Knoten j wird der Warteschlange hinten angestellt, falls er noch nicht vorhanden ist.

Abbruch: Das Verfahren endet, falls gilt: $KS = ES$.

Schritt 3: Der alte Schlangenkopf KS wird entfernt.

FIFO-Algorithmus, Fortsetzung

Für die **Rückwärtsrechnung** gilt:

Startiteration: Es werden folgende Initialisierungen gesetzt:

- $KS = ES = n$
- $SEZ(n) = FEZ(n)$ und $SEZ(i) = \infty$ für alle Knoten $i \neq 1$
- $SAZ(i) = 0$ für alle Knoten i.

Danach erfolgen Iterationen zu jeweils 3 Schritten bis zum Abbruch.

Schritt 1: Es wird der Schlangenkopf KS ausgewählt.

Schritt 2: Es wird $SAZ(KS) = SEZ(KS) - t_{KS}$ gesetzt.

Für alle $j \in V(KS)$ wird überprüft:

Gilt $SEZ(j) > SAZ(KS) - d_{j,KS}$, dann wird folgende Belegung gesetzt: $SEZ(j) = SAZ(KS) - d_{j,KS}$ und der Knoten j wird der Warteschlange hinten angestellt, falls er noch nicht vorhanden ist.

Abbruch: Das Verfahren endet, falls gilt: $KS = ES$.

Schritt 3: Der alte Schlangenkopf KS wird entfernt.

Nachfolgend wird die Anwendung des FIFO-Algorithmus an den beiden Beispielen dieses Kapitels gezeigt.

FIFO-Algorithmus für Beispiel 6.1:

Tätigkeit	Beschreibung	Dauer in Wochen	Vorgänger
A	Systemanalyse und Design	12	-
B	CPU-Anpassung	6	A
C	Konsolengeräte auswählen	1	A
D	Erstellen der Basisprogramme	10	A
E	Erstellen der Plausibilitäten	3	D
F	Erstellen der Individual-Software	20	D
G	Prüfen und Testen	1	B, C, E
H	Aufbau der gesamten Anlage	1	C
I	Installation und Abnahme	4	F, G, H

Vorwärtsrechnung:

Startiteration:

i	A	B	C	D	E	F	G	H	I
$FAZ(i)$	0	$-\infty$	$-\infty$	$-\infty$	$-\infty$	$-\infty$	$-\infty$	$-\infty$	$-\infty$
$FEZ(i)$	0	0	0	0	0	0	0	0	0

$S =< A]$.

1. Iteration:

Auswahl: $KS = A$ und $N(A) = \{B, C, D\}$.
Es wird gesetzt: $FEZ(A) = 0 + 12 = 12$.
Prüfung für $j = B$: $FAZ(B) = -\infty$ und $FEZ(A) + d_{A,B} = 12 + 0 = 12$
Da $FAZ(B) < FEZ(A) + d_{A,B}$ wird gesetzt: $FAZ(B) = 12$.
Prüfung für $j = C$: $FAZ(C) = -\infty$ und $FEZ(A) + d_{A,C} = 12 + 0 = 12$
Da $FAZ(C) < FEZ(A) + d_{A,C}$ wird gesetzt: $FAZ(C) = 12$.
Prüfung für $j = D$: $FAZ(D) = -\infty$ und $FEZ(A) + d_{A,D} = 12 + 0 = 12$
Da $FAZ(D) < FEZ(A) + d_{A,D}$ wird gesetzt: $FAZ(D) = 12$.

i	A	B	C	D	E	F	G	H	I
$FAZ(i)$	0	12	12	12	$-\infty$	$-\infty$	$-\infty$	$-\infty$	$-\infty$
$FEZ(i)$	12	0	0	0	0	0	0	0	0

$S =< A, B, C, D]$.
Da $KS \neq ES$ gehen die Iterationen weiter mit der neuen Schlange $S =< B, C, D]$.

2. Iteration:

Auswahl: $KS = B$ und $N(B) = \{G\}$.
Es wird gesetzt: $FEZ(B) = 12 + 6 = 18$.
Prüfung für $j = G$: $FAZ(G) = -\infty$ und $FEZ(B) + d_{B,G} = 18 + 0 = 18$
Da $FAZ(G) < FEZ(B) + d_{B,G}$ wird gesetzt: $FAZ(G) = 18$.

i	A	B	C	D	E	F	G	H	I
$FAZ(i)$	0	12	12	12	$-\infty$	$-\infty$	18	$-\infty$	$-\infty$
$FEZ(i)$	12	18	0	0	0	0	0	0	0

$S =< B, C, D, G]$.

Da $KS \neq ES$ gehen die Iterationen weiter mit der neuen Schlange $S =< C, D, G]$.

3. Iteration:

Auswahl: $KS = C$ und $N(C) = \{G, H\}$.

Es wird gesetzt: $FEZ(C) = 12 + 1 = 13$.

Prüfung für $j = G$: $FAZ(G) = 18$ und $FEZ(C) + d_{C,G} = 13 + 0 = 13$

Da $FAZ(G) > FEZ(C) + d_{C,G}$ gibt es hier keine Änderung.

Prüfung für $j = H$: $FAZ(H) = -\infty$ und $FEZ(C) + d_{C,H} = 13 + 0 = 13$

Da $FAZ(H) < FEZ(C) + d_{C,H}$ wird gesetzt: $FAZ(H) = 13$.

i	A	B	C	D	E	F	G	H	I
$FAZ(i)$	0	12	12	12	$-\infty$	$-\infty$	18	13	$-\infty$
$FEZ(i)$	12	18	13	0	0	0	0	0	0

$S =< C, D, G, H]$.

Da $KS \neq ES$ gehen die Iterationen weiter mit der neuen Schlange $S =< D, G, H]$.

4. Iteration:

Auswahl: $KS = D$ und $N(D) = \{E, F\}$.

Es wird gesetzt: $FEZ(D) = 12 + 10 = 22$.

Prüfung für $j = E$: $FAZ(E) = -\infty$ und $FEZ(D) + d_{D,E} = 22 + 0 = 22$

Da $FAZ(E) < FEZ(D) + d_{D,E}$ wird gesetzt: $FAZ(E) = 22$.

Prüfung für $j = F$: $FAZ(F) = -\infty$ und $FEZ(D) + d_{D,F} = 22 + 0 = 22$

Da $FAZ(F) < FEZ(D) + d_{D,F}$ wird gesetzt: $FAZ(F) = 22$.

i	A	B	C	D	E	F	G	H	I
$FAZ(i)$	0	12	12	12	22	22	18	13	$-\infty$
$FEZ(i)$	12	18	13	22	0	0	0	0	0

$S =< D, G, H, E, F]$.
Da $KS \neq ES$ gehen die Iterationen weiter mit der neuen Schlange $S =< G, H, E, F]$.

5. Iteration:

Auswahl: $KS = G$ und $N(G) = \{I\}$.
Es wird gesetzt: $FEZ(G) = 18 + 1 = 19$.
Prüfung für $j = I$: $FAZ(I) = -\infty$ und $FEZ(G) + d_{G,I} = 19 + 0 = 19$
Da $FAZ(I) < FEZ(G) + d_{G,I}$ wird gesetzt: $FAZ(I) = 19$.

i	A	B	C	D	E	F	G	H	I
$FAZ(i)$	0	12	12	12	22	22	18	13	19
$FEZ(i)$	12	18	13	22	0	0	19	0	0

$S =< G, H, E, F, I]$.
Da $KS \neq ES$ gehen die Iterationen weiter mit der neuen Schlange $S =< H, E, F, I]$.

6. Iteration:

Auswahl: $KS = H$ und $N(H) = \{I\}$.
Es wird gesetzt: $FEZ(H) = 13 + 1 = 14$.
Prüfung für $j = I$: $FAZ(I) = 19$ und $FEZ(H) + d_{H,I} = 14 + 0 = 14$
Da $FAZ(I) > FEZ(H) + d_{H,I}$ gibt es hier keine Änderung.

i	A	B	C	D	E	F	G	H	I
$FAZ(i)$	0	12	12	12	22	22	18	13	19
$FEZ(i)$	12	18	13	22	0	0	19	14	0

$S =< H, E, F, I]$.
Da $KS \neq ES$ gehen die Iterationen weiter mit der neuen Schlange $S =< E, F, I]$.

7. Iteration:

Auswahl: $KS = E$ und $N(E) = \{G\}$.
Es wird gesetzt: $FEZ(E) = 22 + 3 = 25$.
Prüfung für $j = G$: $FAZ(G) = 18$ und $FEZ(E) + d_{E,G} = 25 + 0 = 25$
Da $FAZ(G) < FEZ(E) + d_{E,G}$ wird gesetzt: $FAZ(G) = 25$.

i	A	B	C	D	E	F	G	H	I
$FAZ(i)$	0	12	12	12	22	22	25	13	19
$FEZ(i)$	12	18	13	22	25	0	19	14	0

$S =< E, F, I, G]$.
Da $KS \neq ES$ gehen die Iterationen weiter mit der neuen Schlange $S =< F, I, G]$.

8. Iteration:

Auswahl: $KS = F$ und $N(F) = \{I\}$.
Es wird gesetzt: $FEZ(F) = 22 + 20 = 42$.
Prüfung für $j = I$: $FAZ(I) = 19$ und $FEZ(F) + d_{F,I} = 42 + 0 = 42$
Da $FAZ(I) < FEZ(F) + d_{F,I}$ wird gesetzt: $FAZ(I) = 42$.

i	A	B	C	D	E	F	G	H	I
$FAZ(i)$	0	12	12	12	22	22	25	13	42
$FEZ(i)$	12	18	13	22	25	42	19	14	0

$S =< F, I, G]$.
Da $KS \neq ES$ gehen die Iterationen weiter mit der neuen Schlange $S =< I, G]$.

9. Iteration:

Auswahl: $KS = I$ und $N(I) = \{\}$.
Es wird gesetzt: $FEZ(I) = 42 + 4 = 46$.
Es erfolgen keine Prüfungen, da I keine Nachfolger hat.

i	A	B	C	D	E	F	G	H	I
$FAZ(i)$	0	12	12	12	22	22	25	13	42
$FEZ(i)$	12	18	13	22	25	42	19	14	46

$S =< I, G]$.

Da $KS \neq ES$ gehen die Iterationen weiter mit der neuen Schlange $S =< G]$.

10. Iteration:

Auswahl: $KS = G$ und $N(G) = \{I\}$.

Es wird gesetzt: $FEZ(G) = 25 + 1 = 26$.

Prüfung für $j = I$: $FAZ(I) = 42$ und $FEZ(G) + d_{G,I} = 26 + 0 = 26$

Da $FAZ(I) > FEZ(G) + d_{G,I}$ gibt es hier keine Änderung.

i	A	B	C	D	E	F	G	H	I
$FAZ(i)$	0	12	12	12	22	22	25	13	42
$FEZ(i)$	12	18	13	22	25	42	26	14	46

$S =< G]$.

Es gilt $KS = ES$. Damit ist die Abbruchbedingung erfüllt.

Rückwärtsrechnung:

Startiteration:

i	A	B	C	D	E	F	G	H	I
$SAZ(i)$	0	0	0	0	0	0	0	0	0
$SEZ(i)$	∞	∞	∞	∞	∞	∞	∞	∞	46

$S =< I]$.

1. Iteration:

Auswahl: $KS = I$ und $V(I) = \{F, G, H\}$.

Es wird gesetzt: $SAZ(I) = 46 - 4 = 42$.

Prüfung für $j = F$: $SEZ(F) = \infty$ und $SAZ(I) - d_{F,I} = 42 - 0 = 42$

Da $SEZ(F) > SAZ(I) - d_{F,I}$ wird gesetzt: $SEZ(F) = 42$.

Prüfung für $j = G$: $SEZ(G) = \infty$ und $SAZ(I) - d_{G,I} = 42 - 0 = 42$

Da $SEZ(G) > SAZ(I) - d_{G,I}$ wird gesetzt: $SEZ(G) = 42$.

Prüfung für $j = H$: $SEZ(H) = \infty$ und $SAZ(I) - d_{H,I} = 42 - 0 = 42$

Da $SEZ(H) > SAZ(I) - d_{H,I}$ wird gesetzt: $SEZ(H) = 42$.

i	A	B	C	D	E	F	G	H	I
$SAZ(i)$	0	0	0	0	0	0	0	0	42
$SEZ(i)$	∞	∞	∞	∞	∞	42	42	42	46

$S =< I, F, G, H]$.

Da $KS \neq ES$ gehen die Iterationen weiter mit der neuen Schlange $S =< F, G, H]$

2. Iteration:

Auswahl: $KS = F$ und $V(F) = \{D\}$.

Es wird gesetzt: $SAZ(F) = 42 - 20 = 22$.

Prüfung für $j = D$: $SEZ(D) = \infty$ und $SAZ(F) - d_{D,F} = 22 - 0 = 22$

Da $SEZ(D) > SAZ(F) - d_{D,F}$ wird gesetzt: $SEZ(D) = 22$.

i	A	B	C	D	E	F	G	H	I
$SAZ(i)$	0	0	0	0	0	22	0	0	42
$SEZ(i)$	∞	∞	∞	22	∞	42	42	42	46

$S =< F, G, H, D]$.

Da $KS \neq ES$ gehen die Iterationen weiter mit der neuen Schlange $S =< G, H, D]$

3. Iteration:

Auswahl: $KS = G$ und $V(G) = \{B, C, E\}$.

Es wird gesetzt: $SAZ(G) = 42 - 1 = 41$.

Prüfung für $j = B$: $SEZ(B) = \infty$ und $SAZ(G) - d_{B,G} = 41 - 0 = 41$

Da $SEZ(B) > SAZ(G) - d_{B,G}$ wird gesetzt: $SEZ(B) = 41$.

Prüfung für $j = C$: $SEZ(C) = \infty$ und $SAZ(G) - d_{C,G} = 41 - 0 = 41$

Da $SEZ(C) > SAZ(G) - d_{C,G}$ wird gesetzt: $SEZ(C) = 41$.

Prüfung für $j = E$: $SEZ(E) = \infty$ und $SAZ(G) - d_{E,G} = 41 - 0 = 41$

Da $SEZ(E) > SAZ(G) - d_{E,G}$ wird gesetzt: $SEZ(E) = 41$.

i	A	B	C	D	E	F	G	H	I
$SAZ(i)$	0	0	0	0	0	22	41	0	42
$SEZ(i)$	∞	41	41	22	41	42	42	42	46

$S =< G, H, D, B, C, E]$.

Da $KS \neq ES$ gehen die Iterationen weiter mit der neuen Schlange $S =< H, D, B, C, E]$.

4. Iteration:

Auswahl: $KS = H$ und $V(H) = \{C\}$.

Es wird gesetzt: $SAZ(H) = 42 - 1 = 41$.

Prüfung für $j = C$: $SEZ(C) = 41$ und $SAZ(G) - d_{C,G} = 41 - 0 = 41$

Da $SEZ(C) = SAZ(G) - d_{C,G}$ gibt es hier keine Änderung.

i	A	B	C	D	E	F	G	H	I
$SAZ(i)$	0	0	0	0	0	22	41	41	42
$SEZ(i)$	∞	41	41	22	41	42	42	42	46

$S =< H, D, B, C, E]$.

Da $KS \neq ES$ gehen die Iterationen weiter mit der neuen Schlange $S =< D, B, C, E]$.

5. Iteration:

Auswahl: $KS = D$ und $V(D) = \{A\}$.

Es wird gesetzt: $SAZ(D) = 22 - 10 = 12$.

Prüfung für $j = A$: $SEZ(A) = \infty$ und $SAZ(D) - d_{A,D} = 12 - 0 = 12$

Da $SEZ(A) > SAZ(D) - d_{A,D}$ wird gesetzt: $SEZ(A) = 12$.

i	A	B	C	D	E	F	G	H	I
$SAZ(i)$	0	0	0	12	0	22	41	41	42
$SEZ(i)$	12	41	41	22	41	42	42	42	46

$S =< D, B, C, E, A]$.
Da $KS \neq ES$ gehen die Iterationen weiter mit der neuen Schlange $S =< B, C, E, A]$.

6. Iteration:

Auswahl: $KS = B$ und $V(B) = \{A\}$.
Es wird gesetzt: $SAZ(B) = 41 - 6 = 35$.
Prüfung für $j = A$: $SEZ(A) = 12$ und $SAZ(B) - d_{A,B} = 35 - 0 = 35$
Da $SEZ(A) < SAZ(B) - d_{A,B}$ gibt es hier keine Änderung.

i	A	B	C	D	E	F	G	H	I
$SAZ(i)$	0	35	0	12	0	22	41	41	42
$SEZ(i)$	12	41	41	22	41	42	42	42	46

$S =< B, C, E, A]$.
Da $KS \neq ES$ gehen die Iterationen weiter mit der neuen Schlange $S =< C, E, A]$.

7. Iteration:

Auswahl: $KS = C$ und $V(C) = \{A\}$.
Es wird gesetzt: $SAZ(C) = 41 - 1 = 40$.
Prüfung für $j = A$: $SEZ(A) = 12$ und $SAZ(C) - d_{A,C} = 40 - 0 = 40$
Da $SEZ(A) < SAZ(C) - d_{A,C}$ gibt es hier keine Änderung.

i	A	B	C	D	E	F	G	H	I
$SAZ(i)$	0	35	40	12	0	22	41	41	42
$SEZ(i)$	12	41	41	22	41	42	42	42	46

$S =< C, E, A]$.
Da $KS \neq ES$ gehen die Iterationen weiter mit der neuen Schlange $S =< E, A]$.

8. Iteration:

Auswahl: $KS = E$ und $V(E) = \{D\}$.
Es wird gesetzt: $SAZ(E) = 41 - 3 = 38$.
Prüfung für $j = D$: $SEZ(D) = 12$ und $SAZ(E) - d_{D,E} = 38 - 0 = 38$
Da $SEZ(D) < SAZ(E) - d_{D,E}$ gibt es hier keine Änderung.

i	A	B	C	D	E	F	G	H	I
$SAZ(i)$	0	35	40	12	38	22	41	41	42
$SEZ(i)$	12	41	41	22	41	42	42	42	46

$S =< E, A]$.
Da $KS \neq ES$ gehen die Iterationen weiter mit der neuen Schlange $S =< A]$.

9. Iteration:

Auswahl: $KS = A$ und $V(A) = \{\}$.
Es wird gesetzt: $SAZ(AE) = 12 - 12 = 0$.
Es erfolgen keine Prüfungen, da A keine Vorgänger hat.

i	A	B	C	D	E	F	G	H	I
$SAZ(i)$	0	35	40	12	38	22	41	41	42
$SEZ(i)$	12	41	41	22	41	42	42	42	46

$S =< A]$.
Es gilt $KS = ES$. Damit ist die Abbruchbedingung erfüllt.

Somit gilt insgesamt:

i	A	B	C	D	E	F	G	H	I
$FAZ(i)$	0	12	12	12	22	22	25	13	42
$FEZ(i)$	12	18	13	22	25	42	26	14	46
$SAZ(i)$	0	35	40	12	38	22	41	41	42
$SEZ(i)$	12	41	41	22	41	42	42	42	46

FIFO-Algorithmus für Beispiel 6.2:

Tätigkeit	Beschreibung	Dauer in Tagen	Vorgänger	Mindestabstand zum Vorgänger
1	Vorbereitung und Aushub des Fundaments	2	-	-
2	Betonieren des Fundaments	2	1	0
3	Verlegung der Erdleitungen	2	2	-1
4	Mauern und Stahlstützen setzen	4	2	2
5	Bedachung setzen	2	4	2
6	Fenster und Türen einbauen	1	4 5	3 0
7	Estrich verlegen	3	3 4	0 1
8	Verputz oder Verkleidung innen	2	6 7	0 3
9	Verputz oder Verkleidung aussen	2	6	0
10	Fliesen oder Beläge verlegen	5	7	14
11	Abnahme	1	8 9 10	0 0 0

Vorwärtsrechnung:

Startiteration:

i	1	2	3	4	5	6	7	8	9	10	11
$FAZ(i)$	0	$-\infty$	$-\infty$	$-\infty$	$-\infty$	$-\infty$	$-\infty$	$-\infty$	$-\infty$	$-\infty$	$-\infty$
$FEZ(i)$	0	0	0	0	0	0	0	0	0	0	0

$S =< 1]$.

1. Iteration:

Auswahl: $KS = 1$ und $N(1) = \{2\}$.

Es wird gesetzt: $FEZ(1) = 0 + 2 = 2$.

Prüfung für $j = 2$: $FAZ(2) = -\infty$ und $FEZ(1) + d_{1,2} = 2 + 0 = 2$

Da $FAZ(2) < FEZ(1) + d_{1,2}$ wird gesetzt: $FAZ(2) = 2$.

i	1	2	3	4	5	6	7	8	9	10	11
$FAZ(i)$	0	2	$-\infty$	$-\infty$	$-\infty$	$-\infty$	$-\infty$	$-\infty$	$-\infty$	$-\infty$	$-\infty$
$FEZ(i)$	2	0	0	0	0	0	0	0	0	0	0

$S =< 1, 2]$.

Da $KS \neq ES$ gehen die Iterationen weiter mit der neuen Schlange $S =< 2]$.

2. Iteration:

Auswahl: $KS = 2$ und $N(2) = \{3, 4\}$.

Es wird gesetzt: $FEZ(2) = 2 + 2 = 4$.

Prüfung für $j = 3$: $FAZ(3) = -\infty$ und $FEZ(2) + d_{2,3} = 4 + (-1) = 3$

Da $FAZ(3) < FEZ(2) + d_{2,3}$ wird gesetzt: $FAZ(3) = 3$.

Prüfung für $j = 4$: $FAZ(4) = -\infty$ und $FEZ(2) + d_{2,4} = 4 + 2 = 6$

Da $FAZ(4) < FEZ(2) + d_{2,4}$ wird gesetzt: $FAZ(4) = 6$.

i	1	2	3	4	5	6	7	8	9	10	11
$FAZ(i)$	0	2	3	6	$-\infty$	$-\infty$	$-\infty$	$-\infty$	$-\infty$	$-\infty$	$-\infty$
$FEZ(i)$	2	4	0	0	0	0	0	0	0	0	0

$S =< 2, 3, 4]$.

Da $KS \neq ES$ gehen die Iterationen weiter mit der neuen Schlange $S =< 3, 4]$.

3. Iteration:

Auswahl: $KS = 3$ und $N(3) = \{7\}$.

Es wird gesetzt: $FEZ(3) = 3 + 2 = 5$.

Prüfung für $j = 7$: $FAZ(7) = -\infty$ und $FEZ(3) + d_{3,7} = 5 + 0 = 5$

Da $FAZ(7) < FEZ(3) + d_{3,7}$ wird gesetzt: $FAZ(7) = 5$.

i	1	2	3	4	5	6	7	8	9	10	11
$FAZ(i)$	0	2	3	6	$-\infty$	$-\infty$	5	$-\infty$	$-\infty$	$-\infty$	$-\infty$
$FEZ(i)$	2	4	5	0	0	0	0	0	0	0	0

$S =< 3, 4, 7]$.

Da $KS \neq ES$ gehen die Iterationen weiter mit der neuen Schlange $S =< 4, 7]$.

4. Iteration:

Auswahl: $KS = 4$ und $N(4) = \{5, 6, 7\}$.

Es wird gesetzt: $FEZ(4) = 6 + 4 = 10$.

Prüfung für $j = 5$: $FAZ(5) = -\infty$ und $FEZ(4) + d_{4,5} = 10 + 2 = 12$

Da $FAZ(5) < FEZ(4) + d_{4,5}$ wird gesetzt: $FAZ(5) = 12$.

Prüfung für $j = 6$: $FAZ(6) = -\infty$ und $FEZ(4) + d_{4,6} = 10 + 3 = 13$

Da $FAZ(6) < FEZ(4) + d_{4,6}$ wird gesetzt: $FAZ(6) = 13$.

Prüfung für $j = 7$: $FAZ(7) = 5$ und $FEZ(4) + d_{4,7} = 10 + 1 = 11$

Da $FAZ(7) < FEZ(4) + d_{4,7}$ wird gesetzt: $FAZ(7) = 11$.

i	1	2	3	4	5	6	7	8	9	10	11
$FAZ(i)$	0	2	3	6	12	13	11	$-\infty$	$-\infty$	$-\infty$	$-\infty$
$FEZ(i)$	2	4	5	10	0	0	0	0	0	0	0

$S =< 4, 7, 5, 6]$.

Da $KS \neq ES$ gehen die Iterationen weiter mit der neuen Schlange $S =< 7, 5, 6]$.

5. Iteration:

Auswahl: $KS = 7$ und $N(7) = \{8, 10\}$.

Es wird gesetzt: $FEZ(7) = 11 + 3 = 14$.

Prüfung für $j = 8$: $FAZ(8) = -\infty$ und $FEZ(7) + d_{7,8} = 14 + 3 = 17$

Da $FAZ(8) < FEZ(7) + d_{7,8}$ wird gesetzt: $FAZ(8) = 17$.

Prüfung für $j = 10$: $FAZ(10) = -\infty$ und $FEZ(7) + d_{7,10} = 14 + 14 = 28$

Da $FAZ(10) < FEZ(7) + d_{7,10}$ wird gesetzt: $FAZ(10) = 28$.

i	1	2	3	4	5	6	7	8	9	10	11
$FAZ(i)$	0	2	3	6	12	13	11	17	$-\infty$	28	$-\infty$
$FEZ(i)$	2	4	5	10	0	0	14	0	0	0	0

$S =< 7, 5, 6, 8, 10]$.

Da $KS \neq ES$ gehen die Iterationen weiter mit der neuen Schlange $S =< 5, 6, 8, 10]$.

6. Iteration:

Auswahl: $KS = 5$ und $N(5) = \{6\}$.

Es wird gesetzt: $FEZ(5) = 12 + 2 = 14$.

Prüfung für $j = 6$: $FAZ(6) = 13$ und $FEZ(5) + d_{5,6} = 14 + 0 = 14$

Da $FAZ(6) < FEZ(5) + d_{5,6}$ wird gesetzt: $FAZ(6) = 14$.

i	1	2	3	4	5	6	7	8	9	10	11
$FAZ(i)$	0	2	3	6	12	14	11	17	$-\infty$	28	$-\infty$
$FEZ(i)$	2	4	5	10	14	0	14	0	0	0	0

$S =< 5, 6, 8, 10]$.

Da $KS \neq ES$ gehen die Iterationen weiter mit der neuen Schlange $S =< 6, 8, 10]$.

7. Iteration:

Auswahl: $KS = 6$ und $N(6) = \{8, 9\}$.

Es wird gesetzt: $FEZ(6) = 14 + 1 = 15$.

Prüfung für $j = 8$: $FAZ(8) = 17$ und $FEZ(6) + d_{6,8} = 15 + 0 = 15$

Da $FAZ(8) > FEZ(6) + d_{6,8}$ gibt es hier keine Änderung.

Prüfung für $j = 9$: $FAZ(9) = -\infty$ und $FEZ(6) + d_{6,9} = 15 + 0 = 15$

Da $FAZ(9) < FEZ(6) + d_{6,9}$ wird gesetzt: $FAZ(9) = 15$.

i	1	2	3	4	5	6	7	8	9	10	11
$FAZ(i)$	0	2	3	6	12	14	11	17	15	28	$-\infty$
$FEZ(i)$	2	4	5	10	14	15	14	0	0	0	0

$S =< 6, 8, 10, 9]$.

Da $KS \neq ES$ gehen die Iterationen weiter mit der neuen Schlange $S =< 8, 10, 9]$.

8. Iteration:

Auswahl: $KS = 8$ und $N(8) = \{11\}$.

Es wird gesetzt: $FEZ(8) = 17 + 2 = 19$.

Prüfung für $j = 11$: $FAZ(11) = -\infty$ und $FEZ(8) + d_{8,11} = 19 + 0 = 19$

Da $FAZ(11) < FEZ(8) + d_{8,11}$ wird gesetzt: $FAZ(11) = 19$.

i	1	2	3	4	5	6	7	8	9	10	11
FAZ(i)	0	2	3	6	12	14	11	17	15	28	19
FEZ(i)	2	4	5	10	14	15	14	19	0	0	0

$S =< 8, 10, 9, 11]$.

Da $KS \neq ES$ gehen die Iterationen weiter mit der neuen Schlange $S =< 10, 9, 11]$.

9. Iteration:

Auswahl: $KS = 10$ und $N(10) = \{11\}$.

Es wird gesetzt: $FEZ(10) = 28 + 5 = 33$.

Prüfung für $j = 11$: $FAZ(11) = 19$ und $FEZ(10) + d_{10,11} = 33 + 0 = 33$

Da $FAZ(11) < FEZ(10) + d_{10,11}$ wird gesetzt: $FAZ(11) = 33$.

i	1	2	3	4	5	6	7	8	9	10	11
FAZ(i)	0	2	3	6	12	14	11	17	15	28	33
FEZ(i)	2	4	5	10	14	15	14	19	0	33	0

$S =< 10, 9, 11]$.

Da $KS \neq ES$ gehen die Iterationen weiter mit der neuen Schlange $S =< 9, 11]$.

10. Iteration:

Auswahl: $KS = 9$ und $N(9) = \{11\}$.

Es wird gesetzt: $FEZ(9) = 15 + 2 = 17$.

Prüfung für $j = 11$: $FAZ(11) = 33$ und $FEZ(9) + d_{9,11} = 17 + 0 = 17$

Da $FAZ(11) > FEZ(9) + d_{9,11}$ gibt es hier keine Änderung.

i	1	2	3	4	5	6	7	8	9	10	11
FAZ(i)	0	2	3	6	12	14	11	17	15	28	33
FEZ(i)	2	4	5	10	14	15	14	19	17	33	0

$S =< 9, 11]$.

Da $KS \neq ES$ gehen die Iterationen weiter mit der neuen Schlange $S =< 11]$.

11. Iteration:

Auswahl: $KS = 11$ und $N(11) = \{\}$.

Es wird gesetzt: $FEZ(11) = 33 + 1 = 34$

Es erfolgen keine Prüfungen, da 11 keine Nachfolger hat.

i	1	2	3	4	5	6	7	8	9	10	11
$FAZ(i)$	0	2	3	6	12	14	11	17	15	28	33
$FEZ(i)$	2	4	5	10	14	15	14	19	17	33	34

$S =< 11]$.

Es gilt $KS = ES$. Damit ist die Abbruchbedingung erfüllt.

Rückwärtsrechnung:

Startiteration:

i	1	2	3	4	5	6	7	8	9	10	11
$SAZ(i)$	0	0	0	0	0	0	0	0	0	0	0
$SEZ(i)$	∞	∞	∞	∞	∞	∞	∞	∞	∞	∞	34

$S =< 11]$

1. Iteration:

Auswahl: $KS = 11$ und $V(11) = \{8, 9, 10\}$.

Es wird gesetzt: $SAZ(11) = 34 - 1 = 33$.

Prüfung für $j = 8$: $SEZ(8) = \infty$ und $SAZ(11) - d_{8,11} = 33 - 0 = 33$

Da $SEZ(8) > SAZ(11) - d_{8,11}$ wird gesetzt: $SEZ(8) = 33$.

Prüfung für $j = 9$: $SEZ(9) = \infty$ und $SAZ(11) - d_{9,11} = 33 - 0 = 33$

Da $SEZ(9) > SAZ(11) - d_{9,11}$ wird gesetzt: $SEZ(9) = 33$.

Prüfung für $j = 10$: $SEZ(10) = \infty$ und $SAZ(11) - d_{10,11} = 33 - 0 = 33$

Da $SEZ(10) > SAZ(11) - d_{10,11}$ wird gesetzt: $SEZ(10) = 33$.

i	1	2	3	4	5	6	7	8	9	10	11
$SAZ(i)$	0	0	0	0	0	0	0	0	0	0	33
$SEZ(i)$	∞	∞	∞	∞	∞	∞	∞	33	33	33	34

$S =< 11, 8, 9, 10]$.

Da $KS \neq ES$ gehen die Iterationen weiter mit der neuen Schlange $S =< 8, 9, 10]$.

2. Iteration:

Auswahl: $KS = 8$ und $V(8) = \{6, 7\}$.

Es wird gesetzt: $SAZ(8) = 33 - 2 = 31$.

Prüfung für $j = 6$: $SEZ(6) = \infty$ und $SAZ(8) - d_{6,8} = 31 - 0 = 31$

Da $SEZ(6) > SAZ(8) - d_{6,8}$ wird gesetzt: $SEZ(6) = 31$.

Prüfung für $j = 7$: $SEZ(7) = \infty$ und $SAZ(8) - d_{7,8} = 31 - 3 = 28$

Da $SEZ(7) > SAZ(8) - d_{7,8}$ wird gesetzt: $SEZ(7) = 28$.

i	1	2	3	4	5	6	7	8	9	10	11
$SAZ(i)$	0	0	0	0	0	0	0	31	0	0	33
$SEZ(i)$	∞	∞	∞	∞	∞	31	28	33	33	33	34

$S =< 8, 9, 10, 6, 7]$.

Da $KS \neq ES$ gehen die Iterationen weiter mit der neuen Schlange $S =< 9, 10, 6, 7]$.

3. Iteration:

Auswahl: $KS = 9$ und $V(9) = \{6\}$.

Es wird gesetzt: $SAZ(9) = 33 - 2 = 31$.

Prüfung für $j = 6$: $SEZ(6) = 31$ und $SAZ(9) - d_{6,9} = 31 - 0 = 31$

Da $SEZ(6) = SAZ(9) - d_{6,9}$ gibt es hier keine Änderung.

i	1	2	3	4	5	6	7	8	9	10	11
$SAZ(i)$	0	0	0	0	0	0	0	31	31	0	33
$SEZ(i)$	∞	∞	∞	∞	∞	31	28	33	33	33	34

$S =< 9, 10, 6, 7]$.
Da $KS \neq ES$ gehen die Iterationen weiter mit der neuen Schlange $S =< 10, 6, 7]$.

4. Iteration:

Auswahl: $KS = 10$ und $V(10) = \{7\}$.
Es wird gesetzt: $SAZ(10) = 33 - 5 = 28$.
Prüfung für $j = 7$: $SEZ(7) = 28$ und $SAZ(10) - d_{7,10} = 28 - 14 = 14$
Da $SEZ(7) > SAZ(10) - d_{7,10}$ wird gesetzt: $SEZ(7) = 14$.

i	1	2	3	4	5	6	7	8	9	10	11
$SAZ(i)$	0	0	0	0	0	0	0	31	31	28	33
$SEZ(i)$	∞	∞	∞	∞	∞	31	14	33	33	33	34

$S =< 10, 6, 7]$.
Da $KS \neq ES$ gehen die Iterationen weiter mit der neuen Schlange $S =< 6, 7]$.

5. Iteration:

Auswahl: $KS = 6$ und $V(6) = \{4, 5\}$.
Es wird gesetzt: $SAZ(6) = 31 - 1 = 30$.
Prüfung für $j = 4$: $SEZ(4) = \infty$ und $SAZ(6) - d_{4,6} = 30 - 3 = 27$
Da $SEZ(4) > SAZ(6) - d_{4,6}$ wird gesetzt: $SEZ(4) = 27$.
Prüfung für $j = 5$: $SEZ(5) = \infty$ und $SAZ(6) - d_{5,6} = 30 - 0 = 30$
Da $SEZ(5) > SAZ(6) - d_{5,6}$ wird gesetzt: $SEZ(5) = 30$.

i	1	2	3	4	5	6	7	8	9	10	11
$SAZ(i)$	0	0	0	0	0	30	0	31	31	28	33
$SEZ(i)$	∞	∞	∞	27	30	31	14	33	33	33	34

$S =< 6, 7, 4, 5]$.
Da $KS \neq ES$ gehen die Iterationen weiter mit der neuen Schlange $S =< 7, 4, 5]$.

6. Iteration:

Auswahl: $KS = 7$ und $V(7) = \{3, 4\}$.

Es wird gesetzt: $SAZ(7) = 14 - 3 = 11$.

Prüfung für $j = 3$: $SEZ(3) = \infty$ und $SAZ(7) - d_{3,7} = 11 - 0 = 11$

Da $SEZ(3) > SAZ(7) - d_{3,7}$ wird gesetzt: $SEZ(3) = 11$.

Prüfung für $j = 4$: $SEZ(4) = 27$ und $SAZ(7) - d_{4,7} = 11 - 1 = 10$

Da $SEZ(4) > SAZ(7) - d_{4,7}$ wird gesetzt: $SEZ(4) = 10$.

i	1	2	3	4	5	6	7	8	9	10	11
$SAZ(i)$	0	0	0	0	0	30	11	31	31	28	33
$SEZ(i)$	∞	∞	11	10	30	31	14	33	33	33	34

$S =< 7, 4, 5, 3]$.

Da $KS \neq ES$ gehen die Iterationen weiter mit der neuen Schlange $S =< 4, 5, 3]$.

7. Iteration:

Auswahl: $KS = 4$ und $V(4) = \{2\}$.

Es wird gesetzt: $SAZ(4) = 10 - 4 = 6$.

Prüfung für $j = 2$: $SEZ(2) = \infty$ und $SAZ(4) - d_{2,4} = 6 - 2 = 4$

Da $SEZ(2) > SAZ(4) - d_{2,4}$ wird gesetzt: $SEZ(2) = 4$.

i	1	2	3	4	5	6	7	8	9	10	11
$SAZ(i)$	0	0	0	6	0	30	11	31	31	28	33
$SEZ(i)$	∞	4	11	10	30	31	14	33	33	33	34

$S =< 4, 5, 3, 2]$.

Da $KS \neq ES$ gehen die Iterationen weiter mit der neuen Schlange $S =< 5, 3, 2]$.

8. Iteration:

Auswahl: $KS = 5$ und $V(5) = \{4\}$.

Es wird gesetzt: $SAZ(5) = 30 - 2 = 28$.

Prüfung für $j = 4$: $SEZ(4) = 10$ und $SAZ(5) - d_{4,5} = 28 - 2 = 26$

Da $SEZ(4) < SAZ(5) - d_{4,5}$ gibt es hier keine Änderung.

i	1	2	3	4	5	6	7	8	9	10	11
$SAZ(i)$	0	0	0	6	28	30	11	31	31	28	33
$SEZ(i)$	∞	4	11	10	30	31	14	33	33	33	34

$S =< 5, 3, 2]$.

Da $KS \neq ES$ gehen die Iterationen weiter mit der neuen Schlange $S =< 3, 2]$.

9. Iteration:

Auswahl: $KS = 3$ und $V(3) = \{2\}$.

Es wird gesetzt: $SAZ(3) = 11 - 2 = 9$.

Prüfung für $j = 2$: $SEZ(2) = 4$ und $SAZ(3) - d_{2,3} = 11 - (-1) = 12$

Da $SEZ(2) < SAZ(3) - d_{2,3}$ gibt es hier keine Änderung.

i	1	2	3	4	5	6	7	8	9	10	11
$SAZ(i)$	0	0	9	6	28	30	11	31	31	28	33
$SEZ(i)$	∞	4	11	10	30	31	14	33	33	33	34

$S =< 3, 2]$.

Da $KS \neq ES$ gehen die Iterationen weiter mit der neuen Schlange $S =< 2]$.

10. Iteration:

Auswahl: $KS = 2$ und $V(2) = \{1\}$.

Es wird gesetzt: $SAZ(2) = 4 - 2 = 2$.

Prüfung für $j = 1$: $SEZ(1) = \infty$ und $SAZ(2) - d_{1,2} = 2 - 0 = 2$

Da $SEZ(1) > SAZ(2) - d_{1,2}$ wird gesetzt: $SEZ(1) = 2$.

i	1	2	3	4	5	6	7	8	9	10	11
$SAZ(i)$	0	2	9	6	28	30	11	31	31	28	33
$SEZ(i)$	2	4	11	10	30	31	14	33	33	33	34

$S =< 2, 1]$.

Da $KS \neq ES$ gehen die Iterationen weiter mit der neuen Schlange $S =< 1]$.

11. Iteration:

Auswahl: $KS = 1$ und $V(1) = \{\}$.
Es wird gesetzt: $SAZ(1) = 2 - 2 = 0$
Es erfolgen keine Prüfungen, da A keine Vorgänger hat.

i	1	2	3	4	5	6	7	8	9	10	11
$SAZ(i)$	0	2	9	6	28	30	11	31	31	28	33
$SEZ(i)$	2	4	11	10	30	31	14	33	33	33	34

$S =< 1]$.
Es gilt $KS = ES$. Damit ist die Abbruchbedingung erfüllt.

Somit gilt insgesamt:

i	1	2	3	4	5	6	7	8	9	10	11
$FAZ(i)$	0	2	3	6	12	14	11	17	15	28	33
$FEZ(i)$	2	4	5	10	14	15	14	19	17	33	34
$SAZ(i)$	0	2	9	6	28	30	11	31	31	28	33
$SEZ(i)$	2	4	11	10	30	31	14	33	33	33	34

6.3 JAVA-Programme

In diesem Abschnitt wird ein Programm zum Berechnen der frühestens bzw. spätesten Anfangs- und Endzeiten vorgestellt. Es arbeitet nach dem FIFO-Algorithmus. Der besseren Lesbarkeit halber ist es relativ einfach gehalten und beinhaltet wieder eine Anzahl von Verbesserungs- bzw. Erweiterungsmöglichkeiten. Auf diese wird bei den Übungsaufgaben eingegangen.

6.3.1 Quellcodes und Erläuterungen

Das Programm zum Berechnen der frühesten bzw. spätesten Anfangs- und Endzeiten mit dem FIFO-Algorithmus wird durch zwei Klassen abgebildet:

- netz_io.java
- netzplan.java

Die Logik befindet sich in der Klasse netzplan.java. In die Klasse netz_io.java sind Ein- und Ausgaben zur Systemkonsole ausgelagert.
Der Programmablauf erfolgt ohne Oberfläche von einer Eingabeaufforderung aus.

Es werden die Eingabedaten abgefragt. Dies sind im Einzelnen:

- Anzahl der Tätigkeiten
- Dauer aller Tätigkeiten
- Vorgänger und Abstandsdauern pro Tätigkeit.

Dies geschieht jeweils in einer Zeile mit Abschluß ENTER. Ist der letzte Vorgänger der letzten Tätigkeit eingegeben, erfolgt nach Eingabe von 0 und ENTER die Berchnung.

Das Programm gibt dann Folgendes aus:

- alle Iterationen der Vorwärtsrechnung als Tabellen
- alle Iterationen der Rückwärtsrechnung als Tabellen
- eine Schlusstabelle mit allen frühesten bzw. spätesten Anfangs- und Endezeiten.

Im Folgenden sind die Quellcodes der zwei Klassen angegeben. Eine Beschreibung der Funktionalitäten, sprich der Methoden, schließt sich an.

Klasse netz_io.java

```
import java.io.*;
import java.text.*;
import java.lang.Math;

public class netz_io
{
  private static int g=1; //zum Hochzählen der Anzahl
                           Iterationen
  private static boolean erste=true;
  private static DecimalFormat form =
                 new DecimalFormat("####0.###");
  private static BufferedReader eingabe =
       new BufferedReader (new InputStreamReader(System.in));

  public static String eingabeZeile()
  {
    try
    { // IOException  muss  abgefangen werden
      return eingabe.readLine();
    }
    catch (IOException e)
    {
      System.out.println("Eingabe konnte nicht
                          gelesen werden");
      return null;
    }
  }

  public static void drucke_iterationvorw(netzplan m1)
  {
    int j;
    DecimalFormat form = new DecimalFormat("####0.#");
    System.out.println("  "+(g++)+". Iteration");
    System.out.print("      ");

    for (int i=0;i<m1.anztaet();i++)
      System.out.print((i+1)+"     ");
    System.out.println(" ");
    System.out.print(" FAZ ");

    for (j=1;j<=m1.anztaet();j++)
      if (m1.faz(j)==Double.NaN)
        System.out.print(" x     ");
      else
        System.out.print(form.format(m1.faz(j))+"    ");

    System.out.println(" ");
    System.out.print(" FEZ ");

    for (j=1;j<=m1.anztaet();j++)
      if (m1.fez(j)==Double.NaN)
```

```
        System.out.print(" x     ");
      else System.out.print(form.format(m1.fez(j))+"    ");
        System.out.println("\n");
  }

  public static void drucke_iterationrueckw(netzplan m1)
  {
    int j;
    DecimalFormat form = new DecimalFormat("####0.#");

    if (erste)
    {
      g=1;
      erste=false;
    }
    System.out.println(" "+(g++)+". Iteration");
    System.out.print("      ");

    for (int i=0;i<m1.anztaet();i++)
      System.out.print((i+1)+"     ");

    System.out.println(" ");
    System.out.print(" SAZ ");

    for (j=1;j<=m1.anztaet();j++)
      if (m1.saz(j)==Double.MAX_VALUE)
        System.out.print(" x     ");
      else
        System.out.print(form.format(m1.saz(j))+"    ");

    System.out.println(" ");
    System.out.print(" SEZ ");

    for (j=1;j<=m1.anztaet();j++)
      if (m1.sez(j)==Double.MAX_VALUE)
        System.out.print(" x     ");
      else
        System.out.print(form.format(m1.sez(j))+"    ");
    System.out.println("\n");
  }

  public static void drucke_ende(netzplan m1)
  {
    int j;
    DecimalFormat form = new DecimalFormat("####0.#");
    System.out.println(" Ergebnis");
    System.out.print("      ");

    for (int i=0;i<m1.anztaet();i++)
      System.out.print((i+1)+"     ");

    System.out.println(" ");
    System.out.print(" FAZ ");
```

```
    for (j=1;j<=m1.anztaet();j++)
      System.out.print(form.format(m1.faz(j))+"    ");

    System.out.println(" ");
    System.out.print(" FEZ ");

    for (j=1;j<=m1.anztaet();j++)
      System.out.print(form.format(m1.fez(j))+"    ");

    System.out.println(" ");
    System.out.print(" SAZ ");

    for (j=1;j<=m1.anztaet();j++)
      System.out.print(form.format(m1.saz(j))+"    ");

    System.out.println(" ");
    System.out.print(" SEZ ");

    for (j=1;j<=m1.anztaet();j++)
      System.out.print(form.format(m1.sez(j))+"    ");

    System.out.println("\n");
  }

  public static int intLesen()
  {
    String eingabe;
    eingabe=eingabeZeile();

    if (eingabe!=null)
      return Integer.valueOf(eingabe).intValue();
    else
      return 0;
  }

  public static int anztaetLesen()
  {
    System.out.println(" Wieviele Taetigkeiten gibt es? ");
    return intLesen();
  }

  public static void taetLesen(netzplan m1)
  {
    String str1="";
    double p;
    int l=0;

    for (int i=1;i<=m1.anztaet();i++)
    {
      System.out.println((i)+". Taetigkeit: t= ");
      str1=eingabeZeile();
      p=Double.valueOf(str1).doubleValue();
      if (p>0.1)
        m1.tsetzen(i,p);
```

```
    }
  }

  public static void abstLesen(netzplan m1)
  {
    String str1="";
    double p;
    int l=0;

    for (int i=1; i<=m1.anztaet();i++)
      do
      {
        System.out.println((i)+". Taetigkeit: Vorgaenger= ");
        System.out.println(".  0 = naechste Taetigkeit!");
        l=intLesen();

        if (l>0)
        {
          System.out.println((i)+". Taetigkeit:
                                     Abstandsdauer= ");
          str1=eingabeZeile();
          p=Double.valueOf(str1).doubleValue();
          m1.dsetzen(l,i,p);
        }
      }
      while (l>0);
  }
}
```

Beschreibung der Methoden der Klasse netz_io.java:

Methode	eingabeZeile
Klasse	netz_io
Parameter	() keine
Returnwert	String
Funktion	Liefert eine Zeile aus der Konsoleingabe
Verwendete andere Methoden	readLine

Methode	drucke_iterationvorw
Klasse	netz_io
Parameter	(netzplan) Objekt, aus dessen Vektoren FAZ, FEZ gedruckt werden soll
Returnwert	keinen
Funktion	Gibt FAZ und FEZ aus dem Parameterobjekt aus
Verwendete andere Methoden	anztaet, faz, fez, compareTo, format

Methode	drucke_iterationrueckw
Klasse	netz_io
Parameter	(netzplan) Objekt, aus dessen Vektoren SAZ, SEZ gedruckt werden soll
Returnwert	keinen
Funktion	Gibt SAZ, SEZ aus dem Parameterobjekt aus
Verwendete andere Methoden	anztaet, saz, sez, compareTo, format

Methode	drucke_ergebnis
Klasse	netz_io
Parameter	(netzplan) Objekt, aus dessen Vektoren der Endstand von FAZ, FEZ, SAZ, SEZ gedruckt werden soll
Returnwert	keinen
Funktion	Gibt FAZ, FEZ, SAZ, SEZ aus dem Parameterobjekt aus
Verwendete andere Methoden	anztaet, faz, fez, saz, sez, compareTo, format

Methode	ausgabeZeile
Klasse	netz_io
Parameter	(String) Ausgabetext
Returnwert	keinen
Funktion	Schreibt Ausgabetext (Parameter) auf die Systemausgabekonsole und in die Datei „Ausgabe.txt“ – sofern Dateiausgabe=true
Verwendete andere Methoden	

Methode	intLesen
Klasse	netz_io
Parameter	() keine
Returnwert	int
Funktion	Liefert eine ganze Zahl aus der Eingabezeile zurück
Verwendete andere Methoden	eingabeZeile

Methode	anztaetLesen
Klasse	netz_io
Parameter	() keine
Returnwert	int
Funktion	Liefert Anzahl Tätigkeiten aus der Eingabezeile zurück
Verwendete andere Methoden	intLesen

Methode	taetLesen
Klasse	netz_io
Parameter	(netzplan) Objekt, dessen Zeitvektor geschrieben werden soll
Returnwert	keinen
Funktion	Liest zeilenweise alle Werte aus der Konsoleingabe in den Zeitvektor t
Verwendete andere Methoden	tsetzen, eingabeZeile, anztaet

Methode	abstLesen
Klasse	netz_io
Parameter	(netzplan) Objekt, dessen Abstandsmatrix geschrieben werden soll
Returnwert	keinen
Funktion	Liest zeilenweise alle Werte aus der Konsoleingabe in die Abstandsmatrix d
Verwendete andere Methoden	dsetzen, eingabeZeile, intLesen, anztaet

Klasse netzplan.java

```
import java.io.*;
import java.text.*;
public class netzplan
{
  private int anztaet;
  private final int lschlange=1000000;
  private double d[][];
  private double t[];
  private double faz[];
  private double fez[];
  private double saz[];
  private double sez[];
  private int schlange[]=new int[lschlange];
  private int belegt=0;

  public netzplan(int anz)
  {
    if (anz<2)
    {
      System.out.println("unzulaessige Taetigkeitsanzahl
                         eingegeben - 2  wird erzeugt");
      anztaet=2;
    }
    else anztaet = anz;
      d=new double [anztaet+1][anztaet+1];

    for(int i=0;i<=anztaet;i++)
      for(int j=0;j<=anztaet;j++)
        d[i][j]=Double.NaN;
```

```
    t=new double [anztaet+1];
    faz=new double [anztaet+1];
    fez=new double [anztaet+1];
    saz=new double [anztaet+1];
    sez=new double [anztaet+1];
  }

  protected int anztaet()
  {
    return anztaet;
  }

  protected double d(int z, int s)
  {
    return d[z][s];
  }

  protected double t(int i)
  {
    return t[i];
  }

  protected double faz(int i)
  {
    return faz[i];
  }

  protected double fez(int i)
  {
    return fez[i];
  }

  protected double saz(int i)
  {
    return saz[i];
  }

  protected double sez(int i)
  {
    return sez[i];
  }

  public void tsetzen(int z,double i)
  {
    if (z<=anztaet&&z>=0)  t[z]=i;
    else System.out.println("Index out of range");
  }

  public void dsetzen(int z,int s,double t)
  {
    if (z<=anztaet&&s<=anztaet&&z>=0&&s>=0)  d[z][s]=t;
    else System.out.println("Index out of range");
  }
```

```
public boolean schlangeleer()
{
  return belegt<1;
}

public boolean inschlange(int i)
{
  for (int j=0;j<belegt;j++)
    if (schlange[j] == i)
      return true;
    return false;
}

public void anhaengen(int i)
{
  if (belegt<lschlange)
    schlange[belegt++] = i;
  else System.out.println("Kein freier Platz
                           mehr in der Schlange");
}

public void entfernen()
{
  for (int j=0;j<belegt-1;j++)
    schlange[j] = schlange[j+1];
  belegt--;
}

public int sk()
{
  return schlange[0];
}

public void alleNachfolgervorw()
{
  for (int j=1;j<=anztaet;j++)
  {
    if (d[sk()][j]!=Double.NaN &&
        faz[j]<fez[sk()] + d[sk()][j])
    {
      faz[j] = fez[sk()] + d[sk()][j];
      if (!inschlange(j))
        anhaengen(j);
    }
  }
}

public void alleNachfolgerrueckw()
{
  for (int j=1;j<=anztaet;j++)
  {
    if (d[j][sk()]!=Double.NaN &&
                sez[j]>saz[sk()] - d[j][sk()])
    {
```

```
        sez[j] = saz[sk()] - d[j][sk()];
        if (!inschlange(j))
          anhaengen(j);
      }
    }
  }

  public void startvorw()
  {
    faz[1] = 0;

    for (int i=2;i<=anztaet;i++)
      faz[i] = -1;

    fez[1] = t[1];
    anhaengen(1);
  }

  public void startrueckw()
  {
    sez[anztaet] = fez[anztaet];

    for (int i=1;i<anztaet;i++)
      sez[i] = Double.MAX_VALUE;

    saz[anztaet] = sez[anztaet] - t[anztaet];
    anhaengen(anztaet);

  }

  public void naechstervorw()
  {
    entfernen();
    fez[sk()] = faz[sk()] + t[sk()];
  }

  public void naechsterrueckw()
  {
    entfernen();
    saz[sk()] = sez[sk()] - t[sk()];
  }

  public static void main(String args[])
  {
    int m=0;
    netzplan n = new netzplan(netz_io.anztaetLesen());
    netz_io.taetLesen(n);
    netz_io.abstLesen(n);
    System.out.println("Start Vorwaertsrechnung\n");
    n.startvorw();
    do
    {
      n.alleNachfolgervorw();
      netz_io.drucke_iterationvorw(n);
```

```
      if (!n.schlangeleer())
        n.naechstervorw();
    }
    while (!n.schlangeleer());

    System.out.println("Start Rueckwaertsrechnung\n");
    n.startrueckw();
    do
    {
      n.alleNachfolgerrueckw();
      netz_io.drucke_iterationrueckw(n);
      if (!n.schlangeleer())
        n.naechsterrueckw();
    }
    while (!n.schlangeleer());
    netz_io.drucke_ende(n);
  }
}
```

Beschreibung der Methoden der Klasse netzplan.java:

Methode	netzplan
Klasse	netzplan
Parameter	(int): Größe der Abstandsmatrix und der Zeitvektoren
Returnwert	keiner
Funktion	Konstruktor, generiert das Array für die Abstandsmatrix (max. 99 x 99) und fünf Vektoren t, faz, fez, saz, sez
Verwendete andere Methoden	keine

Methode	dsetzen
Klasse	netzplan
Parameter	(int, int, double): Wert, Matrixkoordinaten
Returnwert	keiner
Funktion	Setzt in der Matrix den übergebenen Wert an der übergebenen Position
Verwendete andere Methoden	keine

Methode	tsetzen
Klasse	netzplan
Parameter	(int, double): Wert, Vektorindex
Returnwert	keiner
Funktion	Setzt im Vektor t den übergebenen Wert an der übergebenen Position
Verwendete andere Methoden	keine

Methode	anztaet
Klasse	netzplan
Parameter	keine
Returnwert	Anzahl der Tätigkeiten(anztaet)
Verwendete andere Methoden	keine

Methode	d
Klasse	netzplan
Parameter	(int, int): Matrixkoordinaten
Returnwert	Wert in der Matrix an den Parameterkoordinaten
Verwendete andere Methoden	keine

Methode	t
Klasse	netzplan
Parameter	(int): Index
Returnwert	t-Wert am Index
Verwendete andere Methoden	keine

Methode	faz
Klasse	netzplan
Parameter	(int): Index
Returnwert	faz-Wert am Index
Verwendete andere Methoden	keine

Methode	fez
Klasse	netzplan
Parameter	(int): Index
Returnwert	fez-Wert am Index
Verwendete andere Methoden	keine

Methode	saz
Klasse	netzplan
Parameter	(int): Index
Returnwert	saz-Wert am Index
Verwendete andere Methoden	keine

Methode	sez
Klasse	netzplan
Parameter	(int): Index
Returnwert	sez-Wert am Index
Verwendete andere Methoden	keine

Methode	schlangeleer
Klasse	netzplan
Parameter	() keine
Returnwert	boolean
Funktion	Wenn kein Wert in der schlange steht, return true, sonst false
Verwendete andere Methoden	keine

Methode	inschlange
Klasse	netzplan
Parameter	(int) gesuchter Wert
Returnwert	boolean
Funktion	Liefert true, wenn der gesuchte Wert in schlange steht, sonst zurück
Verwendete andere Methoden	keine

Methode	anhaengen
Klasse	netzplan
Parameter	(int) Wert für schlange
Returnwert	int
Funktion	Wert wird am Ende der schlange eingefügt
Verwendete andere Methoden	keine

Methode	sk
Klasse	netzplan
Parameter	() keine
Returnwert	int
Funktion	Liefert den ersten Wert aus der schlange
Verwendete andere Methoden	keine

Methode	entfernen
Klasse	netzplan
Parameter	() keine
Returnwert	keinen
Funktion	Entfernt den ersten Wert aus der schlange
Verwendete andere Methoden	keine

Methode	alleNachfolgervorw
Klasse	netzplan
Parameter	() keine
Returnwert	keinen
Funktion	Berechnet alle FAZ entspr. Algorithmus
Verwendete andere Methoden	keine

Methode	alleNachfolgerrueckw
Klasse	netzplan
Parameter	() keine
Returnwert	keinen
Funktion	Berechnet alle SEZ entspr. Algorithmus
Verwendete andere Methoden	keine

Methode	startvorw
Klasse	netzplan
Parameter	() keine
Returnwert	keinen
Funktion	Initialisiert faz, fez und schlange
Verwendete andere Methoden	keine

Methode	startrueckw
Klasse	netzplan
Parameter	() keine
Returnwert	keinen
Funktion	Initialisiert sez, saz und schlange
Verwendete andere Methoden	keine

Methode	naechstervorw
Klasse	netzplan
Parameter	() keine
Returnwert	keinen
Funktion	Berechnet alle fez entspr. Algorithmus
Verwendete andere Methoden	keine

Methode	naechsterrueckw
Klasse	netzplan
Parameter	() keine
Returnwert	keinen
Funktion	Berechnet alle saz entspr. Algorithmus
Verwendete andere Methoden	keine

6.3.2 Beispiele und Programmabläufe

Es werden die Beispiele aus diesem Kapitel behandelt.

Gegeben sei zuerst das Beispiel 6.1:

Tätig-keit	Beschreibung	Dauer in Wochen	Vorgänger
A	Systemanalyse und Design	12	-
B	CPU-Anpassung	6	A
C	Konsolengeräte auswählen	1	A
D	Erstellen der Basisprogramme	10	A
E	Erstellen der Plausibilitäten	3	D
F	Erstellen der Individual-Software	20	D
G	Prüfen und Testen	1	B, C, E
H	Aufbau der gesamten Anlage	1	C
I	Installation und Abnahme	4	F, G, H

Das Programm netzplan erzeugt folgende Ausgabe:

```
Wieviele Taetigkeiten gibt es?
9
1. Taetigkeit: t=
12
2. Taetigkeit: t=
6
3. Taetigkeit: t=
1
4. Taetigkeit: t=
10
5. Taetigkeit: t=
3
6. Taetigkeit: t=
20
7. Taetigkeit: t=
1
8. Taetigkeit: t=
1
9. Taetigkeit: t=
4
1. Taetigkeit: Vorgaenger=
.  0 = naechste Taetigkeit!
0
2. Taetigkeit: Vorgaenger=
.  0 = naechste Taetigkeit!
```

```
1
2. Taetigkeit: Abstandsdauer=
0
2. Taetigkeit: Vorgaenger=
.  0 = naechste Taetigkeit!
1
2. Taetigkeit: Abstandsdauer=
0
2. Taetigkeit: Vorgaenger=
.  0 = naechste Taetigkeit!
0
3. Taetigkeit: Vorgaenger=
.  0 = naechste Taetigkeit!
1
3. Taetigkeit: Abstandsdauer=
0
3. Taetigkeit: Vorgaenger=
.  0 = naechste Taetigkeit!
0

usw. mit dieser Art von Eingabe bis zur letzten Tätigkeit


9. Taetigkeit: Vorgaenger=
.  0 = naechste Taetigkeit!
7
9. Taetigkeit: Abstandsdauer=
0
9. Taetigkeit: Vorgaenger=
.  0 = naechste Taetigkeit!
8
9. Taetigkeit: Abstandsdauer=
0
9. Taetigkeit: Vorgaenger=
.  0 = naechste Taetigkeit!
0


Start Vorwaertsrechnung

 1. Iteration
      1    2    3    4    5    6    7    8    9
 FAZ  0   12   12   12   -1   -1   -1   -1   -1
 FEZ 12    0    0    0    0    0    0    0    0

 2. Iteration
      1    2    3    4    5    6    7    8    9
 FAZ  0   12   12   12   -1   -1   18   -1   -1
 FEZ 12   18    0    0    0    0    0    0    0

 3. Iteration
      1    2    3    4    5    6    7    8    9
 FAZ  0   12   12   12   -1   -1   18   13   -1
 FEZ 12   18   13    0    0    0    0    0    0
```

```
4. Iteration
       1    2    3    4    5    6    7    8    9
FAZ   0   12   12   12   22   22   18   13   -1
FEZ  12   18   13   22    0    0    0    0    0

5. Iteration
       1    2    3    4    5    6    7    8    9
FAZ   0   12   12   12   22   22   18   13   19
FEZ  12   18   13   22    0    0   19    0    0

6. Iteration
       1    2    3    4    5    6    7    8    9
FAZ   0   12   12   12   22   22   18   13   19
FEZ  12   18   13   22    0    0   19   14    0

7. Iteration
       1    2    3    4    5    6    7    8    9
FAZ   0   12   12   12   22   22   25   13   19
FEZ  12   18   13   22   25    0   19   14    0

8. Iteration
       1    2    3    4    5    6    7    8    9
FAZ   0   12   12   12   22   22   25   13   42
FEZ  12   18   13   22   25   42   19   14    0

9. Iteration
       1    2    3    4    5    6    7    8    9
FAZ   0   12   12   12   22   22   25   13   42
FEZ  12   18   13   22   25   42   19   14   46

10. Iteration
       1    2    3    4    5    6    7    8    9
FAZ   0   12   12   12   22   22   25   13   42
FEZ  12   18   13   22   25   42   26   14   46

Start Rueckwaertsrechnung

1. Iteration
       1    2    3    4    5    6    7    8    9
SAZ   0    0    0    0    0    0    0    0   42
SEZ   x    x    x    x    x   42   42   42   46

2. Iteration
       1    2    3    4    5    6    7    8    9
SAZ   0    0    0    0    0   22    0    0   42
SEZ   x    x    x   22    x   42   42   42   46

3. Iteration
       1    2    3    4    5    6    7    8    9
SAZ   0    0    0    0    0   22   41    0   42
SEZ   x   41   41   22   41   42   42   42   46
```

4. Iteration

	1	2	3	4	5	6	7	8	9
SAZ	0	0	0	0	0	22	41	41	42
SEZ	x	41	41	22	41	42	42	42	46

5. Iteration

	1	2	3	4	5	6	7	8	9
SAZ	0	0	0	12	0	22	41	41	42
SEZ	12	41	41	22	41	42	42	42	46

6. Iteration

	1	2	3	4	5	6	7	8	9
SAZ	0	35	0	12	0	22	41	41	42
SEZ	12	41	41	22	41	42	42	42	46

7. Iteration

	1	2	3	4	5	6	7	8	9
SAZ	0	35	40	12	0	22	41	41	42
SEZ	12	41	41	22	41	42	42	42	46

8. Iteration

	1	2	3	4	5	6	7	8	9
SAZ	0	35	40	12	38	22	41	41	42
SEZ	12	41	41	22	41	42	42	42	46

9. Iteration

	1	2	3	4	5	6	7	8	9
SAZ	0	35	40	12	38	22	41	41	42
SEZ	12	41	41	22	41	42	42	42	46

Ergebnis

	1	2	3	4	5	6	7	8	9
FAZ	0	12	12	12	22	22	25	13	42
FEZ	12	18	13	22	25	42	26	14	46
SAZ	0	35	40	12	38	22	41	41	42
SEZ	12	41	41	22	41	42	42	42	46

Der Netzplan sieht dann so aus:

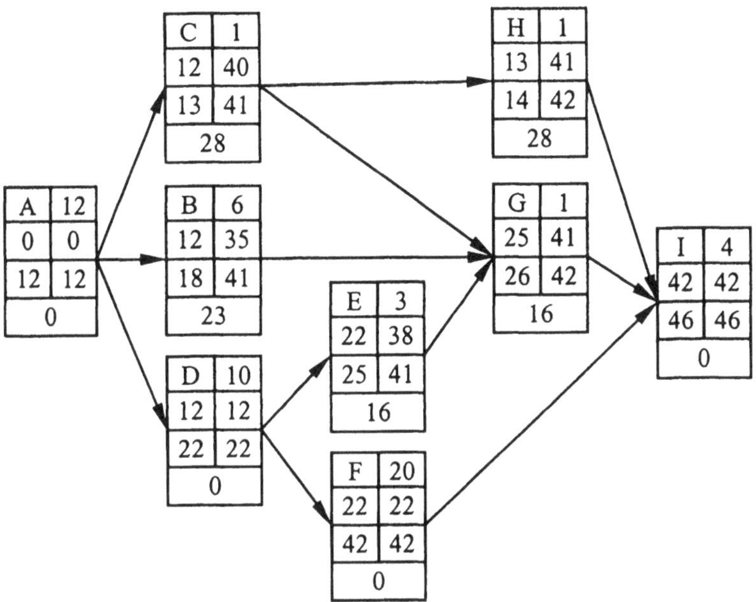

Gegeben sei schließlich noch das Beispiel 6.2:

Tätig-keit	Beschreibung	Dauer in Tagen	Vor-gän-ger	Mindestab-stand zum Vorgänger
1	Vorbereitung und Aushub des Fundaments	2	-	-
2	Betonieren des Fundaments	2	1	0
3	Verlegung der Erdleitungen	2	2	-1
4	Mauern und Stahlstützen setzen	4	2	2
5	Bedachung setzen	2	4	2
6	Fenster und Türen einbauen	1	4 5	3 0
7	Estrich verlegen	3	3 4	0 1
8	Verputz oder Verkleidung innen	2	6 7	0 3
9	Verputz oder Verkleidung aussen	2	6	0
10	Fliesen oder Beläge verle-gen	5	7	14
11	Abnahme	1	8 9 10	0 0 0

Das Programm netzplan erzeugt folgende Ausgabe: (ohne die Eingabe)

```
Start Vorwaertsrechnung

 1. Iteration
       1    2    3    4    5    6    7    8    9    10    11
 FAZ   0    2   -1   -1   -1   -1   -1   -1   -1    -1    -1
 FEZ   2    0    0    0    0    0    0    0    0     0     0

 2. Iteration
       1    2    3    4    5    6    7    8    9    10    11
 FAZ   0    2    3    6   -1   -1   -1   -1   -1   -1     -1
 FEZ   2    4    0    0    0    0    0    0    0    0      0

 3. Iteration
       1    2    3    4    5    6    7    8    9    10    11
 FAZ   0    2    3    6   -1   -1    5   -1   -1    -1    -1
 FEZ   2    4    5    0    0    0    0    0    0     0     0

 4. Iteration
       1    2    3    4    5    6    7    8    9    10    11
 FAZ   0    2    3    6   12   13   11   -1   -1    -1    -1
 FEZ   2    4    5   10    0    0    0    0    0     0     0

 5. Iteration
       1    2    3    4    5    6    7    8    9    10    11
 FAZ   0    2    3    6   12   13   11   17   -1    28    -1
 FEZ   2    4    5   10    0    0   14    0    0     0     0

 6. Iteration
       1    2    3    4    5    6    7    8    9    10    11
 FAZ   0    2    3    6   12   14   11   17   -1    28    -1
 FEZ   2    4    5   10   14    0   14    0    0     0     0

 7. Iteration
       1    2    3    4    5    6    7    8    9    10    11
 FAZ   0    2    3    6   12   14   11   17   15    28    -1
 FEZ   2    4    5   10   14   15   14    0    0     0     0

 8. Iteration
       1    2    3    4    5    6    7    8    9    10    11
 FAZ   0    2    3    6   12   14   11   17   15    28    19
 FEZ   2    4    5   10   14   15   14   19    0     0     0

 9. Iteration
       1    2    3    4    5    6    7    8    9    10    11
 FAZ   0    2    3    6   12   14   11   17   15    28    33
 FEZ   2    4    5   10   14   15   14   19    0    33     0

 10. Iteration
       1    2    3    4    5    6    7    8    9    10    11
 FAZ   0    2    3    6   12   14   11   17   15    28    33
 FEZ   2    4    5   10   14   15   14   19   17    33     0
```

```
11. Iteration
     1    2    3    4    5    6    7    8    9    10    11
FAZ  0    2    3    6    12   14   11   17   15   28    33
FEZ  2    4    5    10   14   15   14   19   17   33    34

Start Rueckwaertsrechnung

 1. Iteration
     1    2    3    4    5    6    7    8    9    10    11
SAZ  0    0    0    0    0    0    0    0    0    0     33
SEZ  x    x    x    x    x    x    x    33   33   33    34

 2. Iteration
     1    2    3    4    5    6    7    8    9    10    11
SAZ  0    0    0    0    0    0    0    31   0    0     33
SEZ  x    x    x    x    x    31   28   33   33   33    34

 3. Iteration
     1    2    3    4    5    6    7    8    9    10    11
SAZ  0    0    0    0    0    0    0    31   31   0     33
SEZ  x    x    x    x    x    31   28   33   33   33    34

 4. Iteration
     1    2    3    4    5    6    7    8    9    10    11
SAZ  0    0    0    0    0    0    0    31   31   28    33
SEZ  x    x    x    x    x    31   14   33   33   33    34

 5. Iteration
     1    2    3    4    5    6    7    8    9    10    11
SAZ  0    0    0    0    0    30   0    31   31   28    33
SEZ  x    x    x    27   30   31   14   33   33   33    34

 6. Iteration
     1    2    3    4    5    6    7    8    9    10    11
SAZ  0    0    0    0    0    30   11   31   31   28    33
SEZ  x    x    11   10   30   31   14   33   33   33    34

 7. Iteration
     1    2    3    4    5    6    7    8    9    10    11
SAZ  0    0    0    6    0    30   11   31   31   28    33
SEZ  x    4    11   10   30   31   14   33   33   33    34

 8. Iteration
     1    2    3    4    5    6    7    8    9    10    11
SAZ  0    0    0    6    28   30   11   31   31   28    33
SEZ  x    4    11   10   30   31   14   33   33   33    34

 9. Iteration
     1    2    3    4    5    6    7    8    9    10    11
SAZ  0    0    9    6    28   30   11   31   31   28    33
SEZ  x    4    11   10   30   31   14   33   33   33    34
```

10. Iteration

	1	2	3	4	5	6	7	8	9	10	11
SAZ	0	2	9	6	28	30	11	31	31	28	33
SEZ	2	4	11	10	30	31	14	33	33	33	34

11. Iteration

	1	2	3	4	5	6	7	8	9	10	11
SAZ	0	2	9	6	28	30	11	31	31	28	33
SEZ	2	4	11	10	30	31	14	33	33	33	34

Ergebnis

	1	2	3	4	5	6	7	8	9	10	11
FAZ	0	2	3	6	12	14	11	17	15	28	33
FEZ	2	4	5	10	14	15	14	19	17	33	34
SAZ	0	2	9	6	28	30	11	31	31	28	33
SEZ	2	4	11	10	30	31	14	33	33	33	34

Der Netzplan sieht dann so aus:

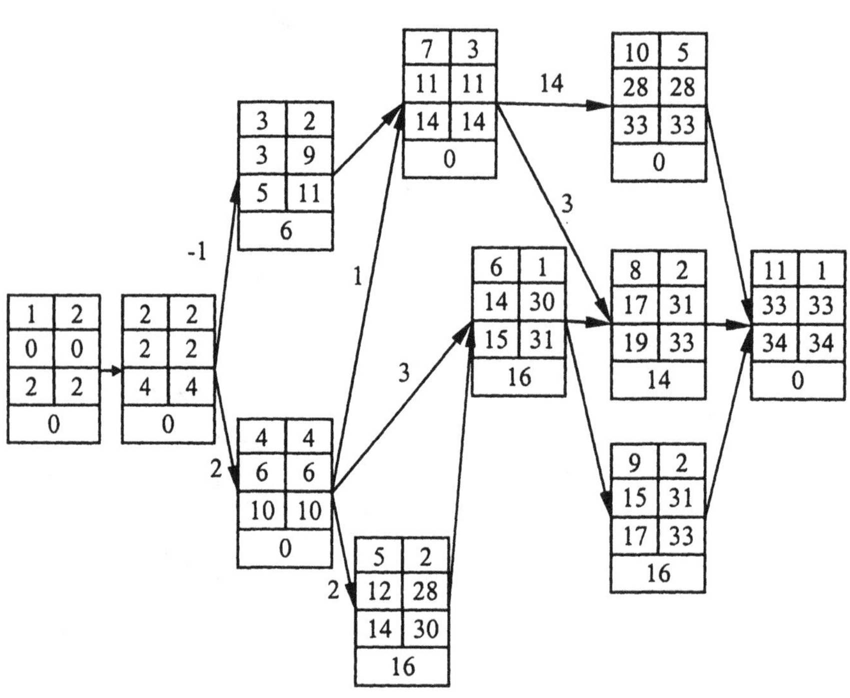

6.4 Aufgaben

6.4.1 Aufgaben zum Operations Research

Aufgabe 1

Gegeben sei folgende Vorgangsliste für einen Auftrag im Handwerk:

Tätigkeit	Dauer in Tagen	Vorgänger	Abstand vom Vorgänger
A	3	-	-
B	4	A	3
C	3	A	2
D	5	A B	10 -2
E	2	B C D	3 -1 1

(a) Erstellen Sie einen Strukturplan.

(b) Berechnen Sie in einer Vorwärtsrechnung die Zeiten $FAZ(i)$ und $FEZ(i)$.

(c) Berechnen Sie in einer Rückwärtsrechnung die Zeiten $SAZ(i)$ und $SEZ(i)$.

(d) Berechnen Sie die gesamten Pufferzeiten $GP(i)$.

(e) Geben Sie die kritischen Pfade an.

(f) Zeichnen Sie den gesamten Netzplan.

(g) Überprüfen Sie das Ergebnis mit dem FIFO-Algorithmus.

Aufgabe 2

Gegeben sei folgende Vorgangsliste für einen Auftrag im Handwerk:

Tätigkeit	Dauer in Tagen	Vorgänger	Abstand vom Vorgänger
A	4	-	-
B	6	A	3
C	5	A	2
D	10	A B	8 -2
E	4	B C	3 -2
F	10	D E	- -

(a) Erstellen Sie einen Strukturplan.

(b) Berechnen Sie in einer Vorwärtsrechnung die Zeiten $FAZ(i)$ und $FEZ(i)$.

(c) Berechnen Sie in einer Rückwärtsrechnung die Zeiten $SAZ(i)$ und $SEZ(i)$.
(d) Berechnen Sie die gesamten Pufferzeiten $GP(i)$.
(e) Geben Sie die kritischen Pfade an.
(f) Zeichnen Sie den gesamten Netzplan.
(g) Überprüfen Sie das Ergebnis mit dem FIFO-Algorithmus.

Aufgabe 3

Gegeben sei folgende Vorgangsliste für die Erstellung eines neuen IT-Systems:

Tätig-keit	Beschreibung	Dauer in Wochen	Vorgänger
A	Anforderungskatalog erstellen	2	
B	Vorstudie durchführen	4	
C	Systementwurf grob	1	A, B
D	Softwarearchitektur auswählen	1	C
E	Hardware auswählen	2	C
F	Softwareentwurf	2	C
G	Prototyping für die Geräte	4	D, E
H	Programmierung	12	D, F
I	Test Hardware	1	G
J	Test Software	1	H
K	Installation	1	I, J
L	Abschlußtest	2	K

(a) Erstellen Sie einen Strukturplan.
(b) Berechnen Sie in einer Vorwärtsrechnung die Zeiten $FAZ(i)$ und $FEZ(i)$.
(c) Berechnen Sie in einer Rückwärtsrechnung die Zeiten $SAZ(i)$ und $SEZ(i)$.
(d) Berechnen Sie die gesamten Pufferzeiten $GP(i)$.
(e) Geben Sie die kritischen Pfade an.
(f) Zeichnen Sie den gesamten Netzplan.
(g) Überprüfen Sie das Ergebnis mit dem FIFO-Algorithmus.

Aufgabe 4

Für die Erneuerung einer defekten Maschinenanlage steht folgender Vorschlag zur Diskussion:

Tätigkeit	Beschreibung	Dauer in Tagen	Vorgänger	Mindestabstand zum Vorgänger
1	Auswahl der neuen Maschine	30	-	
2	Abbau der alten Maschine	2	-	
3	Abräumen des alten Fundaments	1	2	-
4	Erstellen eines neuen Untergrunds (Sockels)	3	1 3	- -
5	Schulung extern	10	1 2	- 5
6	Aufbau der neuen Maschine	8	1 4 5	30 10 -
7	Testreihe	5	6	-

(a) Erstellen Sie einen Strukturplan.

(b) Berechnen Sie in einer Vorwärtsrechnung die Zeiten $FAZ(i)$ und $FEZ(i)$.

(c) Berechnen Sie in einer Rückwärtsrechnung die Zeiten $SAZ(i)$ und $SEZ(i)$.

(d) Berechnen Sie die gesamten Pufferzeiten $GP(i)$.

(e) Geben Sie die kritischen Pfade an.

(f) Zeichnen Sie den gesamten Netzplan.

(g) Überprüfen Sie das Ergebnis mit dem FIFO-Algorithmus.

Aufgabe 5

Für die Herstellung einer Lauchtorte wurden die Angaben in einem Kochbuch in folgende Vorgangsliste übertragen:

Tätigkeit	Beschreibung	Dauer in Minuten	Vorgänger	Mindestabstand zum Vorgänger
1	Zutaten einkaufen	30	-	-
2	Teigzutaten verkneten	10	1	-
3	Teig kaltstellen	1	2	-
4	Lauch putzen und zerkleinern	5	1	-
5	Fett erhitzen	1	1	-
6	Lauch andünsten	2	4 5	- -
7	Gewürze und Wein hinzufügen	10	6	-
8	Schinkenspeck in Würfel schneiden	4	1	-
9	Backform ausfetten	1	1	-
10	Teig auswellen und in die Form legen	3	3 9	30 -
11	Speck darauf verteilen	1	8 10	- -
12	Lauch und Wein/Gewürze zugeben	1	7 11	- -
13	Eier, Sahne und neue Gewürze verrühren	2	1	-
14	Diese Mischung ebenfalls zugeben	1	12 13	- -
15	Torte backen	45	14	-

(a) Erstellen Sie einen Strukturplan.
(b) Berechnen Sie in einer Vorwärtsrechnung die Zeiten $FAZ(i)$ und $FEZ(i)$.
(c) Berechnen Sie in einer Rückwärtsrechnung die Zeiten $SAZ(i)$ und $SEZ(i)$.
(d) Berechnen Sie die gesamten Pufferzeiten $GP(i)$.
(e) Geben Sie die kritischen Pfade an.
(f) Zeichnen Sie den gesamten Netzplan.
(g) Überprüfen Sie das Ergebnis mit dem FIFO-Algorithmus.

6.4.2 Aufgaben zur Programmierung

Aufgabe 6

Das Programm netzplan.java stürzt noch bei Varianten mit falschen Eingaben und falscher Bedienung durch JAVA-interne Fehler ab. Entfernen Sie diese Abstürze durch geeignete Fehlerbehandlung.

Aufgabe 7

Die Formatierung der Ausgabe sieht nicht ganz so aus wie in den Beispielen zuvor abgedruckt. Überarbeiten Sie die Formatierung so, dass danach alle Spalten so formatiert sind, dass die Abstände dazwischen gleich groß sind und alle Dezimalpunkte untereinander stehen.

Aufgabe 8

Implementieren Sie die Warteschlange in einer eigenen Klasse als verkettete Liste.

Aufgabe 9

Erweitern Sie das Programm um die Option, die Eingabedaten aus einer Datei einzulesen.
Hinweis: Dies ist bei den beiden Simplexprogrammen schon implementiert!

Aufgabe 10

Schreiben Sie ein Applet für diese Klasse. Die Ein- und Ausgabe soll im Applet-Fenster ablaufen.

Aufgabe 11

Ersetzen Sie die Rekursion in der Klasse transport.java durch eine Iteration.

Kapitel 7

Lösungen der Aufgaben

7.1 Lösungen zu Kapitel 2

Aufgabe 1

x_1 sei die Fläche für das erste Produkt

x_2 sei die Fläche für das zweite Produkt

$10 \le x_1 \le 40$

$12 \le x_2 \le 50$

$x_1 + x_2 \le 70$

$10x_1 + 5x_2 \le 500$

$z = 50x_1 + 20x_2 = \max$

Maximum für: $x_1 = 40, x_2 = 20, z = 2400$.

Aufgabe 2

x_1 sei die Anzahl der hergestellten PKWs

x_2 sei die Anzahl der hergestellten LKWs

$2x_1 + 5x_2 \le 180$

$3x_1 + 3x_2 \le 135$

$z = 2000x_1 + 3000x_2 = \max$

Maximum für: $x_1 = 15, x_2 = 30, z = 120000$.

Aufgabe 3

x_1 sei die Anzahl der hergestellten Mengeneinheiten von Produkt A

x_2 sei die Anzahl der hergestellten Mengeneinheiten von Produkt A

$2x_1 + x_2 \leq 600$

$x_1 + 2x_2 \leq 600$

$z = 100x_1 + 100x_2 = \max$

Maximum für: $x_1 = 200, x_2 = 200, z = 40000$.

Aufgabe 4

x_1 sei die Abnahmemenge aus Firma A

x_2 sei die Abnahmemenge aus Firma B

$x_1 \geq 50$

$x_2 \geq 60$

$x_1 \leq 400$

$x_2 \leq 200$

$x_1 + x_2 \leq 500$

(a) $z = 900x_1 + 600x_2 = \max$

Maximum für: $x_1 = 400, x_2 = 100, z = 420000$.

(b) $z = 900x_1 + 900x_2 = \max$

Maximum auf der Strecke zwischen den Punkten $x_1 = 400, x_2 = 100$ und $x_1 = 300, x_2 = 200$ mit $z = 450000$.

Aufgabe 5

x_1 seien die aufgenommenen € von Angebot A

x_2 seien die aufgenommenen € von Angebot B

$x_1 + x_2 \geq 230000$

$x_1 \leq 16000$

$0.04x_1 + 0.05x_2 \leq 10000$

$z = 0.03x_1 + 0.025x_2 = \min$

Minimum für: $x_1 = 150000, x_2 = 80000, z = 6500$.

Sensitivitätsanalyse:

$c_1^- = 0.005, \quad c_1^+ = \infty$

$c_2^- = \infty, \quad c_2^+ = 0.005$

$b_1^- = 30000, \quad b_1^+ = 2000$

$b_2^- = 10000, \quad b_2^+ = \infty$

$b_3^- = 100, \quad b_3^+ = 1500$.

Aufgabe 6

x_1 sei die Anzahl der hergestellten Stühle von Version A

x_2 sei die Anzahl der hergestellten Stühle von Version B

$x_1 + x_2 \leq 23$

$x_1 \leq 14$

$7x_1 + 8x_2 \leq 168$

$z = 100x_1 + 120x_2 = \max$

Maximum für: $x_1 = 8, x_2 = 14, z = 2480$.

Sensitivitätsanalyse:

$c_1^- = 100, \quad c_1^+ = 5$

$c_2^- = 5.714, \quad c_2^+ = \infty$

$b_1^- = 1, \quad b_1^+ = \infty$

$b_2^- = 7, \quad b_2^+ = 7$

$b_3^- = 56, \quad b_3^+ = 7$.

Aufgabe 7

x_1 sei die Anzahl der Tage, an denen im höher gelegenen Teil produziert wird

x_2 sei die Anzahl der Tage, an denen im tiefer gelegenen Teil produziert wird

$27x_1 + 9x_2 \geq 54$

$9x_1 + 9x_2 \geq 36$

$18x_1 + 54x_2 \geq 108$

$z = 60000x_1 + 40000x_2 = \max$

Maximum für: $x_1 = 1, x_2 = 3, z = 180000$.

Sensitivitätsanalyse:

$c_1^- = 20000, \quad c_1^+ = 60000$

$c_2^- = 20000, \quad c_2^+ = 20000$

$b_1^- = 18, \quad b_1^+ = 36$

$b_2^- = 9, \quad b_2^+ = 18$

$b_3^- = \infty, \quad b_3^+ = 72$.

Aufgabe 8a

```
1. Simplextableau:
              x1        x2        x3
z1            5.0       3.0       4.0          100.0
z2            3.0       4.0       3.0           50.0
             -5.0      -6.0      -7.0            0.0
Punkt    x1=0 x2=0 x3=0 z=0.0

2. Simplextableau:
              x1        x2        z2
z1            1.0      -2.333    -1.333        33.333
x3            1.0       1.333     0.333        16.667
              2.0       3.333     2.333       116.667
Punkt    x1=0 x2=0 x3=16.667 z=116.667
```

Sensitivitätsanalyse:

$c_1^- = \infty, \quad c_1^+ = 2$

$c_2^- = \infty, \quad c_2^+ = 3.333$

$c_3^- = 2, \quad c_3^+ = \infty$

$b_1^- = 33.333, \quad b_1^+ = \infty$

$b_2^- = 50, \quad b_2^+ = 25.$

Aufgabe 8b

```
1. Simplextableau:
              x1        x2        x3
z1            5.0       3.0       4.0          100.0
z2            3.0       4.0       3.0           50.0
             -5.0      -6.0      -4.0            0.0
Punkt    x1=0 x2=0 x3=0 z=0.0

2. Simplextableau:
              x1        z2        x3
z1            2.75     -0.75      1.75          62.5
x2            0.75      0.25      0.75          12.5
             -0.5       1.5       0.5           75.0
Punkt    x1=0 x2=12.5 x3=0 z=75.0

3. Simplextableau:
              x2        z2        x3
z1          -3.667     -1.667    -1.0           16.667
x1           1.333      0.333     1.0           16.667
             0.667      1.667     1.0           83.333
Punkt    x1=16.667 x2=0 x3=0 z=83.333
```

Sensitivitätsanalyse:

$c_1^- = 0.5, \quad c_1^+ = \infty$

$c_2^- = \infty, \quad c_2^+ = 0.667$

$c_3^- = \infty, \quad c_3^+ = 1$

$b_1^- = 16.667, \quad b_1^+ = \infty$

$b_2^- = 50, \quad b_2^+ = 10$.

Aufgabe 8c

```
1. Simplextableau:
             x1       x2       x3
z1           5.0      3.0      4.0         100.0
z2           3.0      4.0      3.0          50.0
            -5.0     -8.0     -6.0           0.0
Punkt    x1=0 x2=0 x3=0 z=0.0


2. Simplextableau:
             x1       z2       x3
z1           2.75    -0.75     1.75         62.5
x2           0.75     0.25     0.75         12.5
             1.0      2.0      0.0         100.0
Punkt    x1=0 x2=12.5 x3=0 z=100.0
```

Sensitivitätsanalyse:

$c_1^- = \infty, \quad c_1^+ = 1$

$c_2^- = 0, \quad c_2^+ = \infty$

$c_3^- = \infty, \quad c_3^+ = 0$

$b_1^- = 62.5, \quad b_1^+ = \infty$

$b_2^- = 50, \quad b_2^+ = 83.333$.

Aufgabe 9a

```
1. Simplextableau:
             x1       x2       x3
z1           2.0      2.0      1.0          11.0
z2           1.0      6.0      2.0          17.0
z3           0.0      0.0      3.0           8.0
z4           3.0      2.0      0.0          12.0
            -5.0     -4.0     -7.0           0.0
Punkt    x1=0 x2=0 x3=0 z=0.0
```

2. Simplextableau:

	x1	x2	z3	
z1	2.0	2.0	-0.333	8.333
z2	1.0	6.0	-0.667	11.667
x3	0.0	0.0	0.333	2.667
z4	3.0	2.0	0.0	12.0
	-5.0	-4.0	2.333	18.667

Punkt x1=0 x2=0 x3=2.667 z=18.667

3. Simplextableau:

	z4	x2	z3	
z1	-0.667	0.667	-0.333	0.333
z2	-0.333	5.333	-0.667	7.667
x3	0.0	0.0	0.333	2.667
x1	0.333	0.667	0.0	4.0
	1.667	-0.667	2.333	38.667

Punkt x1=4 x2=0 x3=2.667 z=38.667

4. Simplextableau:

	z4	z1	z3	
x2	-1.0	1.5	-0.5	0.5
z2	5.0	-8.0	2.0	5.0
x3	0.0	0.0	0.333	2.667
x1	1.0	-1.0	0.333	3.667
	1.0	1.0	2.0	39.0

Punkt x1=3.667 x2=0.5 x3=2.667 z=39.0

Sensitivitätsanalyse:

$c_1^- = 1, \quad c_1^+ = 1$

$c_2^- = 0.667, \quad c_2^+ = 1$

$c_3^- = 6, \quad c_3^+ = \infty$

$b_1^- = 0.333, \quad b_1^+ = 0.625$

$b_2^- = 5, \quad b_2^+ = \infty$

$b_3^- = 2.5, \quad b_3^+ = 1$

$b_4^- = 1, \quad b_4^+ = 0.5.$

Aufgabe 9b

1. Simplextableau:

	x1	x2	x3	
z1	2.0	2.0	1.0	11.0
z2	1.0	6.0	2.0	17.0
z3	0.0	0.0	3.0	8.0
z4	3.0	2.0	0.0	12.0
	-10.0	-4.0	-7.0	0.0

Punkt x1=0 x2=0 x3=0 z=0.0

2. Simplextableau:

	z4	x2	x3	
z1	-0.667	0.667	1.0	3.0
z2	-0.333	5.333	2.0	13.0
z3	0.0	0.0	3.0	8.0
x1	0.333	0.667	0.0	4.0
	3.333	2.667	-7.0	40.0

Punkt x1=4 x2=0 x3=0 z=40.0

3. Simplextableau:

	z4	x2	z3	
z1	-0.667	0.667	-0.333	0.333
z2	-0.333	5.333	-0.667	7.667
x3	0.0	0.0	0.333	2.667
x1	0.333	0.667	0.0	4.0
	3.333	2.667	2.333	58.667

Punkt x1=4 x2=0 x3=2.667 z=58.667

Sensitivitätsanalyse:

$c_1^- = 4, \quad c_1^+ = \infty$

$c_2^- = \infty, \quad c_2^+ = 2.667$

$c_3^- = 7, \quad c_3^+ = \infty$

$b_1^- = 0.333, \quad b_1^+ = \infty$

$b_2^- = 7.667, \quad b_2^+ = \infty$

$b_3^- = 8, \quad b_3^+ = 1$

$b_4^- = 12, \quad b_4^+ = 0.5$.

Aufgabe 9c

1. Simplextableau:

	x1	x2	x3	
z1	2.0	2.0	1.0	11.0
z2	1.0	6.0	2.0	17.0
z3	0.0	0.0	3.0	8.0
z4	3.0	2.0	0.0	12.0
	-5.0	-25.0	-7.0	0.0

Punkt x1=0 x2=0 x3=0 z=0.0

2. Simplextableau:

	x1	z2	x3	
z1	1.667	-0.333	0.333	5.333
x2	0.167	0.167	0.333	2.833
z3	0.0	0.0	3.0	8.0
z4	2.667	-0.333	-0.667	6.333
	-0.833	4.167	1.333	70.833

Punkt x1=0 x2=2.833 x3=0 z=70.833

3. Simplextableau:

	z4	z2	x3	
z1	-0.625	-0.125	0.75	1.375
x2	-0.062	0.188	0.375	2.437
z3	0.0	0.0	3.0	8.0
x1	0.375	-0.125	-0.25	2.375
	0.313	4.062	1.125	72.813

Punkt x1=2.375 x2=2.437 x3=0 z=72.813

Sensitivitätsanalyse:

$c_1^- = 0.833, \quad c_1^+ = 4.45$

$c_2^- = 3, \quad c_2^+ = 5$

$c_3^- = \infty, \quad c_3^+ = 1.125$

$b_1^- = 1.375, \quad b_1^+ = \infty$

$b_2^- = 13, \quad b_2^+ = 11$

$b_3^- = 8, \quad b_3^+ = \infty$

$b_4^- = 6.333, \quad b_4^+ = 2.2.$

Aufgabe 10a

1. Simplextableau:

	x1	x2	x3	
z1	-2.0	-2.0	-1.0	-11.0
z2	1.0	6.0	2.0	17.0
z3	0.0	0.0	3.0	8.0
z4	3.0	2.0	0.0	12.0
	5.0	4.0	7.0	0.0

Punkt x1=0 x2=0 x3=0 z=0.0

2. Simplextableau:

	x1	x2	z1	
x3	2.0	2.0	-1.0	11.0
z2	-3.0	2.0	2.0	-5.0
z3	-6.0	-6.0	3.0	-25.0
z4	3.0	2.0	0.0	12.0
	-9.0	-10.0	7.0	-77.0

Punkt x1=0 x2=0 x3=11 z=-77.0

3. Simplextableau:

	z3	x2	z1	
x3	0.333	0.0	0.0	2.667
z2	-0.5	5.0	0.5	7.5
x1	-0.167	1.0	-0.5	4.167
z4	0.5	-1.0	1.5	-0.5
	-1.5	-1.0	2.5	-39.5

Punkt x1=4.167 x2=0 x3=2.667 z=-39.5

```
4. Simplextableau:
            z3        z4        z1
x3          0.333     0.0       0.0          2.667
z2          2.0       5.0       8.0          5.0
x1          0.333     1.0       1.0          3.667
x2         -0.5      -1.0      -1.5          0.5
           -2.0      -1.0       1.0        -39.0
Punkt    x1=3.667 x2=0.5 x3=2.667 z=-39.0

5. Simplextableau:
            z2        z4        z1
x3         -0.167    -0.833    -1.333        1.833
z3          0.5       2.5       4.0          2.5
x1         -0.167     0.167    -0.333        2.833
x2          0.25      0.25      0.5          1.75
            1.0       4.0       9.0        -34.0
Punkt    x1=2.833 x2=1.75 x3=1.833 z=-34.0
```

Sensitivitätsanalyse:

$c_1^- = 6, \quad c_1^+ = 24$

$c_2^- = \infty, \quad c_2^+ = 4$

$c_3^- = 4.8, \quad c_3^+ = \infty$

$b_1^- = 1.375, \quad b_1^+ = 0.625$

$b_2^- = 5, \quad b_2^+ = 11$

$b_3^- = 2.5, \quad b_3^+ = \infty$

$b_4^- = 1, \quad b_4^+ = 2.2$.

Aufgabe 10b

```
1. Simplextableau:
            x1        x2        x1
z1         -2.0      -2.0      -1.0        -11.0
z2          1.0       6.0       2.0         17.0
z3          0.0       0.0       3.0          8.0
z4          3.0       2.0       0.0         12.0
           10.0       4.0       7.0          0.0
Punkt    x1=0 x2=0 x3=0 z=0.0

2. Simplextableau:
            x1        x2        z1
x3          2.0       2.0      -1.0         11.0
z2         -3.0       2.0       2.0         -5.0
z3         -6.0      -6.0       3.0        -25.0
z4          3.0       2.0       0.0         12.0
           -4.0     -10.0       7.0        -77.0
Punkt    x1=0 x2=0 x3=11 z=-77.0
```

```
3. Simplextableau:
            z3      x2      z1
x3          0.333   0.0     0.0         2.667
z2         -0.5     5.0     0.5         7.5
x1         -0.167   1.0    -0.5         4.167
z4          0.5    -1.0     1.5        -0.5
           -0.667  -6.0     5.0       -60.333
Punkt   x1=4.167 x2=0 x3=2.667 z=-60.333

4. Simplextableau:
            z3      z4      z1
x3          0.333   0.0     0.0         2.667
z2          2.0     5.0     8.0         5.0
x1          0.333   1.0     1.0         3.667
x2         -0.5    -1.0    -1.5         0.5
           -3.667  -6.0    -4.0       -57.333
Punkt   x1=3.667 x2=0.5 x3=2.667 z=-57.333

5. Simplextableau:
            z3      z2      z1
x3          0.333   0.0     0.0         2.667
z4          0.4     0.2     1.6         1.0
x1         -0.067  -0.2    -0.6         2.667
x2         -0.1     0.2     0.1         1.5
           -1.267   1.2     5.6       -51.333
Punkt   x1=2.667 x2=1.5 x3=2.667 z=-51.333

6. Simplextableau:
            z4      z2       z1
x3         -0.833  -0.167   -1.333      1.833
z3          2.5     0.5      4.0        2.5
x1          0.167  -0.167   -0.333      2.833
x2          0.25    0.25     0.5        1.75
            3.167   1.833   10.667    -48.167
Punkt   x1=2.833 x2=1.75 x3=1.833 z=-48.167
```

Sensitivitätsanalyse:

$c_1^- = 11, \quad c_1^+ = 19$

$c_2^- = \infty, \quad c_2^+ = 7.333$

$c_3^- = 3.8, \quad c_3^+ = \infty$

$b_1^- = 1.375, \quad b_1^+ = 0.625$

$b_2^- = 5, \quad b_2^+ = 11$

$b_3^- = 2.5, \quad b_3^+ = \infty$

$b_4^- = 1, \quad b_4^+ = 2.2$.

Aufgabe 10c

```
1. Simplextableau:
              x1        x2        x3
z1          -2.0      -2.0      -1.0         -11.0
z2           1.0       6.0       2.0          17.0
z3           0.0       0.0       3.0           8.0
z4           3.0       2.0       0.0          12.0
             5.0      25.0       7.0           0.0
Punkt    x1=0 x2=0 x3=0 z=0.0

2. Simplextableau:
              x1        z1        x3
x2           1.0      -0.5       0.5           5.5
z2          -5.0       3.0      -1.0         -16.0
z3           0.0       0.0       3.0           8.0
z4           1.0       1.0      -1.0           1.0
           -20.0      12.5      -5.5        -137.5
Punkt    x1=0 x2=5.5 x3=0 z=-137.5

3. Simplextableau:
              z2        z1        x3
x2           0.2       0.1       0.3           2.3
x1          -0.2      -0.6       0.2           3.2
z3           0.0       0.0       3.0           8.0
z4           0.2       1.6      -1.2          -2.2
            -4.0       0.5      -1.5         -73.5
Punkt    x1=3.2 x2=2.3 x3=0 z=-73.5

4. Simplextableau:
              z2        z1        z4
x2           0.25      0.5       0.25          1.75
x1          -0.167    -0.333     0.167         2.833
z3           0.5       4.0       2.5           2.5
x3          -0.167    -1.333    -0.833         1.833
            -4.25     -1.5      -1.25        -70.75
Punkt    x1=2.833 x2=1.75 x3=1.833 z=-70.75

5. Simplextableau:
              z3        z1        z4
x2          -0.5      -1.5      -1.0           0.5
x1           0.333     1.0       1.0           3.667
z2           2.0       8.0       5.0           5.0
x3           0.333     0.0       0.0           2.667
             8.5      32.5      20.0         -49.5
Punkt    x1=3.667 x2=0.5 x3=2.667 z=-49.5
```

Sensitivitätsanalyse:

$c_1^- = \infty, \quad c_1^+ = 20$

$c_2^- = 17, \quad c_2^+ = \infty$

$c_3^- = \infty, \quad c_3^+ = 25.5$

$b_1^- = 0.333, \quad b_1^+ = 0.625$

$b_2^- = 5, \quad b_2^+ = \infty$

$b_3^- = 2.5, \quad b_3^+ = 1$

$b_4^- = 1, \quad b_4^+ = 0.5\,.$

Aufgabe 11

1\. Simplextableau:

	x1	x2	x3	x4	x5	x6	
z1	20.0	10.0	40.0	0.0	20.0	0.0	300.0
z2	0.0	20.0	20.0	20.0	10.0	20.0	280.0
z3	10.0	0.0	0.0	40.0	0.0	20.0	400.0
	-10.0	-15.0	-10.0	-20.0	-10.0	-15.0	0.0

Punkt x1=0 x2=0 x3=0 x4=0 x5=0 x6=0 z=0.0

2\. Simplextableau:

	x1	x2	x3	z3	x5	x6	
z1	20.0	10.0	40.0	0.0	20.0	0.0	300.0
z2	-5.0	20.0	20.0	-0.5	10.0	10.0	80.0
x4	0.25	0.0	0.0	0.025	0.0	0.5	10.0
	-5.0	-15.0	-10.0	0.5	-10.0	-5.0	200.0

Punkt x1=0 x2=0 x3=0 x4=10 x5=0 x6=0 z=200.0

3\. Simplextableau:

	x1	z2	x3	z3	x5	x6	
z1	22.5	-0.5	30.0	0.25	15.0	-5.0	260.0
x2	-0.25	0.05	1.0	-0.025	0.5	0.5	4.0
x4	0.25	0.0	0.0	0.025	0.0	0.5	10.0
	-8.75	0.75	5.0	0.125	-2.5	2.5	260.0

Punkt x1=0 x2=4 x3=0 x4=10 x5=0 x6=0 z=260.0

4\. Simplextableau:

	z1	z2	x3	z3	x5	x6	
x1	0.044	-0.022	1.333	0.011	0.667	-0.222	11.556
x2	0.011	0.044	1.333	-0.022	0.667	0.444	6.889
x4	-0.011	0.006	-0.333	0.022	-0.167	0.556	7.111
	0.389	0.556	16.667	0.222	3.333	0.556	361.111

Punkt x1=11.556 x2=6.889 x3=0 x4=7.111 x5=0 x6=0 z=361.111

Sensitivitätsanalyse:

$c_1^- = 5, \quad c_1^+ = 2.5$

$c_2^- = 1.25, \quad c_2^+ = 10$

$c_3^- = \infty, \quad c_3^+ = 16.667$

$c_4^- = 1, \quad c_4^+ = 20$

$c_5^- = \infty, \quad c_5^+ = 3.333$

$c_6^- = \infty, \quad c_6^+ = 0.555$

$b_1^- = 260, \quad b_1^+ = 640$

$b_2^- = 155, \quad b_2^+ = 520$

$b_3^- = 320, \quad b_3^+ = 310.$

Aufgabe 12

```
1. Simplextableau:
          x1       x2       x3       x4       x5       x6
z1      20.0     10.0     40.0      0.0     20.0      0.0    3300.0
z2       0.0     20.0     20.0     20.0     10.0     20.0    2400.0
z3      10.0      0.0      0.0     40.0      0.0     20.0    4500.0
z4       0.0     20.0      0.0     40.0     20.0     10.0    4200.0
z5      10.0     10.0     20.0      0.0      0.0     20.0    1500.0
z6       0.0    -10.0    -10.0    -20.0    -10.0      0.0   -2100.0
z7     -10.0    -10.0      0.0      0.0    -20.0    -20.0   -1560.0
z8       0.0      0.0    -40.0    -20.0      0.0      0.0   -2400.0
       -10.0    -20.0    -10.0    -40.0    -10.0    -10.0       0.0
Punkt    x1=0 x2=0 x3=0 x4=0 x5=0 x6=0 z=0.0

2. Simplextableau:
          x1       x2       z8       x4       x5       x6
z1      20.0     10.0     1.0     -20.0     20.0      0.0     900.0
z2       0.0     20.0     0.5      10.0     10.0     20.0    1200.0
z3      10.0      0.0     0.0      40.0      0.0     20.0    4500.0
z4       0.0     20.0     0.0      40.0     20.0     10.0    4200.0
z5      10.0     10.0     0.5     -10.0      0.0     20.0     300.0
z6       0.0    -10.0    -0.25    -15.0    -10.0      0.0   -1500.0
z7     -10.0    -10.0     0.0       0.0    -20.0    -20.0   -1560.0
x3       0.0      0.0    -0.025     0.5      0.0      0.0      60.0
       -10.0    -20.0    -0.25    -35.0    -10.0    -10.0     600.0
Punkt    x1=0 x2=0 x3=60 x4=0 x5=0 x6=0 z=600.0

3. Simplextableau:
          x1       x2       z8       x4       z7       x6
z1      10.0      0.0     1.0     -20.0     1.0     -20.0    -660.0
z2      -5.0     15.0     0.5      10.0     0.5      10.0     420.0
z3      10.0      0.0     0.0      40.0     0.0      20.0    4500.0
z4     -10.0     10.0     0.0      40.0     1.0     -10.0    2640.0
z5      10.0     10.0     0.5     -10.0     0.0      20.0     300.0
z6       5.0     -5.0    -0.25    -15.0    -0.5      10.0    -720.0
x5       0.5      0.5     0.0       0.0    -0.05      1.0      78.0
x3       0.0      0.0    -0.025     0.5     0.0       0.0      60.0
        -5.0     15.0    -0.25    -35.0    -0.5       0.0    1380.0
Punkt    x1=0 x2=0 x3=60 x4=0 x5=78 x6=0 z=1380.0
```

4. Simplextableau:

	x1	x2	z6	x4	z7	x6	
z1	30.0	-20.0	4.0	-80.0	-1.0	20.0	-3540.0
z2	5.0	5.0	2.0	-20.0	-0.5	30.0	-1020.0
z3	10.0	0.0	0.0	40.0	0.0	20.0	4500.0
z4	-10.0	10.0	0.0	40.0	1.0	-10.0	2640.0
z5	20.0	0.0	2.0	-40.0	-1.0	40.0	-1140.0
z8	-20.0	20.0	-4.0	60.0	2.0	-40.0	2880.0
x5	0.5	0.5	0.0	0.0	-0.05	1.0	78.0
x3	-0.5	0.5	-0.1	2.0	0.05	-1.0	132.0
	-10.0	-10.0	-1.0	-20.0	0.0	-10.0	2100.0

Punkt x1=0 x2=0 x3=132 x4=0 x5=78 x6=0 z=2100.0

5. Simplextableau:

	x1	x2	z6	x4	z1	x6	
z7	-30.0	20.0	-4.0	80.0	-1.0	-20.0	3540.0
z2	-10.0	15.0	0.0	20.0	-0.5	20.0	750.0
z3	10.0	0.0	0.0	40.0	0.0	20.0	4500.0
z4	20.0	-10.0	4.0	-40.0	1.0	10.0	-900.0
z5	-10.0	20.0	-2.0	40.0	-1.0	20.0	2400.0
z8	40.0	-20.0	4.0	-100.0	2.0	0.0	-4200.0
x5	-1.0	1.5	-0.2	4.0	-0.05	0.0	255.0
x3	1.0	-0.5	0.1	-2.0	0.05	0.0	-45.0
	-10.0	-10.0	-1.0	-20.0	0.0	-10.0	2100.0

Punkt x1=0 x2=0 x3=-45 x4=0 x5=255 x6=0 z=2100.0

6. Simplextableau:

	x1	x2	z6	z8	z1	x6	
z7	2.0	4.0	-0.8	0.8	0.6	-20.0	180.0
z2	-2.0	11.0	0.8	0.2	-0.1	20.0	-90.0
z3	26.0	-8.0	1.6	0.4	0.8	20.0	2820.0
z4	4.0	-2.0	2.4	-0.4	0.2	10.0	780.0
z5	6.0	12.0	-0.4	0.4	-0.2	20.0	720.0
x4	-0.4	0.2	-0.04	-0.01	-0.02	0.0	42.0
x5	0.6	0.7	-0.04	0.04	0.03	0.0	87.0
x3	0.2	-0.1	0.02	-0.02	0.01	0.0	39.0
	-18.0	-6.0	-1.8	-0.2	-0.4	-10.0	2940.0

Punkt x1=0 x2=0 x3=39 x4=42 x5=87 x6=0 z=2940.0

7. Simplextableau:

	x1	x2	z6	z8	z2	x6	
z7	-10.0	70.0	4.0	2.0	6.0	100.0	-360.0
z1	20.0	-110.0	-8.0	-2.0	-10.0	-200.0	900.0
z3	10.0	80.0	8.0	2.0	8.0	80.0	2100.0
z4	0.0	20.0	4.0	0.0	2.0	50.0	600.0
z5	10.0	-10.0	-2.0	0.0	-2.0	-20.0	900.0
x4	0.0	-2.0	-0.2	-0.05	-0.2	-4.0	60.0
x5	0.0	4.0	0.2	0.1	0.3	6.0	60.0
x3	0.0	1.0	0.1	0.0	0.1	2.0	30.0
	-10.0	-50.0	-5.0	-1.0	-4.0	-90.0	3300.0

Punkt x1=0 x2=0 x3=30 x4=60 x5=60 x6=0 z=3300.0

8. Simplextableau:

	z7	x2	z6	z8	z2	x6	
x1	-0.1	-7.0	-0.4	-0.2	-0.6	-10.0	36.0
z1	2.0	30.0	0.0	2.0	2.0	0.0	180.0
z3	1.0	150.0	12.0	4.0	14.0	280.0	1740.0
z4	0.0	20.0	4.0	0.0	2.0	50.0	600.0
z5	1.0	60.0	2.0	2.0	4.0	80.0	540.0
x4	0.0	-2.0	-0.2	-0.05	-0.2	-4.0	60.0
x5	0.0	4.0	0.2	0.1	0.3	6.0	60.0
x3	0.0	1.0	0.1	0.0	0.1	2.0	30.0
	-1.0	-120.0	-9.0	-3.0	-10.0	-190.0	3660.0

Punkt x1=36 x2=0 x3=30 x4=60 x5=60 x6=0 z=3660.0

9. Simplextableau:

	z7	x2	z6	z8	z2	z3	
x1	-0.064	-1.643	0.029	-0.057	-0.1	0.036	98.143
z1	2.0	30.0	0.0	2.0	2.0	0.0	180.0
x6	0.004	0.536	0.04	0.014	0.05	0.004	6.214
z4	-0.179	-6.786	1.857	-0.714	-0.5	-0.179	89.286
z5	0.714	17.143	-1.429	0.857	0.0	-0.286	42.857
x4	0.014	0.143	-0.029	0.007	0.0	0.014	84.857
x5	-0.021	0.786	-0.057	0.014	0.0	-0.021	22.714
x3	-0.007	-0.071	0.014	-0.029	0.0	-0.007	17.571
	-0.321	-18.214	-0.857	-0.286	-0.5	0.679	4840.714

Punkt x1=98.143 x2=0 x3=17.571 x4=84.857 x5=22.714 x6=6.214
z=4840.714

10. Simplextableau:

	z7	z5	z6	z8	z2	z3	
x1	0.004	0.096	-0.108	0.025	-0.1	0.008	102.25
z1	0.75	-1.75	2.5	0.5	2.0	0.5	105.0
x6	-0.019	-0.031	0.088	-0.013	0.05	0.013	4.875
z4	0.104	0.396	1.292	-0.375	-0.5	-0.292	306.25
x2	0.042	0.058	-0.083	0.05	0.0	-0.017	2.5
x4	0.008	-0.008	-0.017	0.0	0.0	0.017	84.5
x5	-0.054	-0.046	0.008	-0.025	0.0	-0.008	20.75
x3	-0.0040	0.004	0.008	-0.025	0.0	-0.008	17.75
	0.438	1.063	-2.375	0.625	-0.5	0.375	4886.25

Punkt x1=102.25 x2=2.5 x3=17.75 x4=84.5 x5=20.75 x6=4.875
z=4886.25

11. Simplextableau:

	z7	z5	z1	z8	z2	z3	
x1	0.037	0.02	0.043	0.047	-0.013	0.03	106.8
z6	0.3	-0.7	0.4	0.2	0.8	0.2	42.0
x6	-0.045	0.03	-0.035	-0.03	-0.02	-0.005	1.2
z4	-0.283	1.3	-0.517	-0.633	-1.533	-0.55	252.0
x2	0.067	0.0	0.033	0.067	0.067	0.0	6.0
x4	0.013	-0.02	0.007	0.003	0.013	0.02	85.2
x5	-0.057	-0.04	-0.003	-0.027	-0.007	-0.01	20.4
x3	-0.007	0.01	-0.003	-0.027	-0.007	-0.01	17.4
	1.15	-0.6	0.95	1.1	1.4	0.85	4986.0

Punkt x1=106.8 x2=6 x3=17.4 x4=85.2 x5=20.4 x6=1.2 z=4986.0

12. Simplextableau:

	z7	x6	z1	z8	z2	z3	
x1	0.067	-0.667	0.067	0.067	0.0	0.033	106.0
z6	-0.75	23.333	-0.417	-0.5	0.333	0.083	70.0
z5	-1.5	33.333	-1.167	-1.0	-0.667	-0.167	40.0
z4	1.667	-43.333	1.0	0.667	-0.667	-0.333	200.0
x2	0.067	0.0	0.033	0.067	0.067	0.0	6.0
x4	-0.017	0.667	-0.017	-0.017	0.0	0.017	86.0
x5	-0.117	1.333	-0.05	-0.067	-0.033	-0.017	22.0
x3	0.008	-0.333	0.008	-0.017	0.0	-0.008	17.0
	0.25	20.0	0.25	0.5	1.0	0.75	5010.0

Punkt x1=106 x2=6 x3=17 x4=86 x5=22 x6=0 z=5010.0

Sensitivitätsanalyse:

$c_1^- = 3.75, \quad c_1^+ = 30$

$c_2^- = 3.75, \quad c_2^+ = \infty$

$c_3^- = 30, \quad c_3^+ = 30$

$c_4^- = 30, \quad c_4^+ = 15$

$c_5^- = 15, \quad c_5^+ = 2.143$

$c_6^- = \infty, \quad c_6^+ = 20$

$b_1^- = 180, \quad b_1^+ = 34.286$

$b_2^- = 90, \quad b_2^+ = 60$

$b_3^- = 840, \quad b_3^+ = 240$

$b_4^- = 200, \quad b_4^+ = \infty$

$b_5^- = 40, \quad b_5^+ = \infty$

$b_6^- = \infty, \quad b_6^+ = 70$

$b_7^- = 26.667, \quad b_7^+ = 90$

$b_8^- = 40, \quad b_8^+ = 90.$

Aufgabe 13

1. Simplextableau:

	x1	x2	x3	x4	x5	x6	
z1	20.0	10.0	40.0	0.0	20.0	0.0	3300.0
z2	0.0	20.0	20.0	20.0	10.0	20.0	2400.0
z3	10.0	0.0	0.0	40.0	0.0	20.0	4500.0
z4	0.0	20.0	0.0	40.0	20.0	10.0	4200.0
z5	10.0	10.0	20.0	0.0	0.0	20.0	1500.0
z6	0.0	-10.0	-10.0	-20.0	-10.0	0.0	-2100.0
z7	-10.0	-10.0	0.0	0.0	-20.0	-20.0	-1560.0
z8	0.0	0.0	-40.0	-20.0	0.0	0.0	-2400.0
	10.0	20.0	10.0	40.0	10.0	10.0	0.0

Punkt x1=0 x2=0 x3=0 x4=0 x5=0 x6=0 z=0.0

2. Simplextableau:

	x1	x2	x3	z8	x5	x6	
z1	20.0	10.0	40.0	0.0	20.0	0.0	3300.0
z2	0.0	20.0	-20.0	1.0	10.0	20.0	0.0
z3	10.0	0.0	-80.0	2.0	0.0	20.0	-300.0
z4	0.0	20.0	-80.0	2.0	20.0	10.0	-600.0
z5	10.0	10.0	20.0	0.0	0.0	20.0	1500.0
z6	0.0	-10.0	30.0	-1.0	-10.0	0.0	300.0
z7	-10.0	-10.0	0.0	0.0	-20.0	-20.0	-1560.0
x4	0.0	0.0	2.0	-0.05	0.0	0.0	120.0
	10.0	20.0	-70.0	2.0	10.0	10.0	-4800.0

Punkt x1=0 x2=0 x3=0 x4=120 x5=0 x6=0 z=-4800.0

3. Simplextableau:

	x1	z7	x3	z8	x5	x6	
z1	10.0	1.0	40.0	0.0	0.0	-20.0	1740.0
z2	-20.0	2.0	-20.0	1.0	-30.0	-20.0	-3120.0
z3	10.0	0.0	-80.0	2.0	0.0	20.0	-300.0
z4	-20.0	2.0	-80.0	2.0	-20.0	-30.0	-3720.0
z5	0.0	1.0	20.0	0.0	-20.0	0.0	-60.0
z6	10.0	-1.0	30.0	-1.0	10.0	20.0	1860.0
x2	1.0	-0.1	0.0	0.0	2.0	2.0	156.0
x4	0.0	0.0	2.0	-0.05	0.0	0.0	120.0
	-10.0	2.0	-70.0	2.0	-30.0	-30.0	-7920.0

Punkt x1=0 x2=156 x3=0 x4=120 x5=0 x6=0 z=-7920.0

4. Simplextableau:

	z4	z7	x3	z8	x5	x6	
z1	0.5	2.0	0.0	1.0	-10.0	-35.0	-120.0
z2	-1.0	0.0	60.0	-1.0	-10.0	10.0	600.0
z3	0.5	1.0	-120.0	3.0	-10.0	5.0	-2160.0
x1	-0.05	-0.1	4.0	-0.1	1.0	1.5	186.0
z5	0.0	1.0	20.0	0.0	-20.0	0.0	-60.0
z6	0.5	0.0	-10.0	0.0	0.0	5.0	0.0
x2	0.05	0.0	-4.0	0.1	1.0	0.5	-30.0
x4	0.0	0.0	2.0	-0.05	0.0	0.0	120.0
	-0.5	1.0	-30.0	1.0	-20.0	-15.0	-6060.0

Punkt x1=186 x2=-30 x3=0 x4=120 x5=0 x6=0 z=-6060.0

5. Simplextableau:

	z4	z7	z3	z8	x5	x6	
z1	0.5	2.0	0.0	1.0	-10.0	-35.0	-120.0
z2	-0.75	0.5	0.5	0.5	-15.0	12.5	-480.0
x3	-0.004	-0.008	-0.008	-0.025	0.083	-0.042	18.0
x1	-0.033	-0.067	0.033	0.0	0.667	1.667	114.0
z5	0.083	1.167	0.167	0.5	-21.667	0.833	-420.0
z6	0.458	-0.083	-0.083	-0.25	0.833	4.583	180.0
x2	0.033	-0.033	-0.033	0.0	1.333	0.333	42.0
x4	0.008	0.017	0.017	0.0	-0.167	0.083	84.0
	-0.625	0.75	-0.25	0.25	-17.5	-16.25	-5520.0

Punkt x1=114 x2=42 x3=18 x4=84 x5=0 x6=0 z=-5520.0

6. Simplextableau:

	z2	z7	z3	z8	x5	x6	
z1	0.667	2.333	0.333	1.333	20.0	-26.667	-440.0
z4	-1.333	-0.667	-0.667	-0.667	20.0	-16.667	640.0
x3	-0.006	-0.011	-0.011	-0.028	0.167	-0.111	20.667
x1	-0.044	-0.089	0.011	-0.022	1.333	1.111	135.333
z5	0.111	1.222	0.222	0.556	-23.333	2.222	-473.333
z6	0.611	0.222	0.222	0.056	-8.333	12.222	-113.333
x2	0.044	-0.011	-0.011	0.022	0.667	0.889	20.667
x4	0.011	0.022	0.022	0.006	-0.333	0.222	78.667
	-0.833	0.333	-0.667	-0.167	-5.0	-26.667	-5120.0

Punkt x1=135.333 x2=20.667 x3=20.667 x4=78.667 x5=0 x6=0
z=-5120.0

7. Simplextableau:

	z2	z7	z3	z8	z5	x6	
z1	0.571	1.286	0.143	0.857	-0.857	-28.571	-34.286
z4	-1.238	0.381	-0.476	-0.19	0.857	-14.762	234.286
x3	-0.005	-0.002	-0.01	-0.024	0.007	-0.095	17.286
x1	-0.038	-0.019	0.024	0.01	0.057	1.238	108.286
x5	-0.005	-0.052	-0.01	-0.024	-0.043	-0.095	20.286
z6	0.571	-0.214	0.143	-0.143	-0.357	11.429	55.714
x2	0.048	0.024	-0.000	0.038	0.029	0.952	7.143
x4	0.01	0.005	0.019	-0.002	-0.014	0.19	85.429
	-0.857	0.071	-0.714	-0.286	-0.214	-27.143	-5018.57

Punkt x1=108.286 x2=7.143 x3=17.286 x4=85.429 x5=20.286
x6=0 z=-5018.571

8. Simplextableau:

	z2	z7	z3	z8	z1	x6	
z5	-0.667	-1.5	-0.167	-1.0	-1.167	33.333	40.0
z4	-0.667	1.667	-0.333	0.667	1.0	-43.333	200.0
x3	0.0	0.008	-0.008	-0.017	0.008	-0.333	17.0
x1	0.0	0.067	0.033	0.067	0.067	-0.667	106.0
x5	-0.033	-0.117	-0.017	-0.067	-0.05	1.333	22.0
z6	0.333	-0.75	0.083	-0.5	-0.417	23.333	70.0
x2	0.067	0.067	0.0	0.067	0.033	0.0	6.0
x4	0.0	-0.017	0.017	-0.017	-0.017	0.667	86.0
	-1.0	-0.25	-0.75	-0.5	-0.25	-20.0	-5010.0

Punkt x1=106 x2=6 x3=17 x4=86 x5=22 x6=0 z=-5010.0

9. Simplextableau:

	z2	z7	z3	z8	z1	z5	
x6	-0.02	-0.045	-0.005	-0.03	-0.035	0.03	1.2
z4	-1.533	-0.283	-0.55	-0.633	-0.517	1.3	252.0
x3	-0.007	-0.007	-0.01	-0.027	-0.003	0.01	17.4
x1	-0.013	0.037	0.03	0.047	0.043	0.02	106.8
x5	-0.007	-0.057	-0.01	-0.027	-0.003	-0.04	20.4
z6	0.8	0.3	0.2	0.2	0.4	-0.7	42.0
x2	0.067	0.067	0.0	0.067	0.033	0.0	6.0
x4	0.013	0.013	0.02	0.003	0.007	-0.02	85.2
	-1.4	-1.15	-0.85	-1.1	-0.95	0.6	-4986.0

Punkt x1=106.8 x2=6 x3=17.4 x4=85.2 x5=20.4 x6=1.2
z=-4986.0

10. Simplextableau:

	z6	z7	z3	z8	z1	z5	
x6	0.025	-0.037	0.0	-0.025	-0.025	0.012	2.25
z4	1.917	0.292	-0.167	-0.25	0.25	-0.042	332.5
x3	0.009	-0.004	-0.008	-0.025	0.0	0.004	17.75
x1	0.017	0.042	0.033	0.05	0.05	0.008	107.5
x5	0.008	-0.054	-0.008	-0.025	0.0	-0.046	20.75
z2	1.25	0.375	0.25	0.25	0.5	-0.875	52.5
x2	-0.083	0.042	-0.017	0.05	0.0	0.058	2.5
x4	-0.017	0.008	0.017	0.0	0.0	-0.008	84.5
	1.75	-0.625	-0.5	-0.75	-0.25	-0.625	-4912.5

Punkt x1=107.5 x2=2.5 x3=17.75 x4=84.5 x5=20.75 x6=2.25 z=-4912.5

11. Simplextableau:

	z6	z7	z3	x2	z1	z5	
x6	-0.017	-0.017	-0.008	0.5	-0.025	0.042	3.5
z4	1.5	0.5	-0.25	5.0	0.25	0.25	345.0
x3	-0.033	0.017	-0.017	0.5	0.0	0.033	19.0
x1	0.1	0.0	0.05	-1.0	0.05	-0.05	105.0
x5	-0.033	-0.033	-0.017	0.5	0.0	-0.017	22.0
z2	1.667	0.167	0.333	-5.0	0.5	-1.167	40.0
z8	-1.667	0.833	-0.333	20.0	0.0	1.167	50.0
x4	-0.017	0.008	0.017	0.0	0.0	-0.008	84.5
	0.5	0.0	-0.75	15.0	-0.25	0.25	-4875.0

Punkt x1=105 x2=0 x3=19 x4=84.5 x5=22 x6=3.5 z=-4875.0

12. Simplextableau:

	z6	z7	z2	x2	z1	z5	
x6	0.025	-0.013	0.025	0.375	-0.012	0.013	4.5
z4	2.75	0.625	0.75	1.25	0.625	-0.625	375.0
x3	0.05	0.025	0.05	0.25	0.025	-0.025	21.0
x1	-0.15	-0.025	-0.15	-0.25	-0.025	0.125	99.0
x5	0.05	-0.025	0.05	0.25	0.025	-0.075	24.0
z3	5.0	0.5	3.0	-15.0	1.5	-3.5	120.0
z8	0.0	1.0	1.0	15.0	0.5	0.0	90.0
x4	-0.1	0.0	-0.05	0.25	-0.025	0.05	82.5
	4.25	0.375	2.25	3.75	0.875	-2.375	-4785.0

Punkt x1=99 x2=0 x3=21 x4=82.5 x5=24 x6=4.5 z=-4785.0

13. Simplextableau:

	z6	z7	z2	x2	z1	x6	
z5	2.0	-1.0	2.0	30.0	-1.0	80.0	360.0
z4	4.0	0.0	2.0	20.0	0.0	50.0	600.0
x3	0.1	0.0	0.1	1.0	0.0	2.0	30.0
x1	-0.4	0.1	-0.4	-4.0	0.1	-10.0	54.0
x5	0.2	-0.1	0.2	2.5	-0.05	6.0	51.0
z3	12.0	-3.0	10.0	90.0	-2.0	280.0	1380.0
z8	0.0	1.0	1.0	15.0	0.5	0.0	90.0
x4	-0.2	0.05	-0.15	-1.25	0.025	-4.0	64.5
	9.0	-2.0	7.0	75.0	-1.5	190.0	-3930.0

Punkt x1=54 x2=0 x3=30 x4=64.5 x5=51 x6=0 z=-3930.0

14. Simplextableau:

	z6	z8	z2	x2	z1	x6	
z5	2.0	1.0	3.0	45.0	-0.5	80.0	450.0
z4	4.0	0.0	2.0	20.0	0.0	50.0	600.0
x3	0.1	0.0	0.1	1.0	0.0	2.0	30.0
x1	-0.4	-0.1	-0.5	-5.5	0.05	-10.0	45.0
x5	0.2	0.1	0.3	4.0	0.0	6.0	60.0
z3	12.0	3.0	13.0	135.0	-0.5	280.0	1650.0
z7	0.0	1.0	1.0	15.0	0.5	0.0	90.0
x4	-0.2	-0.05	-0.2	-2.0	0.0	-4.0	60.0
	9.0	2.0	9.0	105.0	-0.5	190.0	-3750.0

Punkt x1=45 x2=0 x3=30 x4=60 x5=60 x6=0 z=-3750.0

15. Simplextableau:

	z6	z8	z2	x2	z7	x6	
z5	2.0	2.0	4.0	60.0	1.0	80.0	540.0
z4	4.0	0.0	2.0	20.0	0.0	50.0	600.0
x3	0.1	0.0	0.1	1.0	0.0	2.0	30.0
x1	-0.4	-0.2	-0.6	-7.0	-0.1	-10.0	36.0
x5	0.2	0.1	0.3	4.0	0.0	6.0	60.0
z3	12.0	4.0	14.0	150.0	1.0	280.0	1740.0
z1	0.0	2.0	2.0	30.0	2.0	0.0	180.0
x4	-0.2	-0.05	-0.2	-2.0	0.0	-4.0	60.0
	9.0	3.0	10.0	120.0	1.0	190.0	-3660.0

Punkt x1=36 x2=0 x3=30 x4=60 x5=60 x6=0 z=-3660.0

Sensitivitätsanalyse:

$c_1^- = 10, \quad c_1^+ = \infty$

$c_2^- = 120, \quad c_2^+ = \infty$

$c_3^- = \infty, \quad c_3^+ = 90$

$c_4^- = 45, \quad c_4^+ = \infty$

$c_5^- = \infty, \quad c_5^+ = 30$

$c_6^- = 190, \quad c_6^+ = \infty$

$b_1^- = 180, \quad b_1^+ = \infty$

$b_2^- = 90, \quad b_2^+ = 60$

$b_3^- = 1740, \quad b_3^+ = \infty$

$b_4^- = 600, \quad b_4^+ = \infty$

$b_5^- = 540, \quad b_5^+ = \infty$

$b_6^- = 90, \quad b_6^+ = 145$

$b_7^- = 360, \quad b_7^+ = 90$

$b_8^- = 180, \quad b_8^+ = 90$.

Aufgabe 14

x_1 sei die Anzahl der hergestellten Produkte A

x_2 sei die Anzahl der hergestellten Produkte B

x_3 sei die Anzahl der hergestellten Produkte C

x_4 sei die Anzahl der hergestellten Produkte D

$6\,x_1 + 4\,x_2 + 3\,x_3 + 5\,x_4 \le 440$

$3\,x_1 + \,x_2 + 3\,x_3 + 2\,x_4 \le 460$

$6\,x_1 + 5\,x_2 + 4\,x_3 + 3\,x_4 \le 555$

$z = 100\,x_1 + 130\,x_2 + 100\,x_3 + 110\,x_4 = \max$

Maximum siehe unten

```
1. Simplextableau:
                x1        x2        x3        x4
z1             6.0       4.0       3.0       5.0          440.0
z2             3.0       1.0       3.0       2.0          460.0
z3             6.0       5.0       4.0       3.0          555.0
            -100.0     130.0    -100.0    -110.0            0.0
Punkt     x1=0 x2=0 x3=0 x4=0 z=0.0

2. Simplextableau:
                x1        z1        x3        x4
x2             1.5       0.25      0.75      1.25         110.0
z2             1.5      -0.25      2.25      0.75         350.0
z3            -1.5      -1.25      0.25     -3.25           5.0
              95.0      32.5      -2.5      52.5        14300.0
Punkt     x1=0 x2=110.0 x3=0 x4=0 z=14300.0

3. Simplextableau:
                x1        z1        z3        x4
x2             6.0       4.0      -3.0      11.0           95.0
z2            15.0      11.0      -9.0      30.0          305.0
x3            -6.0      -5.0       4.0     -13.0           20.0
              80.0      20.0      10.0      20.0        14350.0
Punkt     x1=0 x2=95.0 x3=20.0 x4=0 z=14350.0
```

Sensitivitätsanalyse:

$c_1^- = \infty, \quad c_1^+ = 8$

$c_2^- = 0.182, \quad c_2^+ = 0.333$

$c_3^- = 0.25, \quad c_3^+ = 0.154$

$c_4^- = \infty, \quad c_4^+ = 2$

$b_1^- = 23.75, \quad b_1^+ = 4$

$b_2^- = 305, \quad b_2^+ = \infty$

$b_3^- = 5, \quad b_3^+ = 31.667\,.$

7.2 Lösungen zu Kapitel 3

Aufgabe 1

(a)

		Strategien für Spieler Y	
		$j=1$	$j=2$
Strategien für Spieler X	$i=1$	−1	0
	$i=2$	[2]	[4]

Damit löst eine statische Strategie dieses Spiel: Spieler X spielt Strategie $i = 2$ und Spieler Y spielt Strategie $j = 1$.

(b)

		Strategien für Spieler Y			
		$j=1$	$j=2$	$j=3$	$j=4$
Strategien für Spieler X	$i=1$	[2]	−1	−1	[3]
	$i=2$	1	[5]	[0]	2
	$i=3$	0	[5]	−2	0

Damit löst eine statische Strategie dieses Spiel: Spieler X spielt Strategie $i = 2$ und Spieler Y spielt Strategie $j = 3$.

(c)

		Strategien für Spieler Y			
		$j=1$	$j=2$	$j=3$	$j=4$
Strategien für Spieler X	$i=1$	5	2	1	−5
	$i=2$	−1	2	0	−2
	$i=3$	0	−1	1	[4]
	$i=4$	3	[8]	[2]	3
	$i=5$	[6]	−2	−1	3

Damit löst eine statische Strategie dieses Spiel: Spieler X spielt Strategie $i = 4$ und Spieler Y spielt Strategie $j = 3$.

Aufgabe 2

(a)

		Strategien für Spieler Y	
		$j=1$	$j=2$
Strategien für Spieler X	$i=1$	−1	[1]
	$i=2$	[2]	−1

Keine statische Strategie löst das Problem.
Anwendung des Simplex-Algorithmus liefert folgende dynamische Strategien:
Für Spieler X gilt: $p_1 = 0.6$ und $p_2 = 0.4$.
Für Spieler Y gilt: $q_1 = 0.4$ und $q_2 = 0.6$.
Für den Gewinn des Spielers X gilt: $g = 0.2$.

(b)

		Strategien für Spieler Y			
		$j=1$	$j=2$	$j=3$	$j=4$
Strategien für Spieler X	$i=1$	[3]	−4	[3]	[4]
	$i=2$	2	[6]	2	3
	$i=3$	1	[6]	−1	1

Keine statische Strategie löst das Problem.
Anwendung des Simplex-Algorithmus liefert folgende dynamische Strategien:
Für Spieler X gilt: $p_1 = 4/11$, $p_2 = 7/11$ und $p_3 = 0$.
Für Spieler Y gilt: $q_1 = 10/11$, $q_2 = 1/11$, $q_3 = 0$ und $q_4 = 0$.
Für den Gewinn des Spielers X gilt: $g = 26/11$.

(c)

		Strategien für Spieler Y			
		$j=1$	$j=2$	$j=3$	$j=4$
Strategien für Spieler X	$i=1$	2	2	−2	−5
	$i=2$	−1	0	0	−2
	$i=3$	0	−1	1	4
	$i=4$	3	0	2	1
	$i=5$	6	−2	−3	3

Keine statische Strategie löst das Problem.
Anwendung des Simplex-Algorithmus liefert folgende dynamische Strategien:
Für Spieler X gilt: $p_1 = 1/3$, $p_2 = 0$, $p_3 = 5/12$, $p_4 = 1/4$ und $p_5 = 0$.
Für Spieler Y gilt: $q_1 = 0$, $q_2 = 3/4$, $q_3 = 0$ und $q_4 = 1/4$.
Für den Gewinn des Spielers X gilt: $g = 1/4$.

Aufgabe 3

(a) Die Entscheidungsmatrix lautet

		Strategien für Spieler Y		
		Stein	Schere	Papier
Strategien für Spieler X	Stein	0	1	−1
	Schere	−1	0	1
	Papier	1	−1	0

Damit löst keine statische Strategie das Problem.

(b) Der Simplex-Algorithmus liefert:

```
1. Simplextableau:
           x1       x2       x3
z1        0.0      1.0     -1.0        -1.0
z2       -1.0      0.0      1.0        -1.0
z3        1.0     -1.0      0.0        -1.0
          1.0      1.0      1.0         0.0
Punkt   x1=0 x2=0 x3=0 z=0.0
```

```
2. Simplextableau:
              x1       x2       z1
x3            0.0     -1.0     -1.0       1.0
z2           -1.0      1.0      1.0      -2.0
z3            1.0     -1.0      0.0      -1.0
              1.0      2.0      1.0      -1.0
Punkt    x1=0 x2=0 x3=1.0 z=-1.0

3. Simplextableau:
              z2       x2       z1
x3            0.0     -1.0     -1.0       1.0
x1           -1.0     -1.0     -1.0       2.0
z3            1.0      0.0      1.0      -3.0
              1.0      3.0      2.0      -3.0
Punkt    x1=2.0 x2=0 x3=1.0 z=-3.0
```

Hier bricht der Algorithmus ohne Lösung ab. Der Grund hierfür ist $g = 0$.

(c) Addiert man nun zu jedem Element der Entscheidungsmatrix $+1$, so liefert der Simplex-Algorithmus eine Lösung, da jetzt für das veränderte Spiel $g = 1$ gilt:
Für Spieler X gilt: $p_1 = 1/3$, $p_2 = 1/3$ und $p_3 = 1/3$.
Für Spieler Y gilt: $q_1 = 1/3$, $q_2 = 1/3$ und $q_3 = 1/3$.
Der Gewinn für Spieler X im veränderten Spiel ist $g = 1$, also ist der Gewinn im Ausgangsspiel $g = 0$.

Aufgabe 4

(a) Die Entscheidungsmatrix lautet

		Strategien für Spieler Y			
		Stein	Schere	Papier	Brunnen
Strategien für Spieler X	Stein	0	[1]	−1	−1
	Schere	−1	0	[1]	−1
	Papier	[1]	−1	0	[1]
	Brunnen	[1]	[1]	−1	0

Damit löst keine statische Strategie das Problem.

(b) Der Simplex-Algorithmus muss wieder mit veränderter Entscheidungsmatrix durchgeführt werden. Das Ergebnis lautet:
Für Spieler X gilt: $p_1 = 0$, $p_2 = 1/3$, $p_3 = 1/3$ und $p_4 = 1/3$.
Für Spieler Y gilt: $q_1 = 0$, $q_2 = 1/3$, $q_3 = 1/3$ und $q_4 = 1/3$.

Damit spielen beide Spieler ohne Stein und dieses Spiel ist kein neues Spiel, nur die drei Zeichen sind verschieden.

(c) Es gibt hier 10 Fälle zu unterscheiden. Symmetrische Fälle (Spieler X und Spieler Y vertauscht) werden nicht extra behandelt.

1. Fall: Spieler X spielt ohne Stein, Spieler Y spielt ohne Stein.

Die Entscheidungsmatrix lautet in diesem Fall:

		Strategien für Spieler Y		
		Schere	Papier	Brunnen
Strategien für Spieler X	Schere	0	[1]	−1
	Papier	−1	0	[1]
	Brunnen	[1]	−1	0

Dies ist die gleiche Entscheidungsmatrix wie in Aufgabe 3. Folglich ist eine dynamische Strategie optimal:
Für Spieler X gilt: $p_1 = 1/3$, $p_2 = 1/3$ und $p_3 = 1/3$.
Für Spieler Y gilt: $q_1 = 1/3$, $q_2 = 1/3$ und $q_3 = 1/3$.

2. Fall: Spieler X spielt ohne Stein, Spieler Y spielt ohne Schere.

Die Entscheidungsmatrix lautet in diesem Fall:

		Strategien für Spieler Y		
		Stein	Papier	Brunnen
Strategien für Spieler X	Schere	−1	[1]	−1
	Papier	[1]	0	[1]
	Brunnen	[1]	−1	0

Keine statische Strategie löst das Problem.
Anwendung des Simplex-Algorithmus liefert folgende dynamische Strategien:
Für Spieler X gilt: $p_1 = 1/3$, $p_2 = 2/3$ und $p_3 = 0$.
Für Spieler Y gilt: $q_1 = 1/3$, $q_2 = 2/3$ und $q_3 = 0$.
Für den Gewinn des Spielers X gilt: $g = 1/3$.

3. Fall: Spieler X spielt ohne Stein, Spieler Y spielt ohne Papier.

Die Entscheidungsmatrix lautet in diesem Fall:

		Strategien für Spieler Y		
		Stein	Schere	Brunnen
Strategien für Spieler X	Schere	–1	0	–1
	Papier	$\boxed{1}$	–1	$\boxed{1}$
	Brunnen	$\boxed{1}$	$\boxed{1}$	0

Keine statische Strategie löst das Problem.
Anwendung des Simplex-Algorithmus liefert folgende dynamische Strategien:
Für Spieler X gilt: $p_1 = 0$, $p_2 = 1/3$ und $p_3 = 2/3$.

Für Spieler Y gilt: $q_1 = 0$, $q_2 = 1/3$ und $q_3 = 2/3$.

Für den Gewinn des Spielers X gilt: $g = 1/3$.

4. Fall: Spieler X spielt ohne Stein, Spieler Y spielt ohne Brunnen.

Die Entscheidungsmatrix lautet in diesem Fall:

		Strategien für Spieler Y		
		Stein	Schere	Papier
Strategien für Spieler X	Schere	–1	0	$\boxed{1}$
	Papier	$\boxed{1}$	–1	0
	Brunnen	$\boxed{1}$	$\boxed{1}$	–1

Keine statische Strategie löst das Problem.
Anwendung des Simplex-Algorithmus liefert folgende dynamische Strategien:
Für Spieler X gilt: $p_1 = 4/9$, $p_2 = 2/9$ und $p_3 = 3/9$.

Für Spieler Y gilt: $q_1 = 3/9$, $q_2 = 2/9$ und $q_3 = 4/9$.

Für den Gewinn des Spielers X gilt: $g = 1/9$.

5. Fall: Spieler X spielt ohne Schere, Spieler Y spielt ohne Schere.

Die Entscheidungsmatrix lautet in diesem Fall:

		Strategien für Spieler Y		
		Stein	Papier	Brunnen
Strategien für Spieler X	Stein	0	−1	−1
	Papier	[1]	[0]	[1]
	Brunnen	[1]	−1	0

Damit löst eine statische Strategie dieses Spiel: Spieler X spielt immer Papier und auch Spieler Y spielt immer Papier.

6. Fall: Spieler X spielt ohne Schere, Spieler Y spielt ohne Papier.

Die Entscheidungsmatrix lautet in diesem Fall:

		Strategien für Spieler Y		
		Stein	Schere	Brunnen
Strategien für Spieler X	Stein	0	[1]	−1
	Papier	[1]	−1	[1]
	Brunnen	[1]	[1]	0

Keine statische Strategie löst das Problem.
Anwendung des Simplex-Algorithmus liefert folgende dynamische Strategien:
Für Spieler X gilt: $p_1 = 0$, $p_2 = 1/3$ und $p_3 = 2/3$.
Für Spieler Y gilt: $q_1 = 0$, $q_2 = 1/3$ und $q_3 = 2/3$.
Für den Gewinn des Spielers X gilt: $g = 1/3$.

7. Fall: Spieler X spielt ohne Schere, Spieler Y spielt ohne Brunnen.

Die Entscheidungsmatrix lautet in diesem Fall:

		Strategien für Spieler Y		
		Stein	Schere	Papier
Strategien für Spieler X	Stein	0	[1]	−1
	Papier	[1]	−1	0
	Brunnen	[1]	[1]	−1

Keine statische Strategie löst das Problem.
Anwendung des Simplex-Algorithmus liefert folgende dynamische Strategien:
Für Spieler X gilt: $p_1 = 1/3$, $p_2 = 2/3$ und $p_3 = 0$.

Für Spieler Y gilt: $q_1 = 0$, $q_2 = 1/3$ und $q_3 = 2/3$.

Für den Gewinn des Spielers X gilt: $g = -1/3$.

8. Fall: Spieler X spielt ohne Papier, Spieler Y spielt ohne Papier.

Die Entscheidungsmatrix lautet in diesem Fall:

		Strategien für Spieler Y		
		Stein	Schere	Brunnen
Strategien für Spieler X	Stein	0	[1]	–1
	Schere	–1	0	–1
	Brunnen	[1]	[1]	[0]

Damit löst eine statische Strategie dieses Spiel: Spieler X spielt immer Brunnen und auch Spieler Y spielt immer Brunnen.

9. Fall: Spieler X spielt ohne Papier, Spieler Y spielt ohne Brunnen.

Die Entscheidungsmatrix lautet in diesem Fall:

		Strategien für Spieler Y		
		Stein	Schere	Papier
Strategien für Spieler X	Stein	0	[1]	–1
	Schere	–1	0	[1]
	Brunnen	[1]	[1]	–1

Keine statische Strategie löst das Problem.
Anwendung des Simplex-Algorithmus liefert folgende dynamische Strategien:
Für Spieler X gilt: $p_1 = 0$, $p_2 = 1/2$ und $p_3 = 1/2$.

Für Spieler Y gilt: $q_1 = 1/2$, $q_2 = 0$ und $q_3 = 1/2$.

Für den Gewinn des Spielers X gilt: $g = 0$.

10. Fall: Spieler X spielt ohne Brunnen, Spieler Y spielt ohne Brunnen.

Die Entscheidungsmatrix lautet in diesem Fall:

		Strategien für Spieler Y		
		Stein	Schere	Papier
Strategien für Spieler X	Stein	0	[1]	−1
	Schere	−1	0	[1]
	Papier	[1]	−1	0

Nach Aufgabe 3 gilt: Keine statische Strategie löst das Problem.
Anwendung des Simplex-Algorithmus liefert folgende dynamische Strategien:
Für Spieler X gilt: $p_1 = 1/3$, $p_2 = 1/3$ und $p_3 = 1/3$.

Für Spieler Y gilt: $q_1 = 1/3$, $q_2 = 1/3$ und $q_3 = 1/3$.

Für den Gewinn des Spielers X gilt: $g = 0$.

(d) Das Ergebnis für Spieler X ist in folgender Tabelle dargestellt:

		Spieler Y spielt ohne			
		Stein	Schere	Papier	Brunnen
Spieler X spielt ohne	Stein	0	1/3	1/3	1/9
	Schere	−1/3	0	1/3	−1/3
	Papier	−1/3	−1/3	0	0
	Brunnen	−1/9	1/3	0	0

Wählt Spieler X „ohne Stein", so wählt Spieler Y ebenfalls „ohne Stein" und das Spiel endet mit $g = 0$.

Wählt Spieler X „ohne Schere", so wählt Spieler Y entweder „ohne Stein" oder „ohne Brunnen" und das Spiel endet mit $g = -1/3$ für Spieler Y.

Wählt Spieler X „ohne Papier", so wählt Spieler Y entweder „ohne Stein" oder „ohne Schere" und das Spiel endet mit $g = -1/3$ für Spieler Y.

Wählt Spieler X „ohne Brunnen", so wählt Spieler Y „ohne Stein" und das Spiel endet mit $g = -1/9$ für Spieler Y.

Wählt Spieler X optimal aus, so muss er „ohne Stein" auswählen.

Aufgabe 5

		Strategien für Berlin		
		$j=1$	$j=2$	$j=3$
Strategien für Köln	$i=1$	0.4	0.4	0.3
	$i=2$	[0.7]	[0.8]	[0.6]
	$i=3$	0.4	0.5	0.5

Damit löst eine statische Strategie dieses Spiel: Köln spielt immer Strategie $i = 2$ und Berlin spielt immer Strategie $j = 3$.

Aufgabe 6

		Strategien für Hamburg		
		$j=1$	$j=2$	$j=3$
Strategien für Landshut	$i=1$	0.4	0.4	0.3
	$i=2$	[0.7]	[0.8]	0.6
	$i=3$	0.4	0.5	[0.8]

Damit löst keine statische Strategie dieses Spiel.

Optimale Strategie für Landshut:
Aufstellen des ersten Simplex-Tableaus:

	x_1	x_2	x_3	
z_1	−0.4	−0.7	−0.4	−1
z_2	−0.4	−0.8	−0.5	−1
z_3	−0.3	−0.6	−0.8	−1
	1	1	1	0

Die Berechnung liefert:

```
1. Simplextableau:
         x1       x2       x3
z1       -0.4     -0.7     -0.4         -1.0
z2       -0.4     -0.8     -0.5         -1.0
z3       -0.3     -0.6     -0.8         -1.0
          1.0      1.0      1.0          0.0
Punkt    x1=0 x2=0 x3=0 z=0.0

2. Simplextableau:
         z1       x2       x3
x1       -2.5     1.75     1.0           2.5
z2       -1.0     -0.1     -0.1          0.0
z3       -0.75    -0.075   -0.5         -0.25
          2.5     -0.75     0.0         -2.5
Punkt    x1=2.5 x2=0 x3=0 z=-2.5

3. Simplextableau:
         z3       x2       x3
x1       -3.333   2.0       2.667        3.333
z2       -1.333   0.0       0.567        0.333
z1       -1.333   0.1       0.667        0.333
          3.333  -1.0      -1.667       -3.333
Punkt    x1=3.333 x2=0 x3=0 z=-3.333

4. Simplextableau:
         z3       x2       z1
x1        2.0      1.6     -4.0          2.0
z2       -0.2     -0.085   -0.85         0.05
x3       -2.0      0.15     1.5          0.5
          0.0     -0.75     2.5         -2.5
Punkt    x1=2.0 x2=0 x3=0.5 z=-2.5

5. Simplextableau:
         z3       x1       z1
x2        1.25     0.625   -2.5          1.25
z2       -0.094    0.053   -1.062        0.156
x3       -2.187   -0.094    1.875        0.313
          0.938    0.469    0.625       -1.563
Punkt    x1=0 x2=1.25 x3=0.3125 z=-1.5625
```

Für Landshut gilt: $p_1 = 0$, $p_2 = 4/5 = 0.8$ und $p_3 = 1/5 = 0.2$.

Optimale Strategie für Hamburg:
Aufstellen des ersten Simplex-Tableaus:

	y_1	y_2	y_3	
z_1	0.4	0.4	0.3	1
z_2	0.7	0.8	0.6	1
z_3	0.4	0.5	0.8	1
	–1	–1	–1	0

Die Berechnung liefert:

```
1. Simplextableau:
            x1         x2         x3
z1          0.4        0.4        0.3             1.0
z2          0.7        0.8        0.6             1.0
z3          0.4        0.5        0.8             1.0
           -1.0       -1.0       -1.0             0.0
Punkt      x1=0 x2=0 x3=0 z=0.0

2. Simplextableau:
            z2         x2         x3
z1         -0.571     -0.057     -0.043           0.429
x1          1.429      1.143      0.857           1.429
z3         -0.571      0.043      0.457           0.429
            1.429      0.143     -0.143           1.429
Punkt      x1=1.429 x2=0 x3=0 z=1.429

3. Simplextableau:
            z2         x2         z3
z1         -0.625     -0.053      0.094           0.469
x1          2.5        1.063     -1.875           0.625
x3         -1.25       0.094      2.188           0.937
            1.25       0.156      0.313           1.563
Punkt      x1=0.625 x2=0 x3=0.9375 z=1.5625
```

Für Hamburg gilt: $q_1 = 2/5 = 0.4$, $q_2 = 0$ und $q_3 = 3/5 = 0.6$.

7.3 Lösungen zu Kapitel 4

Aufgabe 1

(a) erste zulässige Basislösung nach der NWE-Regel

	N_1	N_2	N_3	AM
A_1	10	10		20
A_2		10	20	30
NM	10	20	20	

Für den Wert der Zielfunktion gilt: $z = 360$.

(b) erste zulässige Basislösung nach dem Vogelschen Approximationsverfahren

	N_1	N_2	N_3	AM
A_1	10		10	20
A_2		20	10	30
NM	10	20	20	

Für den Wert der Zielfunktion gilt: $z = 310$.

(c) Iterationen Stepping-Stone-Methode oder MODI-Methode

2. Iteration: Matrix der Größen $\widetilde{c}_{ij}$

	0	0	-5	
	8	0	0	

neue Basislösung

	N_1	N_2	N_3	AM
A_1	10	0	10	20
A_2	0	20	10	30
NM	10	20	20	

Für den Wert der Zielfunktion gilt: $z = 310$.

Aufgabe 2

(a) erste zulässige Basislösung nach der NWE-Regel

	N_1	N_2	N_3	N_4	AM
A_1	20				20
A_2	10	30			40
A_3		10	60	20	90
NM	30	40	60	20	

Für den Wert der Zielfunktion gilt: $z = 770$.

(b) erste zulässige Basislösung nach dem Vogelschen Approximationsverfahren

Startiteration:

Matrix mit den markierten Zeilen oder Spalten

	N_1	N_2	N_3	N_4	
A_1	5	8	10	2	
A_2	4	6	2	10	
A_3	6	3	5	6	

Matrix der x_{ij}

	N_1	N_2	N_3	N_4	AM
A_1	0	0	0	0	20
A_2	0	0	0	0	40
A_3	0	0	0	0	90
NM	30	40	60	20	

1. Iteration:

	N_1	N_2	N_3		
A_1	5	8	10		
A_2	4	6	2		
A_3	6	3	5		

	N_1	N_2	N_3	N_4	AM
A_1	0	0	0	20	0
A_2	0	0	0	0	40
A_3	0	0	0	0	90
NM	30	40	60	0	

2. Iteration:

	N_1	N_2	N_3		
A_1	5	8	10		
A_3	6	3	5		

	N_1	N_2	N_3	N_4	AM
A_1	0	0	0	20	0
A_2	0	0	40	0	0
A_3	0	0	0	0	90
NM	30	40	20	0	

3. Iteration:

	N_1		N_3		
A_1	5		10		
A_3	6		5		

	N_1	N_2	N_3	N_4	AM
A_1	0	0	0	20	0
A_2	0	0	40	0	0
A_3	0	40	0	0	50
NM	30	0	20	0	

4. Iteration:

	N_1				
A_1	5				
A_3	6				

	N_1	N_2	N_3	N_4	AM
A_1	0	0	0	20	0
A_2	0	0	40	0	0
A_3	0	40	20	0	30
NM	30	0	0	0	

Auffüllen und Ergebnis:

	N_1	N_2	N_3	N_4	AM
A_1	0	0	0	20	0
A_2	0	0	40	0	0
A_3	30	40	20	0	0
NM	0	0	0	0	

Für den Wert der Zielfunktion gilt: $z = 520$.

(c) Iterationen Stepping-Stone-Methode oder der MODI-Methode

2. Iteration: Matrix der Größen $\tilde{c}_{ij}$

	0	1	1	-8	
	0	0	-6	1	
	5	0	0	0	

neue Basislösung

	N_1	N_2	N_3	N_4	AM
A_1				20	20
A_2	30	10			40
A_3		30	60	0	90
NM	30	40	60	20	

Für den Wert der Zielfunktion gilt: $z = 610$.

3. Iteration: Matrix der Größen $\tilde{c}_{ij}$

	8	9	9	0	
	0	0	-6	1	
	5	0	0	0	

neue Basislösung

	N_1	N_2	N_3	N_4	AM
A_1				20	20
A_2	30		10		40
A_3		40	50	0	90
NM	30	40	60	20	

Für den Wert der Zielfunktion gilt: $z = 550$.

4. Iteration: Matrix der Größen $\tilde{c}_{ij}$

	2	9	9	0	
	0	6	0	7	
	-1	0	0	0	

neue Basislösung

	N_1	N_2	N_3	N_4	AM
A_1				20	20
A_2			40		40
A_3	30	40	20	0	90
NM	30	40	60	20	

Für den Wert der Zielfunktion gilt: $z = 520$.

Aufgabe 3

(a) erste zulässige Basislösung nach der NWE-Regel

	N_1	N_2	N_3	N_4	N_5	N_6	N_7	AM
A_1	300							300
A_2	200	800						1000
A_3			300	300				600
A_4				300	100			400
A_5					600	200		800
A_6						200	200	400
A_7							5000	500
NM	500	800	300	600	700	400	700	

Für den Wert der Zielfunktion gilt: $z = 53400$.

(b) erste zulässige Basislösung nach dem Vogelschen Approximationsverfahren

Startiteration:

Matrix mit den markierten Zeilen oder Spalten

	N_1	N_2	N_3	N_4	N_5	N_6	N_7	AM
A_1	10	12	8	12	10	7	11	
A_2	20	18	22	15	13	17	18	
A_3	8	10	12	11	9	12	10	
A_4	16	13	8	11	7	10	12	
A_5	10	12	8	13	15	11	7	
A_6	12	5	10	7	12	9	13	
A_7	9	15	12	10	11	13	11	

Matrix der x_{ij}

	N_1	N_2	N_3	N_4	N_5	N_6	N_7	AM
A_1	0	0	0	0	0	0	0	300
A_2	0	0	0	0	0	0	0	1000
A_3	0	0	0	0	0	0	0	600
A_4	0	0	0	0	0	0	0	400
A_5	0	0	0	0	0	0	0	800
A_6	0	0	0	0	0	0	0	400
A_7	0	0	0	0	0	0	0	500
NM	500	800	300	600	700	400	700	

1. Iteration:

	N_1	N_2	N_3	N_4	N_5	N_6	N_7	
A_1	10	12	8	12	10	7	11	
A_2	20	18	22	15	13	17	18	
A_3	8	10	12	11	9	12	10	
A_4	16	13	8	11	7	10	12	
A_5	10	12	8	13	15	11	7	
A_7	9	15	12	10	11	13	11	

Matrix der x_{ij}

	N_1	N_2	N_3	N_4	N_5	N_6	N_7	AM
A_1	0	0	0	0	0	0	0	300
A_2	0	0	0	0	0	0	0	1000
A_3	0	0	0	0	0	0	0	600
A_4	0	0	0	0	0	0	0	400
A_5	0	0	0	0	0	0	0	800
A_6	0	400	0	0	0	0	0	0
A_7	0	0	0	0	0	0	0	500
NM	500	400	300	600	700	400	700	

2. Iteration:

	N_1	N_2	N_3	N_4	N_5	N_6	N_7	
A_2	20	18	22	15	13	17	18	
A_3	8	10	12	11	9	12	10	
A_4	16	13	8	11	7	10	12	
A_5	10	12	8	13	15	11	7	
A_7	9	15	12	10	11	13	11	

Matrix der x_{ij}

	N_1	N_2	N_3	N_4	N_5	N_6	N_7	AM
A_1	0	0	0	0	0	300	0	0
A_2	0	0	0	0	0	0	0	1000
A_3	0	0	0	0	0	0	0	600
A_4	0	0	0	0	0	0	0	400
A_5	0	0	0	0	0	0	0	800
A_6	0	400	0	0	0	0	0	0
A_7	0	0	0	0	0	0	0	500
NM	500	400	300	600	700	100	700	

3. Iteration:

	N_1	N_2	N_3	N_4	N_5	N_6		
A_2	20	18	22	15	13	17		
A_3	8	10	12	11	9	12		
A_4	16	13	8	11	7	10		
A_5	10	12	8	13	15	11		
A_7	9	15	12	10	11	13		

Matrix der x_{ij}

	N_1	N_2	N_3	N_4	N_5	N_6	N_7	AM
A_1	0	0	0	0	0	300	0	0
A_2	0	0	0	0	0	0	0	1000
A_3	0	0	0	0	0	0	0	600
A_4	0	0	0	0	0	0	0	400
A_5	0	0	0	0	0	0	700	100
A_6	0	400	0	0	0	0	0	0
A_7	0	0	0	0	0	0	0	500
NM	500	400	300	600	700	100	0	

4. Iteration:

	N_1	N_2	N_3	N_4	N_5	N_6		
A_2	20	18	22	15	13	17		
A_3	8	10	12	11	9	12		
A_5	10	12	8	13	15	11		
A_7	9	15	12	10	11	13		

Matrix der x_{ij}

	N_1	N_2	N_3	N_4	N_5	N_6	N_7	AM
A_1	0	0	0	0	0	300	0	0
A_2	0	0	0	0	0	0	0	1000
A_3	0	0	0	0	0	0	0	600
A_4	0	0	0	0	400	0	0	0
A_5	0	0	0	0	0	0	700	100
A_6	0	400	0	0	0	0	0	0
A_7	0	0	0	0	0	0	0	500
NM	500	400	300	600	300	100	0	

5. Iteration:

	N_1	N_2	N_3	N_4	N_5	N_6		
A_2	20	18	22	15	13	17		
A_3	8	10	12	11	9	12		
A_7	9	15	12	10	11	13		

Matrix der x_{ij}

	N_1	N_2	N_3	N_4	N_5	N_6	N_7	AM
A_1	0	0	0	0	0	300	0	0
A_2	0	0	0	0	0	0	0	1000
A_3	0	0	0	0	0	0	0	600
A_4	0	0	0	0	400	0	0	0
A_5	0	0	100	0	0	0	700	0
A_6	0	400	0	0	0	0	0	0
A_7	0	0	0	0	0	0	0	500
NM	500	400	200	600	300	100	0	

6. Iteration:

	N_1		N_3	N_4	N_5	N_6		
A_2	20		22	15	13	17		
A_3	8		12	11	9	12		
A_7	9		12	10	11	13		

Matrix der x_{ij}

	N_1	N_2	N_3	N_4	N_5	N_6	N_7	AM
A_1	0	0	0	0	0	300	0	0
A_2	0	0	0	0	0	0	0	1000
A_3	0	400	0	0	0	0	0	200
A_4	0	0	0	0	400	0	0	0
A_5	0	0	100	0	0	0	700	0
A_6	0	400	0	0	0	0	0	0
A_7	0	0	0	0	0	0	0	500
NM	500	0	200	600	300	100	0	

7. Iteration:

	N_1		N_3	N_4	N_5	N_6		
A_2	20		22	15	13	17		
A_7	9		12	10	11	13		

Matrix der x_{ij}

	N_1	N_2	N_3	N_4	N_5	N_6	N_7	AM
A_1	0	0	0	0	0	300	0	0
A_2	0	0	0	0	0	0	0	1000
A_3	0	400	0	0	200	0	0	0
A_4	0	0	0	0	400	0	0	0
A_5	0	0	100	0	0	0	700	0
A_6	0	400	0	0	0	0	0	0
A_7	0	0	0	0	0	0	0	500
NM	500	0	200	600	100	100	0	

8. Iteration:

	N_1		N_3	N_4	N_5	N_6		
A_2	20		22	15	13	17		

Matrix der x_{ij}

	N_1	N_2	N_3	N_4	N_5	N_6	N_7	AM
A_1	0	0	0	0	0	300	0	0
A_2	0	0	0	0	0	0	0	1000
A_3	0	400	0	0	200	0	0	0
A_4	0	0	0	0	400	0	0	0
A_5	0	0	100	0	0	0	700	0
A_6	0	400	0	0	0	0	0	0
A_7	500	0	0	0	0	0	0	0
NM	0	0	200	600	100	100	0	

Auffüllen und Ergebnis:

	N_1	N_2	N_3	N_4	N_5	N_6	N_7	AM
A_1	0	0	0	0	0	300	0	0
A_2	0	0	200	600	100	100	0	0
A_3	0	400	0	0	200	0	0	0
A_4	0	0	0	0	400	0	0	0
A_5	0	0	100	0	0	0	700	0
A_6	0	400	0	0	0	0	0	0
A_7	500	0	0	0	0	0	0	0
NM	0	0	0	0	0	0	0	

Für den Wert der Zielfunktion gilt: $z = 39300$.

(c) Iterationen Stepping-Stone-Methode oder MODI-Methode

2. Iteration: Matrix der Größen $\tilde{c}_{ij}$

	0	4	-2	3	5	6	6	
	0	0	2	-4	-2	6	3	
	-4	0	0	0	2	9	3	
	4	3	-4	0	0	7	5	
	-10	-6	-12	-6	0	0	-8	
	-6	-11	-8	-10	-1	0	0	
	-7	1	-4	-5	0	6	0	

neue Basislösung

	N_1	N_2	N_3	N_4	N_5	N_6	N_7	AM
A_1	300							300
A_2	200	800						1000
A_3		0		600				600
A_4				0	400			400
A_5			300		300	200		800
A_6						200	200	400
A_7							500	500
NM	500	800	300	600	700	400	700	

Für den Wert der Zielfunktion gilt: $z = 49800$.

3. Iteration: Matrix der Größen $\tilde{c}_{ij}$

	0	4	10	3	5	6	6	
	0	0	14	-4	-2	6	3	
	-4	0	12	0	2	9	3	
	4	3	8	0	0	7	5	
	-10	-6	0	-6	0	0	-8	
	-6	-11	4	-10	-1	0	0	
	-7	1	8	-5	0	6	0	

neue Basislösung

	N_1	N_2	N_3	N_4	N_5	N_6	N_7	AM
A_1	300							300
A_2	200	800						1000
A_3				600				600
A_4				0	400			400
A_5			300		300	200		800
A_6		0				200	200	400
A_7							500	500
NM	500	800	300	600	700	400	700	

Für den Wert der Zielfunktion gilt: $z = 49800$.

4. Iteration: Matrix der Größen $\tilde{c}_{ij}$

	0	4	-1	-8	-6	-5	-5	
	0	0	3	-15	-13	-5	-8	
	7	11	12	0	2	9	3	
	15	14	8	0	0	7	5	
	1	5	0	-6	0	0	-8	
	5	0	4	-10	-1	0	0	
	4	12	8	-5	0	6	0	

neue Basislösung

	N_1	N_2	N_3	N_4	N_5	N_6	N_7	AM
A_1	300							300
A_2	200	800		0				1000
A_3				600				600
A_4					400			400
A_5			300		300	200		800
A_6		0				200	200	400
A_7							500	500
NM	500	800	300	600	700	400	700	

Für den Wert der Zielfunktion gilt: $z = 49800$.

5. Iteration: Matrix der Größen $\tilde{c}_{ij}$

	0	4	-1	7	-6	-5	-5	
	0	0	3	0	-13	-5	-8	
	-8	-4	-3	0	-13	-6	-12	
	15	14	8	15	0	7	5	
	1	5	0	9	0	0	-8	
	5	0	4	5	-1	0	0	
	4	12	8	10	0	6	0	

neue Basislösung

	N_1	N_2	N_3	N_4	N_5	N_6	N_7	AM
A_1	300							300
A_2	200	600		0	200			1000
A_3				600				600
A_4					400			400
A_5			300		100	400		800
A_6		200					200	400
A_7							500	500
NM	500	800	300	600	700	400	700	

Für den Wert der Zielfunktion gilt: $z = 47200$.

6. Iteration: Matrix der Größen $\tilde{c}_{ij}$

	0	4	12	7	7	8	-5	
	0	0	16	0	0	8	-8	
	-8	-4	10	0	0	7	-12	
	2	1	8	2	0	7	-8	
	-12	-8	0	-4	0	0	-21	
	5	0	17	5	12	13	0	
	4	12	21	10	13	19	0	

neue Basislösung

	N_1	N_2	N_3	N_4	N_5	N_6	N_7	AM
A_1	300							300
A_2	200	500		0	300			1000
A_3				600				600
A_4					400			400
A_5			300			400	100	800
A_6		300					100	400
A_7							500	500
NM	500	800	300	600	700	400	700	

Für den Wert der Zielfunktion gilt: $z = 45100$.

7. Iteration: Matrix der Größen $\tilde{c}_{ij}$

	0	4	-9	7	7	-13	-5	
	0	0	-5	0	0	-13	-8	
	-8	-4	-11	0	0	-14	-12	
	2	1	-13	2	0	-14	-8	
	9	13	0	17	21	0	0	
	5	0	-4	5	12	-8	0	
	4	12	0	10	13	-2	0	

neue Basislösung

	N_1	N_2	N_3	N_4	N_5	N_6	N_7	AM
A_1	300							300
A_2	200	400		100	300			1000
A_3				500		100		600
A_4					400			400
A_5			300			300	200	800
A_6		400						400
A_7							500	500
NM	500	800	300	600	700	400	700	

Für den Wert der Zielfunktion gilt: $z = 43700$.

8. Iteration: Matrix der Größen $\tilde{c}_{ij}$

	0	4	5	7	7	1	9	
	0	0	9	0	0	1	6	
	-8	-4	3	0	0	0	2	
	2	1	1	2	0	0	6	
	-5	-1	0	3	7	0	0	
	5	0	10	5	12	6	14	
	-10	-2	0	-4	-1	-2	0	

neue Basislösung

	N_1	N_2	N_3	N_4	N_5	N_6	N_7	AM
A_1	300							300
A_2		400		300	300			1000
A_3				300		300		600
A_4					400			400
A_5			300			100	400	800
A_6		400						400
A_7	200						300	500
NM	500	800	300	600	700	400	700	

Für den Wert der Zielfunktion gilt: $z = 41700$.

9. Iteration: Matrix der Größen $\tilde{c}_{ij}$

	0	-6	-5	-3	-3	-9	-1	
	10	0	9	0	0	1	6	
	2	-4	3	0	0	0	2	
	12	1	1	2	0	0	6	
	5	-1	0	3	7	0	0	
	15	0	10	5	12	6	14	
	0	-2	0	-4	-1	-2	0	

neue Basislösung

	N_1	N_2	N_3	N_4	N_5	N_6	N_7	AM
A_1	200					100		300
A_2		400		300	300			1000
A_3				300		300		600
A_4					400			400
A_5			300				500	800
A_6		400						400
A_7	300						200	500
NM	500	800	300	600	700	400	700	

Für den Wert der Zielfunktion gilt: $z = 40800$.

10. Iteration: Matrix der Größen $\widetilde{c}_{ij}$

	0	3	-5	6	6	0	-1	
	1	0	0	0	0	1	-3	
	-7	-4	-6	0	0	0	-7	
	3	1	-8	2	0	0	-3	
	5	8	0	12	16	9	0	
	6	0	1	5	12	6	5	
	0	7	0	5	8	7	0	

neue Basislösung

	N_1	N_2	N_3	N_4	N_5	N_6	N_7	AM
A_1						300		300
A_2		400		100	500			1000
A_3				500		100		600
A_4			200		200			400
A_5			100				700	800
A_6		400						400
A_7	500						0	500
NM	500	800	300	600	700	400	700	

Für den Wert der Zielfunktion gilt: $z = 39200$.

11. Iteration: Matrix der Größen $\tilde{c}_{ij}$

	8	3	3	6	6	0	7	
	9	0	8	0	0	1	5	
	1	-4	2	0	0	0	1	
	11	1	0	2	0	0	5	
	5	0	0	4	8	1	0	
	14	0	9	5	12	6	13	
	0	-1	0	-3	0	-1	0	

neue Basislösung

	N_1	N_2	N_3	N_4	N_5	N_6	N_7	AM
A_1						300		300
A_2				500	500			1000
A_3		400		100		100		600
A_4			200		200			400
A_5			100				700	800
A_6		400						400
A_7	500						0	500
NM	500	800	300	600	700	400	700	

Für den Wert der Zielfunktion gilt: $z = 37600$.

12. Iteration: Matrix der Größen $\tilde{c}_{ij}$

	8	7	3	6	6	0	7	
	9	4	8	0	0	1	5	
	1	0	2	0	0	0	1	
	11	5	0	2	0	0	5	
	5	4	0	4	8	1	0	
	10	0	5	1	8	2	9	
	0	3	0	-3	0	-1	0	

neue Basislösung

	N_1	N_2	N_3	N_4	N_5	N_6	N_7	AM
A_1						300		300
A_2				500	500			1000
A_3		400		100		100		600
A_4			200		200			400
A_5			100				700	800
A_6		400						400
A_7	500			0				500
NM	500	800	300	600	700	400	700	

Für den Wert der Zielfunktion gilt: $z = 37600$.

13. Iteration: Matrix der Größen $\tilde{c}_{ij}$

	5	7	3	6	6	0	7	
	6	4	8	0	0	1	5	
	-2	0	2	0	0	0	1	
	8	5	0	2	0	0	5	
	2	4	0	4	8	1	0	
	7	0	5	1	8	2	9	
	0	6	3	0	3	2	3	

neue Basislösung

	N_1	N_2	N_3	N_4	N_5	N_6	N_7	AM
A_1						300		300
A_2				500	500			1000
A_3	100	400				100		600
A_4			200		200			400
A_5			100				700	800
A_6		400						400
A_7	400			100				500
NM	500	800	300	600	700	400	700	

Für den Wert der Zielfunktion gilt: $z = 37400$.

14. Iteration: Matrix der Größen $\tilde{c}_{ij}$

	7	7	5	8	8	0	9	
	6	2	8	0	0	-1	5	
	0	0	4	2	2	0	3	
	8	3	0	2	0	-2	5	
	2	2	0	4	8	-1	0	
	9	0	7	3	10	2	11	
	0	4	3	0	3	0	3	

neue Basislösung

	N_1	N_2	N_3	N_4	N_5	N_6	N_7	AM
A_1						300		300
A_2				400	600			1000
A_3	200	400						600
A_4			200		100	100		400
A_5			100				700	800
A_6		400						400
A_7	300			200				500
NM	500	800	300	600	700	400	700	

Für den Wert der Zielfunktion gilt: $z = 37200$.

7.4 Lösungen zu Kapitel 5

Aufgabe 1

(a)

Startiteration:

i	1	2	3	4
$D(i)$	0	∞	∞	∞
$Vorg(i)$	-	-	-	-

1. Iteration: $M = \{1\}$

i	1	2	3	4
$D(i)$	0	15	40	60
$Vorg(i)$	-	1	1	1

2. Iteration: $M = \{2, 3, 4\}$

i	1	2	3	4
$D(i)$	0	15	25	26
$Vorg(i)$	-	1	2	2

3. Iteration: $M = \{3, 4\}$

i	1	2	3	4
$D(i)$	0	15	25	26
$Vorg(i)$	-	1	2	2

4. Iteration: $M = \{4\}$

i	1	2	3	4
$D(i)$	0	15	25	26
$Vorg(i)$	-	1	2	2

Die kürzesten Wege sind:

- $1 \to 2$ mit der Länge 15
- $1 \to 2 \to 3$ mit der Länge 25
- $1 \to 2 \to 4$ mit der Länge 26.

(b)

Startiteration:

i	1	2	3	4
$D(i)$	0	∞	∞	∞
$Vorg(i)$	-	-	-	-

1. Iteration: $S = < 1]$

i	1	2	3	4
$D(i)$	0	15	40	60
$Vorg(i)$	-	1	1	1

2. Iteration: $S = < 2, 3, 4]$

i	1	2	3	4
$D(i)$	0	15	25	26
$Vorg(i)$	-	1	2	2

3. Iteration: $S =< 3, 4]$

i	1	2	3	4
$D(i)$	0	15	25	26
$Vorg(i)$	-	1	2	2

4. Iteration: $S =< 4]$

i	1	2	3	4
$D(i)$	0	15	25	26
$Vorg(i)$	-	1	2	2

(c)

Initialisierungen:

$$D(i, j) = \begin{pmatrix} 0 & 15 & 40 & 60 \\ 22 & 0 & 10 & 11 \\ 35 & 18 & 0 & 12 \\ 55 & 8 & 10 & 0 \end{pmatrix} \text{ und } Vorg(i, j) = \begin{pmatrix} 1 & 1 & 1 & 1 \\ 2 & 2 & 2 & 2 \\ 3 & 3 & 3 & 3 \\ 4 & 4 & 4 & 4 \end{pmatrix}$$

Schleife 1: $j = 1$

$$D(i, j) = \begin{pmatrix} 0 & 15 & 40 & 60 \\ 22 & 0 & 10 & 11 \\ 35 & 18 & 0 & 12 \\ 55 & 8 & 10 & 0 \end{pmatrix} \text{ und } Vorg(i, j) = \begin{pmatrix} 1 & 1 & 1 & 1 \\ 2 & 2 & 2 & 2 \\ 3 & 3 & 3 & 3 \\ 4 & 4 & 4 & 4 \end{pmatrix}$$

Schleife 2: $j = 2$

$$D(i, j) = \begin{pmatrix} 0 & 15 & 25 & 26 \\ 22 & 0 & 10 & 11 \\ 35 & 18 & 0 & 12 \\ 30 & 8 & 10 & 0 \end{pmatrix} \text{ und } Vorg(i, j) = \begin{pmatrix} 1 & 1 & 2 & 2 \\ 2 & 2 & 2 & 2 \\ 3 & 3 & 3 & 3 \\ 2 & 4 & 4 & 4 \end{pmatrix}$$

Schleife 3: $j = 3$

$$D(i,\, j) = \begin{pmatrix} 0 & 15 & 25 & 26 \\ 22 & 0 & 10 & 11 \\ 35 & 18 & 0 & 12 \\ 30 & 8 & 10 & 0 \end{pmatrix} \quad \text{und} \quad Vorg(i,\, j) = \begin{pmatrix} 1 & 1 & 2 & 2 \\ 2 & 2 & 2 & 2 \\ 3 & 3 & 3 & 3 \\ 2 & 4 & 4 & 4 \end{pmatrix}$$

Schleife 4: $j = 4$

$$D(i,\, j) = \begin{pmatrix} 0 & 15 & 25 & 26 \\ 22 & 0 & 10 & 11 \\ 35 & 18 & 0 & 12 \\ 30 & 8 & 10 & 0 \end{pmatrix} \quad \text{und} \quad Vorg(i,\, j) = \begin{pmatrix} 1 & 1 & 2 & 2 \\ 2 & 2 & 2 & 2 \\ 3 & 3 & 3 & 3 \\ 2 & 4 & 4 & 4 \end{pmatrix}$$

Aufgabe 2

(a)

Startiteration:

i	1	2	3	4	5	6
$D(i)$	0	∞	∞	∞	∞	∞
$Vorg(i)$	-	-	-	-	-	-

1. Iteration: $M = \{1\}$

i	1	2	3	4	5	6
$D(i)$	0	∞	60	130	300	200
$Vorg(i)$	-	-	1	1	1	1

2. Iteration: $M = \{3, 4, 5, 6\}$

i	1	2	3	4	5	6
$D(i)$	0	100	60	120	300	200
$Vorg(i)$	-	3	1	3	1	1

3. Iteration: $M = \{2, 4, 5, 6\}$

i	1	2	3	4	5	6
$D(i)$	0	100	60	110	300	200
$Vorg(i)$	-	3	1	2	1	1

4. Iteration: $M = \{4, 5, 6\}$

i	1	2	3	4	5	6
$D(i)$	0	100	60	110	300	150
$Vorg(i)$	-	3	1	2	1	4

5. Iteration: $M = \{5, 6\}$

i	1	2	3	4	5	6
$D(i)$	0	100	60	110	200	150
$Vorg(i)$	-	3	1	2	6	4

6. Iteration: $M = \{5\}$

i	1	2	3	4	5	6
$D(i)$	0	100	60	110	200	150
$Vorg(i)$	-	3	1	2	6	4

Die kürzesten Wege sind:

- $1 \to 3 \to 2$ mit der Länge 100
- $1 \to 3$ mit der Länge 60
- $1 \to 3 \to 2 \to 4$ mit der Länge 110
- $1 \to 3 \to 2 \to 4 \to 6 \to 5$ mit der Länge 200
- $1 \to 3 \to 2 \to 4 \to 6$ mit der Länge 150.

(b)

Startiteration:

i	1	2	3	4	5	6
$D(i)$	0	∞	∞	∞	∞	∞
$Vorg(i)$	-	-	-	-	-	-

1. Iteration: $S =< 1]$

i	1	2	3	4	5	6
$D(i)$	0	∞	60	130	300	200
$Vorg(i)$	-	-	1	1	1	1

2. Iteration: $S =< 3, 4, 5, 6]$

i	1	2	3	4	5	6
$D(i)$	0	100	60	120	300	200
$Vorg(i)$	-	3	1	3	1	1

3. Iteration: $S =< 4, 5, 6, 2]$

i	1	2	3	4	5	6
$D(i)$	0	100	60	120	300	160
$Vorg(i)$	-	3	1	3	1	4

4. Iteration: $S =< 5, 6, 2]$

i	1	2	3	4	5	6
$D(i)$	0	100	60	120	300	160
$Vorg(i)$	-	3	1	3	1	4

5. Iteration: $S = \langle 6, 2]$

i	1	2	3	4	5	6
$D(i)$	0	100	60	120	210	160
$Vorg(i)$	-	3	1	3	6	4

6. Iteration: $S = \langle 2]$

i	1	2	3	4	5	6
$D(i)$	0	100	60	110	210	160
$Vorg(i)$	-	3	1	2	6	4

7. Iteration: $S = \langle 4]$

i	1	2	3	4	5	6
$D(i)$	0	100	60	110	210	150
$Vorg(i)$	-	3	1	2	6	4

8. Iteration: $S = \langle 6]$

i	1	2	3	4	5	6
$D(i)$	0	100	60	110	200	150
$Vorg(i)$	-	3	1	2	6	4

9. Iteration: $S = \langle 5]$

i	1	2	3	4	5	6
$D(i)$	0	100	60	110	200	150
$Vorg(i)$	-	3	1	2	6	4

(c)

Initialisierungen:

$$D(i, j) = \begin{pmatrix} 0 & \infty & 60 & 130 & 300 & 200 \\ \infty & 0 & \infty & 10 & \infty & \infty \\ 40 & 40 & 0 & 60 & \infty & \infty \\ \infty & 20 & 50 & 0 & \infty & 40 \\ \infty & \infty & \infty & \infty & 0 & 70 \\ \infty & \infty & \infty & 50 & 50 & 0 \end{pmatrix} \text{ und } Vorg(i, j) = \begin{pmatrix} 1 & 0 & 1 & 1 & 1 & 1 \\ 0 & 2 & 0 & 2 & 0 & 0 \\ 3 & 3 & 3 & 3 & 0 & 0 \\ 0 & 4 & 4 & 4 & 0 & 4 \\ 0 & 0 & 0 & 0 & 5 & 5 \\ 0 & 0 & 0 & 6 & 6 & 6 \end{pmatrix}$$

Schleife 1: $j = 1$

$$D(i, j) = \begin{pmatrix} 0 & \infty & 60 & 130 & 300 & 200 \\ \infty & 0 & \infty & 10 & \infty & \infty \\ 40 & 40 & 0 & 60 & 340 & 240 \\ \infty & 20 & 50 & 0 & \infty & 40 \\ \infty & \infty & \infty & \infty & 0 & 70 \\ \infty & \infty & \infty & 50 & 50 & 0 \end{pmatrix} \text{ und } Vorg(i, j) = \begin{pmatrix} 1 & 0 & 1 & 1 & 1 & 1 \\ 0 & 2 & 0 & 2 & 0 & 0 \\ 3 & 3 & 3 & 3 & 1 & 1 \\ 0 & 4 & 4 & 4 & 0 & 4 \\ 0 & 0 & 0 & 0 & 5 & 5 \\ 0 & 0 & 0 & 6 & 6 & 6 \end{pmatrix}$$

Schleife 2: $j = 2$

$$D(i, j) = \begin{pmatrix} 0 & \infty & 60 & 130 & 300 & 200 \\ \infty & 0 & \infty & 10 & \infty & \infty \\ 40 & 40 & 0 & 50 & 340 & 240 \\ \infty & 20 & 50 & 0 & \infty & 40 \\ \infty & \infty & \infty & \infty & 0 & 70 \\ \infty & \infty & \infty & 50 & 50 & 0 \end{pmatrix} \text{ und } Vorg(i, j) = \begin{pmatrix} 1 & 0 & 1 & 1 & 1 & 1 \\ 0 & 2 & 0 & 2 & 0 & 0 \\ 3 & 3 & 3 & 2 & 1 & 1 \\ 0 & 4 & 4 & 4 & 0 & 4 \\ 0 & 0 & 0 & 0 & 5 & 5 \\ 0 & 0 & 0 & 6 & 6 & 6 \end{pmatrix}$$

Schleife 3: $j = 3$

$$D(i, j) = \begin{pmatrix} 0 & 100 & 60 & 110 & 300 & 200 \\ \infty & 0 & \infty & 10 & \infty & \infty \\ 40 & 40 & 0 & 50 & 340 & 240 \\ 90 & 20 & 50 & 0 & 390 & 40 \\ \infty & \infty & \infty & \infty & 0 & 70 \\ \infty & \infty & \infty & 50 & 50 & 0 \end{pmatrix} \text{ und } Vorg(i, j) = \begin{pmatrix} 1 & 3 & 1 & 2 & 1 & 1 \\ 0 & 2 & 0 & 2 & 0 & 0 \\ 3 & 3 & 3 & 2 & 1 & 1 \\ 3 & 4 & 4 & 4 & 1 & 4 \\ 0 & 0 & 0 & 0 & 5 & 5 \\ 0 & 0 & 0 & 6 & 6 & 6 \end{pmatrix}$$

Schleife 4: $j = 4$

$$D(i,j) = \begin{pmatrix} 0 & 100 & 60 & 110 & 300 & 150 \\ 100 & 0 & 60 & 10 & 400 & 50 \\ 40 & 40 & 0 & 50 & 340 & 90 \\ 90 & 20 & 50 & 0 & 390 & 40 \\ \infty & \infty & \infty & \infty & 0 & 70 \\ 140 & 70 & 100 & 50 & 50 & 0 \end{pmatrix} \quad \text{und} \quad Vorg(i,j) = \begin{pmatrix} 1 & 3 & 1 & 2 & 1 & 4 \\ 3 & 2 & 4 & 2 & 1 & 4 \\ 3 & 3 & 3 & 2 & 1 & 4 \\ 3 & 4 & 4 & 4 & 1 & 4 \\ 0 & 0 & 0 & 0 & 5 & 5 \\ 3 & 4 & 4 & 6 & 6 & 6 \end{pmatrix}$$

Schleife 5: $j = 5$

$$D(i,j) = \begin{pmatrix} 0 & 100 & 60 & 110 & 300 & 150 \\ 100 & 0 & 60 & 10 & 400 & 50 \\ 40 & 40 & 0 & 50 & 340 & 90 \\ 90 & 20 & 50 & 0 & 390 & 40 \\ \infty & \infty & \infty & \infty & 0 & 70 \\ 140 & 70 & 100 & 50 & 50 & 0 \end{pmatrix} \quad \text{und} \quad Vorg(i,j) = \begin{pmatrix} 1 & 3 & 1 & 2 & 1 & 4 \\ 3 & 2 & 4 & 2 & 1 & 4 \\ 3 & 3 & 3 & 2 & 1 & 4 \\ 3 & 4 & 4 & 4 & 1 & 4 \\ 0 & 0 & 0 & 0 & 5 & 5 \\ 3 & 4 & 4 & 6 & 6 & 6 \end{pmatrix}$$

Schleife 6: $j = 6$

$$D(i,j) = \begin{pmatrix} 0 & 100 & 60 & 110 & 200 & 150 \\ 100 & 0 & 60 & 10 & 100 & 50 \\ 40 & 40 & 0 & 50 & 140 & 90 \\ 90 & 20 & 50 & 0 & 90 & 40 \\ 210 & 140 & 170 & 120 & 0 & 70 \\ 140 & 70 & 100 & 50 & 50 & 0 \end{pmatrix} \quad \text{und} \quad Vorg(i,j) = \begin{pmatrix} 1 & 3 & 1 & 2 & 6 & 4 \\ 3 & 2 & 4 & 2 & 6 & 4 \\ 3 & 3 & 3 & 2 & 6 & 4 \\ 3 & 4 & 4 & 4 & 6 & 4 \\ 3 & 4 & 4 & 6 & 5 & 5 \\ 3 & 4 & 4 & 6 & 6 & 6 \end{pmatrix}$$

Aufgabe 3

(a)

Startiteration:

i	1	2	3	4	5	6	7	8
$D(i)$	0	∞	∞	∞	∞	∞	∞	∞
$Vorg(i)$	-	-	-	-	-	-	-	-

1. Iteration: $M = \{1\}$

i	1	2	3	4	5	6	7	8
$D(i)$	0	100	50	10	∞	∞	∞	∞
$Vorg(i)$	-	1	1	1	-	-	-	-

2. Iteration: $M = \{2, 3, 4\}$

i	1	2	3	4	5	6	7	8
$D(i)$	0	100	40	10	∞	30	∞	∞
$Vorg(i)$	-	1	4	1	-	4	-	-

3. Iteration: $M = \{2, 3, 6\}$

i	1	2	3	4	5	6	7	8
$D(i)$	0	100	40	10	∞	30	60	∞
$Vorg(i)$	-	1	4	1	-	4	6	-

4. Iteration: $M = \{2, 3, 7\}$

i	1	2	3	4	5	6	7	8
$D(i)$	0	100	40	10	70	30	60	∞
$Vorg(i)$	-	1	4	1	3	4	6	-

5. Iteration: $M = \{2, 5, 7\}$

i	1	2	3	4	5	6	7	8
$D(i)$	0	100	40	10	65	30	60	85
$Vorg(i)$	-	1	4	1	7	4	6	7

6. Iteration: $M = \{2, 5, 8\}$

i	1	2	3	4	5	6	7	8
$D(i)$	0	80	40	10	65	30	60	85
$Vorg(i)$	-	5	4	1	7	4	6	7

7. Iteration: $M = \{2, 8\}$

i	1	2	3	4	5	6	7	8
$D(i)$	0	80	40	10	65	30	60	85
$Vorg(i)$	-	5	4	1	7	4	6	7

8. Iteration: $M = \{8\}$

i	1	2	3	4	5	6	7	8
$D(i)$	0	80	40	10	65	30	60	85
$Vorg(i)$	-	5	4	1	7	4	6	7

Die kürzesten Wege sind:

- $1 \rightarrow 4 \rightarrow 6 \rightarrow 7 \rightarrow 5 \rightarrow 2$ mit der Länge 80
- $1 \rightarrow 4 \rightarrow 3$ mit der Länge 40
- $1 \rightarrow 4$ mit der Länge 10
- $1 \rightarrow 4 \rightarrow 6 \rightarrow 7 \rightarrow 5$ mit der Länge 65
- $1 \rightarrow 4 \rightarrow 6$ mit der Länge 30
- $1 \rightarrow 4 \rightarrow 6 \rightarrow 7$ mit der Länge 60
- $1 \rightarrow 4 \rightarrow 6 \rightarrow 7 \rightarrow 8$ mit der Länge 85.

(b)

Startiteration:

i	1	2	3	4	5	6	7	8
$D(i)$	0	∞	∞	∞	∞	∞	∞	∞
$Vorg(i)$	-	-	-	-	-	-	-	-

1. Iteration: $S = \langle 1]$

i	1	2	3	4	5	6	7	8
$D(i)$	0	100	50	10	∞	∞	∞	∞
$Vorg(i)$	-	1	1	1	-	-	-	-

2. Iteration: $S = \langle 2, 3, 4]$

i	1	2	3	4	5	6	7	8
$D(i)$	0	100	50	10	120	∞	∞	∞
$Vorg(i)$	-	1	1	1	2	-	-	-

3. Iteration: $S = \langle 3, 4, 5]$

i	1	2	3	4	5	6	7	8
$D(i)$	0	100	50	10	80	80	70	∞
$Vorg(i)$	-	1	1	1	3	3	3	-

4. Iteration: $S = \langle 4, 5, 6, 7]$

i	1	2	3	4	5	6	7	8
$D(i)$	0	100	40	10	80	30	70	∞
$Vorg(i)$	-	1	4	1	3	4	3	-

5. Iteration: $S = \langle 5, 6, 7, 3]$

i	1	2	3	4	5	6	7	8
$D(i)$	0	95	40	10	80	30	70	∞
$Vorg(i)$	-	5	4	1	3	4	3	-

6. Iteration: $S =< 6, 7, 3, 2]$

i	1	2	3	4	5	6	7	8
$D(i)$	0	95	40	10	80	30	60	∞
$Vorg(i)$	-	5	4	1	3	4	6	-

7. Iteration: $S =< 7, 3, 2]$

i	1	2	3	4	5	6	7	8
$D(i)$	0	95	40	10	65	30	60	85
$Vorg(i)$	-	5	4	1	7	4	6	7

8. Iteration: $S =< 3, 2, 5, 8]$

i	1	2	3	4	5	6	7	8
$D(i)$	0	95	40	10	65	30	60	85
$Vorg(i)$	-	5	4	1	7	4	6	7

9. Iteration: $S =< 2, 5, 8]$

i	1	2	3	4	5	6	7	8
$D(i)$	0	95	40	10	65	30	60	85
$Vorg(i)$	-	5	4	1	7	4	6	7

10. Iteration: $S =< 5, 8]$

i	1	2	3	4	5	6	7	8
$D(i)$	0	80	40	10	65	30	60	85
$Vorg(i)$	-	5	4	1	7	4	6	7

11. Iteration: $S =< 8, 2]$

i	1	2	3	4	5	6	7	8
$D(i)$	0	80	40	10	65	30	60	85
$Vorg(i)$	-	5	4	1	7	4	6	7

12. Iteration: $S =< 2]$

i	1	2	3	4	5	6	7	8
$D(i)$	0	80	40	10	65	30	60	85
$Vorg(i)$	-	5	4	1	7	4	6	7

(c)

Initialisierungen:

$$D(i,j) = \begin{pmatrix} 0 & 100 & 50 & 10 & \infty & \infty & \infty & \infty \\ \infty & 0 & \infty & \infty & 20 & \infty & \infty & \infty \\ \infty & \infty & 0 & \infty & 30 & 30 & 20 & \infty \\ \infty & \infty & 30 & 0 & \infty & 20 & \infty & \infty \\ \infty & 15 & \infty & \infty & 0 & \infty & 10 & \infty \\ \infty & \infty & \infty & \infty & \infty & 0 & 30 & \infty \\ \infty & \infty & \infty & \infty & 5 & \infty & 0 & 25 \\ \infty & \infty & \infty & \infty & \infty & \infty & \infty & 0 \end{pmatrix}, \quad Vorg(i,j) = \begin{pmatrix} 1 & 1 & 1 & 1 & 0 & 0 & 0 & 0 \\ 0 & 2 & 0 & 0 & 2 & 0 & 0 & 0 \\ 0 & 0 & 3 & 0 & 3 & 3 & 3 & 0 \\ 0 & 0 & 4 & 4 & 0 & 4 & 0 & 0 \\ 0 & 5 & 0 & 0 & 5 & 0 & 5 & 0 \\ 0 & 0 & 0 & 0 & 0 & 6 & 6 & 0 \\ 0 & 0 & 0 & 0 & 7 & 0 & 7 & 7 \\ 0 & 0 & 0 & 0 & 0 & 0 & 0 & 8 \end{pmatrix}$$

Schleife 1: $j = 1$

$$D(i,j) = \begin{pmatrix} 0 & 100 & 50 & 10 & \infty & \infty & \infty & \infty \\ \infty & 0 & \infty & \infty & 20 & \infty & \infty & \infty \\ \infty & \infty & 0 & \infty & 30 & 30 & 20 & \infty \\ \infty & \infty & 30 & 0 & \infty & 20 & \infty & \infty \\ \infty & 15 & \infty & \infty & 0 & \infty & 10 & \infty \\ \infty & \infty & \infty & \infty & \infty & 0 & 30 & \infty \\ \infty & \infty & \infty & \infty & 5 & \infty & 0 & 25 \\ \infty & \infty & \infty & \infty & \infty & \infty & \infty & 0 \end{pmatrix}, \quad Vorg(i,j) = \begin{pmatrix} 1 & 1 & 1 & 1 & 0 & 0 & 0 & 0 \\ 0 & 2 & 0 & 0 & 2 & 0 & 0 & 0 \\ 0 & 0 & 3 & 0 & 3 & 3 & 3 & 0 \\ 0 & 0 & 4 & 4 & 0 & 4 & 0 & 0 \\ 0 & 5 & 0 & 0 & 5 & 0 & 5 & 0 \\ 0 & 0 & 0 & 0 & 0 & 6 & 6 & 0 \\ 0 & 0 & 0 & 0 & 7 & 0 & 7 & 7 \\ 0 & 0 & 0 & 0 & 0 & 0 & 0 & 8 \end{pmatrix}$$

Schleife 2: $j = 2$

$$D(i,j) = \begin{pmatrix} 0 & 100 & 50 & 10 & 120 & \infty & \infty & \infty \\ \infty & 0 & \infty & \infty & 20 & \infty & \infty & \infty \\ \infty & \infty & 0 & \infty & 30 & 30 & 20 & \infty \\ \infty & \infty & 30 & 0 & \infty & 20 & \infty & \infty \\ \infty & 15 & \infty & \infty & 0 & \infty & 10 & \infty \\ \infty & \infty & \infty & \infty & \infty & 0 & 30 & \infty \\ \infty & \infty & \infty & \infty & 5 & \infty & 0 & 25 \\ \infty & \infty & \infty & \infty & \infty & \infty & \infty & 0 \end{pmatrix}, \; Vorg(i,j) = \begin{pmatrix} 1&1&1&1&2&0&0&0 \\ 0&2&0&0&2&0&0&0 \\ 0&0&3&0&3&3&3&0 \\ 0&0&4&4&0&4&0&0 \\ 0&5&0&0&5&0&5&0 \\ 0&0&0&0&0&6&6&0 \\ 0&0&0&0&7&0&7&7 \\ 0&0&0&0&0&0&0&8 \end{pmatrix}$$

Schleife 3: $j = 3$

$$D(i,j) = \begin{pmatrix} 0 & 100 & 50 & 10 & 80 & 80 & 70 & \infty \\ \infty & 0 & \infty & \infty & 20 & \infty & \infty & \infty \\ \infty & \infty & 0 & \infty & 30 & 30 & 20 & \infty \\ \infty & \infty & 30 & 0 & 60 & 20 & 50 & \infty \\ \infty & 15 & \infty & \infty & 0 & \infty & 10 & \infty \\ \infty & \infty & \infty & \infty & \infty & 0 & 30 & \infty \\ \infty & \infty & \infty & \infty & 5 & \infty & 0 & 25 \\ \infty & \infty & \infty & \infty & \infty & \infty & \infty & 0 \end{pmatrix}, \; Vorg(i,j) = \begin{pmatrix} 1&1&1&1&3&3&3&0 \\ 0&2&0&0&2&0&0&0 \\ 0&0&3&0&3&3&3&0 \\ 0&0&4&4&3&4&3&0 \\ 0&5&0&0&5&0&5&0 \\ 0&0&0&0&0&6&6&0 \\ 0&0&0&0&7&0&7&7 \\ 0&0&0&0&0&0&0&8 \end{pmatrix}$$

Schleife 4: $j = 4$

$$D(i,j) = \begin{pmatrix} 0 & 100 & 40 & 10 & 70 & 30 & 60 & \infty \\ \infty & 0 & \infty & \infty & 20 & \infty & \infty & \infty \\ \infty & \infty & 0 & \infty & 30 & 30 & 20 & \infty \\ \infty & \infty & 30 & 0 & 60 & 20 & 50 & \infty \\ \infty & 15 & \infty & \infty & 0 & \infty & 10 & \infty \\ \infty & \infty & \infty & \infty & \infty & 0 & 30 & \infty \\ \infty & \infty & \infty & \infty & 5 & \infty & 0 & 25 \\ \infty & \infty & \infty & \infty & \infty & \infty & \infty & 0 \end{pmatrix}, \; Vorg(i,j) = \begin{pmatrix} 1&1&4&1&3&4&3&0 \\ 0&2&0&0&2&0&0&0 \\ 0&0&3&0&3&3&3&0 \\ 0&0&4&4&3&4&3&0 \\ 0&5&0&0&5&0&5&0 \\ 0&0&0&0&0&6&6&0 \\ 0&0&0&0&7&0&7&7 \\ 0&0&0&0&0&0&0&8 \end{pmatrix}$$

Schleife 5: $j = 5$

$$D(i,j) = \begin{pmatrix} 0 & 85 & 40 & 10 & 70 & 30 & 60 & \infty \\ \infty & 0 & \infty & \infty & 20 & \infty & 30 & \infty \\ \infty & 45 & 0 & \infty & 30 & 30 & 20 & \infty \\ \infty & 75 & 30 & 0 & 60 & 20 & 50 & \infty \\ \infty & 15 & \infty & \infty & 0 & \infty & 10 & \infty \\ \infty & \infty & \infty & \infty & \infty & 0 & 30 & \infty \\ \infty & 20 & \infty & \infty & 5 & \infty & 0 & 25 \\ \infty & \infty & \infty & \infty & \infty & \infty & \infty & 0 \end{pmatrix}, \quad Vorg(i,j) = \begin{pmatrix} 1 & 5 & 4 & 1 & 3 & 4 & 3 & 0 \\ 0 & 2 & 0 & 0 & 2 & 0 & 5 & 0 \\ 0 & 5 & 3 & 0 & 3 & 3 & 3 & 0 \\ 0 & 5 & 4 & 4 & 3 & 4 & 3 & 0 \\ 0 & 5 & 0 & 0 & 5 & 0 & 5 & 0 \\ 0 & 0 & 0 & 0 & 0 & 6 & 6 & 0 \\ 0 & 5 & 0 & 0 & 7 & 0 & 7 & 7 \\ 0 & 0 & 0 & 0 & 0 & 0 & 0 & 8 \end{pmatrix}$$

Schleife 6: $j = 6$

$$D(i,j) = \begin{pmatrix} 0 & 85 & 40 & 10 & 70 & 30 & 60 & \infty \\ \infty & 0 & \infty & \infty & 20 & \infty & 30 & \infty \\ \infty & 45 & 0 & \infty & 30 & 30 & 20 & \infty \\ \infty & 75 & 30 & 0 & 60 & 20 & 50 & \infty \\ \infty & 15 & \infty & \infty & 0 & \infty & 10 & \infty \\ \infty & \infty & \infty & \infty & \infty & 0 & 30 & \infty \\ \infty & 20 & \infty & \infty & 5 & \infty & 0 & 25 \\ \infty & \infty & \infty & \infty & \infty & \infty & \infty & 0 \end{pmatrix}, \quad Vorg(i,j) = \begin{pmatrix} 1 & 5 & 4 & 1 & 3 & 4 & 3 & 0 \\ 0 & 2 & 0 & 0 & 2 & 0 & 5 & 0 \\ 0 & 5 & 3 & 0 & 3 & 3 & 3 & 0 \\ 0 & 5 & 4 & 4 & 3 & 4 & 3 & 0 \\ 0 & 5 & 0 & 0 & 5 & 0 & 5 & 0 \\ 0 & 0 & 0 & 0 & 0 & 6 & 6 & 0 \\ 0 & 5 & 0 & 0 & 7 & 0 & 7 & 7 \\ 0 & 0 & 0 & 0 & 0 & 0 & 0 & 8 \end{pmatrix}$$

Schleife 7: $j = 7$

$$D(i,j) = \begin{pmatrix} 0 & 80 & 40 & 10 & 65 & 30 & 60 & 85 \\ \infty & 0 & \infty & \infty & 20 & \infty & 30 & 55 \\ \infty & 40 & 0 & \infty & 25 & 30 & 20 & 45 \\ \infty & 70 & 30 & 0 & 55 & 20 & 50 & 75 \\ \infty & 15 & \infty & \infty & 0 & \infty & 10 & 35 \\ \infty & 50 & \infty & \infty & 35 & 0 & 30 & 55 \\ \infty & 20 & \infty & \infty & 5 & \infty & 0 & 25 \\ \infty & \infty & \infty & \infty & \infty & \infty & \infty & 0 \end{pmatrix}, \quad Vorg(i,j) = \begin{pmatrix} 1 & 5 & 4 & 1 & 7 & 4 & 3 & 7 \\ 0 & 2 & 0 & 0 & 2 & 0 & 5 & 7 \\ 0 & 5 & 3 & 0 & 7 & 3 & 3 & 7 \\ 0 & 5 & 4 & 4 & 7 & 4 & 3 & 7 \\ 0 & 5 & 0 & 0 & 5 & 0 & 5 & 7 \\ 0 & 5 & 0 & 0 & 7 & 6 & 6 & 7 \\ 0 & 5 & 0 & 0 & 7 & 0 & 7 & 7 \\ 0 & 0 & 0 & 0 & 0 & 0 & 0 & 8 \end{pmatrix}$$

Schleife 8: $j = 8$

$$D(i,j) = \begin{pmatrix} 0 & 80 & 40 & 10 & 65 & 30 & 60 & 85 \\ \infty & 0 & \infty & \infty & 20 & \infty & 30 & 55 \\ \infty & 40 & 0 & \infty & 25 & 30 & 20 & 45 \\ \infty & 70 & 30 & 0 & 55 & 20 & 50 & 75 \\ \infty & 15 & \infty & \infty & 0 & \infty & 10 & 35 \\ \infty & 50 & \infty & \infty & 35 & 0 & 30 & 55 \\ \infty & 20 & \infty & \infty & 5 & \infty & 0 & 25 \\ \infty & \infty & \infty & \infty & \infty & \infty & \infty & 0 \end{pmatrix}, \; Vorg(i,j) = \begin{pmatrix} 1 & 5 & 4 & 1 & 7 & 4 & 3 & 7 \\ 0 & 2 & 0 & 0 & 2 & 0 & 5 & 7 \\ 0 & 5 & 3 & 0 & 7 & 3 & 3 & 7 \\ 0 & 5 & 4 & 4 & 7 & 4 & 3 & 7 \\ 0 & 5 & 0 & 0 & 5 & 0 & 5 & 7 \\ 0 & 5 & 0 & 0 & 7 & 6 & 6 & 7 \\ 0 & 5 & 0 & 0 & 7 & 0 & 7 & 7 \\ 0 & 0 & 0 & 0 & 0 & 0 & 0 & 8 \end{pmatrix}$$

Aufgabe 4

(a)

Startiteration:

i	*A*	*B*	*C*	*D*	*E*	*F*	*G*	*H*	*I*	*J*	*K*	*L*	*M*	*N*	*P*
D(i)	0	∞	∞	∞	∞	∞	∞	∞	∞	∞	∞	∞	∞	∞	∞
V(i)	-	-	-	-	-	-	-	-	-	-	-	-	-	-	-

1. Iteration: $M = \{A\}$

i	*A*	*B*	*C*	*D*	*E*	*F*	*G*	*H*	*I*	*J*	*K*	*L*	*M*	*N*	*P*
D(i)	0	10	6	4	8	∞	∞	∞	∞	∞	∞	∞	∞	∞	∞
V(i)	-	*A*	*A*	*A*	*A*	-	-	-	-	-	-	-	-	-	-

2. Iteration: $M = \{B, C, D, E\}$

i	*A*	*B*	*C*	*D*	*E*	*F*	*G*	*H*	*I*	*J*	*K*	*L*	*M*	*N*	*P*
D(i)	0	10	6	4	7	8	9	∞	∞	∞	∞	∞	∞	∞	∞
V(i)	-	*A*	*A*	*A*	*D*	*D*	*D*	-	-	-	-	-	-	-	-

3. Iteration: $M = \{B, C, E, F, G\}$

i	A	B	C	D	E	F	G	H	I	J	K	L	M	N	P
$D(i)$	0	8	6	4	7	8	9	14	∞	∞	∞	∞	∞	∞	∞
$V(i)$	-	C	A	A	D	D	D	C	-	-	-	-	-	-	-

4. Iteration: $M = \{B, E, F, G, H\}$

i	A	B	C	D	E	F	G	H	I	J	K	L	M	N	P
$D(i)$	0	8	6	4	7	8	9	14	17	∞	∞	∞	∞	∞	∞
$V(i)$	-	C	A	A	D	D	D	C	E	-	-	-	-	-	-

5. Iteration: $M = \{B, F, G, H, I\}$

i	A	B	C	D	E	F	G	H	I	J	K	L	M	N	P
$D(i)$	0	8	6	4	7	8	9	14	17	∞	∞	∞	∞	∞	∞
$V(i)$	-	C	A	A	D	D	D	C	E	-	-	-	-	-	-

6. Iteration: $M = \{F, G, H, I\}$

i	A	B	C	D	E	F	G	H	I	J	K	L	M	N	P
$D(i)$	0	8	6	4	7	8	9	14	12	11	∞	∞	∞	∞	∞
$V(i)$	-	C	A	A	D	D	D	C	F	F	-	-	-	-	-

7. Iteration: $M = \{G, H, I, J\}$

i	A	B	C	D	E	F	G	H	I	J	K	L	M	N	P
$D(i)$	0	8	6	4	7	8	9	13	12	11	13	15	∞	∞	∞
$V(i)$	-	C	A	A	D	D	D	G	F	F	G	G	-	-	-

8. Iteration: $M = \{H, I, J, K, L\}$

i	A	B	C	D	E	F	G	H	I	J	K	L	M	N	P
$D(i)$	0	8	6	4	7	8	9	13	12	11	13	15	14	13	∞
$V(i)$	-	C	A	A	D	D	D	G	F	F	G	G	J	J	-

9. Iteration: $M = \{H, I, K, L, M, N\}$

i	A	B	C	D	E	F	G	H	I	J	K	L	M	N	P
$D(i)$	0	8	6	4	7	8	9	13	12	11	13	15	14	13	∞
$V(i)$	-	C	A	A	D	D	D	G	F	F	G	G	J	J	-

10. Iteration: $M = \{H, K, L, M, N\}$

i	A	B	C	D	E	F	G	H	I	J	K	L	M	N	P
$D(i)$	0	8	6	4	7	8	9	13	12	11	13	15	14	13	∞
$V(i)$	-	C	A	A	D	D	D	G	F	F	G	G	J	J	-

11. Iteration: $M = \{K, L, M, N\}$

i	A	B	C	D	E	F	G	H	I	J	K	L	M	N	P
$D(i)$	0	8	6	4	7	8	9	13	12	11	13	15	14	13	16
$V(i)$	-	C	A	A	D	D	D	G	F	F	G	G	J	J	K

12. Iteration: $M = \{L, M, N, P\}$

i	A	B	C	D	E	F	G	H	I	J	K	L	M	N	P
$D(i)$	0	8	6	4	7	8	9	13	12	11	13	15	14	13	15
$V(i)$	-	C	A	A	D	D	D	G	F	F	G	G	J	J	N

13. Iteration: $M = \{L, M, P\}$

i	A	B	C	D	E	F	G	H	I	J	K	L	M	N	P
$D(i)$	0	8	6	4	7	8	9	13	12	11	13	15	14	13	15
$V(i)$	-	C	A	A	D	D	D	G	F	F	G	G	J	J	N

14. Iteration: $M = \{L, P\}$

i	A	B	C	D	E	F	G	H	I	J	K	L	M	N	P
$D(i)$	0	8	6	4	7	8	9	13	12	11	13	15	14	13	15
$V(i)$	-	C	A	A	D	D	D	G	F	F	G	G	J	J	N

15. Iteration: $M = \{P\}$

i	A	B	C	D	E	F	G	H	I	J	K	L	M	N	P
$D(i)$	0	8	6	4	7	8	9	13	12	11	13	15	14	13	15
$V(i)$	-	C	A	A	D	D	D	G	F	F	G	G	J	J	N

Die kürzesten Wege sind:

- $A \to C \to B$ mit der Länge 8
- $A \to C$ mit der Länge 6
- $A \to D$ mit der Länge 4
- $A \to D \to E$ mit der Länge 7
- $A \to D \to F$ mit der Länge 9
- $A \to D \to G$ mit der Länge 9
- $A \to D \to G \to H$ mit der Länge 13
- $A \to D \to F \to I$ mit der Länge 12
- $A \to D \to G \to J$ mit der Länge 11
- $A \to D \to G \to K$ mit der Länge 13
- $A \to D \to G \to L$ mit der Länge 15
- $A \to D \to G \to J \to M$ mit der Länge 14
- $A \to D \to G \to J \to N$ mit der Länge 13
- $A \to D \to G \to J \to N \to P$ mit der Länge 15.

Zur Illustration sei noch das Eingabefenster für den Dijkstra-Algorithmus aus Abschnitt 5.5.5.1 angegeben:

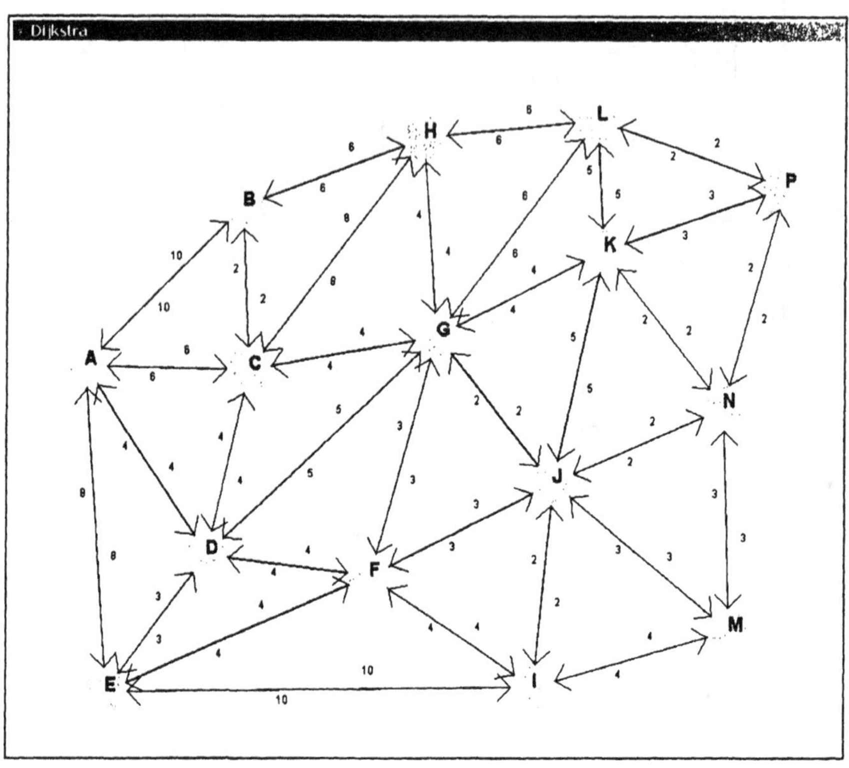

(b)

Startiteration:

i	*A*	*B*	*C*	*D*	*E*	*F*	*G*	*H*	*I*	*J*	*K*	*L*	*M*	*N*	*P*
D(i)	0	∞	∞	∞	∞	∞	∞	∞	∞	∞	∞	∞	∞	∞	∞
V(i)	-	-	-	-	-	-	-	-	-	-	-	-	-	-	-

1. Iteration: $S =< A]$

i	*A*	*B*	*C*	*D*	*E*	*F*	*G*	*H*	*I*	*J*	*K*	*L*	*M*	*N*	*P*
D(i)	0	10	6	4	8	∞	∞	∞	∞	∞	∞	∞	∞	∞	∞
V(i)	-	*A*	*A*	*A*	*A*	-	-	-	-	-	-	-	-	-	-

2. Iteration: $S =< B, C, D, E]$

i	A	B	C	D	E	F	G	H	I	J	K	L	M	N	P
$D(i)$	0	10	6	4	8	∞	∞	16	∞	∞	∞	∞	∞	∞	∞
$V(i)$	-	A	A	A	A	-	-	B	-	-	-	-	-	-	-

3. Iteration: $S =< C, D, E, H]$

i	A	B	C	D	E	F	G	H	I	J	K	L	M	N	P
$D(i)$	0	8	6	4	8	∞	10	14	∞	∞	∞	∞	∞	∞	∞
$V(i)$	-	A	C	A	A	-	C	C	-	-	-	-	-	-	-

4. Iteration: $S =< D, E, H, B, G]$

i	A	B	C	D	E	F	G	H	I	J	K	L	M	N	P
$D(i)$	0	8	6	4	7	8	9	14	∞	∞	∞	∞	∞	∞	∞
$V(i)$	-	A	C	A	D	D	D	C	-	-	-	-	-	-	-

5. Iteration: $S =< E, H, B, G, F]$

i	A	B	C	D	E	F	G	H	I	J	K	L	M	N	P
$D(i)$	0	8	6	4	7	8	9	14	17	∞	∞	∞	∞	∞	∞
$V(i)$	-	A	C	A	D	D	D	C	E	-	-	-	-	-	-

6. Iteration: $S =< H, B, G, F, I]$

i	A	B	C	D	E	F	G	H	I	J	K	L	M	N	P
$D(i)$	0	8	6	4	7	8	9	14	17	∞	∞	20	∞	∞	∞
$V(i)$	-	A	C	A	D	D	D	C	E	-	-	H	-	-	-

7. Iteration: $S =< B, G, F, I, L]$

i	A	B	C	D	E	F	G	H	I	J	K	L	M	N	P
$D(i)$	0	8	6	4	7	8	9	14	17	∞	∞	20	∞	∞	∞
$V(i)$	-	A	C	A	D	D	D	C	E	-	-	H	-	-	-

8. Iteration: $S =< G, F, I, L]$

i	A	B	C	D	E	F	G	H	I	J	K	L	M	N	P
$D(i)$	0	8	6	4	7	8	9	13	17	11	13	15	∞	∞	∞
$V(i)$	-	A	C	A	D	D	D	G	E	G	G	G	-	-	-

9. Iteration: $S =< F, I, L, H, J, K]$

i	A	B	C	D	E	F	G	H	I	J	K	L	M	N	P
$D(i)$	0	8	6	4	7	8	9	13	12	11	13	15	∞	∞	∞
$V(i)$	-	A	C	A	D	D	D	G	F	G	G	G	-	-	-

10. Iteration: $S =< I, L, H, J, K]$

i	A	B	C	D	E	F	G	H	I	J	K	L	M	N	P
$D(i)$	0	8	6	4	7	8	9	13	12	11	13	15	17	∞	∞
$V(i)$	-	A	C	A	D	D	D	G	F	G	G	G	I	-	-

11. Iteration: $S =< L, H, J, K, M]$

i	A	B	C	D	E	F	G	H	I	J	K	L	M	N	P
$D(i)$	0	8	6	4	7	8	9	13	12	11	13	15	17	∞	17
$V(i)$	-	A	C	A	D	D	D	G	F	G	G	G	I	-	L

12. Iteration: $S = < H, J, K, M, P]$

i	A	B	C	D	E	F	G	H	I	J	K	L	M	N	P
$D(i)$	0	8	6	4	7	8	9	13	12	11	13	15	17	∞	17
$V(i)$	-	A	C	A	D	D	D	G	F	G	G	G	I	-	L

13. Iteration: $S = < J, K, M, P]$

i	A	B	C	D	E	F	G	H	I	J	K	L	M	N	P
$D(i)$	0	8	6	4	7	8	9	13	12	11	13	15	14	13	17
$V(i)$	-	A	C	A	D	D	D	G	F	G	G	G	J	J	L

14. Iteration: $S = < K, M, P, N]$

i	A	B	C	D	E	F	G	H	I	J	K	L	M	N	P
$D(i)$	0	8	6	4	7	8	9	13	12	11	13	15	14	13	16
$V(i)$	-	A	C	A	D	D	D	G	F	G	G	G	J	J	K

15. Iteration: $S = < M, P, N]$

i	A	B	C	D	E	F	G	H	I	J	K	L	M	N	P
$D(i)$	0	8	6	4	7	8	9	13	12	11	13	15	14	13	16
$V(i)$	-	A	C	A	D	D	D	G	F	G	G	G	J	J	K

16. Iteration: $S = < P, N]$

i	A	B	C	D	E	F	G	H	I	J	K	L	M	N	P
$D(i)$	0	8	6	4	7	8	9	13	12	11	13	15	14	13	16
$V(i)$	-	A	C	A	D	D	D	G	F	G	G	G	J	J	K

17. Iteration: $S =< N]$

i	A	B	C	D	E	F	G	H	I	J	K	L	M	N	P
$D(i)$	0	8	6	4	7	8	9	13	12	11	13	15	14	13	15
$V(i)$	-	A	C	A	D	D	D	G	F	G	G	G	J	J	N

18. Iteration: $S =< P]$

i	A	B	C	D	E	F	G	H	I	J	K	L	M	N	P
$D(i)$	0	8	6	4	7	8	9	13	12	11	13	15	14	13	15
$V(i)$	-	A	C	A	D	D	D	G	F	G	G	G	J	J	N

7.5 Lösungen zu Kapitel 6

Aufgabe 1

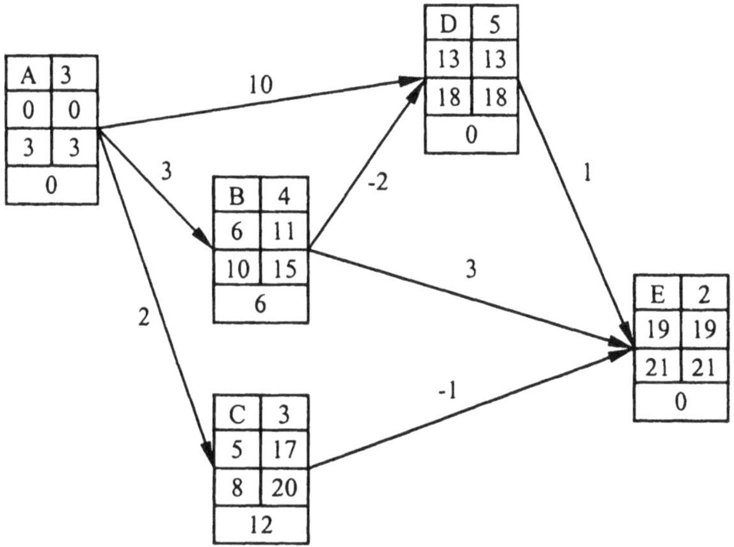

Kritischer Pfad: $A \to D \to E$.

Der FIFO-Algorithmus erzeugt folgende Ausgabe:

```
Start Vorwaertsrechnung

 1. Iteration
      1    2    3    4    5
 FAZ  0    6    5   13   -1
 FEZ  3    0    0    0    0

 2. Iteration
      1    2    3    4    5
 FAZ  0    6    5   13   13
 FEZ  3   10    0    0    0

 3. Iteration
      1    2    3    4    5
 FAZ  0    6    5   13   13
 FEZ  3   10    8    0    0
```

```
 4. Iteration
      1    2    3    4    5
 FAZ  0    6    5   13   19
 FEZ  3   10    8   18    0

 5. Iteration
      1    2    3    4    5
 FAZ  0    6    5   13   19
 FEZ  3   10    8   18   21

Start Rueckwaertsrechnung

 1. Iteration
      1    2    3    4    5
 SAZ  0    0    0    0   19
 SEZ  x   16   20   18   21

 2. Iteration
      1    2    3    4    5
 SAZ  0   12    0    0   19
 SEZ  9   16   20   18   21

 3. Iteration
      1    2    3    4    5
 SAZ  0   12   17    0   19
 SEZ  9   16   20   18   21

 4. Iteration
      1    2    3    4    5
 SAZ  0   12   17   13   19
 SEZ  3   15   20   18   21

 5. Iteration
      1    2    3    4    5
 SAZ  0   12   17   13   19
 SEZ  3   15   20   18   21

 6. Iteration
      1    2    3    4    5
 SAZ  0   11   17   13   19
 SEZ  3   15   20   18   21

 Ergebnis
      1    2    3    4    5
 FAZ  0    6    5   13   19
 FEZ  3   10    8   18   21
 SAZ  0   11   17   13   19
 SEZ  3   15   20   18   21
```

Aufgabe 2

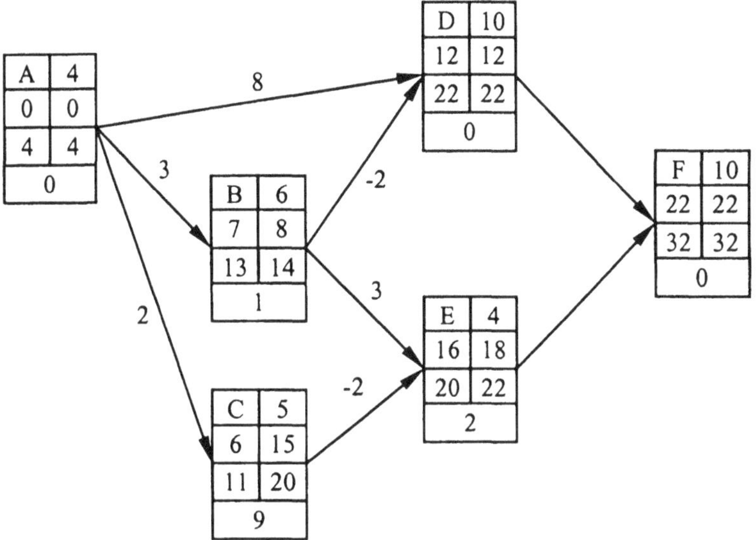

Kritischer Pfad: $A \to D \to F$.

Der FIFO-Algorithmus erzeugt folgende Ausgabe:

```
Start Vorwaertsrechnung

 1. Iteration
      1    2    3    4    5    6
 FAZ  0    7    6   12   -1   -1
 FEZ  4    0    0    0    0    0

 2. Iteration
      1    2    3    4    5    6
 FAZ  0    7    6   12   16   -1
 FEZ  4   13    0    0    0    0

 3. Iteration
      1    2    3    4    5    6
 FAZ  0    7    6   12   16   -1
 FEZ  4   13   11    0    0    0

 4. Iteration
      1    2    3    4    5    6
 FAZ  0    7    6   12   16   22
 FEZ  4   13   11   22    0    0
```

```
 5. Iteration
      1    2    3    4    5    6
 FAZ  0    7    6   12   16   22
 FEZ  4   13   11   22   20    0

 6. Iteration
      1    2    3    4    5    6
 FAZ  0    7    6   12   16   22
 FEZ  4   13   11   22   20   32

Start Rueckwaertsrechnung

 1. Iteration
      1    2    3    4    5    6
 SAZ  0    0    0    0    0   22
 SEZ  x    x    x   22   22   32

 2. Iteration
      1    2    3    4    5    6
 SAZ  0    0    0   12    0   22
 SEZ  4   14    x   22   22   32

 3. Iteration
      1    2    3    4    5    6
 SAZ  0    0    0   12   18   22
 SEZ  4   14   20   22   22   32

 4. Iteration
      1    2    3    4    5    6
 SAZ  0    0    0   12   18   22
 SEZ  4   14   20   22   22   32

 5. Iteration
      1    2    3    4    5    6
 SAZ  0    8    0   12   18   22
 SEZ  4   14   20   22   22   32

 6. Iteration
      1    2    3    4    5    6
 SAZ  0    8   15   12   18   22
 SEZ  4   14   20   22   22   32

 Ergebnis
      1    2    3    4    5    6
 FAZ  0    7    6   12   16   22
 FEZ  4   13   11   22   20   32
 SAZ  0    8   15   12   18   22
 SEZ  4   14   20   22   22   32
```

Aufgabe 3

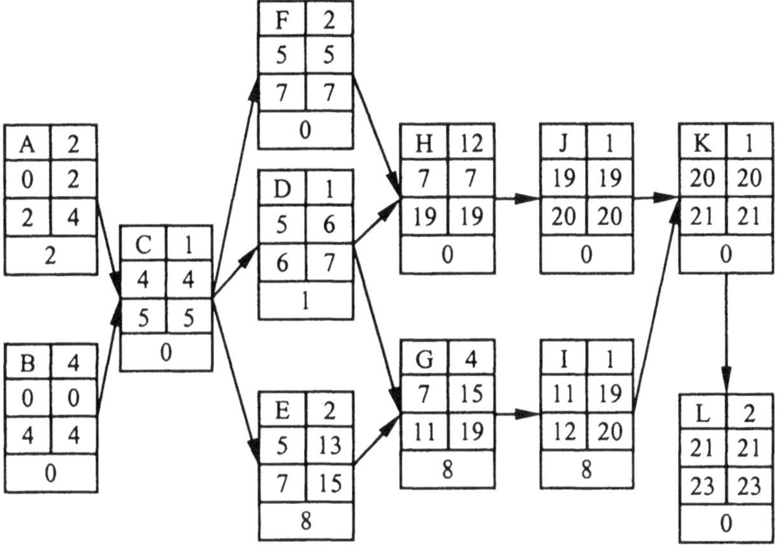

Kritischer Pfad: $A \to C \to F \to H \to J \to K \to L$.

Der FIFO-Algorithmus erzeugt folgende Ausgabe:

```
Start Vorwaertsrechnung

 1. Iteration
     1   2   3   4   5   6   7   8   9   10   11   12
 FAZ 0   0  -1  -1  -1  -1  -1  -1  -1   -1   -1   -1
 FEZ 0   0   0   0   0   0   0   0   0    0    0    0

 2. Iteration
     1   2   3   4   5   6   7   8   9   10   11   12
 FAZ 0   0   2  -1  -1  -1  -1  -1  -1   -1   -1   -1
 FEZ 2   0   0   0   0   0   0   0   0    0    0    0

 3. Iteration
     1   2   3   4   5   6   7   8   9   10   11   12
 FAZ 0   0   4  -1  -1  -1  -1  -1  -1   -1   -1   -1
 FEZ 2   4   0   0   0   0   0   0   0    0    0    0

 4. Iteration
     1   2   3   4   5   6   7   8   9   10   11   12
 FAZ 0   0   4   5   5   5  -1  -1  -1   -1   -1   -1
 FEZ 2   4   5   0   0   0   0   0   0    0    0    0

 5. Iteration
     1   2   3   4   5   6   7   8   9   10   11   12
 FAZ 0   0   4   5   5   5   6   6  -1   -1   -1   -1
 FEZ 2   4   5   6   0   0   0   0   0    0    0    0
```

```
6. Iteration
     1   2   3   4   5   6   7   8   9   10   11   12
FAZ  0   0   4   5   5   5   7   6  -1   -1   -1   -1
FEZ  2   4   5   6   7   0   0   0   0    0    0    0

7. Iteration
     1   2   3   4   5   6   7   8   9   10   11   12
FAZ  0   0   4   5   5   5   7   7  -1   -1   -1   -1
FEZ  2   4   5   6   7   7   0   0   0    0    0    0

8. Iteration
     1   2   3   4   5   6   7   8   9   10   11   12
FAZ  0   0   4   5   5   5   7   7  11   -1   -1   -1
FEZ  2   4   5   6   7   7  11   0   0    0    0    0

9. Iteration
     1   2   3   4   5   6   7   8   9   10   11   12
FAZ  0   0   4   5   5   5   7   7  11   19   -1   -1
FEZ  2   4   5   6   7   7  11  19   0    0    0    0

10. Iteration
     1   2   3   4   5   6   7   8    9   10   11   12
FAZ  0   0   4   5   5   5   7   7    11  19   12   -1
FEZ  2   4   5   6   7   7  11  19    12   0    0    0

11. Iteration
     1   2   3   4   5   6   7   8   9   10   11   12
FAZ  0   0   4   5   5   5   7   7  11   19   20   -1
FEZ  2   4   5   6   7   7  11  19  12   20    0    0

12. Iteration
     1   2   3   4   5   6   7   8   9   10   11   12
FAZ  0   0   4   5   5   5   7   7  11   19   20   21
FEZ  2   4   5   6   7   7  11  19  12   20   21    0

13. Iteration
     1   2   3   4   5   6   7   8    9   10   11   12
FAZ  0   0   4   5   5   5   7   7    11  19   20   21
FEZ  2   4   5   6   7   7  11  19    12  20   21   23

Start Rueckwaertsrechnung

1. Iteration
     1   2   3   4   5   6   7   8   9   10   11   12
SAZ  0   0   0   0   0   0   0   0   0    0    0   21
SEZ  x   x   x   x   x   x   x   x   x    x   21   23

2. Iteration
     1   2   3   4   5   6   7   8   9   10   11   12
SAZ  0   0   0   0   0   0   0   0   0    0   20   21
SEZ  x   x   x   x   x   x   x   x  20   20   21   23
```

3. Iteration

	1	2	3	4	5	6	7	8	9	10	11	12
SAZ	0	0	0	0	0	0	0	0	19	0	20	21
SEZ	x	x	x	x	x	x	19	x	20	20	21	23

4. Iteration

	1	2	3	4	5	6	7	8	9	10	11	12
SAZ	0	0	0	0	0	0	0	0	19	19	20	21
SEZ	x	x	x	x	x	x	19	19	20	20	21	23

5. Iteration

	1	2	3	4	5	6	7	8	9	10	11	12
SAZ	0	0	0	0	0	0	15	0	19	19	20	21
SEZ	x	x	x	15	15	x	19	19	20	20	21	23

6. Iteration

	1	2	3	4	5	6	7	8	9	10	11	12
SAZ	0	0	0	0	0	0	15	7	19	19	20	21
SEZ	x	x	x	7	15	7	19	19	20	20	21	23

7. Iteration

	1	2	3	4	5	6	7	8	9	10	11	12
SAZ	0	0	0	6	0	0	15	7	19	19	20	21
SEZ	x	x	6	7	15	7	19	19	20	20	21	23

8. Iteration

	1	2	3	4	5	6	7	8	9	10	11	12
SAZ	0	0	0	6	13	0	15	7	19	19	20	21
SEZ	x	x	6	7	15	7	19	19	20	20	21	23

9. Iteration

	1	2	3	4	5	6	7	8	9	10	11	12
SAZ	0	0	0	6	13	5	15	7	19	19	20	21
SEZ	x	x	5	7	15	7	19	9	20	20	21	23

10. Iteration

	1	2	3	4	5	6	7	8	9	10	11	12
SAZ	0	0	4	6	13	5	15	7	19	19	20	21
SEZ	4	4	5	7	15	7	19	19	20	20	21	23

11. Iteration

	1	2	3	4	5	6	7	8	9	10	11	12
SAZ	2	0	4	6	13	5	15	7	19	19	20	21
SEZ	4	4	5	7	15	7	19	19	20	20	21	23

12. Iteration

	1	2	3	4	5	6	7	8	9	10	11	12
SAZ	2	0	4	6	13	5	15	7	19	19	20	21
SEZ	4	4	5	7	15	7	19	19	20	20	21	23

13. Iteration

	1	2	3	4	5	6	7	8	9	10	11	12
SAZ	2	0	4	6	13	5	15	7	19	19	20	21
SEZ	4	4	5	7	15	7	19	19	20	20	21	23

```
Ergebnis
      1    2    3    4    5    6    7    8    9    10    11    12
FAZ   0    0    4    5    5    5    7    7   11    19    20    21
FEZ   2    4    5    6    7    7   11   19   12    20    21    23
SAZ   2    0    4    6   13    5   15    7   19    19    20    21
SEZ   4    4    5    7   15    7   19   19   20    20    21    23
```

Aufgabe 4

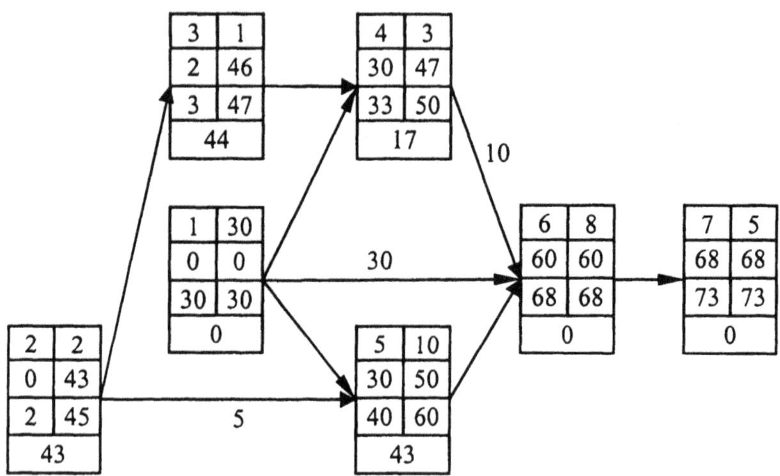

Kritischer Pfad: $1 \rightarrow 6 \rightarrow 7$.

Der FIFO-Algorithmus erzeugt folgende Ausgabe:

```
Start Vorwaertsrechnung

 1. Iteration
      1    2    3    4    5    6    7
FAZ   0    0   -1   -1   -1   -1   -1
FEZ   0    0    0    0    0    0    0

 2. Iteration
      1    2    3    4    5    6    7
FAZ   0    0   -1   30   30   60   -1
FEZ   0    0    0    0    0    0    0

 3. Iteration
      1    2    3    4    5    6    7
FAZ   0    0    2   30   30   60   -1
FEZ  30    2    0    0    0    0    0
```

4. Iteration

	1	2	3	4	5	6	7
FAZ	0	0	2	30	30	60	-1
FEZ	30	2	0	33	0	0	0

5. Iteration

	1	2	3	4	5	6	7
FAZ	0	0	2	30	30	60	-1
FEZ	30	2	0	33	40	0	0

6. Iteration

	1	2	3	4	5	6	7
FAZ	0	0	2	30	30	60	68
FEZ	30	2	0	33	40	68	0

7. Iteration

	1	2	3	4	5	6	7
FAZ	0	0	2	30	30	60	68
FEZ	30	2	3	33	40	68	0

8. Iteration

	1	2	3	4	5	6	7
FAZ	0	0	2	30	30	60	68
FEZ	30	2	3	33	40	68	73

Start Rueckwaertsrechnung

1. Iteration

	1	2	3	4	5	6	7
SAZ	0	0	0	0	0	0	68
SEZ	x	x	x	x	x	68	73

2. Iteration

	1	2	3	4	5	6	7
SAZ	0	0	0	0	0	60	68
SEZ	30	x	x	50	60	68	73

3. Iteration

	1	2	3	4	5	6	7
SAZ	0	0	0	0	0	60	68
SEZ	30	x	x	50	60	68	73

4. Iteration

	1	2	3	4	5	6	7
SAZ	0	0	0	47	0	60	68
SEZ	30	x	47	50	60	68	73

5. Iteration

	1	2	3	4	5	6	7
SAZ	0	0	0	47	50	60	68
SEZ	30	45	47	50	60	68	73

```
6. Iteration
      1    2    3    4    5    6    7
SAZ   0    0    0   47   50   60   68
SEZ  30   45   47   50   60   68   73

7. Iteration
      1    2    3    4    5    6    7
SAZ   0    0   46   47   50   60   68
SEZ  30   45   47   50   60   68   73

8. Iteration
      1    2    3    4    5    6    7
SAZ   0   43   46   47   50   60   68
SEZ  30   45   47   50   60   68   73

Ergebnis
      1    2    3    4    5    6    7
FAZ   0    0    2   30   30   60   68
FEZ  30    2    3   33   40   68   73
SAZ   0   43   46   47   50   60   68
SEZ  30   45   47   50   60   68   73
```

Aufgabe 5

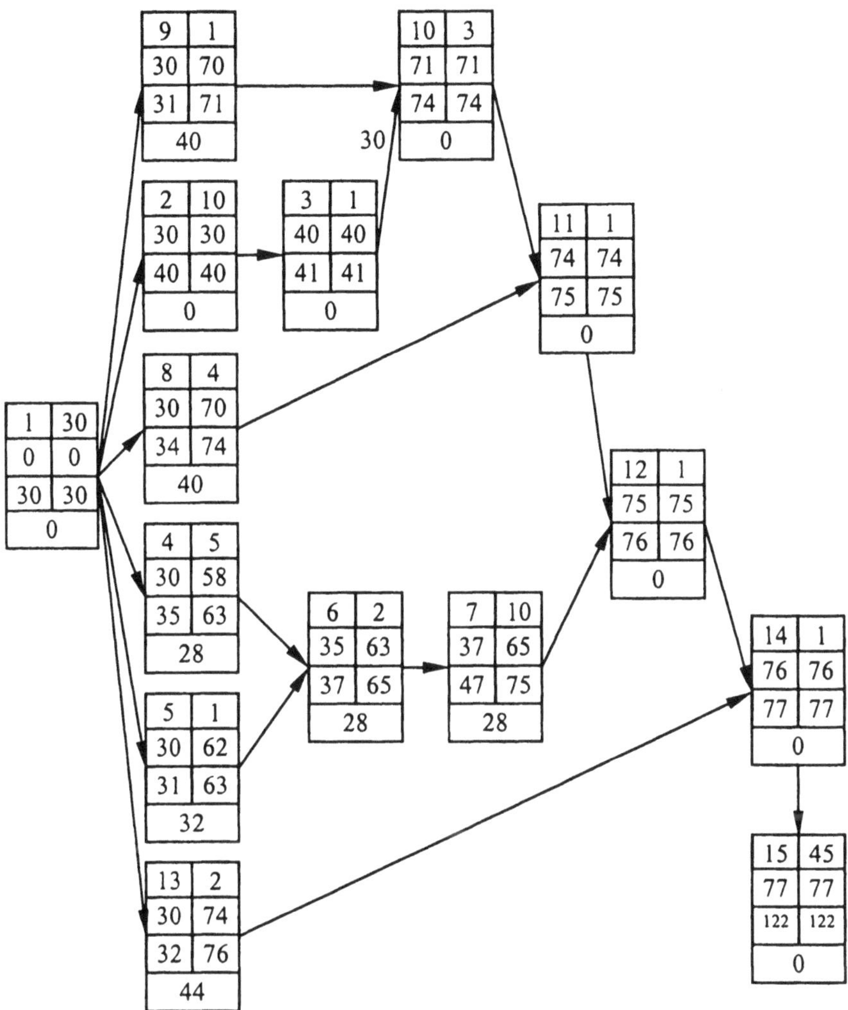

Kritischer Pfad: $1 \to 2 \to 3 \to 10 \to 11 \to 12 \to 14 \to 15$.

Der FIFO-Algorithmus erzeugt folgende Ausgabe:

```
Start Vorwaertsrechnung

 1. Iteration
       1   2   3   4   5   6   7   8   9  10  11  12  13  14  15
 FAZ   0  30  -1  30  30  -1  -1  30  30  -1  -1  -1  30  -1  -1
 FEZ  30   0   0   0   0   0   0   0   0   0   0   0   0   0   0
```

2. Iteration

	1	2	3	4	5	6	7	8	9	10	11	12	13	14	15
FAZ	0	30	40	30	30	-1	-1	30	30	-1	-1	-1	30	-1	-1
FEZ	30	40	0	0	0	0	0	0	0	0	0	0	0	0	0

3. Iteration

	1	2	3	4	5	6	7	8	9	10	11	12	13	14	15
FAZ	0	30	40	30	30	35	-1	30	30	-1	-1	-1	30	-1	-1
FEZ	30	40	0	35	0	0	0	0	0	0	0	0	0	0	0

4. Iteration

	1	2	3	4	5	6	7	8	9	10	11	12	13	14	15
FAZ	0	30	40	30	30	35	-1	30	30	-1	-1	-1	30	-1	-1
FEZ	30	40	0	35	31	0	0	0	0	0	0	0	0	0	0

5. Iteration

	1	2	3	4	5	6	7	8	9	10	11	12	13	14	15
FAZ	0	30	40	30	30	35	-1	30	30	-1	34	-1	30	-1	-1
FEZ	30	40	0	35	31	0	0	34	0	0	0	0	0	0	0

6. Iteration

	1	2	3	4	5	6	7	8	9	10	11	12	13	14	15
FAZ	0	30	40	30	30	35	-1	30	30	31	34	-1	30	-1	-1
FEZ	30	40	0	35	31	0	0	34	31	0	0	0	0	0	0

7. Iteration

	1	2	3	4	5	6	7	8	9	10	11	12	13	14	15
FAZ	0	30	40	30	30	35	-1	30	30	31	34	-1	30	32	-1
FEZ	30	40	0	35	31	0	0	34	31	0	0	0	32	0	0

8. Iteration

	1	2	3	4	5	6	7	8	9	10	11	12	13	14	15
FAZ	0	30	40	30	30	35	-1	30	30	71	34	-1	30	32	-1
FEZ	30	40	41	35	31	0	0	34	31	0	0	0	32	0	0

9. Iteration

	1	2	3	4	5	6	7	8	9	10	11	12	13	14	15
FAZ	0	30	40	30	30	35	37	30	30	71	34	-1	30	32	-1
FEZ	30	40	41	35	31	37	0	34	31	0	0	0	32	0	0

10. Iteration

	1	2	3	4	5	6	7	8	9	10	11	12	13	14	15
FAZ	0	30	40	30	30	35	37	30	30	71	34	35	30	32	-1
FEZ	30	40	41	35	31	37	0	34	31	0	35	0	32	0	0

11. Iteration

	1	2	3	4	5	6	7	8	9	10	11	12	13	14	15
FAZ	0	30	40	30	30	35	37	30	30	71	74	35	30	32	-1
FEZ	30	40	41	35	31	37	0	34	31	74	35	0	32	0	0

12. Iteration

	1	2	3	4	5	6	7	8	9	10	11	12	13	14	15
FAZ	0	30	40	30	30	35	37	30	30	71	74	35	30	32	33
FEZ	30	40	41	35	31	37	0	34	31	74	35	0	32	33	0

13. Iteration

	1	2	3	4	5	6	7	8	9	10	11	12	13	14	15
FAZ	0	30	40	30	30	35	37	30	30	71	74	47	30	32	33
FEZ	30	40	41	35	31	37	47	34	31	74	35	0	32	33	0

14. Iteration

	1	2	3	4	5	6	7	8	9	10	11	12	13	14	15
FAZ	0	30	40	30	30	35	37	30	30	71	74	47	30	48	33
FEZ	30	40	41	35	31	37	47	34	31	74	35	48	32	33	0

15. Iteration

	1	2	3	4	5	6	7	8	9	10	11	12	13	14	15
FAZ	0	30	40	30	30	35	37	30	30	71	74	75	30	48	33
FEZ	30	40	41	35	31	37	47	34	31	74	75	48	32	33	0

16. Iteration

	1	2	3	4	5	6	7	8	9	10	11	12	13	14	15
FAZ	0	30	40	30	30	35	37	30	30	71	74	75	30	48	33
FEZ	30	40	41	35	31	37	47	34	31	74	75	48	32	33	78

17. Iteration

	1	2	3	4	5	6	7	8	9	10	11	12	13	14	15
FAZ	0	30	40	30	30	35	37	30	30	71	74	75	30	48	49
FEZ	30	40	41	35	31	37	47	34	31	74	75	48	32	49	78

18. Iteration

	1	2	3	4	5	6	7	8	9	10	11	12	13	14	15
FAZ	0	30	40	30	30	35	37	30	30	71	74	75	30	76	49
FEZ	30	40	41	35	31	37	47	34	31	74	75	76	32	49	78

19. Iteration

	1	2	3	4	5	6	7	8	9	10	11	12	13	14	15
FAZ	0	30	40	30	30	35	37	30	30	71	74	75	30	76	49
FEZ	30	40	41	35	31	37	47	34	31	74	75	76	32	49	94

20. Iteration

	1	2	3	4	5	6	7	8	9	10	11	12	13	14	15
FAZ	0	30	40	30	30	35	37	30	30	71	74	75	30	76	77
FEZ	30	40	41	35	31	37	47	34	31	74	75	76	32	77	94

21. Iteration

	1	2	3	4	5	6	7	8	9	10	11	12	13	14	15
FAZ	0	30	40	30	30	35	37	30	30	71	74	75	30	76	77
FEZ	30	40	41	35	31	37	47	34	31	74	75	76	32	77	122

Start Rueckwaertsrechnung

1. Iteration

	1	2	3	4	5	6	7	8	9	10	11	12	13	14	15
SAZ	0	0	0	0	0	0	0	0	0	0	0	0	0	0	77
SEZ	x	x	x	x	x	x	x	x	x	x	x	x	x	77	122

2. Iteration

	1	2	3	4	5	6	7	8	9	10	11	12	13	14	15
SAZ	0	0	0	0	0	0	0	0	0	0	0	0	0	76	77
SEZ	x	x	x	x	x	x	x	x	x	x	x	76	76	77	122

3. Iteration

	1	2	3	4	5	6	7	8	9	10	11	12	13	14	15
SAZ	0	0	0	0	0	0	0	0	0	0	0	75	0	76	77
SEZ	x	x	x	x	x	x	75	x	x	x	75	76	76	77	122

4. Iteration

	1	2	3	4	5	6	7	8	9	10	11	12	13	14	15
SAZ	0	0	0	0	0	0	0	0	0	0	0	75	74	76	77
SEZ	74	x	x	x	x	x	75	x	x	x	75	76	76	77	122

5. Iteration

	1	2	3	4	5	6	7	8	9	10	11	12	13	14	15
SAZ	0	0	0	0	0	0	65	0	0	0	0	75	74	76	77
SEZ	74	x	x	x	x	65	75	x	x	x	75	76	76	77	122

6. Iteration

	1	2	3	4	5	6	7	8	9	10	11	12	13	14	15
SAZ	0	0	0	0	0	0	65	0	0	0	74	75	74	76	77
SEZ	74	x	x	x	x	65	75	74	x	74	75	76	76	77	122

7. Iteration

	1	2	3	4	5	6	7	8	9	10	11	12	13	14	15
SAZ	44	0	0	0	0	0	65	0	0	0	74	75	74	76	77
SEZ	74	x	x	x	x	65	75	74	x	74	75	76	76	77	122

8. Iteration

	1	2	3	4	5	6	7	8	9	10	11	12	13	14	15
SAZ	44	0	0	0	0	63	65	0	0	0	74	75	74	76	77
SEZ	74	x	x	63	63	65	75	74	x	74	75	76	76	77	122

9. Iteration

	1	2	3	4	5	6	7	8	9	10	11	12	13	14	15
SAZ	44	0	0	0	0	63	65	70	0	0	74	75	74	76	77
SEZ	70	x	x	63	63	65	75	74	x	74	75	76	76	77	122

10. Iteration

	1	2	3	4	5	6	7	8	9	10	11	12	13	14	15
SAZ	44	0	0	0	0	63	65	70	0	71	74	75	74	76	77
SEZ	70	x	41	63	63	65	75	74	71	74	75	76	76	77	122

11. Iteration

	1	2	3	4	5	6	7	8	9	10	11	12	13	14	15
SAZ	44	0	0	58	0	63	65	70	0	71	74	75	74	76	77
SEZ	58	x	41	63	63	65	75	74	71	74	75	76	76	77	122

12. Iteration

	1	2	3	4	5	6	7	8	9	10	11	12	13	14	15
SAZ	44	0	0	58	62	63	65	70	0	71	74	75	74	76	77
SEZ	58	x	41	63	63	65	75	74	71	74	75	76	76	77	122

13. Iteration

	1	2	3	4	5	6	7	8	9	10	11	12	13	14	15
SAZ	28	0	0	58	62	63	65	70	0	71	74	75	74	76	77
SEZ	58	x	41	63	63	65	75	74	71	74	75	76	76	77	122

14. Iteration

	1	2	3	4	5	6	7	8	9	10	11	12	13	14	15
SAZ	28	0	40	58	62	63	65	70	0	71	74	75	74	76	77
SEZ	58	40	41	63	63	65	75	74	71	74	75	76	76	77	122

15. Iteration

	1	2	3	4	5	6	7	8	9	10	11	12	13	14	15
SAZ	28	0	40	58	62	63	65	70	70	71	74	75	74	76	77
SEZ	58	40	41	63	63	65	75	74	71	74	75	76	76	77	122

16. Iteration

	1	2	3	4	5	6	7	8	9	10	11	12	13	14	15
SAZ	28	30	40	58	62	63	65	70	70	71	74	75	74	76	77
SEZ	30	40	41	63	63	65	75	74	71	74	75	76	76	77	22

17. Iteration

	1	2	3	4	5	6	7	8	9	10	11	12	13	14	15
SAZ	0	30	40	58	62	63	65	70	70	71	74	75	74	76	77
SEZ	30	40	41	63	63	65	75	74	71	74	75	76	76	77	122

Ergebnis

	1	2	3	4	5	6	7	8	9	10	11	12	13	14	15
FAZ	0	30	40	30	30	35	37	30	30	71	74	75	30	76	77
FEZ	30	40	41	35	31	37	47	34	31	74	75	76	32	77	122
SAZ	0	30	40	58	62	63	65	70	70	71	74	75	74	76	77
SEZ	30	40	41	63	63	65	75	74	71	74	75	76	76	77	122

Literaturverzeichnis

Domschke, Wolfgang und Drexl, Andreas
Einführung in Operations Research
Springer 2004, 4. Auflage

Heinrich, Gert
Grundlagen der Mathematik, der Statistik und des Operations Research für Wirtschaftswissenschaftler
R. Oldenbourg Verlag 2002, 2. Auflage

Hillier, Frederick und Lieberman, Gerald
Operations Research
R. Oldenbourg Verlag 2002, 5. Auflage

Zimmermann, Werner und Stache, Ulrich
Operations Research, Quantitative Methoden zur Entscheidungsvorbereitung
R. Oldenbourg Verlag 2001, 10. Auflage

Index

www.ingramcontent.com/pod-product-compliance
Lightning Source LLC
Chambersburg PA
CBHW050658190326
41458CB00008B/2608

* 9 7 8 3 4 8 6 5 8 0 3 2 7 *